Key Account Controlling in der pharmazeutischen Industrie

Sabine Rinauer

Key Account Controlling in der pharmazeutischen Industrie

Aktuelle Herausforderungen und Lösungsansätze

Mit einem Geleitwort von Univ.-Prof. Dr. Louis Velthuis

Springer Gabler

RESEARCH

Sabine Rinauer
Mainz, Deutschland

Dissertation Universität Mainz, 2012

ISBN 978-3-8349-4482-5 ISBN 978-3-8349-4483-2 (eBook)
DOI 10.1007/978-3-8349-4483-2

Die Deutsche Nationalbibliothek verzeichnet diese Publikation in der Deutschen Nationalbibliografie; detaillierte bibliografische Daten sind im Internet über http://dnb.d-nb.de abrufbar.

Springer Gabler

Gedruckt auf säurefreiem und chlorfrei gebleichtem Papier

Springer Gabler ist eine Marke von Springer DE. Springer DE ist Teil der Fachverlagsgruppe Springer Science+Business Media
www.springer-gabler.de

Für meine Eltern

Geleitwort

Die forschende pharmazeutische Industrie sieht sich einem stark wachsenden, dynamischen Wettbewerbsdruck auf dem Gesundheitsmarkt ausgesetzt. Dieser beruht auf den sich verändernden gesellschaftlichen, gesundheitspolitischen und marktspezifischen Rahmenbedingen. Insbesondere die veränderten Nachfragestrukturen im Zuge der gesundheitspolitischen Veränderungen bedingen die Notwendigkeit der Konzentration auf Schlüsselkunden. Insofern gewinnt das Key Account Management im Arzneimittelmarkt zunehmend an Bedeutung. Damit das Key Account Management effektiv und effizient erfolgt, ist die Gestaltung und Implementierung eines adäquaten Controllings unerlässlich.

Frau Rinauer greift diese Herausforderung in ihrer Arbeit auf. Es gelingt ihr in beeindruckender Weise aufzuzeigen, inwieweit die forschende pharmazeutische Industrie den aktuellen Herausforderungen mit adäquater Gestaltung und Controlling des Key Account Managements erfolgreich begegnen kann. In einem ersten Schritt werden die sich verändernden gesellschaftlichen, gesundheitspolitischen und marktspezifischen Rahmenbedingungen im deutschen Gesundheitsmarkt aus Sicht der forschenden Pharmaindustrie umfassend analysiert. Vor diesem Hintergrund zeigt Frau Rinauer in einem zweiten Schritt die Handlungsoptionen, um die Betreuung von Schlüsselkunden in das absatzwirtschaftliche Geschäftsmodell zu integrieren. Im Lichte der Ergebnisse entwickelt Frau Rinauer dann in einem dritten Schritt eigenständig ein entsprechend effektives und effizientes Key Account Controlling-Konzept.

Frau Rinauer ist es mit ihrer Arbeit gelungen, einen eigenständigen wissenschaftlichen Beitrag zu einem anspruchsvollen, komplexen und zugleich für die Pharmapraxis sowie die Gesellschaft bedeutenden Thema zu liefern. Die Arbeit trägt dazu bei, die Forschungslücke zwischen der branchenspezifischen Literatur zum Gesundheitsmarkt und allgemeiner Literatur zum Key Account Management und Controlling zu schließen. Die konkrete spezifische komplexe Verknüpfung von Markt, Unternehmen, Präparaten, Key Accounts und Controlling-Instrumenten ist auf eine beeindruckende Weise sehr gut gelungen.

Univ.-Prof. Dr. Louis Velthuis

Vorwort

Im März 2011 wurde diese Arbeit vom Fachbereich Rechts- und Wirtschaftswissenschaften der Johannes Gutenberg-Universität Mainz als Dissertation angenommen.

Meinem Doktorvater Prof. Dr. Louis Velthuis bin ich sehr dankbar für die wissenschaftliche Betreuung der Arbeit. Er gab mir stets durch intensive Gespräche wichtige Impulse, die maßgeblich zum Gelingen der vorliegenden Dissertation beigetragen haben. Herrn Prof. Dr. Heinz-Werner Nienstedt gilt mein Dank für die Übernahme des Zweitgutachtens. Herr Prof. Dr. Oliver Heil möchte ich für den Vorsitz beim Rigorosum danken.

Unverzichtbar für das Gelingen der Dissertation war die Unterstützung aus meinem privaten Umfeld. Besonders herzlicher Dank gebührt meinen Eltern, denen ich diese Arbeit widme. Ihre uneingeschränkte Förderung meiner Ausbildung und ihre liebevolle Unterstützung haben die Anfertigung der vorliegenden Arbeit erst ermöglicht.

Besonders lieben Dank auch an meinen Mann Stefan, sowohl für die fachliche Unterstützung als auch für sein Verständnis und seinen Rückhalt besonders in der Endphase dieser Arbeit. Daneben danke ich meinem Freundeskreis für die Motivation und die notwendigen Ablenkungen.

Sabine Rinauer

Inhalt

Abbildungsverzeichnis

Tabellenverzeichnis

Abkürzungsverzeichnis

2. NOG	Zweites Gesetz zur Neuordnung von Selbstverwaltung und Eigenverantwortung in der Gesetzlichen Krankenversicherung (2. GKV-Neuordnungsgesetz)
Abs.	Absatz
AEP	European average price
AMD	Altersbedingte Makuladegeneration
AMG	Gesetz über den Verkehr mit Arzneimitteln (Arzneimittelgesetz)
AMPreisV	Arzneimittelpreisverordnung
AMVerkRV	Verordnung über apothekenpflichtige und freiverkäufliche Arzneimittel
AmZ	Arzneimittel Zeitung
Anm. d. A.	Anmerkung der Autorin
AOK	Allgemeine Ortskrankenkasse
ApBetrO	Apothekenbetriebsordnung
ApoG	Gesetz über das Apothekenwesen (Apothekengesetz)
ApU	Abgabepreis des pharmazeutischen Unternehmers
AS aktuell	Zeitschrift aus dem Alpmann Schmidt Verlag
ATC	Anatomisch-Therapeutisch-Chemische-(Klassifikation)
AVWG	Gesetz zur Verbesserung der Wirtschaftlichkeit in der Arzneimittelversorgung (Arzneimittelversorgungs-Wirtschaftlichkeitsgesetz)
BAH	Bundesverband der Arzneimittelhersteller e.V.
BfARM	Bundesinstitut für Arzneimittel und Medizinprodukte
BGBl	Bundesgesetzblatt
BGH	Bundesgerichtshof
BIP	Bruttoinlandsprodukt
BKK	Betriebskrankenkasse
BMG	Bundesministerium für Gesundheit
BPB	Bundeszentrale für politische Bildung
BPI	Bundesverband der Pharmazeutischen Industrie e.V.

BSG	Bundessozialgericht
BSSichG	Gesetz zur Sicherung der Beitragssätze in der Gesetzlichen Krankenversicherung und in der Gesetzlichen Rentenversicherung (Beitragssatzsicherungsgesetz)
BtoB	Business-to-Business
BVA	Bundesversicherungsamt
BWL	Betriebswirtschaftslehre
Bzgl.	Bezüglich
CDU	Christlich Demoktatische Union Deutschlands
CRM	Customer Relationship Management
DBW	Die Betriebswirtschaft (Zeitschrift)
DDD	Defined daily dose (definierte Tagesdosis)
DMP	Disease Management Program
DRG	Diagnosis Related Group
Dt.	Deutsch/er
EBIT	Earnings before interest and taxes
Etc.	Et cetera
EU	Europäische Union
EuGH	Europäischer Gerichtshof
EUR	Euro
e.V.	Eingetragener Verein
FuE	Forschung und Entwicklung
HIV	Humane Immundefizienz-Virus
HWG	Gesetz über die Werbung auf dem Gebiete des Heilwesens (Heilmittelwerbegesetz)
G-BA	Gemeinsamer Bundesausschuss
GKV	Gesetzliche Krankenversicherung
GKV-OrgWG	Gesetz zur Weiterentwicklung der Organisationsstrukturen in der GKV
GKV-WSG	Gesetz zur Stärkung des Wettbewerbs in der Gesetzlichen Krankenversicherung (GKV-Wettbewerbsstärkungsgesetz)
GMG	Gesetz zur Modernisierung der Gesetzlichen Krankenversicherung (GKV-Modernisierungsgesetz)

GRG	Gesetz zur Strukturreform im Gesundheitswesen (Gesundheitsreformgesetz)
GWB	Gesetz gegen Wettbewerbsbeschränkungen
ICD	International classification for diseases
IfO	Institut für Wirtschaftsforschung
IKK	Innungskrankenkasse
IMS Health	Institut für Medizinische Statistik
INN	International Non-Proprietary-Name
ISM	International School of Management
IQWiG	Institut für Qualität und Wirtschaftlichkeit im Gesundheitswesen
IV	Integrierte Versorgung
KAM	Key Account Management
KBV	Kassenärztliche Bundesvereinigung
KonTraG	Gesetz zur Kontrolle und Transparenz im Unternehmensbereich
KRP	Kostenrechnungspraxis (Zeitschrift)
KV	Kassenärztliche Vereinigung
M&A	Mergers & Acquisitions
Marketing ZFP	Marketing – Zeitschrift für Forschung und Praxis (Zeitschrift)
MedR	Medizinrecht (Zeitschrift)
Mio.	Million/en
Morbi-RSA	Morbiditätsorientierter Risikostrukturausgleich
Mrd.	Milliarde/n
MVZ	Medizinisches Versorgungszentrum
NICE	National Institute for Health and Clinical Excellence
NZBau	Neue Zeischrift für Baurecht und Vergaberecht
OECD	Organisation for Economic Cooperation and Development
o.O.	Ohne Angabe des Verlagsortes
OTC	Over the Counter
o.V.	Ohne Verfasser
P4C	Pay-for-performance
PharmR	Pharma Recht (Zeitschrift)
PharmInd	Pharmazeutische Industrie (Zeitschrift)

PKV	Private Krankenversicherung
PZ	Pharmazeutische Zeitung (Zeitung)
Rel.	Relativ
SGB III	Drittes Sozialgesetzbuch
SGB V	Fünftes Sozialgesetzbuch
SPD	Sozialdemokratische Partei Deutschlands
TK	Techniker Krankenkasse
VändG	Gesetz zur Änderung des Vertragsarztrechts und anderer Gesetze (Vertragsarztrechtsänderungsgesetz)
VFA	Verband Forschender Arzneimittelhersteller e.V.
Vgl.	Vergleiche
z. B.	Zum Beispiel
ZfCM	Zeitschrift für Controlling & Management
zit.	Zitiert
ZZBG	Zuzahlungsbefreiungsgrenze

Symbolverzeichnis

A	Beispiel-Krankenkasse A
B	Beispiel-Krankenkasse B
D	Kapitalbestand
DB	Deckungsbeitrag
DB I	Deckungsbeitrag I
e	Erlösschmälerungen
E(...)	Erwartungswert
G	Gewinn
h	Verzinsung des Eigenkapitals
i	Beispiel-Produkt i
j	Beispiel-Produkt j
k	Variable Kosten
K	Krankenkasse K
KDB	Kundendeckungsbeitrag / aggregiert: Kundenwert
K_f	Fixkosten des Unternehmens
KW	Kapitalwert
IQ	Importquote
mV	Mit Vertrag (Index)
oV	Ohne Vertrag (Index)
p	Listenpreis
P	Produkt P
PP	Patientenpotenzial
R	Produktspezifisches Risiko
	R1: Festbetrag
	R2: Erstattungshöchstbetrag
	R3: Verordnungseinschränkung / Ausschluss
	R4: Zweitmeinung
	R5: Zuzahlung
	R6:Rabattvertrag Mitbewerber
	R7: Preismoratorium
	R8: Herstellerrabatt
RF	gesundheitspolitischer Risikofaktor

RI	Residualgewinn
s	Vorperiode
SoW	Share of Wallet
t	Periodenindex mit t = 1… T
V	Potenzial eines Vertrages
x	Absatzmenge
z	Zähleinheiten (Index)
Z	Zufallsintervall
μ	Erwartungswert
σ	Standardabweichung
%	Prozent

„Rabattverträge mit den Kassen sind der richtige Weg für die Pharmaindustrie in ein neues Wettbewerbsmodell im deutschen Gesundheitswesen"

Wolfgang Plischke, Vorsitzender des Verbandes forschender Arzneimittelhersteller (VFA), im Handelsblatt vom 22. April 2008

1 Zur Relevanz des Controllings des Key Account Managements

1.1 Motivation und Zielsetzung der Untersuchung

Die Herausforderung des Gesundheitssystems der Zukunft besteht in einer qualitativ hochwertigen Bedarfsdeckung bei gleichzeitiger Kostenregulierung. Um bei steigender Lebenserwartung, zunehmend chronischen Krankheiten und medizinischem Fortschritt einen drastischen Anstieg der Kosten zu vermeiden, sehen Experten in der Stärkung des Wettbewerbs einen geeigneten Lösungsansatz.[1] Die Gesundheitspolitik verfolgt diesen Ansatz besonders in der Arzneimittelversorgung, die ein zentraler Eckpfeiler des Gesundheitssystems ist.[2] Nach jahrelangen regulatorischen Adjustierungen implementiert die Gesundheitsreform 2007 mit dem Gesetz zur Stärkung des Wettbewerbs in der Gesetzlichen Krankenversicherung (GKV-Wettbewerbsstärkungsgesetz) deutliche Wettbewerbsinstrumente und markiert so einen regelrechten Wendepunkt. Durch eine – teilweise inkonsistente – Steuerung der Preise, Mengen und Qualität der Verordnungen verändert es die Struktur des Arzneimittelmarktes grundlegend. Besonders durch die

1 Vgl. Ecker / Preuß (2008a), S. 1.

2 Das Arzneimittelgesetz (AMG) liefert eine funktionale Definition des Arzneimittelbegriffes, die Therapie und Diagnose in den Vordergrund stellt, vgl. Deutsch / Spickhoff (2008), S. 693. So sind Arzneimittel Stoffe und Zubereitungen aus Stoffen, die bei Mensch und Tier Krankheiten, Leiden, Körperschäden oder krankhafte Beschwerden heilen, lindern, verhüten oder erkennen sollen, vgl. § 2 Abs. 1 AMG. Darüber hinaus präzisiert § 4 AMG Fertigarzneimittel als „(...) Arzneimittel, die im Voraus hergestellt und in einer zur Abgabe an den Verbraucher bestimmten Packung in den Verkehr gebracht werden (...)", § 4 AMG.

Anreize, Rabattverträge nach § 130a Abs. 8 des fünften Sozialgesetzbuches (SGB V) zwischen Kostenträgern (Versicherern) und Arzneimittelherstellern abzuschließen, werden die Gesetzlichen Krankenkassen zu starken Verhandlungspartnern der Pharmaindustrie.[3] Dies hat seit 2007 besonders im Generikamarkt zu einem heftigen Preis- und Konditionenwettbewerb sowie deutlichen Marktanteilsverschiebungen geführt. Um in Zukunft weitere Effizienzreserven heben zu können, wird sich der Wettbewerb immer mehr in den patentgeschützten Bereich verlagern.

Neben der Ökonomisierung des Arzneimittelmarktes ist eine zunehmende Konsolidierung und Vernetzung zentraler Akteure im Gesundheitswesen zu beobachten.[4] Die verstärkte Verzahnung des ambulanten und stationären Sektors (z. B. Integrierte Versorgung / Arztnetze) sowie neue Distributionswege (z. B. Einkaufsgemeinschaften) erwachsen aus der Notwendigkeit, die eigene Machtposition durch Steigerung von Effektivität und Effizienz zu sichern und sind damit eine Antwort auf die neuen regulatorischen Rahmenbedingungen. So verändert die zunehmende horizontale und vertikale Integration die Macht-, Einfluss- und Entscheidungsverhältnisse der Zielgruppen der Arzneimittelhersteller und löst eine deutliche Nachfragekonzentration aus.

Vor dem Hintergrund des sich rasant verändernden Gesundheitsmarktes muss die forschende Pharmaindustrie die sich durch die neue Vertragslandschaft bietenden Chancen und Risiken genau analysieren, um sich gegenüber den Krankenkassen strategisch zu positionieren. Nur durch ein proaktives Vertragsmanagement lassen sich die neuen Bedingungen nutzen, ohne in eine ausschreibungsgetriebene Kostenspirale zu geraten.[5] So muss dieser strukturelle Umbruch im absatzwirtschaftlichen Geschäftsmodell und der Organisationsstruktur (Aufbau- und Ablauforganisation) forschender Pharmaunternehmen Beachtung finden. Zur Absicherung und zum Ausbau der Wettbewerbsposition müssen die Ressourcen gezielt eingesetzt werden. Die Auswahl und Betreuung von Schlüsselkunden (Key Accounts) wird daher zu einem strategischen Erfolgsfaktor. Die Entscheidung ein Key Account Management zu implementieren, ist für die pharmazeu-

---

3 Die Begriffe Selektiv-, Direkt- und Rabattverträge werden synonym benutzt.

4 Die Ökonomisierung, die horizontale und die vertikale Integration sind drei entscheidende Wettbewerbsmechanismen im Arzneimittelmarkt, vgl. Zeiner (2008a), S. 593-594.

5 Vgl. Ecker / Preuß / Roski (2008a), S. X.

tische Industrie eine personelle, strukturelle und monetäre Herausforderung.[6] Um den antizipierten Effekt auf die Effektivität und Effizienz angemessen zu überwachen, wird die Implementierung eines bereichsbezogenen Key Account Controllings unabdingbar.

Vor dem Hintergrund der skizzierten Veränderungen verfolgt die vorliegende Arbeit drei Ziele:

1. Ziel: **Umfassende Analyse der sich verändernden gesellschaftlichen, gesundheitspolitischen und marktspezifischen Rahmenbedingungen im deutschen Gesundheitsmarkt aus Sicht der forschenden Pharmaindustrie.**

Der Gesundheitsmarkt wird dabei als komplexes Konstrukt gesehen, das den unternehmerischen Handlungsrahmen definiert. Der Schwerpunkt liegt daher auf der Analyse des Ist-Zustandes und nicht auf der Erarbeitung eines Soll-Szenarios. Im Fokus steht die Möglichkeit zum Abschluss individueller Rabattvereinbarungen zwischen Krankenkassen und Pharmaunternehmen, die aufgrund ihres freiwilligen Charakters vielfältige strategische Chancen und Risiken eröffnen, die es vor dem Hintergrund des eigenen Produkt- und Kompetenzportfolios abzuwägen gilt.

2. Ziel: **Analyse von Handlungsoptionen, um die Betreuung von Schlüsselkunden in das absatzwirtschaftliche Geschäftsmodell zu integrieren.**

Die sich durch die gesundheitspolitischen Einflüsse verändernden Abnehmerstrukturen machen ein Überdenken des pharmazeutischen Vermarktungsmodells unabdingbar. Ziel ist, den bestehenden produktorientierten Ansatz um eine Key Account-Strategie zu erweitern und verschiedene Arzneimittelvertragsmodelle als Handlungsoptionen zu diskutieren.

3. Ziel: **Entwicklung eines Key Account Controlling-Konzeptes.**

Eine mögliche aufbau- und ablauforganisatorische Neuausrichtung erfordert neue Ziele und Instrumente der Willensbildung sowie -durchsetzung und verändert den Informations- und Koordinationsbedarf im Pharmaunternehmen. Um eine adäquate betriebs-

---

6 Der Hauptgrund für die Einrichtung eines Key Account Managements wird generell in der Veränderung der Marktstruktur gesehen, vgl. hierzu Sidow (2002), S. 24.

wirtschaftliche Unterstützung zu leisten, muss ein Key Account Controlling auf die Besonderheiten des pharmazeutischen Key Account Managements abgestimmt sein und geht damit über den Einsatz der klassischen Instrumente des Rechnungswesens hinaus. Der stark regulierte Arzneimittelmarkt setzt die Rahmenbedingungen für das unternehmerische Handeln. Um eine optimale Berücksichtigung der gesundheitspolitischen Risiken zu gewährleisten, gewinnt die Frühinformation an Bedeutung.[7] Insbesondere für Pipeline-Produkte, die bis zu dreiviertel des Wertes eines pharmazeutischen Unternehmens bestimmen, stellt die zunehmende Regulierung unter der Prämisse langer Forschungs- und Entwicklungszeiten ein Risiko dar, das es angemessen zu berücksichtigen und zu steuern gilt.[8] Eine zentrale Herausforderung des Key Account Controllings besteht daher darin, die Kundenperspektive zu integrieren. Dabei sollen durch Kooperationen mit den attraktivsten Kunden (Key Accounts) die Deckungsbeiträge derjenigen Produkte gesichert werden, die am meisten durch gesundheitspolitische Maßnahmen betroffen sind. Die Auswahl, Segmentierung und Steuerung dieser wichtigsten Kunden ist daher eng mit der klassischen Produktfokussierung verknüpft. Diese Arbeit setzt sich daher zum Ziel, im Spannungsfeld zwischen Key Accounts, Präparaten und Markt, konkrete Vorschläge für das pharmazeutische Key Account Controlling zu erarbeiten. Klassische Controllinginstrumente, die in der bestehenden Literatur hinreichend diskutiert wurden, werden nur am Rande in die Betrachtung mit einbezogen. Neben der Entscheidungsunterstützung trägt das Controlling maßgeblich zur Verhaltenssteuerung der Key Account Manager bei. Diese Arbeit widmet sich daher auch der Harmonisierung der Interessen von Unternehmensleitung und Key Account Managern durch ein geeignetes Anreizsystem.

---

7 Dieser Arbeit liegt eine enge Definition des Risikobegriffes zugrunde, der nur negative Abweichungen (z. B. von geplanten Deckungsbeiträgen) umfasst. Diese Definition folgt damit dem Gesetz zur Kontrolle und Transparenz im Unternehmensbereich (KonTraG), das Risiken als Verlustgefahr definiert. Abweichend davon sind verschiedene Autoren der Auffassung, der Risikobegriff solle sowohl positive als auch negative Auswirkungen subsummieren, vgl. unter anderem Gleißner (2004), S. 31. Auch WOLF (2003) plädiert dafür, den Risikobegriff weiter zu fassen, so dass das Chancenmanagement Teil eines ganzheitlichen Risikomanagements wird, vgl. Wolf (2003), S. 565.

8 Vgl. Huang / Schmidt (2001), S. 301.

1.2 Aufbau, Eingrenzung und Methode der Untersuchung

Die vorliegende wissenschaftliche Arbeit gliedert sich in fünf Kapitel. Abbildung 1 skizziert ihren Aufbau. Dieser orientiert sich am Top Down Prinzip als Ansatz zur Lösung des definierten Forschungsproblemes. Diese Herangehensweise gewährleistet die Einordnung des Untersuchungsschwerpunktes in einen übergeordneten gesellschaftlichen, gesundheitspolitischen und marktspezifischen Gesamtzusammen-hang.

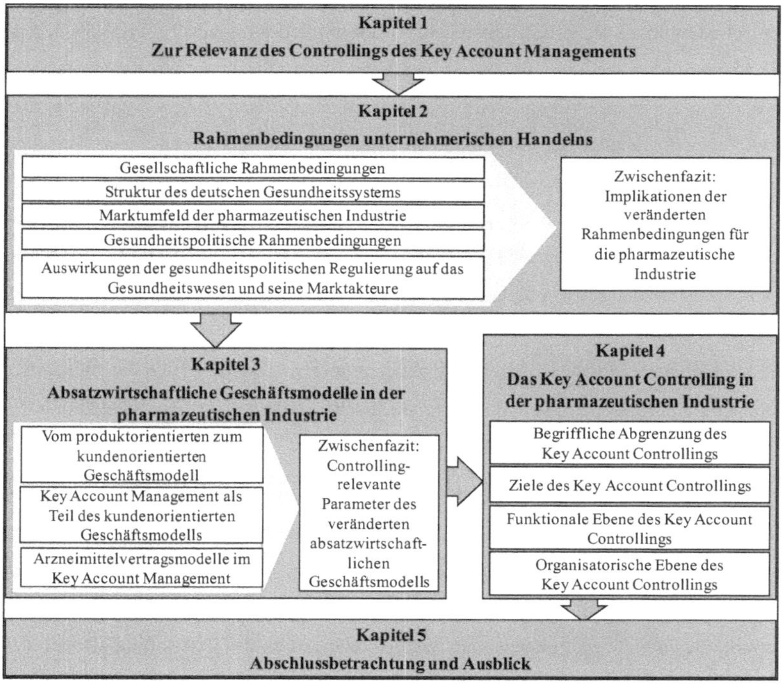

Abbildung 1: Aufbau der Arbeit[9]

Das **erste Kapitel** begründet die Motivation und Zielsetzung und trifft eine methodische sowie inhaltliche Fokussierung der Arbeit.

---

9 Eigene Darstellung.

Das **zweite Kapitel** dient der Erreichung des ersten Forschungsziels, indem die Rahmenbedingungen des unternehmerischen Handelns analysiert werden. Gemäß dem Top Down Prinzip bilden die gesellschaftlichen Rahmenbedingungen, darunter insbesondere die demographische Entwicklung, den übergeordneten Ausgangspunkt der Untersuchung. Sie bestimmen die Ausgestaltung des Gesundheitssystems sowie das unmittelbare Marktumfeld der pharmazeutischen Industrie. Schließlich wird die gesundheitspolitische Regulierung als Antwort auf die Veränderung der skizzierten Rahmenbedingungen detailliert untersucht. In diesem Zusammenhang wird ein besonderer Schwerpunkt auf die Einordnung der Selektivverträge zwischen Krankenkassen und Pharmaunternehmen in das komplexe gesundheitspolitische Regulierungskonstrukt gelegt. In einem letzten Schritt werden die Auswirkungen der gesundheitspolitischen Regulierung auf den Gesundheitsmarkt näher beleuchtet und eine Veränderung der Rollen einzelner Marktakteure herausgearbeitet. Die pharmazeutische Industrie ist von den Veränderungen insbesondere über ihre Schnittstelle zum Markt, den Vertrieb, betroffen. Daraus erwächst die Notwendigkeit, das absatzwirtschaftliche Geschäftsmodell an die neuen Herausforderungen anzupassen und von einem produktorientierten zu einem kundenorientierten Modell weiterzuentwickeln. Auf dieser Basis werden die sich daraus ergebenden Herausforderungen für pharmazeutische Unternehmer abgeleitet. Ein Zwischenfazit fasst die zentralen Implikationen zusammen.

Das **dritte Kapitel** widmet sich dem zweiten Forschungsziel, indem das klassische, produktorientierte Geschäftsmodell der pharmazeutischen Industrie auf seine Stärken und Schwächen hin untersucht und ein Vorschlag zur Integration kundenorientierter Elemente zur Betreuung von Schlüsselkunden erarbeitet wird. Die Veränderung des Vermarktungsmodells stellt ebenso neue Anforderungen an das Controlling, da sich der Informations- und Koordinationsbedarf im Unternehmen verändert. Ein Zwischenfazit resümiert daher die sich daraus für das Controlling ergebenden relevanten Parameter.

Basierend auf der Analyse des deutschen Gesundheitssystems und den spezifischen Geschäftsmodellen der forschenden Arzneimittelhersteller beschäftigt sich das **vierte Kapitel** mit der Erreichung des dritten Forschungsziels, der Entwicklung eines konzeptionellen Ansatzes für das Controlling des Key Account Managements. Besonderer Informationsbedarf des Key Account Managements besteht hinsichtlich der Auswirkungen von Rabattverträgen. Im Mittelpunkt steht daher das Controlling der sich aus einer einzelvertraglichen Beziehung ergebenden Chancen und Risiken für forschende Pharmaunternehmen. Dazu werden ausgewählte Controllinginstrumente für die pharmazeutische Industrie entwickelt und kritisch gewürdigt. Besonderer Wert wird auf die pragmatische Umsetzbarkeit der entwickelten Instrumente gelegt.

Das **fünfte Kapitel** zieht ein Resümee der gesamten Arbeit. Ferner macht es die aus der Aktualität des Themas resultierenden Fragestellungen bezüglich des weiteren Forschungsbedarfs deutlich.

Im Mittelpunkt der vorliegenden wissenschaftlichen Arbeit stehen innovative, verschreibungspflichtige Humanarzneimittel.[10] Diese bewusste Eingrenzung erscheint aus drei Gründen sinnvoll. Erstens sind die größten Veränderungen im Segment der patentgeschützten Präparate zu erwarten, da hier der Kostendruck am höchsten und der Vertragswettbewerb noch am geringsten sind. Für die Argumentation notwendige Vergleiche mit dem Generikamarkt werden gezogen, sie stehen aber nicht im Mittelpunkt der Untersuchung. Zweitens funktionieren die pharmazeutischen Teilmärkte sehr unterschiedlich. Durch die Trennung zwischen Patienten, Versicherern und Entscheidern wird das Marketing verschreibungspflichtiger Präparate zu einem klassischen Business-to-Business Marketing. Es besteht keine Personalunion von Entscheider, Käufer (Bezahler) und Nutzer, da der Arzt in der Regel über die Verordnung entscheidet, während der Versicherer für die Leistung zahlt, die der Patient konsumiert. Drittens machen die verschreibungspflichtigen Präparate den größten und kostenintensivsten Teil der Verordnungen der gesetzlichen Krankenversicherung (GKV) aus.[11]

Methodisch basiert die vorliegende Arbeit auf einer detaillierten Analyse frei zugänglicher Literaturquellen über den deutschen Pharmamarkt für innovative verschreibungspflichtige Humanarzneimittel. Die spezifische Fragestellung des Key Account Controllings in der pharmazeutischen Industrie wird durch die bestehende Literatur jedoch

---

10 Synonym zum Begriff der innovativen, verschreibungspflichtigen Humanarzneimittel sollen die Begriffe Originale, patentgeschützte Präparate oder Erstanmelderpräparate benutzt werden.

11 Im Jahr 2009 machten die verschreibungspflichtigen Humanarzneimittel 82 % der GKV-Verordnungen aus, vgl. VFA (2010b), S. 45.

nicht abgedeckt. Die einzelnen wissenschaftlichen Beiträge fokussieren nur jeweils einen der betrachteten Bereiche, nicht aber deren Synthese beziehungsweise Überleitung von den gesundheitspolitischen Regulierungen als Rahmenbedingung des pharmazeutischen Handelns zu Key Account Management und Controlling. In Ermangelung pharmaspezifischer Literaturquellen bilden daher die in anderen Branchen im Bereich des Key Account Controllings gewonnenen betriebswirtschaftlichen Erfahrungen Grundlage der Arbeit. Darüber hinaus fließen praktische Erkenntnisse mit ein, die die Autorin aus ihrer täglichen Arbeit im Key Account Controlling in der pharmazeutischen Industrie gewonnen hat. Durch die vorliegende Arbeit sollen die drei Forschungsfelder mit den Schwerpunkten Gesundheitssystem, Key Account Management und Controlling zusammengeführt und ausgearbeitet werden. Auf Basis dieser Erkenntnisse kann ein Referenzsystem für das Controlling des Key Account Managements in der forschenden Pharmaindustrie entwickelt werden, das unter Beachtung der gesundheitspolitischen Spezifika die Grundlage für Managemententscheidungen bildet sowie den Anforderungen des Marktes und der Gesellschaft gerecht wird. Besonderer Wert wird auf die Einordnung des gewählten Forschungsfeldes in den übergeordneten gesellschaftlichen, gesundheitspolitischen und marktspezifischen Gesamtzusammenhang gelegt sowie auf eine Visualisierung der Argumentation durch zahlreiche Grafiken.

2 Rahmenbedingungen unternehmerischen Handelns in der forschenden Pharmaindustrie

2.1 Gesellschaftliche Rahmenbedingungen

Alle an der Gesundheitsversorgung Beteiligten profitieren von einer möglichst hohen Systemstabilität.[12] Um diese zu gewährleisten, ist eine vorausschauende Beschäftigung mit dem Thema der langfristigen Finanzierbarkeit des deutschen Gesundheitswesens vor dem Hintergrund der demographischen Entwicklung und des medizinisch-technischen Fortschritts unabdingbar. Finanziell unerwartete Folgen stellen nicht nur forschende Pharmaunternehmen, deren risikobehaftete Investitionsentscheidungen mit den generierten Erlösen zeitlich weit auseinander fallen, sondern insbesondere auch die auf dem Solidarprinzip beruhende gesetzliche Krankenversicherung und ihre Mitglieder vor große Herausforderungen.[13]

Im Zusammenhang mit der demographischen Entwicklung stellen die Bevölkerungsentwicklung und die Verschiebung der Kohortenanteile maßgebliche Einflussfaktoren auf die zukünftige Inanspruchnahme von Gesundheitsleistungen dar. Die **Bevölkerungsentwicklung** wiederum ist von der Fertilität, der Mortalität sowie Bevölkerungswanderungen abhängig. Die zusammengefasste Geburtenziffer lag im Jahr 2005 bei 1,34 Kindern pro Frau, bis 2025 prognostiziert das Statistische Bundesamt einen leichten Anstieg auf 1,4 Kinder.[14] Das führt durch die absolut sinkende Anzahl gebärfähiger Frauen bis 2030 zu einem Geburtenrückgang um 17 %.[15] Erst bei einer

---

[12] Vgl. Ulrich / Wille (2008), S. 24.

[13] Vgl. Blankart / Fasten / Schwintowski (2009), S. 1. Da die gesetzliche Krankenversicherung auf einer interpersonellen Umverteilung der Ausgaben zwischen Gesunden und Kranken, Versicherten mit höherem und niedrigerem Einkommen sowie Beitragszahlern und beitragsfrei Mitversicherten (Solidarprinzip) beruht, muss dieser Ausgleich von einer ausreichenden Menge an Nettozahlern getragen werden, vgl. Simon (2008), S. 67 und 69. Die Beiträge werden gemäß der wirtschaftlichen Leistungsfähigkeit der Versicherten erhoben, während sich die Leistungen nach deren medizinischem Bedarf richten, vgl. BPB (2007).

[14] Die zusammengefasste Geburtenziffer ist eine durchschnittliche hypothetische (auf ein Kalenderjahr bezogene) Zahl der lebendgeborenen Kinder pro Frau im Alter von 15 bis 49 Jahren. Sie wird aus der Zahl aller in einem Jahr geborenen Kinder von Frauen dieses Alters, untergliedert nach dem Alter der Mütter, berechnet, vgl. Statistisches Bundesamt (2007), S. 11.

[15] Vgl. Statistisches Bundesamt (2007), S. 10.

Geburtenziffer von 2,1 könnte sich die deutsche Bevölkerung konstant entwickeln.[16] Gemäß einer Studie des Rostocker Zentrums zur Erforschung des demografischen Wandels liegt die Lebenserwartung eines weiblichen Neugeborenen derzeit bei 82 Jahren und die eines männlichen bei 77 Jahren.[17] Sie ist damit seit Beginn des 20. Jahrhunderts um mehr als 30 Jahre gestiegen. Demographen führen dies vor allem auf die verstärkte Gesundheitsvorsorge, allgemeinen Lebenswandel, Hygieneverbesserungen und gesündere Ernährung zurück.[18] Bis 2030 prognostiziert das Statistische Bundesamt eine weitere Steigerung um vier Jahre.[19] In reziprokem Zusammenhang zur Lebenserwartung steht die Sterberate. Bei steigender Lebenserwartung sinkt damit automatisch die Sterberate innerhalb eines bestimmten Zeitraumes. Aus der Differenz zwischen Geburten und Sterbefällen pro Jahr ergibt sich die natürliche Bevölkerungsbilanz.[20] In Deutschland war sie seit 1991 durchweg negativ, wobei sich das Geburtendefizit bis 2030 verdreifachen wird.[21] Weiteren Einfluss auf den Bevölkerungsbestand hat der Saldo aus Zu- und Fortzügen (Außenwanderung). Für die Zukunft wird eine relativ konstante Nettozuwanderung von 100.000 Menschen pro Jahr prognostiziert.[22] Da der Außenwanderungssaldo das Geburtendefizit nicht ausgleichen kann, wird die deutsche Bevölkerung weiter schrumpfen. So geht das Statistische Bundesamt bis 2030 von einem Bevölkerungsrückgang um 6,4 % gegenüber 2005 aus.[23]

Viel alarmierender für die sozialen Systeme ist allerdings die **Verschiebung der Kohortenanteile**, das heißt die Entwicklung der Altersstruktur. Während die Gruppe der Menschen im erwerbsfähigen Alter (20-65 Jahre) um 15 % schrumpfen wird, wird der Anteil der über 65-jährigen bis 2030 um circa 40 % ansteigen.[24] Dies führt zu einer spürbaren strukturellen Veränderung der Bevölkerung und stellt das Gesundheitssystem

---

16 Vgl. Statistisches Bundesamt (2007), S. 10.

17 Die Studie „Lebenserwartung der Deutschen: Analyse, Prognose und internationaler Vergleich" des Rostocker Zentrums zur Erforschung des Demografischen Wandels wurde im Jahr 2008 im Auftrag des Verbandes Forschender Arzneimittelhersteller e.V. (VFA) veröffentlicht. Ende des Erhebungszeitraumes war das Jahr 2006, vgl. Doblhammer / Muth / Kruse (2008), S. 11.

18 Vgl. Blankart / Fasten / Schwintowski (2009), S. 6.

19 Vgl. Statistisches Bundesamt (2007), S. 13.

20 Im Jahr 2008 wurden 582.514 Babys in Deutschland lebend geboren, während im gleichen Zeitraum 844.439 Menschen starben, vgl. Statistisches Bundesamt (2009).

21 Vgl. Statistisches Bundesamt (2007), S. 15.

22 Vgl. Statistisches Bundesamt (2007), S. 18.

23 Vgl. Statistisches Bundesamt (2007), S. 8.

24 Vgl. Statistisches Bundesamt (2007), S. 8.

nicht nur vor große monetäre, sondern auch personelle Herausforderungen.[25] Die Veränderung der Altersstruktur bringt eine Verschiebung des Krankheitsspektrums von akuten, infektiösen zu pflegeintensiven, chronischen Krankheiten mit sich.[26] So werden beispielsweise Demenzerkrankungen zu einer großen Herausforderung für Medizin und Gesellschaft. Allein für die häufigste Demenzform (Alzheimer) wird für Deutschland eine Verdoppelung der Patientenzahl auf 1,8 Mio. bis 2050 prognostiziert.[27] Dazu kommen verstärkt andere chronische Erkrankungen. So wird sich die weltweite Prävalenz von Diabetes von 171 Mio. Patienten im Jahr 2000 auf 366 Mio. Patienten im Jahr 2030 ausweiten.[28] Die Schlussfolgerung, dass die Zunahme der Zahl älterer Menschen sowohl die Einnahme- als auch die Ausgabenseite der GKV negativ beeinflussen wird, liegt nahe.

Die wissenschaftliche Fachliteratur beschäftigt sich bereits seit Ende der 1970er Jahre mit der Dynamik der gestiegenen Lebenserwartung und versucht so Rückschlüsse auf die Kostenentwicklung in der GKV zu ziehen.[29] Die **Medikalisierungsthese** nach GRUENBERG (1977)[30] geht bei steigender Lebenserwartung grundsätzlich auch von einer steigenden Morbidität aus (failure of success). Basis dafür sind im Wesentlichen zwei Annahmen. Erstens nimmt die Zahl chronischer Krankheiten im Alter zu. Folglich prognostiziert GRUENBERG einen altersabhängigen, progressiven Anstieg der Inanspruchnahme von Gesundheitsleistungen und damit auch einen überproportionalen Anstieg der Kosten. Zweitens leistet der medizinische Fortschritt einen Beitrag zur Verlängerung der Lebenserwartung, oftmals aber ohne die Krankheit heilen zu können. So wird nach dieser Theorie ein Großteil der durch die gestiegene Lebenserwartung ge-

---

25 Gemäß FÖRDERLAND (2009) sind die Gesundheitsausgaben für einen 60-jährigen im Vergleich zu denen eines 20-jährigen durchschnittlich mehr als doppelt so hoch, vgl. Förderland (2009), S. 4.

26 Die Zunahme an chronischen Erkrankungen ist eindeutig auf das höhere Lebensalter der Bevölkerung in Deutschland zurückzuführen, vgl. von Renteln-Kruse (2009), S. 23. Gegenwärtig leiden circa 70 % der über 65-jährigen Deutschen an chronischen Beschwerden, vgl. Gerste / Niemeyer / Lauterberg (2000), S. 92. Insgesamt sind chronische Erkrankungen für bis zu 70 % der Kosten des Gesundheitssystems verantwortlich, vgl. David / Neumann / Friedl (2009), S. 3-4.

27 Vgl. VFA (2009a), S. 1.

28 Vgl. Thierolf (2008), S. 118.

29 In ihrer ursprünglichen Definition beschäftigen sich die Theorien von GRUENBERG (1977) und FRIES (1980) mit der Veränderung der Lebensqualität und des Gesundheitszustandes in Abhängigkeit von der gestiegenen Lebenserwartung. NIEHAUS (2006) überträgt die für den Bereich der Lebensqualität aufgestellten Thesen auf die Ausgaben des Gesundheitssystems, vgl. Niehaus (2006).

30 GRUENBERG (1977) ist der erste Vertreter der Medikalisierungsthese.

wonnenen Jahre von chronischen Krankheiten begleitet. Die Zunahme der Anzahl älterer Menschen wird daher annahmegemäß eine Steigerung der Kosten in der GKV ausmachen. Dieser Effekt wird durch den medizinischen Fortschritt verstärkt.

Die **Kompressionstheorie** von FRIES (1980)[31] vertritt eine optimistischere Meinung und nimmt eine Verdichtung der durch Krankheiten entstehenden Kosten wenige Jahre vor dem Tod an (compression of morbidity). Die Theorie geht davon aus, dass die höchsten Ausgaben kurz vor dem Tod entstehen und dass diese mit zunehmendem Sterbealter abnehmen. Im Umkehrschluss sind die Kosten der letzten Lebensphase umso höher, je jünger ein Mensch verstirbt. Kern der Theorie ist, dass die Krankheiten, die im Alter auftreten von der verbleibenden Zeit bis zum Tod abhängen und nicht von der seit der Geburt vergangenen Zeit. Die Theorie wird durch die Annahmen der so genannten Kohortenthese unterstützt und ergänzt. Demnach ist der Gesundheitszustand der im Zeitablauf nachrückenden Kohorten stets besser als der der vorherigen Kohorte.[32]

Bisher konnte auf Basis empirischer Daten keine der Thesen bewiesen werden. Verschiedene Studien liefern jedoch Anhaltpunkte. Während DINKEL (1999)[33] eher die Kompressionsthese stützt, findet HOF (2001)[34] zumindest für den stationären Sektor klare Indizien für die Geltung der Medikalisierungsthese. Im ambulanten Sektor und im Arzneimittelbereich tendiert aber auch er zur Geltung der Kompressionsthese.[35] In einer aktuelleren Studie analysiert das Wissenschaftliche Institut der Privaten Krankenversicherung (PKV) die Daten von 1,2 Mio. beihilfeberechtigten Versicherten.[36] Die Untersuchung zeigt einen deutlichen Anstieg der Gesundheitsausgaben bei steigender Lebenserwartung und stützt damit die Medikalisierungsthese. Weiterhin kommt sie zu dem Schluss, dass eine in anderen Studien nachgewiesene Morbiditätskompression im Bereich der Lebensqualität gelten möge, diese aber nicht direkt auf die monetäre Seite

---

31 FRIES (1980) gilt als Begründer der Kompressionsthese.

32 Vgl. Heinzen (2002), S. 42.

33 Vgl. Dinkel (1999).

34 Vgl. Hof (2001), S. 76. HOF (2001) macht in seinem Gutachten im Auftrag des Institutes der deutschen Wirtschaft Aussagen über die voraussichtliche Zukunft der Kranken- und Pflegeversicherung. Er berücksichtigt dabei erstmals die veränderte Inanspruchnahme von Gesundheitsleistungen im Zeitablauf.

35 Vgl. Hof (2001), S. 92.

36 Vgl. Niehaus (2006), S. 32. Diese Studie modelliert die monetären Auswirkungen der gestiegenen Lebenserwartung. Der medizinisch-technische Fortschritt wird nicht als gesonderter Einflussfaktor betrachtet, sondern fließt in den monetären Gesamteffekt ein, vgl. Niehaus (2006), S. 27.

übertragbar ist.[37] Eine weitere empirische Überprüfung führt das Statistische Bundesamt durch.[38] Um den beiden Theorien gerecht zu werden, prognostiziert es die Entwicklung der Krankenhausbehandlungen auf Basis zweier unterschiedlicher Szenarien. Das Status-Quo-Szenario geht von konstanten alters- und geschlechtsspezifischen Fallzahlen aus, die auf Ist-Werten aus den Jahren 2004 und 2005 basieren und dient damit der Modellierung der Medikalisierungsthese. Um die Kompressionstheorie zu untersuchen, wird der Erkrankungszeitraum bei den über 60-jährigen gemäß der höheren Lebenserwartung nach hinten verschoben (Szenario sinkender Behandlungsquoten). Beide Szenarien ergeben einen Anstieg stationärer Behandlungen. Während im Szenario sinkender Behandlungen die Anzahl der Krankenhausfälle von 17 Mio. im Jahr 2005 trotz rückläufiger Gesamtbevölkerung auf 18 Mio. im Jahr 2030 ansteigt, steigt sie im Status-Quo-Szenario sogar auf 19 Mio. im Jahr 2030.[39] Darauf basierende Kosten- sowie Kapazitätsberechnungen fallen daher entsprechend unterschiedlich aus.

Die Gesamtausgaben des Gesundheitssystems werden neben der demographischen Entwicklung auf den **medizinisch-technischen Fortschritt** zurückgeführt. Obwohl dieser in der gesundheitspolitischen Diskussion einen hohen Stellenwert hat, existieren zu seinen Ausgabeneffekten vergleichsweise wenige Studien. HENKE UND REIMERS (O.J.)[40] sehen dafür drei Ursachen. Erstens gibt es kein einheitliches Verständnis, was medizinisch-technischer Fortschritt ist. Zweitens lassen sich bei der empirischen Konzeptionalisierung nur schwer geeignete Indikatoren zur Messung seines Ausmaßes finden. Drittens stehen oftmals keine geeigneten Daten zur Verfügung. Daher werden bei den existierenden Untersuchungen je nach der zugrunde liegenden Definition des medizinisch-technischen Fortschritts deskriptive Statistiken, Extrapolation von Vergangenheitswerten oder Regressions- und Kointegrationsanalysen als Methoden angewendet. Sie versuchen den Effekt auf die GKV-Ausgaben zu quantifizieren, indem sie ihn als nicht erklärbare Restgröße (Residuum) interpretieren oder mit Hilfe ökonomischer Hilfsvariablen (z. B. Forschungs- und Entwicklungsausgaben) beziehungsweise

[37] Vgl. Niehaus (2006), S. 19.
[38] Vgl. Statistisches Bundesamt (2008).
[39] Zur Methodik der Untersuchung, vgl. Statistisches Bundesamt (2008), S. 14.
[40] Vgl. Henke / Reimers (o.J.).

konkreter Beispiele beschreiben.[41]

Die Diskrepanz, die zwischen Einnahmen und Ausgaben im Gesundheitssystem entsteht, führt in Deutschland zu einer Nachhaltigkeitslücke.[42] Laut einer im Jahr 2002 durchgeführten Schätzung entspricht sie in der gesetzlichen Pflege- und Krankenversicherung – ohne Berücksichtigung des medizinisch-technischen Fortschrittes – der Höhe eines Bruttoinlandsproduktes, bei dessen Berücksichtigung läge sie bei dem 2,5-fachen.[43] Darüber hinaus deutet die Analyse der empirischen Daten auf einen weiteren Anstieg der Kosten im Gesundheitswesen hin, der von der zukünftigen Gesundheitspolitik zu berücksichtigen ist.

Um die konkreten Ansatzpunkte regulierender Eingriffe besser zu verstehen, werden im Folgenden die Struktur des deutschen Gesundheitssystems analysiert und die Beziehungen zwischen den Marktteilnehmern herausgearbeitet.

2.2 Struktur des deutschen Gesundheitssystems

Charakteristisch für das Gesundheitssystem ist die in Abbildung 2 dargestellte Dreiecksbeziehung zwischen Patienten (Konsumenten), Produzenten (Leistungserbringern) und Versicherern (Kostenträgern). Da die GKV über 50 % der Ausgaben für die Gesundheitsversorgung trägt, ist sie der größte direkte Finanzierungsträger und spielt eine zentrale Rolle im deutschen Gesundheitssystem.[44]

---

41 Vgl. Henke / Reimers (o.J.), S. 14-16.

42 Per definitonem ist die Nachhaltigkeitslücke die Differenz zwischen den Barwerten der Nettobeitragszahlungen für die heutigen und alle zukünftigen Generationen, die mit der Jahrgangsstärke gewichtet wurden, und den zu erwartenden Ausgaben, vgl. Blankart / Fasten / Schwintowski (2009), S. 15.

43 Vgl. Blankart / Fasten / Schwintowski (2009), S. 15-16.

44 Vgl. Schöffski (2008), S. 4. Rechtsgrundlage der GKV ist das fünfte Sozialgesetzbuch (SGB V) vom 20. Dezember 1988. Dieser wissenschaftlichen Arbeit liegt die Fassung vom 30. Juli 2009 zugrunde. Vgl. zu diesem Abschnitt auch Hoos (2007), S. 4-6.

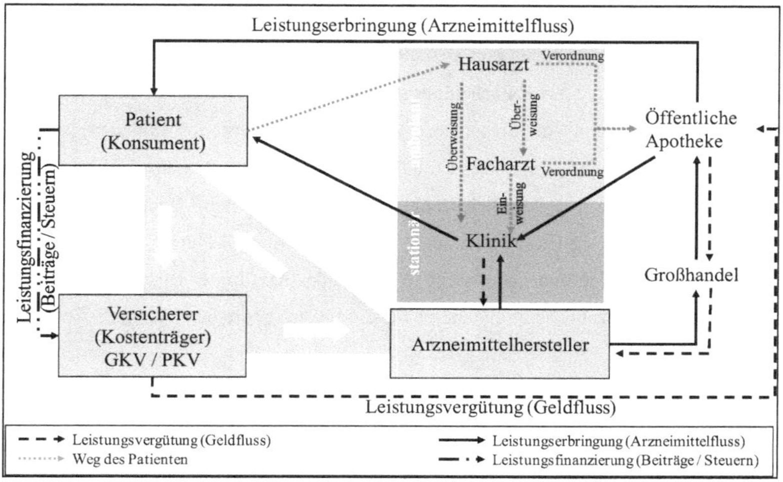

Abbildung 2: Vereinfachte Struktur des deutschen Gesundheitssystems[45]

Verschiedene Institutionen und Mechanismen steuern die Leistungen und Ansprüche der einzelnen Beteiligten. Entsprechend den Transferleistungen basiert das Gesundheitssystem auf den Komponenten Leistungsfinanzierung, Leistungserbringung und Leistungsvergütung.[46] Diese induzieren einen funktionalen Zusammenhang zwischen drei Wettbewerbsfeldern.[47] Im **Behandlungsmarkt** konkurrieren die Leistungserbringer mit der Art und Qualität ihrer Leistungen um Patienten. Auf diese Weise erhalten sie Ansprüche auf Leistungsentgelte gegenüber den Krankenkassen. Das Angebot in diesem Markt ist heterogen. Die wichtigsten klassischen Akteure sind dem ambulanten oder dem stationären Sektor zuzuordnen. Die vorgelagerten Wertschöpfungsstufen sind (öffentliche) Apotheken, Großhandel und Arzneimittelhersteller. Da die Sektoren auf unterschiedlichen Vergütungs- und Anreizsystemen basieren und in der Regel wenig übergreifende Zusammenarbeit stattfindet, entstehen an den Schnittstellen Effizienzver-

[45] Eigene Darstellung in Anlehnung an Hoos (2007), S. 4. Im Hinblick auf den Fokus dieser Arbeit repräsentiert die Abbildung die Sicht der Arzneimittelhersteller. Die Leistungserbringung bezieht sich daher nur auf den Arzneimittelfluss.

[46] Vgl. IKB Deutsche Industriebank AG / Prognos AG (2007), S. 9-10.

[47] Vgl. Cassel et al. (2008), S. 15.

luste.[48] Eine zentrale Rolle kommt dem Arzt zu. Aus Sicht der pharmazeutischen Hersteller ist er nicht nur Anbieter von Behandlungsleistungen, sondern auch Nachfrager von Produktleistungen.[49] Als Entscheidungsträger ist er der zentrale Kunde des klassischen pharmazeutischen Vermarktungsmodells. Für das Marketing und den Vertrieb verschreibungspflichtiger Präparate ist die Trennung zwischen Patienten, Versicherern und Entscheidern von zentraler Bedeutung.[50] Die für die meisten Märkte typische Personalunion von Entscheider, Käufer (Bezahler) und Nutzer existiert für verschreibungspflichtige Pharmaka nicht. Während der Arzt in der Regel über die Verordnung entscheidet, zahlt der Versicherer für die Leistung, die der Patient in Anspruch nimmt.

Eine Besonderheit des **Versicherungsmarktes** ist die Unterteilung in die GKV und die PKV.[51] Hier konkurrieren die Krankenversicherungen mit unterschiedlichen Serviceleistungen und Organisationsformen um die Versicherten. Da rund 90 % der Bevölkerung gesetzlich versichert sind, hat die GKV großen Einfluss auf die unternehmerischen Rahmenbedingungen der Arzneimittelhersteller.[52] Sie wurde als Ausgleichssystem konzipiert, das auf dem Solidarprinzip beruht. Basis ihrer Finanzierung sind vorwiegend Arbeitseinkommen und Rentenzahlungen. Neben dem Schrumpfen der erwerbstätigen Bevölkerung haben seit den 1980er Jahren verschiedene Veränderungen der Sozial- und Arbeitsmarktpolitik ihre Finanzierungsbasis geschmälert.[53] Daher liegen die beitragspflichtigen Einnahmen seit den 1990er Jahren unter der Ausgabenentwicklung pro Mitglied.[54] Hauptursachen der Ausgabensteigerung sind neben den gesellschaftlichen Rahmenbedingungen die im Gesundheitswesen existierenden Ineffizienzen. Diese Ineffizienzen sind immer wieder Ansatzpunkt politischer Einflussnahmen. Eine Maßnahme,

---

48 Vgl. IKB Deutsche Industriebank AG / Prognos AG (2007), S. 10 und S. 14.

49 Der Arzt ist zugleich Entscheidungsträger und Leistungserbringer, vgl. Van Lier (2007), S. 30.

50 Vgl. Solbach (2000), S. 21.

51 Beide Systeme stehen nebeneinander. Nur um junge, gesunde und einkommensstarke Versicherte findet Wettbewerb statt, vgl. IKB Deutsche Industriebank AG / Prognos AG (2007), S. 10.

52 Vgl. Solbach (2000), S. 22.

53 Zu diesen Entwicklungen gehören die geringe Steigerung von Löhnen, Gehältern und Renten, Kürzungen von Sonderzahlungen, Zunahme von Teilzeitbeschäftigungen und Senkung der Beitragszahlungen von Arbeitslosen, vgl. IKB Deutsche Industriebank AG / Prognos AG (2007), S. 10.

54 Zur Finanzierungslücke in der gesetzlichen Krankenversicherung, vgl. IKB Deutsche Industriebank AG / Prognos AG (2007), S. 11.

die die Finanzierungssituation der einzelnen gesetzlichen Krankenkassen zusätzlich verschärft hat, war die Einführung der freien Krankenkassenwahl Mitte der 1990er Jahre. Der Gesetzgeber intendierte damit, durch Wettbewerbsdruck die Qualität und Wirtschaftlichkeit der Versorgung zu verbessern.[55]

Die jüngsten gesundheitspolitischen Eingriffe fokussieren vorrangig den **Leistungsmarkt**, in dem die Krankenversicherungen mit den Leistungserbringern um Versorgungsverträge konkurrieren sollen. Aufgrund zahlreicher kollektiver Regulierungen fand hier in der Vergangenheit praktisch kein Wettbewerb statt. Durch den funktionalen Zusammenhang zwischen den drei Märkten schränkte dies den Wettbewerb auch im Behandlungs- und im Versicherungsmarkt ein.

Innerhalb des GKV-Gesundheitssystems stellt die Arzneimittelversorgung einen zentralen Eckpfeiler dar. Um der Ausgabensteigerung in diesem Bereich entgegenzuwirken, ist sie immer wieder Ansatzpunkt gesundheitspolitischer Regulierungen.[56] Die letzte Gesundheitsreform aus dem Jahr 2007 basiert auf dem GKV-Wettbewerbsstärkungsgesetz sowie dem Gesetz zur Weiterentwicklung der Organisationsstrukturen in der GKV (GKV-OrgWG). Da Wettbewerb im Gesundheits-system der „(...) effektiven Verbesserung der gesundheitlichen Outcomes und einer effizienten Erstellung von Gesundheitsleistungen (...)“[57] dient, umfasst die Reform ein Bündel von Maßnahmen, die dies fördern sollen.[58] Um die Akzeptanz der Akteure zu steigern und ein Rückgängigmachen der Gesundheitsreform zu vermeiden, vollzieht sie sich über mehrere Jahre.

Bevor die direkten und indirekten Auswirkungen konkreter Regulierungsinstrumente auf die forschende Pharmaindustrie analysiert werden, erfolgt zunächst eine definitorische Auseinandersetzung mit den Teilmärkten des Arzneimittelmarktes.

---

55 Vgl. Cassel et al. (2008), S. 38.

56 Vgl. Dierks (2008) S. 3. Die Arzneimittelausgaben machen circa 18 % der GKV-Gesamtausgaben aus. Letzere betrugen im Jahr 2008 160,8 Mrd. Euro, vgl. VFA (2009c), S. 37.

57 Wille / Cassel / Ulrich (2008), S. 5.

58 Vgl. Dieners / Heil (2007a), S. 90. Im Einzelnen sollen die Versorgungsqualität verbessert, die Wirtschaftlichkeit durch mehr Transparenz, intensiveren Wettbewerb sowie reduzierten bürokratischen Aufwand erhöht und die Wahl- und Entscheidungsmöglichkeiten der Versicherten ausgeweitet werden, vgl. Deutscher Bundestag (2006), S. 2.

2.3 Marktumfeld der pharmazeutischen Industrie

Der für die pharmazeutische Industrie relevante Markt lässt sich nach räumlichen und sachlichen Kriterien abgrenzen.[59] Die **räumliche Abgrenzung** basiert auf geographischen Kriterien. Aufgrund sehr unterschiedlicher regulatorischer Rahmenbedingungen definiert die Europäische Kommission nationale Arzneimittelmärkte.[60] Mit einem Umsatzvolumen von rund 26,4 Mrd. Euro war der deutsche Pharmamarkt im Jahr 2009 europaweit der größte und weltweit der drittgrößte nationale Arzneimittelmarkt.[61] Das Arzneimittelverzeichnis (Rote Liste) enthält knapp 9.000 Präparate, wobei 90 % der GKV-Verordnungen auf 2.000 Arzneimittel entfallen.[62]

Die Europäische Kommission legt der **sachlichen Produktmarktabgrenzung** das Konzept der Nachfragesubstituierbarkeit aus Sicht der Ärzte zugrunde.[63] Präparate, die aus Arztsicht die gleichen Bedürfnisse befriedigen, gelten als austauschbar. Neben der therapeutischen Indikation sind abweichende Produktmarktdefinitionen aus wettbewerblichen Gesichtspunkten begründbar.[64] Diese Arbeit orientiert sich an den Abgrenzungskriterien der GKV und unterscheidet nach Vertriebsweg, Verschreibungsstatus und Innovationsgrad.[65] Nach dem **Vertriebsweg** werden das Apotheken- und das

---

59 Der sachlich relevante Markt wird auch als Produktmarkt bezeichnet, vgl. Siebert / Pries (2007), S. 148. Vgl. zu diesem Kapitel auch Hoos (2007), S. 6-8.

60 Obwohl es einen Trend zur europäischen Standardisierung gibt, sind die Krankenversicherungssysteme, Preise und Verteilungssysteme in den einzelnen Ländern so unterschiedlich, dass weiterhin an einer nationalen Abgrenzung festgehalten wird, vgl. Siebert / Pries (2007), S. 151.

61 Vgl. VFA (2010b), S. 6. Die Größe des Arzneimittelmarktes wird zu Abgabepreisen des pharmazeutischen Unternehmers (ApU) ausgewiesen, vgl. Schwabe (2009), S. 3. Im Jahr 2008 betrug das deutsche Umsatzvolumen 26,7 Mrd. Euro, der Weltmarktanteil lag bei 4,5 %, vgl. VFA (2009c), S. 39. Im gleichen Jahr wurden im amerikanischen Markt circa 40 % des globalen Pharmaumsatzes erwirtschaftet, vgl. Telgheder (2009), S. 1. Japan ist der zweitgrößte Pharmamarkt.

62 Vgl. VFA (2009c), S. 43.

63 Neben der Nachfragesubstituierbarkeit (Bedarfsmarktkonzept) betrachtet die Europäische Kommission bei der Abgrenzung eines relevanten Marktes die Angebotssubstituierbarkeit (Produktions- und Angebotsumstellungsflexibilität). Diese setzt voraus, dass Anbieter bei einer dauerhaften relativen Änderung der Preise ihre Produktion umstellen können, ohne zusätzliche Kosten oder Risiken einzugehen. Diese Umstellungsflexibilität ist in der pharmazeutischen Industrie nicht erfüllt, vgl. Siebert / Pries (2007), S. 148.

64 Die Anatomisch-Therapeutisch-Chemische-Klassifizierung (ATC) der European Pharmaceutical Marketing Association teilt die Pharmazeutika auf vier Ebenen in 16 Kategorien. Maßgeblich für die Produktmarktabgrenzung ist die dritte Ebene (ATC3), die die therapeutische Indikation erfasst, vgl. Siebert / Pries (2007), S. 148.

65 Vgl. Accenture (2005), S. 34-35. Eine ähnliche Abgrenzung macht auch BUNGENSTOCK (2010). Hier wird als zusätzliches Kriterium der Aufgabenträger unterschieden, vgl. Bungenstock (2010), S. 51-52. Da im Kontext dieser Arbeit die gesetzliche Krankenversicherung als Aufgabenträger fokussiert betrachtet wird, wird auf diese Unterscheidung verzichtet.

Kliniksegment (ambulanter und stationärer Sektor) unterschieden. Mit 22,5 Mrd. Euro generiert der Apothekenmarkt circa 80 % des Umsatzes.[66] Trotz seines vergleichsweise geringen Umsatzvolumens spielt der Klinikmarkt für die Arzneimittelhersteller eine strategisch wichtige Rolle. Durch die medikamentöse Einstellung eines stationären Patienten auf ein bestimmtes Präparat wird eine Weiterverordnung im ambulanten Bereich erleichtert. Traditionell unterliegt die Arzneimittelversorgung in beiden Sektoren sehr unterschiedlichen Regeln. Im Kliniksegment dominiert eine weitgehend wettbewerbliche Grundordnung. Die direkte Geschäftsbeziehung zwischen pharmazeutischem Hersteller und klinikversorgender Apotheke ermöglicht individuelle Verhandlungen über Mengen, Preise und Rabatte.[67] Im ambulanten Sektor existiert eine solche direkte Geschäftsbeziehung nicht. Die gesetzlichen Krankenkassen erstatten zunächst alle verschreibungspflichtigen, zugelassenen Präparate. Zahlreiche zentrale Steuerungs- und Regulierungsmechanismen treten an die Stelle eines funktionierenden Wettbewerbs. Der Gesetzgeber regelt so die Erstattungs- und Verordnungsfähigkeit der Präparate. Die Arzneimittel werden zu einheitlichen Abgabepreisen des pharmazeutischen Unternehmers beziehungsweise Großhandelseinkaufspreisen in der Regel zunächst an den Großhandel abgesetzt, der die Distribution an die Apotheken übernimmt. Die Preisspannen zur Abgabe an die Apotheken sind für den Apothekenmarkt in der Arzneimittelpreisverordnung (AmPreisV) gesetzlich festgelegt und hängen vom absoluten Wert des Präparates ab. Da die Apothekenaufschläge auf ihre Einkaufspreise ebenfalls gesetzlich fixiert sind, richtet sich der Endverbraucherpreis vollständig nach dem Abgabepreis des pharmazeutischen Unternehmers.[68] Freiwillige Rabatte dürfen nur den Krankenkassen, nicht aber dem Großhandel oder den Apotheken gewährt werden. Da eine strikte Trennung beider Vertriebswege besonders an den Schnittstellen Effizienz- und Qualitätsverluste zur Folge hat, bemüht sich die Gesundheitspolitik seit Jahren um eine bessere Verzahnung. So wurden zahlreiche Öffnungsklauseln zur Integration der Sektoren geschaffen, auf die in Kapitel 2.4 eingegangen wird. Die in Abbildung 3

---

[66] Das Volumen des Apothekenmarktes wird zu ApU ausgewiesen, vgl. VFA (2009c), S. 45.

[67] Eine Geschäftsbeziehung ist eine nicht zufällige Abfolge von Transaktionen zwischen Anbieter und Kunde, vgl. Plinke (1997), S. 23. Sie stellt einen von ökonomischen Zielen geleiteten Interaktionsprozess mit langfristigen Perspektiven dar, der mit einer investiven Komponente verbunden ist, vgl. Cornelsen (2000), S. 45.

[68] Vgl. Solbach (2000), S. 27.

dargestellte Marktabgrenzung nach dem Vertriebsweg verliert daher in Zukunft an Bedeutung.

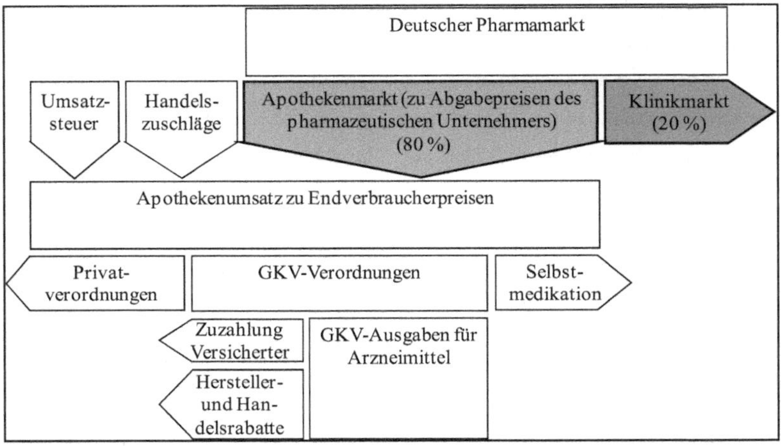

Abbildung 3: Marktabgrenzung nach dem Vertriebsweg[69]

Gemäß §§ 43ff AMG werden nach dem **Verschreibungsstatus** apothekenpflichtige, freiverkäufliche und verschreibungspflichtige Präparate unterschieden.[70] Grundsätzlich dürfen Arzneimittel nur über Apotheken an Endverbraucher abgegeben werden.[71] Durch die Apothekenpflicht soll das natürliche Monopol des Apothekers zur Versorgung der Bevölkerung mit pharmazeutischen Produkten gewahrt bleiben. Dies wiederum ist die Gegenleistung dafür, dass der Apotheker für seine berufliche Arbeit stets persönlich verantwortlich ist. Apothekenpflichtige Arzneimittel werden bis auf wenige Ausnahmen nicht von der GKV erstattet. Hat ein Medikament keine heilende Wirkung, so entfällt die Apothekenpflicht. Es ist dann freiverkäuflich und darf über den Einzelhandel vertrieben werden. Die Notwendigkeit der ärztlichen Verschreibung wird in § 48 AMG im

---

69 Eigene Darstellung in Anlehnung an VFA (2007), S. 44.

70 Verschreibungspflichtige Präparate werden auch als rezeptpflichtig bezeichnet, vgl. Bungenstock (2010), S. 51. Da sowohl freiverkäufliche als auch apothekenpflichtige Arzneimittel über die Ladentheke verkauft werden, können sie unter dem Begriff OTC-Arzneimittel zusammengefasst werden (OTC = over the counter).

71 Vgl. Deutsch / Spickhoff (2008), S. 788.

materiellen Sinne begründet. Sie ergibt sich aus einer Risikobewertung von Arzneimitteln, falls bei fehlender ärztlicher Überwachung eine Gefahr für die Gesundheit besteht.[72] Verschreibungspflichtige Arzneimittel machen im Jahr 2009 mit 82 % den Hauptumsatz im deutschen Apothekenmarkt aus.[73] Abbildung 4 verdeutlicht die Marktabgrenzung nach dem Verschreibungsstatus.

Apothekenmarkt 2009		
Apothekenpflichtige Arzneimittel **(§ 43 AMG)** 12,0 % • bedürfen keiner Verschreibung • Abgabe über Apotheken • seit 2004 zum Großteil nicht mehr von der GKV erstattet	Verschreibungspflichtige Arzneimittel **(§ 48 AMG)** **82,0 %** • dürfen nur bei Vorliegen einer Verschreibung an den Verbraucher abgegeben werden • Vertrieb über Apotheken	Frei Verkäuflich 6,0 %

Abbildung 4: Marktabgrenzung nach dem Verschreibungsstatus[74]

Darüber hinaus berücksichtigt die GKV den **Innovationsgrad**. Sie trifft eine vereinfachte Unterscheidung in Erst- (Originale) und Zweitanmelderpräparate (Generika).[75] Da in der gesundheitspolitischen Diskussion die Bewertung des Nutzens von Arzneimitteln eine immer wichtigere Rolle spielt, werden **Erstanmelderpräparate** weiter differenziert.[76] Zur Einordnung des Innovationsgrades gilt das auf dem Wirkstoff basierende Klassifikationsschema der Kölner Pharmakologen FRICKE UND KLAUS[77] als Standard. Dabei werden vier Kategorien unterschieden:

A. Innovative Struktur oder neuartiges Wirkprinzip mit therapeutischer Relevanz

B. Verbesserung pharmakodynamischer oder pharmakokinetischer Eigenschaften be-

---

72 Vgl. Deutsch / Spickhoff (2008), S. 725 und S. 789.
73 Vgl. VFA (2010b), S. 45.
74 Eigene Darstellung auf der Basis von Daten aus dem Jahr 2009, vgl. VFA (2010b), S. 45 und §§ 43, 48 AMG.
75 Vgl. Keller (1995), S. 103.
76 Vgl. Deutsche Pharmazeutische Gesellschaft (o.J.), S. 7.
77 Die Bewertung neuer Arzneimittel nach FRICKE UND KLAUS ist seit 1987 Bestandteil des Arzneiverordnungsreports. Zu den neuen Arzneimitteln 2009 siehe Fricke / Schwabe (2010), S. 48 und 50.

reits bekannter Wirkprinzipien

C. Analogpräparat mit keinen oder nur marginalen Unterschieden zu bereits eingeführten Präparaten[78]

D. Nicht ausreichend gesichertes Wirkprinzip oder unklarer therapeutischer Stellenwert

Aus Sicht der pharmazeutischen Industrie spielt diese Klassifizierung eine wichtige Rolle, da sie oft als Basis für gesundheitsökonomische Analysen und Einsparpotenzialberechnungen dient. Der Umsatzanteil patentgeschützter Präparate am GKV-Fertigarzneimittelmarkt hat sich zwischen 1993 und 2009 vervierfacht und liegt heute bei 46,4 %.[79] Da neue Präparate in der Regel teurer sind als bereits vorhandene Produkte, führt dies zu einer Steigerung der GKV-Ausgaben. Mit dem höheren Preis ist die Erwartung eines höheren therapeutischen Nutzens verbunden. Die Verteilung aller seit 1986 klassifizierten neuen Wirkstoffe zeigt jedoch, dass es sich lediglich bei 36 % der Substanzen um Präparate der Kategorie A handelt, während 44 % in Kategorie C fallen.[80] Um die GKV-Ausgaben zu begrenzen, setzt die staatliche Regulierung bevorzugt an neuen Wirkstoffen an. Besonders diejenigen Innovationen ohne oder mit geringfügigem therapeutischem Zusatznutzen werden daher immer wieder als mögliche Einsparpotenziale diskutiert. Da die Arzneimittelhersteller während der Entwicklungsphase in der Regel nicht vorhersehen können, wie ein Präparat nach seiner Marktzulassung beurteilt wird, entstehen hieraus erhebliche Planungsunsicherheiten.[81]

Der Rechtsbegriff der echten Innovation mit therapeutischem Zusatznutzen wird im Gesetzestext nicht definiert. Die Deutsche Pharmazeutische Gesellschaft wagt daher eine wissenschaftliche Beurteilung aufgrund der Kriterien Neuartigkeit und Nützlichkeit. Diese Eingruppierung ist nicht deckungsgleich mit dem von FRICKE UND KLAUS gewählten Ansatz. Aus pharmazeutischer Sicht bezieht sich die Bewertung nicht allein

---

78 Analogpräparate (oder: Me-too-Präparate) sind chemische Innovationen mit pharmakologisch ähnlichen oder gleichartigen Wirkungen, da sie aus neuen Molekülen aber mit analogen Wirkungen, wie bereits bekannte Präparate, bestehen. Obwohl sie keine besonderen therapeutischen Vorteile bieten, sind sie patentfähig, vgl. Prinz / Vogel (2003), S. 94.

79 Vgl. Coca / Nink / Schröder (2010), S. 182.

80 Vgl. Coca / Nink / Schröder (2010), S. 183.

81 Vgl. Werner (2007), S. 1.

auf den Wirkstoff, sondern ebenso auf die Darreichungsform. Arzneistoffe beziehungsweise -formen, „(...) die ohne Orientierung an bereits bekannten Wirkstoffen völlig neu entwickelt wurden und als erste Vertreter einer neuen Stoffgruppe einen bedeutenden therapeutischen Fortschritt markieren (...)“,[82] werden als **Sprunginnovationen** bezeichnet. Da diese zwar die größte Innovationshöhe haben, sich der Wert und das Sicherheitsprofil aufgrund fehlender Endpunktstudien oft aber erst im Nachhinein beurteilen lassen, können nachfolgende Arzneimittel mit dem gleichen Wirkprinzip therapeutisch verbesserte Eigenschaften aufweisen. Da es sich dabei um eine schrittweise Optimierung bekannter Wirkstoffe handelt, werden sie **Schrittinnovationen** genannt. **Scheininnovationen** sind „(...) Wirkstoffe, die die gleiche Zielstruktur adressieren wie ein bereits eingeführter Wirkstoff und die auch ansonsten keine relevante therapeutische Neuerung darstellen.“[83] Demnach sind nicht pauschal alle Innovationen der Kategorie C Scheininnovationen.

Fertigarzneimittel, die nach Ablauf des Patentschutzes für ein Originalpräparat mit dem internationalen Freinamen oder unter einem neuen Handelsnamen auf den Markt gebracht werden, werden als **Generika** bezeichnet. Sie „(...) haben die gleiche Zusammensetzung der Wirkstoffe nach Art und Menge und die gleiche Darreichungsform wie das Referenzarzneimittel.“[84]

Eine Besonderheit der Arzneimittelentwicklung besteht in der langen Entwicklungszeit bei vergleichsweise geringer Erfolgswahrscheinlichkeit.[85] Die Innovationskosten belaufen sich pro Original auf circa 870 Mio. Euro.[86] Ein Großteil davon entfällt auf die klinische Entwicklung, insbesondere auf Phase-III-Studien.[87] Schätzungen zur Folge schafft eine von 5.000-10.000 geprüften Substanzen den Markteintritt als zugelassenes Präparat.[88] In den letzten Jahren sind die Anforderungen, „(...) die bei der Zulassung

---

82 Deutsche Pharmazeutische Gesellschaft (o.J.), S. 13.
83 Deutsche Pharmazeutische Gesellschaft (o.J.), S. 17.
84 Deutsch / Lippert (2007), S. 217.
85 Vgl. Prinz / Vogel (2003), S. 87.
86 Vgl. BPI (2007), S. 16.
87 Vgl. VFA (2009c), S. 23. In Phase III der klinischen Forschung wird der Wirkstoff hinsichtlich seiner medizinischen Wirksamkeit und Unbedenklichkeit an einem heterogenen Probandenkreis getestet. Die Phase III endet mit dem Antrag auf Zulassung des Wirkstoffes, vgl. Rietbrock / Staib / Loew (1990), S. 154.
88 Vgl. Harms / Gänshirt / Lonsert (2005), S. 866, Van Lier (2007), S. 48 oder BPI (2007), S. 16.

eines neuen Wirkstoffs an den Nachweis von Sicherheit und Wirksamkeit, Verträglichkeit und Qualität gestellt werden (…)",[89] stetig gestiegen. Eine Arzneimittelentwicklung gleicht aus Sicht der Hersteller einer Investition, bei der am Anfang hohe Kosten entstehen, die durch spätere, ungewisse Rückflüsse amortisiert werden müssen.[90] Diese Forschungs- und Entwicklungskosten werden in die Preisgestaltung einbezogen, so dass der Preis eines innovativen Präparates deutlich über den Grenzkosten der Produktion liegt. Um Anreize zur Innovation zu setzen, bekommt der Hersteller einen Sachschutz in Form eines Patentes oder Gebrauchsmusterschutzes.[91] Da der Schutz mit Erteilung des Patentes bereits während der Forschungsphase beginnt und 20 Jahre dauert, verbleiben nach Ablauf der Prüfungszeit und des Zulassungsverfahrens in der Regel weniger als zehn Jahre, um die Entwicklungskosten zu amortisieren.[92] Danach können Generikahersteller in den Markt eintreten und ihre Präparate preiswerter anbieten.[93] Gemäß dem Kriterium der Nachfragesubstituierbarkeit rechtfertigt der Innovationsgrad keine Marktabgrenzung. Generikahersteller und forschende Unternehmen stehen trotz ihrer unterschiedlichen Kostenstrukturen in direktem Wettbewerb zueinander. Der Gesetzgeber nutzt dies aus und fördert durch gesundheitspolitische Regulierungen gezielt Generika. Abbildung 5 gibt einen Überblick über die Abgrenzung des deutschen GKV-Marktes nach dem Innovationsgrad.

---

89 VFA (2009c), S. 23.

90 Vgl. Prinz / Vogel (2003), S. 87 oder Raasch (2006), S. 31.

91 Vgl. Raasch / Schöffski (2008), S. 216.

92 Durchschnittlich beträgt die Entwicklungszeit acht bis elf Jahre. Der effektive Patentschutz kann durch ein ergänzendes Schutzzertifikat (Supplement Protection Certificate) auf bis zu fünfzehn Jahre nach Markteinführung des Arzneimittels verlängert werden, vgl. BPI (2007), S. 16.

93 In Deutschland treten nach Ablauf eines Patentes bis zu 30 preisgünstigere Generikaanbieter in den Markt. Da das Originalpräparat dadurch innerhalb weniger Monate circa 50 % seines Umsatzes verliert, kann es nach Verlust der Marktexklusivität nur noch in geringem Maße zur Amortisation der Forschungs- und Entwicklungskosten beitragen, vgl. Raasch (2006), S. 1.

GKV-Umsatz 2009		
Generika 28%	(Patentgeschützte) Originale **59%**	Alt-Originale 13%
Arzneimittel mit Wirkstoffen, deren Patent abgelaufen ist und die von einem anderen Hersteller unter eigenem Markennamen oder unter dem internationalen Freinamen vertrieben werden	Arzneimittel mit Wirkstoffen, die durch Patente geschützt sind	Arzneimittel mit Wirkstoffen, deren Patent abgelaufen ist und die weiterhin vom Originalhersteller unter dem etablierten Markennamen vertrieben werden

Abbildung 5: Marktabgrenzung nach dem Innovationsgrad[94]

2.4 Gesundheitspolitische Rahmenbedingungen im GKV-Arzneimittelmarkt

2.4.1 Direkte Regulierung forschender Pharmahersteller

Das deutsche Gesundheitssystem bedarf aus zwei Gründen einer staatlichen Regulierung, die den rechtlichen Rahmen privater Aktivitäten übersteigt.[95] Erstens ist durch die in der GKV geltende Vollversicherung die individuelle Zahlungsbereitschaft der Patienten und Versicherten für erstattungsfähige Präparate nicht transparent. Weder auf Nachfrageseite (Patienten / Versicherte) noch auf Angebotsseite (Leistungserbringer) besteht daher ein Anreiz zur effizienten Versorgung. Das Konsumniveau wird nicht durch die Nachfrager, sondern die Leistungsanbieter bestimmt.[96] Zweitens wird die GKV solidarisch finanziert.[97] Die Krankenkassenbeiträge sind an die Löhne gekoppelt und richten sich nach der wirtschaftlichen Leistungsfähigkeit der Versicherten, anstatt nach dem Krankheitsrisiko. Das führt dazu, dass die Beiträge in vielen Fällen nicht von

---

94 Eigene Darstellung auf der Basis von Daten aus dem Jahr 2009, vgl. Progenerika (2009), S. 4.

95 Vgl. Cassel / Wille (2008), S. 97. Bungenstock (2010) weist darauf hin, dass „(…) Krankenversicherungsschutz zu Preissteigerungen auf unvollkommenen Märkten sowie zu einer übermäßigen Produktdifferenzierung im monopolistischen Wettbewerb beiträgt." Bungenstock (2010), S. 53. Er sieht darin den Grund gesundheitspolitischer Regulierung.

96 Der Arzt entscheidet über die Therapie und bestimmt somit das Konsumniveau, vgl. Blankart / Fasten / Schwintowski (2009), S. 29.

97 Vgl. § 3 SGB V.

denen gezahlt werden, die die Leistungen in Anspruch nehmen. Das Wirtschaftlichkeitsgebot versucht, „(...) den unvollkommenen Marktwettbewerb im System der GKV normativ zu ersetzen (...)“,[98] indem es eine ausreichende, zweckmäßige und wirtschaftliche Gesundheitsversorgung vorschreibt. Über dieses Gebot wird die Wirtschaftlichkeit zum Ziel des Einsatzes von Regulierungsinstrumenten.[99]

Der Gesetzgeber greift über die Beeinflussung von Preisen, Mengen und Qualität der verordneten Arzneimittel in die ambulante Versorgung ein.[100] WILLE, CASSEL UND ULRICH (2008)[101] identifizieren „(...) alleine 20 Instrumente, die auf Preis und / oder Menge der Medikamente abzielen, 5 Instrumente, die sich auf Qualität und Umsatz erstrecken und 2, die nur auf die Qualität abstellen.“[102] Neben den verschiedenen Zielgrößen kennt der Gesetzgeber unterschiedliche Adressaten für die Regulierungsinstrumente (Arzneimittelhersteller, Großhandel, Apotheken, Ärzte, Patienten). Dabei wirken die meisten Maßnahmen nicht nur auf einen, sondern mehrere. So kommt es in vielen Bereichen zu parallelen Regelungen, die sich in ihrer Wirkung potenzieren, abschwächen oder überflüssig machen sowie in ihren beabsichtigten Effekten ausschließen.[103] Da die einzelnen Marktakteure die Interdependenzen nicht bis ins Detail kennen, können sie nicht beurteilen, wie sich ihr Handeln auf das Gesamtsystem auswirkt.[104] Der deutsche Arzneimittelmarkt wird so zu einem hoch komplexen Regulierungssystem, dessen Intransparenz erheblich kritisiert wird. Neben der Regulie-

---

98 Blankart / Fasten / Schwintowski (2009), S. 128. Das Wirtschaftlichkeitsgebot ist in § 12 SGB V geregelt.

99 Vgl. Fricke (2008), S. 51. Nach ökonomischer Definition bestimmt das Verhältnis der eingesetzten Güter und Dienstleistungen zu den erzielten Ergebnissen die Wirtschaftlichkeit.

100 Im Gegensatz zu den meisten europäischen Ländern erlaubt der deutsche Arzneimittelmarkt zunächst eine freie Preisbildung durch die Hersteller. Trotzdem übt der Gesetzgeber über verschiedene Regulierungsinstrumente indirekt erheblichen Druck auf die Preise aus, vgl. Coca / Nink / Schröder (2009), S. 165. Daneben hat er die Möglichkeit, auf die verordneten Mengen und die Qualität der Präparate einzuwirken, vgl. Dierks (2008), S. 4. Einschränkend ist zu bemerken, dass sich die im Folgenden analysierten Instrumente nur auf den Anteil der GKV-Versicherten und – aufgrund der in Kapitel 2.3 beschriebenen Spezifika der Sektoren – zum größten Teil nur auf die ambulante Versorgung beziehen.

101 WILLE / CASSEL / ULRICH (2008) erstellten das Gutachten im Jahr 2008 im Auftrag VFA.

102 Cassel / Wille (2008), S. 98.

103 Diese vier Wechselwirkungen identifizieren CASSEL / WILLE (2008), S. 99.

104 Vgl. Dierks (2008), S. 6. Ergänzend zu den verbalen Ausführungen gibt Abbildung 41 im Anhang zu Kapitel 2 eine zusammenfassende Übersicht über die analysierten Interdependenzen zwischen den Regulierungsinstrumenten.

rungsdichte ist die Häufigkeit der Adjustierungen ein zentraler Kritikpunkt.[105] Forschende Arzneimittelhersteller benötigen aufgrund zeit- und kostenintensiver Forschungs- und Entwicklungsvorhaben verlässliche und planbare Rahmenbedingungen. Um die Markteinführung, das Marketing- und Vertriebskonzept sowie die Positionierung des Außendienstes entsprechend zu planen, ist es für sie essenziell, die mögliche Reaktion der GKV auf ein neues Präparat antizipieren zu können. Dass die Kriterien für eine solche Einschätzung vollends fehlen, wird im Folgenden verdeutlicht. Die Sicherstellung des Marktzugangs und der Kostenerstattung werden vor diesem Hintergrund zu wachsenden Herausforderungen.[106]

Die folgende Analyse arbeitet mögliche juristische Konflikte heraus, die durch die Wechselwirkungen zwischen den Regulierungsmaßnahmen entstehen.[107] Zur Erhöhung der Übersichtlichkeit werden zunächst die einzelnen verpflichtenden Instrumente analysiert, die direkt oder indirekt auf die forschende Pharmaindustrie wirken, bevor gezielt die Interdependenzen zu dem neuen freiwillig zu nutzenden Instrument der Arzneimittelrabattverträge herausgearbeitet werden. Abbildung 6 gibt einen Überblick über die im Folgenden analysierten Regulierungsinstrumente.

---

105 Verschiedene Autoren üben sowohl an der Regulierungsdichte als auch an der Häufigkeit der gesetzlichen Veränderungen Kritik, vgl. Vorderwülbecke (2006), S. 693, Cassel / Wille (2008), S. 98 oder Dierks (2008), S. 3.

106 Vgl. Dierks (2008), S. 11 und Böll (2009), S. 46.

107 Basis für die Analyse bietet das Gutachten von DIERKS (2008), das sechs Konfliktfelder detailliert beschreibt. Die durchgeführte Analyse erhebt keinen Anspruch auf Vollständigkeit.

Zielgröße / Akteur	Umsatz (Preis bzw. Menge)	Qualität und Umsatz	Qualität
Arzneimittelhersteller (und deren Präparate)	• Festbetrag • Erstattungshöchstbetrag • Preisstopp (Preismoratorium) • Gesetzlicher Herstellerrabatt • Zuzahlung • Rabattverträge	• Kosten-Nutzen-Bewertung • Verordnungseinschränkung oder -ausschluss • Zweitmeinung	• Nutzenbewertung
Großhandel	• Großhandelshöchstzuschlag		
Apotheke	• Apothekenzuschlag (Apothekenspanne) • Apothekenabschlag • Importförderung • Aut-Idem Regelung • Verbot von Naturalrabatten und Verbot von Geldrabatten • Auseinzelung		
Arzt	• Preisvergleichsliste • Ausgabenvolumina mit Kollektivregress oder -bonus • Fachgruppenspezifische Richtgrößenvolumina • Wirtschaftlichkeitsprüfung • Bonus-Malus-Regelung • Entlassmedikation • Dispensierverbot	• Negativliste • Regionale Zielvereinbarungen	• Teile der Arzneimittelrichtlinien

Abbildung 6: Übersicht über die Regulierungsinstrumente im deutschen Arzneimittelmarkt[108]

Festbeträge sind ein Instrument der indirekten Preissteuerung.[109] Die Bestimmung des Arzneimittelpreises obliegt zwar nach wie vor dem Hersteller, die gesetzliche Leistungspflicht der Krankenkassen endet für generikafähige und patentgeschützte Präparate ohne signifikanten therapeutischen Zusatznutzen allerdings mit dem Festbetrag, das

[108] Eigene Darstellung in Anlehnung an Cassel / Wille (2008), S. 98. Abweichend zu CASSEL UND WILLE ordnet die Autorin dieser Arbeit die Regulierungsinstrumente aus Gründen der Übersichtlichkeit jeweils eindeutig dem Akteur zu, auf den sie vorrangig wirken.

[109] Vgl. § 35 und § 35a SGB V. Das Festbetragssystem wurde 1989 im Rahmen des Gesundheitsreformgesetzes (GRG) eingeführt, vgl. Coca / Nink / Schröder (2009), S. 164.

heißt die Kosten werden nur bis zu dieser Höhe erstattet.[110] Um der Pharmaindustrie einen Anreiz zur Erforschung neuer Wirkstoffe zu geben, dürfen patentgeschützte Originale, deren Wirkungsweise neuartig ist und die eine therapeutische Verbesserung darstellen, nicht unter Festbetrag fallen.[111] Aus gesundheitspolitischer Sicht besteht das Ziel der Festbeträge darin, eine „(...) ausreichende, zweckmäßige und wirtschaftliche sowie in der Qualität gesicherte Versorgung (...)“[112] sicherzustellen, indem sie Wirtschaftlichkeitsreserven ausschöpfen und einen wirksamen Preiswettbewerb auslösen. Sie orientieren sich daher an möglichst preisgünstigen Versorgungsmöglichkeiten.[113]

Besonders durch das mit dem Festbetrag verbundene Erstattungsniveau ist der Preisdruck auf die forschenden Hersteller sehr unterschiedlich. Er differiert erheblich, je nachdem, ob ein Präparat in eine Jumbo-Gruppe eingeordnet wird, die neben patentgeschützten Wirkstoffen auch Generika umfasst oder, ob ausschließlich patentgeschützte Wirkstoffe ohne therapeutischen Mehrnutzen in der Gruppe sind (Stufe 2).[114] Das Preis-

---

[110] Zur Leistungspflicht der Krankenkassen für Festbetragsarzneimittel siehe §§ 12 Abs. 2 und 31 Abs. 2 SGB V. Im Jahr 2009 waren 75 % der Verordnungsmenge und 41 % des Umsatzes festbetragsgeregelt, vgl. VFA (2010b), S. 52. So lag das Einsparpotenzial im gesamten Festbetragsmarkt bei 4,3 Mrd. Euro, vgl. VFA (2010b), S. 52.

[111] Vgl. § 35 Abs. 1 SGB V. Ein Wirkstoff gilt als neuartig, solange der Wirkstoff, der als erster dieser Gruppe in Verkehr gebracht wird, patentgeschützt ist, vgl. § 35 Abs. 1 SGB V. Eine therapeutische Verbesserung liegt vor, wenn das Arzneimittel einen therapierelevanten höheren Nutzen als andere Arzneimittel dieser Wirkstoffgruppe hat und deshalb als zweckmäßige Therapie regelmäßig oder auch für relevante Patientengruppen oder Indikationsbereiche anderen Präparaten dieser Gruppe vorzuziehen ist, vgl. § 35 Abs. 1b SGB V. Die Bewertung des Nutzens erfolgt für gemeinsame Anwendungsgebiete der Arzneimittel einer Wirkstoffgruppe. Ein höherer Nutzen kann auch in einer Verringerung der Häufigkeit oder des Schweregrads therapierelevanter Nebenwirkungen bestehen.

[112] § 35 Abs. 5 SGB V.

[113] In den Arzneimittelrichtlinien bestimmt der Gemeinsame Bundesausschuss (G-BA), für welche Arzneimittelgruppen Festbeträge festgesetzt werden, vgl. § 92 Abs. 1 Satz 2 Nr. 6 SGB V. Es werden Präparate mit denselben Wirkstoffen (Stufe 1), pharmakologisch-therapeutisch vergleichbaren Wirkstoffen, insbesondere mit chemisch verwandten Stoffen (Stufe 2) und therapeutisch vergleichbarer Wirkung, insbesondere Arzneimittelkombinationen (Stufe 3) zusammengefasst. Die Festbetragsstufen 2 und 3 müssen sicherstellen, dass Therapiemöglichkeiten nicht eingeschränkt werden und medizinisch notwendige Verordnungsalternativen verfügbar sind. Mit dem Gesetz zur Verbesserung der Wirtschaftlichkeit in der Arzneimittelversorgung (AVWG) änderte sich die Eingruppierung der Arzneimittel und die Bestimmung der Festbeträge. Seit 01. April 2006 müssen die Festbeträge aller drei Stufen im unteren Preisdrittel liegen. Voraussetzung dafür ist, dass ein Fünftel aller Verordnungen und mindestens ein Fünftel aller Packungen zum Festbetrag verfügbar sind, um eine ausreichende Arzneimittelauswahl zu gewährleisten, vgl. Coca / Nink / Schröder (2008), S. 167. Auf Basis der rechnerischen mittleren Tages- oder Einzeldosen oder anderer geeigneter Vergleichsgrößen bestimmt dann der Spitzenverband Bund der gesetzlichen Krankenkassen (GKV-Spitzenverband) den jeweiligen Festbetrag und veröffentlicht Übersichten über die betroffenen Pharmaka. Vierteljährlich werden sie überprüft und an die aktuelle Marktlage angepasst, vgl. § 35a Abs. 5 SGB V.

[114] Vgl. Schuler / Dilger (o.J.), S. 4.

gefälle innerhalb einer Jumbo-Gruppe ist relativ groß. Da sich der Festbetrag stark an den niedrigen Generikapreisen orientiert, führt das zu einem heftigen Preisdruck auf die Originale. Die Preise patentgeschützter Präparate in einer Festbetragsgruppe der Stufe 2 sind in der Regel relativ ähnlich, so dass der Druck hier geringer ist. Das Preisgefüge ändert sich aber, sobald der erste Wirkstoff in der Gruppe patentfrei wird. Für forschende Pharmaunternehmen ergibt sich somit die Notwendigkeit, das eigene Produktportfolio auf bevorstehende Festbetragsrisiken zu analysieren, um Bedrohungen frühzeitig zu identifizieren und Handlungsstrategien zu erarbeiten.[115]

Als mögliche Reaktionen bieten sich grundsätzlich die Beibehaltung oder Absenkung des Listenpreises auf Festbetragsniveau an. Die Umsatzeffekte dieser beiden Strategien sind gegeneinander abzuwägen. Senkt ein Hersteller den Preis nicht auf Festbetrag ab, tragen gesetzlich versicherte Patienten den Differenzbetrag (Aufzahlung). Abhängig von deren Zahlungsbereitschaft, kann sich dies negativ auf die Absatzmenge auswirken.[116] Um einen solchen Verordnungsrückgang zu vermeiden, könnte der Hersteller seinen Listenpreis senken. Dies hätte nationale und internationale Folgen: Im nationalen Kontext würde voraussichtlich die Generikamenge sinken, so dass mit einer Preisreaktion seitens der Generikahersteller und der sukzessiven Erosion des Marktpreises zu rechnen wäre. Im internationalen Kontext könnte eine aus deutscher Sicht optimale Preisstrategie negative Auswirkungen auf das europäische Referenzpreissystem haben.[117] Darüber hinaus hätte eine Veränderung des deutschen Listenpreises Auswirkungen auf den Handel mit Importpräparaten.

---

115 Bei der Analyse des Produktportfolios sollten insbesondere die pharmakologisch-therapeutische Vergleichbarkeit der eigenen patentgeschützten Wirkstoffe innerhalb einer Wirkstoffklasse sowie das derzeitige und zukünftige Preisgefälle innerhalb der Wirkstoffgruppe und das Umsatzvolumen der jeweiligen Produktklasse sowie die eigenen Marktanteile herangezogen werden. Aus diesen Faktoren lassen sich das mögliche Risiko abschätzen und geeignete Handlungsalternativen ableiten, vgl. Schuler / Dilger (o.J.), S. 7.

116 Vgl. Fricke (2008), S. 55. Darüber hinaus ist der verordnende Arzt gesetzlich verpflichtet, seine Patienten über die Aufzahlung zu informieren. Um diesen bürokratischen Aufwand zu vermeiden, bevorzugen viele Ärzte aufzahlungsfreie Präparate, vgl. Schuler /Dilger (o.J.), S. 11.

117 Das Absenken des deutschen Preises könnte eine Signalwirkung auf die preiskontrollierten europäischen Nachbarländer haben, vgl. Schuler / Dilger (o.J.), S. 5.

Um die Effizienz der GKV beurteilen zu können, muss neben den Ausgaben der gesundheitliche Nutzen (Outcome) beachtet werden. Während vergangene Reformansätze vorrangig kostensenkende Maßnahmen fokussierten,[118] versucht die Gesundheitsreform 2007 der Tatsache Rechnung zu tragen, dass der gesundheitliche Outcome vor dem Hintergrund der demographischen Entwicklung immer wichtiger wird. Da medizinisch-technischer Fortschritt bei stagnierenden Beiträgen trotzdem geleistet werden muss, betrachtet die **Kosten-Nutzen-Bewertung** nicht nur die Ausgabenseite, sondern versucht eine wohlfahrtsökonomisch basierte Aussage zur Vorteilhaftigkeit des medizinisch-technischen Fortschritts zu treffen.[119] Mit dem GKV-Wettbewerbsstärkungsgesetz erweiterte der Gesetzgeber den Kompetenzbereich des Institutes für Qualität und Wirtschaftlichkeit im Gesundheitswesen (IQWiG) von der reinen Nutzenbewertung neuer, erstmals verordnungsfähiger, patentgeschützter Präparate und anderer Arzneimittel, die von Bedeutung sind, auf eine Kosten-Nutzen-Bewertung.[120] Dabei wird es vom Bundesministerium für Gesundheit (BMG) oder dem G-BA beauftragt, den diagnostischen oder therapeutischen Zusatznutzen eines Präparates im Vergleich zu alternativen Optionen in Relation zu den Kosten der verglichenen Handlungsoptionen zu setzen. Der Zusatznutzen wird dabei auf Basis einer Verbesserung des Gesundheitszustandes, Verkürzung der Krankheitsdauer, Verlängerung der Lebensdauer, Verringerung von Nebenwirkungen und einer Verbesserung der Lebensqualität beurteilt.[121] Die Bewertung muss auf Grundlage international anerkannter Standards der evidenzbasierten Medizin und der Gesundheitsökonomie erfolgen, wobei die Methoden und Kriterien zur Bewertung auftragsbezogen zu wählen sind.[122]

---

118 Vgl. Heinzen (2002), S. 12.

119 Zu den Einzelheiten der Kosten-Nutzen-Bewertung, vgl. Dieners / Heil (2007a), S. 91.

120 Vgl. §§ 35b Abs. 1 SGB V und 139a Abs. 1 und 2 SGB V. Das GKV-Modernisierungsgesetz (GMG) sieht seit 2004 die diagnostische und therapeutische Nutzenbewertung von Arzneimitteln vor, vgl. Wasem (2008), S. 1.

121 Vgl. § 35b Abs. 1 SGB V, § 139b Abs. 1 und 2 SGB V und Fricke / Schröder-Bernhardi (2007), S. 160.

122 Vgl. §§ 35b Abs. 1 SGB V und 139a Abs. 4 SGB V. Das IQWiG muss dabei eine hohe Verfahrenstransparenz und angemessene Beteiligung medizinischer, pharmazeutischer und gesundheitsökonomischer Experten, Arzneimittelhersteller, Vertretungen der Apotheker sowie Patienten- und Selbsthilfeorganisationen und dem Patientenbeauftragten der Bundesregierung gewährleisten. Ein im Jahr 2008 publiziertes Gutachten von BEKKERING UND KLEIJNEN zeigt im internationalen Vergleich deutliche Verbesserungspotenziale im Vorgehen des IQWiG auf, vgl. Bekkering / Kleijnen (2008), S. 225- S. 246. Das Gutachten wurde im Auftrag des VFA erstellt.

Durch das GKV-Wettbewerbsstärkungsgesetz wurden diese methodischen Standards nur partiell abdeckt, so dass Kritiker durch die Bewertungspraxis des IQWiG einen maßgeblichen Einfluss auf die Marktzulassung innovativer Präparate und damit eine Schwächung des Forschungsstandortes Deutschland befürchten.[123] Darüber hinaus ist kritisch zu beurteilen, dass die Hersteller sensible Daten zur Entwicklung neuer Wirkstoffe offen legen müssen.[124] Ferner untergräbt die Kosten-Nutzen-Bewertung den Innovationsschutz des Festbetragssystems, der patentgeschützte Arzneimittel mit neuartiger Wirkweise vom Festbetrag ausnimmt.[125] Auch für patentgeschützte Präparate ohne therapeutischen Mehrnutzen besteht ein Widerspruch zur Festbetragsregelung, da diese kurz nach Markteinführung in eine Festbetragsgruppe eingeordnet werden können, sofern für einen vergleichbaren Wirkstoff kein Patentschutz mehr besteht.

Wenn bei einer Kosten-Nutzen-Bewertung keine Kosteneffektivität attestiert wird, definiert der GKV-Spitzenverband für innovative Präparate, für die kein Festbetrag besteht, einen **Erstattungshöchstbetrag**, bis zu dem die GKV die Kosten übernimmt.[126] Alternativ kann dieser im Einvernehmen mit den Arzneimittelherstellern bestimmt werden.[127] Die Kosten-Nutzen-Bewertung erlaubt die Festsetzung eines Höchstbetrages allerdings erst dann, „(…) wenn hinreichende Erkenntnisse über die Wirksamkeit des Arzneimittels nach den Grundsätzen der evidenzbasierten Medizin vorliegen können."[128]

Mit Einführung der Erstattungshöchstbeträge im Rahmen des GKV-Wettbewerbsstärkungsgesetzes ging der Gesetzgeber einen weiteren Schritt zur Steuerung der Arzneimittelpreise über das Festbetragssystem hinaus, um die Kostenbelastung bei der Markteinführung innovativer Präparate in ein angemessenes Verhältnis zu deren medizinischem Zusatznutzen zu setzen.[129] Obwohl der Pharmaindustrie vor der Entscheidung über die Höhe des Erstattungshöchstbetrags die Möglichkeit zur

123 Vgl. hierzu Bierwirth (2007), S. 510. und Schwabe (2009), S. 40.
124 Vgl. Dieners / Heil (2007a), S. 92.
125 Vgl. § 35 Abs. 1 SGB V.
126 Ausgenommen vom Erstattungshöchstbetrag sind Arzneimittel, für die eine entsprechende Therapiealternative fehlt, vgl. § 31 Abs. 2a SGB V.
127 Vgl. Sickmüller / Lietz (2007), S. 395.
128 § 31 Abs. 2a SGB V.
129 Vgl. Dieners / Heil (2007a), S. 90 zur Zielsetzung der Erstattungshöchstbeträge.

Stellungnahme eingeräumt werden muss, resultieren daraus hohe Planungsunsicherheiten, da während der Produktentwicklung unsicher ist, inwieweit die GKV die Kosten erstattet.[130] Ferner konterkariert diese Regelung den Schutz innovativer Originale (Innovationsschutz), der durch die explizite Betonung der Festbetragsfreiheit für derartige Arzneimittel unmissverständlich im SGB V verankert worden ist.[131] Indem Höchstbeträge die freie Preisbildung einschränken, unterbinden sie den Wettbewerb bei innovativen Präparaten und schaden damit dem Pharmastandort Deutschland.[132] Senkt der Hersteller nach Festlegung der Erstattungshöhe den Listenpreis nicht auf den Erstattungsbetrag ab, muss der Patient die Differenz in Form einer Aufzahlung tragen. Eine Belastungsgrenze wie im Fall der gesetzlichen Zuzahlung ist dabei nicht definiert.[133]

Darüber hinaus hat der Gesetzgeber nach einer Kosten-Nutzen-Bewertung die Möglichkeit, die **Verordnung des Präparates einzuschränken oder auszuschließen**. Durch die Ergänzung der Arzneimittelrichtlinie um einen Therapiehinweis kann der G-BA die Vertragsärzte darüber informieren, dass die Verordnung aufgrund eines geringen oder nicht nachgewiesenen Mehrnutzens unwirtschaftlich ist.[134] Daraufhin werden die Vertragsärzte hinsichtlich der Wirtschaftlichkeit nachweispflichtig. So ergeben sich Regressrisiken, falls die Verordnung im Rahmen einer Wirtschaftlichkeitsprüfung als unwirtschaftlich bewertet wird.[135] Die Verbindlichkeit eines Therapiehinweises ist jedoch schwer durchzusetzen, da die Therapieentscheidung letztendlich dem Arzt obliegt. Darüber hinaus kann der G-BA das Präparat aus der Versorgung ausschließen, sofern die Voraussetzungen dafür gegeben sind oder ein entsprechender Therapiehinweis vorliegt.[136] Nach einem Ausschluss ist die Verordnung nur noch als medizinisch begründete

130 Vgl. Dieners / Heil (2007a), S. 91.

131 Vgl. § 35 Abs. 1b SGB V. Die im Rahmen des Arzneimittelversorgungs-Wirtschaftlichkeitsgesetzes gestärkte Innovationsschutzklausel wird durch die Einführung von Höchstbeträgen ad absurdum geführt, vgl. VFA (2006).

132 Vgl. BAH (2006), S. 3.

133 Vgl. Wasem (2008), S. 1. Zur Definition der Belastungsgrenze, vgl. § 62 SGB V.

134 Vgl. § 92 Abs. 1 SGB V.

135 Vgl. Dierks (2008), S. 9.

136 Vgl. § 92 Abs. 1 SGB V. Die Voraussetzungen für den Ausschluss von Arzneimitteln aus der Versorgung sind in § 34 SGB V geregelt.

Ausnahmeverordnung möglich.[137] Da die Vertragsärzte diese Möglichkeit selten nutzen, sind die Vermarktungschancen eines solchen Präparates vergleichsweise schlecht.[138]

Die Verordnung besonderer Arzneimittel muss durch die **Zweitmeinung** eines Arztes, der auf die jeweilige Therapierichtung spezialisiert ist, abgesichert werden.[139] Anstatt der angestrebten Verbesserung der Patientenversorgung kann diese Neuregelung einen vermehrten Einsatz von Standardtherapien zur Folge haben, um erhöhten bürokratischen Aufwand und Wartezeiten auf die Zweitmeinung zu vermeiden. Für die Pharmaindustrie resultiert daraus eine zusätzliche Markthürde, die mit Unsicherheit bezüglich der Bedarfsplanung und Kostenanalyse einhergeht. Ferner sind entscheidende Details wie die Qualifikationsmerkmale des Arztes der besonderen Therapierichtung sowie die Mindesthöhe der Therapiekosten im Gesetz nicht definiert, so dass in Zweifelsfällen eine juristische Überprüfung schwierig ist.[140] Die Kosten, die im Rahmen eines Zweitmeinungsverfahrens entstehen, sind im Rahmen einer Wirtschaftlich-keitsprüfung als Praxisbesonderheit zu berücksichtigen.[141]

Als weiteres preisregulierendes Instrument kann der Gesetzgeber einen zeitlich befristeten **Preisstopp (Preismoratorium)** einsetzen.[142] Er verpflichtet die Arzneimittelhersteller, die Differenz zwischen dem aktuellen Listenpreis und dem Preisstand zum definierten Stichtag an die gesetzlichen Krankenkassen abzuführen. Mit diesem Ab-

---

137 Vgl. § 31 Abs. 1 SGB V.

138 Vgl. Dierks (2008), S. 9.

139 Gemäß § 73d SGB V sind besondere Arzneimittel als Medikamente mit besonderer Wirkung zur Verbesserung der Qualität ihrer Anwendbarkeit sowie der Patientensicherheit und des Therapieerfolges definiert. Es sind Spezialpräparate mit hohen Jahrestherapiekosten oder erheblichem Risikopotenzial. Zu ihrem gezielten Einsatz sind spezifische Kenntnisse erforderlich, die weit über breit gestreute Standardkenntnisse hinausgehen, vgl. Sickmüller / Lietz (2008), S. 1446. Daher ist vor ihrer Verordnung eine ärztliche Zweitmeinung einzuholen, indem ein Arzt für die besondere Arzneimitteltherapie zur Beratung hinzugezogen wird. Dieser prüft die Zweckmäßigkeit und Wirtschaftlichkeit der potenziellen Verschreibungen. Er gewährleistet, dass innovative Medikamente entgegen jeglicher Kostenüberlegungen verschrieben werden, wenn sie benötigt werden, vgl. PSG (2009), S. 11. Das Zweitmeinungsverfahren wurde mit dem GKV-Wettbewerbsstärkungsgesetz eingeführt, vgl. Sickmüller / Lietz (2007), S. 396.

140 Vgl. Dieners / Heil (2007a), S. 94.

141 Vgl. Dierks (2008), S. 9 mit Verweis auf § 73d Abs. 3 SGB V.

142 Vgl. § 130a Abs. 3a SGB V.

schlag sollen die Hersteller „ (...) einen Beitrag zur Stabilisierung der GKV-Ausgaben leisten.“[143] Das Preismoratorium bezieht sich nicht auf Preiserhöhungen bis zum Festbetrag. Da die Leistungspflicht der Krankenkassen auf den Festbetrag begrenzt ist, sind Preiserhöhungen oberhalb des Festbetrags von den Versicherten zu tragen und müssen ebenfalls nicht abgeführt werden.[144] Re- und Parallelimporte müssen mindestens 15 % beziehungsweise 15 Euro preisgünstiger bleiben als das Bezugsarzneimittel einschließlich Mehrwertsteuer, unter Beachtung der Abschläge für das Bezugsarzneimittel durch das Preismoratorium.[145] Gesetzliche Herstellerrabatte werden zusätzlich zu dem Abschlag im Rahmen des Preismoratoriums erhoben. Kritisch ist anzumerken, dass staatlich verordnete Preisstopps in grundsätzlichem Widerspruch zu einem marktwirtschaftlichen System stehen. Ferner haben sie nicht nur Auswirkungen auf die Arzneimittelpreise, sondern sie können schlimmstenfalls die Wirtschaftsaktivität und Innovationskraft der pharmazeutischen Unternehmen negativ beeinflussen.[146]

Der **gesetzliche Herstellerrabatt** dient ebenfalls der Kostendämpfung.[147] Er ist ein festgelegter Prozentsatz des Abgabepreises, den der Hersteller an die GKV abführen muss.[148] Je nach Charakteristik des Präparates ist die Abschlagshöhe unterschiedlich. Für Arzneimittel, die nicht der Festbetragsregelung unterliegen, ist ein gesetzlicher Herstellerrabatt in Höhe von 6 % einzuräumen, auf patentfreie, wirkstoffgleiche Präparate wird ein Abschlag in Höhe von 10 % erhoben (Generikaabschlag).[149] Auf patentfreie Präparate, die so wenige Konkurrenzpräparate haben, dass kein Festbetrag festgelegt werden kann, treffen die Voraussetzungen für beide Abschläge zu. In diesem Fall ist ein Rabatt von 16 % zu gewähren.[150] In der Regel handelt es sich dabei um Alt-Originale, deren Marktbedeutung so gering ist, dass sie für Generika-Anbieter wirtschaftlich unin-

143 Pharma-Kodex (2009).
144 Vgl. Pharma-Kodex (2009).
145 Vgl. §§ 129 und 130 Abs. 3a SGB V.
146 Vgl. Fricke (2008), S. 57.
147 Die Begriffe Herstellerabschlag und Herstellerrabatt werden synonym benutzt.
148 Der gesetzliche Herstellerabschlag wurde mit dem Beitragssatzsicherungsgesetz (BSSichG) zum 1. Januar 2003 eingeführt und ist in § 130a Abs. 1, Abs. 1a und Abs. 3b SGB V geregelt. Bemessungsgrundlage ist der Abgabepreis des pharmazeutischen Unternehmers ohne Mehrwertsteuer.
149 Vgl. § 130a Abs. 1 und Abs. 3b SGB V.
150 Vgl. § 130a Abs. 1 und Abs. 3b SGB V.

teressant sind. Unter zwei Voraussetzungen wird der Hersteller vom Generikaabschlag befreit. Erstens lassen sich Preissenkungen des Abgabepreises mit dem Abschlag verrechnen, bei einer Preissenkung um 10 % entfällt er ganz.[151] Dies stellt den Hersteller netto nicht schlechter als der alte Listenpreis. Die GKV-Ausgaben reduzieren sich dann allerdings nur noch um die Differenzen bei den Handelszuschlägen (Großhandels- und Apothekenzuschlag) und der Mehrwertsteuer, da deren Bemessungsgrundlage der gesunkene Abgabepreis ist.[152] Zweitens sind Generika, deren Apothekeneinkaufspreis inklusive Mehrwertsteuer den Festbetrag um mindestens 30 % unterschreitet, vom Abschlag befreit.[153] Dabei entstehen Wechselwirkungen mit der Zuzahlungsbefreiungsgrenze (ZZBG), die darauf abzielt, den Verordnungsanteil niedrigpreisiger Generika zu erhöhen. Je effektiver daher das Instrument der Zuzahlungsbefreiungsgrenze ist, desto geringer sind die Einnahmen der GKV aus dem Herstellerabschlag. So stehen die verringerten Ausgaben durch die Preissenkungen bei festbetragsgeregelten Präparaten den verringerten Einnahmen durch entgangene Zuzahlungen und Herstellerabschläge gegenüber. Die Herstellerabschläge haben sich seit 2006 in den Marktsegmenten unterschiedlich entwickelt. Während sie im nicht-generikafähigen Segment anstiegen, sanken sie im generikafähigen Markt durch die Regulierungsinterdependenzen.[154] Insgesamt lag der gesetzliche Herstellerrabatt im Jahr 2006 bei 800 Mio. Euro, im Jahr 2007 bei 900 Mio. Euro.[155] Die Regelung zum Herstellerrabatt gilt gemäß den im Rahmen des Preismoratoriums beschriebenen Voraussetzungen auch für Parallel- und Reimporte.

Um die Versicherten an den Kosten der Gesundheitsversorgung zu beteiligen und Ärzte zu wirtschaftlicher Versorgung zu motivieren, leisten Erstere für verordnete Arzneimittel eine **Zuzahlung** in Höhe von 10 % des Apothekenabgabepreises, mindestens jedoch 5 Euro und höchstens 10 Euro.[156] Die Kosten des jeweiligen Präparates dürfen dabei

[151] Der Abschlag entfällt nur, sofern der Hersteller für die Dauer von einem Jahr ab der neu vorgenommenen Preissenkung einen weiteren Abschlag von 2 % gewährt, vgl. § 130a Abs. 3b SGB V.
[152] Vgl. Cassel / Wille (2008), S. 101.
[153] Vgl. § 130a Abs. 3b Satz 3 SGB V.
[154] Zu den Interdependenzen zwischen Herstellerrabatt und Zuzahlungsbefreiungsgrenze, vgl. Cassel / Wille (2008), S. 101.
[155] Vgl. Coca / Nink / Schröder (2008), S. 179.
[156] Zuzahlungen wurden zum 1. Mai 2006 eingeführt, vgl. § 61 SGB V.

nicht überschritten werden. Bei Erreichen einer definierten Belastungsgrenze und Ausstellen einer Befreiungsbescheinigung durch die Krankenkasse endet die Zuzahlungspflicht.[157] So versagt das Steuerungsinstrument der Zuzahlungen besonders bei den Patienten, die die höchsten Ausgaben verursachen. Unter bestimmten Voraussetzungen können Arzneimittel von der Zuzahlung befreit werden. Der GKV-Spitzenverband legt die Grenzen fest und veröffentlicht diese regelmäßig. So sind seit 01. Juli 2006 Festbetrags-Medikamente, deren Einkaufspreis mindestens 30 % unter Festbetrag liegt, zuzahlungsfrei, wenn dadurch Einsparungen für die Beitragszahler erreicht werden.[158] Der Preisvorteil von zuzahlungsbefreiten Arzneimitteln muss daher mindestens so groß sein wie die durchschnittlichen Zuzahlungen. Diese Interdependenz verschärft die Wirkung des Festbetragssystems und gilt nur so lange das Arzneimittel die Preisbedingung erfüllt. Wird der Festbetrag gesenkt oder der Verkaufspreis erhöht, so entfällt diese Befreiung wieder. Vor dem Hintergrund, dass Preisänderungen alle zwei Wochen in die Lauer-Taxe aufgenommen werden, kann das zur Verunsicherung der Patienten führen.[159] Wie bereits ausgeführt, entfällt bei dieser Gruppe der niedrigpreisigen Generika gleichzeitig auch der gesetzliche Herstellerabschlag. Damit will der Gesetzgeber die Verordnung besonders preisgünstiger Arzneimittel erreichen.[160] Grundsätzlich steht es den Herstellern frei, ihre Preise an diese Grenzen anpassen. Da viele Versicherte zuzahlungsbefreite Präparate bevorzugen, besteht jedoch ein Anreiz dazu.[161]

Zuzahlungen werden in der Literatur kontrovers diskutiert. Ursprünglich eingeführt, um dem Moral-Hazard-Phänomen entgegenzuwirken und durch gezielte Steuerung des Patientenverhaltens die Effizienz im Gesundheitswesen zu erhöhen, bewerten Zuzahlungs-

---

[157] Vgl. § 62 Abs. 1 Satz 1 SGB V. Grundsätzlich liegt diese Grenze bei 2 % der jährlichen Bruttoeinnahmen zum Lebensunterhalt. Damit chronisch Kranke die medizinische Versorgung in vollem Umfang erhalten und durch die gesetzlichen Zuzahlungen nicht unzumutbar belastet werden, liegt die Belastungsgrenze bis auf wenige Ausnahmen hier bei 1 %, vgl. § 62 Abs. 1 Satz 2-10 SGB V.

[158] Vgl. § 31 Abs. 3 SGB V.

[159] Zum 31. Dezember 2008 waren 10.900 Packungen von 205 verschiedenen Wirkstoffgruppen von der Zuzahlung freigestellt, vgl. Coca / Nink / Schröder (2009), S. 185. Die Lauer-Taxe ist die offizielle Preisliste für Arzneimittel und apothekenübliche Waren.

[160] Vgl. VFA (2009b).

[161] Im Jahr 2008 lag das Zuzahlungsvolumen im Fertigarzneimittelmarkt bei knapp 1,7 Mrd. Euro, vgl. Coca / Nink / Schröder (2009), S. 148.

gegner sie als „(...) kontraproduktiv und gefährlich (...)“,[162] da sie Patienten davon abhalten, rechtzeitig medizinische Hilfe in Anspruch zu nehmen. Wie zahlreiche Befunde aus der klinischen Epidemiologie und der Versorgungsforschung belegen, wirken Zuzahlungen zwar kurzfristig als nachfrageseitige Kostendämpfung, langfristig steigen allerdings die Folgekosten durch vermeidbare Komplikationen.[163] Weitere Kritik ergibt sich daraus, dass der Versicherte in der Patienten-Arzt-Beziehung wenig Einfluss auf Preis und Menge der Leistung hat, so dass er in der Realität kein homo oeconomicus sein kann.[164]

Diese analysierte Regulierungsdynamik hat zur Folge, dass die Hersteller die sehr kurze Phase der nichtregulierten Preisbildung nutzen, um mit hohen Preisen ihre Forschungs- und Entwicklungskosten möglichst schnell amortisieren zu können.[165] Der Gesetzgeber tendiert daher dazu, Innovationen immer schneller zu regulieren, um die Preise zu senken. Neben den direkt am Präparat ansetzenden Regulierungsmechanismen greift der Gesetzgeber auch auf nachfolgenden Wertschöpfungsstufen (Großhandel, Apotheken, Ärzte und Patienten) in den Arzneimittelmarkt ein und reguliert so indirekt auch die Hersteller.

2.4.2 Indirekte Regulierung forschender Pharmahersteller

2.4.2.1 Regulierung der Arzneimittelabgabe durch Großhandel und Apotheken

Der pharmazeutische Großhandel übernimmt logistische Aufgaben zwischen Herstellern und Apotheken. Zu seiner Vergütung definiert die Arzneimittelpreisverordnung

---

162 Holst (2008), S. 35. Die Diskussion um den Sinn von Zuzahlungen bekam vor allem Nahrung aus einer Studie der privaten Beratungsfirma RAND in Kalifornien. Hier wurde der vordergründige Zusammenhang festgestellt, dass die Inanspruchnahme gesundheitlicher Leistungen mit der Höhe der Selbstbeteiligung abnimmt, vgl. Holst (2008), S. 36. Die fünfjährige Studie erfasste nicht die Langzeitfolgen.

163 Vgl. Holst (2008), S. 36-37.

164 Vgl. Coca / Nink / Schröder (2008), S. 184.

165 Die meisten Hersteller verfolgen eine Hochpreispolitik (Skimming-Strategie), vgl. Prik (2008), S. 162.

degressive **Großhandelshöchstzuschläge** mit linearisierten Teilbereichen.[166] Aufgrund dieser Logik gefährdet der gesundheitspolitisch gewünschte Anstieg der Abgabemenge niedrigpreisiger Arzneimittel das Geschäftsmodell des Großhandels.[167] Darüber hinaus verbietet das Heilmittelwerbegesetz Geldrabatte auf verschreibungspflichtige Arzneimittel anzubieten, anzukündigen, zu gewähren oder anzunehmen.[168] Die Wettbewerbsmöglichkeiten der Hersteller gegenüber Apotheken beschränken sich daher auf die Großhandelsspanne. Um dieses Wettbewerbsinstrument einsetzen zu können, beliefern Arzneimittelhersteller Apotheken direkt unter Umgehung des Großhandels. Im Rahmen ihrer Preiskalkulation können die Hersteller die Kosten des Direktvertriebes berücksichtigen, so dass sie die Großhandelsspanne in voller Höhe an die Apotheken weitergeben können. Dem Großhandel ist lediglich eine partielle Weitergabe möglich, da er daraus seine Kosten deckt.[169]

Die nachgelagerte Handelsstufe der Apotheken wird über verschiedene Instrumente reguliert.

Grundsätzlich gilt für Apotheken die Preisbindung der zweiten Hand für zu Lasten der Krankenkassen verordnungsfähige Fertigarzneimittel.[170] Mit der Arzneimittelpreisverordnung im Rahmen des GKV-Modernisierungsgesetzes wurde 2003 die prozentuale Apothekenhonorierung von der Entwicklung der Arzneimittelpreise abgekoppelt.[171] Bei der Abgabe eines verschreibungspflichtigen Arzneimittels steht der Apotheke nun ein fixer **Apothekenzuschlag** von 8,10 Euro zuzüglich 3 % des Apothekeneinkaufspreises zu.[172] Aus diesem Rohertrag deckt der Apotheker seine Betriebskosten und muss einen

---

166 Bei einem Abgabepreis des pharmazeutischen Unternehmers bis einschließlich 3,00 Euro beträgt der maximal zulässige Großhandelszuschlag 15 %, bei Abgabepreisen über 26,83 Euro 6 %. Bei sehr teuren Arzneimitteln (ab 1.200,01 Euro) ist der Zuschlag auf 72,00 Euro begrenzt. Zu den Zwischenschritten der Großhandelshöchstzuschläge vgl. § 2 AMPreisV. Die linearisierten Teilbereiche sollen vermeiden, dass es in der Preisgestaltung zu Sprungstellen kommt, das heißt, dass ein höherer Einstandspreis zu niedrigeren absoluten Zuschlägen führt, vgl. Dambacher / Schöffski (2008), S. 291.

167 Vgl. Sickendiek (2009).

168 Vgl. § 7 Abs. 1 HWG.

169 Vgl. Sickendiek (2009).

170 Vgl. § 3 AMPreisV.

171 Vgl. Coca / Nink / Schröder, (2008) S. 164.

172 Vgl. § 3 Abs. 1 Satz 1 AMPreisV.

gesetzlich festgelegten **Apothekenabschlag** an die GKV abführen.[173] Sofern das Arzneimittel einer Festbetragsgruppe zugeordnet ist, orientiert sich der Abschlag am Festbetrag. Ist der Arzneimittelabgabepreis niedriger als der Festbetrag, ist der geringere Abgabepreis maßgeblich.[174]

Der Rahmenvertrag über die Arzneimittelversorgung verpflichtet den Apotheker zur **Abgabe preisgünstiger importierter Arzneimittel** unter der Prämisse, dass der Apothekenverkaufspreis des Importpräparates den des Bezugsarzneimittels um mindestens 15 % oder 15 Euro unterschreitet.[175] Etwa 90 % der importierten Pharmaka sind Parallelimporte, während nur 10 % Reimporte sind.[176] Parallelimporte werden im Ausland produziert und anschließend in die Bundesrepublik exportiert. Sofern die unterschiedlichen Preisniveaus auf niedrigere ausländische Fertigungskosten zurückzuführen sind, entstehen durch die Importe Wohlfahrtsgewinne. Durch den innereuropäischen Handel und Wettbewerb führen sie später zu einer Vereinheitlichung der Preise zwischen Im- und Exportland.[177] In den meisten Fällen beruhen die Preis-differenzen aber auf unterschiedlichen Regulierungen. So sprechen CASSEL UND WILLE (2008)[178] sogar von einem Import der Regulierungsmaßnahmen. Mit einem Marktanteil von fast 9 % am deutschen Apothekenmarkt erzielten die Importeure im Jahr 2009 einen Umsatz von knapp 2,7 Mrd. Euro.[179] Wesentlicher Treiber dieser Entwicklung ist die gezielte staatliche Importförderung. Meist konzentriert sich der Parallelimport auf hochpreisige patentge-

---

173 Vgl. Fricke (2008), S. 59. Im verschreibungspflichtigen Marktsegment wurde mit dem GKV-Wettbewerbsstärkungsgesetz der gesetzliche Apothekerabschlag je Packung von 2,00 Euro auf 2,30 Euro erhöht. Der Abschlag für nicht verschreibungspflichtige aber erstattungsfähige Präparate beträgt 5 % des Apothekenabgabepreises. Die Erhöhung des Abschlages führte in den letzten drei Quartalen 2007 zu einer Entlastung der GKV um 116 Mio. Euro, vgl. Coca / Nink / Schröder, (2008) S. 151. Erstmalig zum Kalenderjahr 2009 muss der Betrag von den Vertragspartnern im Rahmenvertrag so angepasst werden, „(…) dass die Summe der Vergütungen der Apotheken für die Abgabe verschreibungspflichtiger Arzneimittel leistungsgerecht ist, unter Berücksichtigung von Art und Umfang der Leistungen und der Kosten der Apotheken bei wirtschaftlicher Betriebsführung.“, § 130 Abs. 1 SGB V. Zum Rahmenvertrag vgl. § 129 Abs. 2 SGB V.

174 Der Abschlag wird nur gewährt, sofern die Rechnung des Apothekers innerhalb von zehn Tagen nach Eingang bei der Krankenkasse bezahlt wird, vgl. § 130 Abs. 3 SGB V.

175 Vgl. § 129 Abs. 1 Satz 1 Nr. 2 SGB V.

176 Vgl. Geller (2008), S. 497.

177 Vgl. Cassel / Wille (2008), S. 108.

178 Vgl. Cassel / Wille (2008), S. 108.

179 Vgl. VFA (2010b), S. 46 und 59.

schützte Innovationen, so dass der forschenden Pharmaindustrie im Inland ein erheblicher Umsatzverlust entsteht.[180] Eine noch offensichtlichere Sachlage konstatieren CASSEL UND WILLE (2008)[181] für Reimporte. Da sie in der Bundesrepublik produziert und später von einem ausländischen Reimporteur wieder nach Deutschland gebracht werden, liegen die Preisdifferenzen zu den inländischen Präparaten ausschließlich in der unterschiedlichen Regulierung begründet. Aus makroökonomischer Sicht verschwenden Reimporte Ressourcen, da sie zusätzliche Kosten durch die Aus- und Einfuhr sowie den Vertrieb (z. B. Transport und Umetikettierungen) desselben Präparates verursachen.[182]

Um die Arzneimittelausgaben zu senken, verpflichtet die **Aut-Idem Regelung** den Apotheker ein preisgünstigeres Arzneimittel abzugeben, sofern der Arzt den Wirkstoff verordnet oder die Substitution nicht durch Setzen des Aut-Idem Kreuzes auf dem Rezept ausgeschlossen hat.[183] Es kann nur durch Arzneimittel identischer Wirkstärke und Packungsgröße mit gleicher oder austauschbarer Darreichungsform, die für den gleichen Indikationsbereich zugelassen sind, substituiert werden.[184] Die Substitution erfolgt vorrangig nach Maßgabe regionaler Zielpreisvereinbarungen.[185] Die Aut-Idem Regelung wurde in der Vergangenheit heftig diskutiert, da sie die Therapietreue (Adhärenz) gefährden und in bestimmten Substanzgruppen (z. B. Betäubungsmittel) sogar zu erhöhtem Risiko für die Patienten führen kann. Ferner sollte ihre ökonomische Vorteilhaftigkeit in Frage gestellt werden, da die medikamentöse Umstellung der Patienten zusätzliche Kosten verursachen kann.[186]

---

[180] Der Importanteil liegt bei einzelnen patentgeschützten Pharmaka bei über 50 %, vgl. Dambacher / Schöffski (2008), S. 295.

[181] Vgl. Cassel / Wille (2008), S. 108-109.

[182] Vgl. Cassel / Wille (2008), S. 109.

[183] Die Aut-Idem Regelung wurde im Rahmen des Arzneimittelausgaben-Begrenzungsgesetzes im Jahr 2002 eingeführt, vgl. § 129 Abs. 1 SGB V und Mayer (2007), S. 508.

[184] Die Auslegung dieses Tatbestandes ist juristisch nicht abschließend geklärt. Ein Gutachten des Medizinrechtsprofessors Prof. Dr. jur. Dr. med. Christian Dierks kommt zum Ergebnis, dass Präparate, die nicht in allen Anwendungsgebieten deckungsgleich sind, nur ausgetauscht werden dürfen, wenn sie für die jeweilige Indikation zugelassen sind. Ein Gegengutachten von Prof. Dr. jur. Dr. med. Alexander Ehlers sieht von dieser engen Auslegung ab. Es kommt zu dem Schluss, dass Generika in allen Anwendungsgebieten, für die das Referenzarzneimittel zugelassen ist, die gleiche Wirksamkeit und das gleiche Sicherheitsprofil aufweisen, vgl. Esser (2009), S. 14.

[185] Vgl. § 129 Abs. 1 Satz 3 und Abs. 5 Satz 4 SGB V.

[186] Vgl. dazu Fricke (2008), S. 55.

Durch die Aut-Idem-Regelung können die Apotheker die Abgabemenge generischer Präparate mit beeinflussen. Generikahersteller nutzten diesen Umstand in der Vergangenheit, indem sie die Gewährung von Naturalrabatten gezielt als Marketinginstrument einsetzten. Dies widersprach der primären Rolle des Apothekers als Heilberufler und führte dazu, dass viele kostenlose Gaben von Herstellern trotzdem an die Krankenkassen weiterberechnet wurden. Seit 2006 ist es Apothekern daher nicht mehr gestattet, in der Arzneimitteldistribution Rabatte anzunehmen. Darunter fallen das generelle **Verbot von Naturalrabatten** und das **Verbot von Geldrabatten** auf den Abgabepreis pharmazeutischer Unternehmer für verschreibungspflichtige Arzneimittel.[187] Ziel der Gesetzesänderung war es, finanzielle Reserven der Hersteller den Krankenkassen beziehungsweise Patienten zu Gute kommen zu lassen, anstatt den Apotheken.[188] Diese Regelung gilt ebenfalls für Klinikapotheken.

Der Apotheker ist berechtigt, je nach Verordnung den handelsüblichen Packungen einzelne Tabletten zu entnehmen und an Patienten abzugeben.[189] Die so genannte **Auseinzelung** wurde mit dem Ziel der Kosten sparenden Versorgung mit Einzeldosen durch das GKV-Wettbewerbsstärkungsgesetz erleichtert. Zum Schutz der Verbraucher dürfen Einzeldosen nur mit einer Kopie der vorgeschriebenen Packungsbeilage abgegeben werden.[190] Für den Hersteller können sich aus der Auseinzelung Haftungsrisiken ergeben. Zwar haftet der Apotheker für das, was in seinen Verantwortungsbereich fällt, im Zweifel dürfte es allerdings schwer zu beweisen sein, wo ein Schaden entstanden ist.[191] Der VFA äußert berechtigte Zweifel daran, ob die Auseinzelung Kosten spart. Eine Ergänzung der pharmazeutischen Produktionslinien um Gebinde, die zur Einzelabgabe bestimmt sind, wäre mit hohen Investitionen verbunden. Da die Einzelabgabe die Packungsabgabe kanibalisiert, können die erhöhten Produktionskosten bei konstantem Absatzvolumen nicht ausgeglichen werden. Fraglich bleibt ebenso, ob die Auseinzelung

---

[187] Vgl. § 7 Abs. 1 Satz 1 Nr. 2 HWG und § 78 Abs. 3 Satz 1 AMG. Vor der Gesetzesänderung betrug das Naturalrabattvolumen circa 550 Mio. Euro im deutschen Apothekenmarkt, vgl. Ehlers / Bitter (2006), S. 170.

[188] Zum Ziel des Verbotes von Naturalrabatten, vgl. Meyer (2006), S. 11.

[189] Vgl. § 10 Abs. 11 AMG und § 11 Abs. 7 AMG.

[190] Vgl. VFA (2006).

[191] Vgl. Dieners / Heil (2007c), S. 5.

zu einer Reduktion des Arzneimittelmülls führt, da das Wegwerfen oder Lagern von Medikamenten meist auf mangelnde Therapietreue und nicht auf unangemessene Packungsgrößen zurückzuführen ist.[192]

2.4.2.2 Regulierung der ärztlichen Verordnungen

Die Verordnung von Arzneimitteln zu Lasten der GKV unterliegt zahlreichen Regelungen. Die wichtigste Regel, an die sich der Arzt zu halten hat, ist das Wirtschaftlichkeitsgebot. Eine Arzneimitteltherapie genügt diesem Gebot, wenn die Verordnung ausreichend, zweckmäßig und wirtschaftlich ist und das Maß des Notwendigen nicht überschreitet.[193]

Um dies zu gewährleisten legt der G-BA in den **Arzneimittelrichtlinien** die Grundsätze der ärztlichen Versorgung fest.[194] Eine **Preisvergleichsliste,** die Arznei- und Heilmittel unter Berücksichtigung ihrer Festbeträge auflistet, soll dem Arzt die therapie- und preisgerechte Verordnung erleichtern.[195] Sie gibt unter anderem Hinweise zur Beurteilung der Wirtschaftlichkeit einer Verordnung und wird bei einer Wirtschaftlichkeitsprüfung als Bewertungskriterium herangezogen.[196] Darüber hinaus regeln die Arzneimittelrichtlinien den Ausschluss bestimmter Präparate aus der GKV-Versorgung, Therapiehinweise und Hinweise zu Analogpräparaten sowie die Verordnung besonderer Arzneimittel.[197]

---

192 Zur Kritik an der Regelung zur Auseinzelung, vgl. VFA (2006).
193 Vgl. § 12 und § 70 SGB V.
194 Vgl. § 92 Abs. 1 Satz 2 Nr. 6 und Abs. 2 SGB V.
195 Vgl. § 92 Abs. 2 Satz 1 SGB V.
196 Vgl. Fricke (2008), S. 57-58.
197 Vgl. § 34 Abs. 3 SGB V (Negativliste). Seit dem 1. Juli 1991 ist die Verordnung über unwirtschaftliche Arzneimittel in der gesetzlichen Krankenversicherung in Kraft gesetzt, vgl. Kingreen (2003), S. 566. Aufgrund dieser Verordnung ist zunächst jedes neue Medikament auf dem Markt verschreibungsfähig. Es kann jedoch eine Negativliste von Arzneimitteln zusammengestellt werden, die bestimmte Produkte aus der Leistungspflicht der gesetzlichen Krankenversicherung ausschließt, wenn ihre Wirkstoffresultate nicht mit Sicherheit beurteilt oder spezifische Risiken nicht gemindert werden können. Zu Therapiehinweisen und Regelungen zu Analogpräparaten vgl. § 92 Abs. 2 SGB V, zur Verordnung besonderer Arzneimittel vgl. § 73d SGB V.

Die aus dem Wirtschaftlichkeitsgebot resultierende Zweckmäßigkeit der Verordnung setzt eine Übereinstimmung des zugelassenen Anwendungsgebietes und der medizinischen Diagnose voraus und schließt somit Off-Label Use aus.[198] Könnten neue klinische Erkenntnisse oder Studien die Wirksamkeit für ein Arzneimittel außerhalb seines zugelassenen Indikationsgebietes belegen, würden die Interessen des Patienten mit denen des Arztes kollidieren.[199] Während der Patient Anspruch auf eine weitere Therapiealternative für seine Erkrankung hat, die auch den medizinischen Fortschritt und damit neue Erkenntnisse über einzelne Präparate berücksichtigt, ist der Arzt an die Einhaltung der zivilrechtlichen Standards gebunden und nähme bei Verordnung ein hohes Regressrisiko auf sich.[200]

Die Landesverbände der Krankenkassen und die Kassenärztlichen Vereinigungen (KVen) definieren in kollektivvertraglichen Arzneimittelvereinbarungen jährlich **Ausgabenvolumina mit Kollektivregress oder -bonus** und geben damit den Rahmen für regionale Arzneimittelvereinbarungen vor.[201] Darin enthalten sind ebenfalls Versorgungs- und Wirtschaftlichkeitsziele und konkrete, auf die Umsetzung dieser Ziele ausgerichtete Maßnahmen (Zielvereinbarungen) sowie Kriterien für Sofortmaßnahmen zur Einhaltung des vereinbarten Ausgabenvolumens innerhalb des laufenden Kalenderjahres.[202] Darüber hinaus verpflichten sie die Ärzte zur Einhaltung bestimmter Generika- oder Analogpräparatquoten. Über- oder Unterschreitungen des vereinbarten Ausgabenvolumens werden in die Gesamtverträge beziehungsweise Honorarverhandlungen mit einbezogen (mittelbare Bonifizierung / Sanktionierung wirtschaftlicher Verordnungs-

198 Vgl. Fricke (2008), S. 61. Der Umgang mit Off-Label Use wird in den Arzneimittelrichtlinien in den Anlagen 9A und 9B geregelt.

199 Vgl. Dierks (2008), S. 26.

200 Vgl. § 2 Abs. 1 Satz 3 SGB V, § 76 Abs. 4 SGB V oder Dierks (2008), S. 25-26.

201 Vgl. § 84 SGB V. In Deutschland gibt es 17 KVen, die die ambulante Medizin organisieren. Alle Ärzte, die GKV-Versicherte behandeln, müssen Mitglied in einer KV sein. So garantieren die KVen freie Arztwahl und „(...) eine flächendeckende, wohnortnahe und qualitativ hochwertige medizinische Rund-um-die-Uhr-Versorgung“, KBV (2007). Sie erhalten das Geld dazu von den Krankenkassen auf Länderebene und verteilen es als leistungsbezogenes Honorar an die Ärzte.

202 Vgl. § 84 Satz 2 Nr. 2 und Satz 2 Nr. 3 SGB V.

weise).[203] Individuelle Arzneimittelvereinbarungen zwischen einzelnen Krankenkassen und Ärzten, die von den kollektivvertraglichen Vorgaben abweichen oder über sie hinausgehen, sind zulässig.[204] Bei Einhaltung der Arzneimittelvereinbarungen besteht die Möglichkeit, die Ärzte zu belohnen. Bei der Definition der Ausgabenvolumina werden die Apothekenabgabepreise gemäß Lauer-Taxe zugrunde gelegt. Da gesetzliche Abschläge, individuelle Rabatte und Patientenzuzahlungen darin nicht berücksichtigt werden, bilden sie nicht die der Krankenkasse tatsächlich entstehenden Kosten ab. Der Gesetzgeber kalkuliert dies ein, indem die Vertragspartner in der Prüfvereinbarung zur Wirtschaftlichkeitsprüfung einen pauschalen Abschlag zur Kostenminderung festlegen müssen.[205] Nichtsdestotrotz bleiben Regressfestsetzungen auf dieser Basis fraglich, da diese nach einer höchstrichterlichen Vorgabe „(...) der Höhe des tatsächlich entstandenen Schadens entsprechen müssen."[206] Kritisch ist anzumerken, dass Arzneimittelvereinbarungen die Qualität der Versorgung negativ beeinflussen können, da sie die Marktpenetration hochpreisiger Innovationen verlangsamen. Der Preis des Arzneimittels bekommt ein stärkeres Gewicht, während anderen Parametern, wie beispielsweise der Wirksamkeit oder dem Nebenwirkungsprofil, weniger Bedeutung beigemessen wird.

Auf Regionalebene vereinbart die gemeinsame Selbstverwaltung **fachgruppenspezifische Richtgrößenvolumina** und entscheidet damit maßgeblich über den Marktzugang von Arzneimitteln.[207] Dies sind fallbezogene Durchschnittswerte, die bei Umsetzung der Arzneimittelvereinbarung rechnerisch je Arzt einer bestimmten Fachgruppe als Verordnungsvolumen für das Kalenderjahr zur Verfügung stehen. Mittelfristige Kostensteigerungen durch innovative Präparate sowie eine Zunahme der Morbidität

---

[203] Vgl. § 84 Abs. 3 SGB V. Bei Erreichen der vereinbarten Versorgungsziele entrichten die Krankenkassen einen Bonus an die KV (mittelbare Bonifizierung). Dieser ist unabhängig von der Einhaltung des vereinbarten Ausgabenvolumens, vgl. § 84 Abs. 4 SGB V.

[204] Vgl. § 84 Abs. 1 Satz 5 SGB V.

[205] Nur die individuellen Rabatte sowie die Patientenzuzahlungen dürfen als pauschale Kostenminderung angesetzt werden. Die gesetzlichen Abschläge (Herstellerrabatt und Apothekenabschlag) wirken nicht kostenmindernd, vgl. § 106 Abs. 5c SGB V.

[206] Dierks (2008), S. 22 (zit. nach BSG, Urteil vom 29.01.1997 - 6 RKa 5 / 96 und BSG, Urteil vom 02.11.2005 – B 6 KA 63 / 04 R).

[207] Vgl. § 84 Abs. 6 SGB V.

werden darin nicht berücksichtigt.[208] Die Überschreitung der Richtgrößen kann eine Wirtschaftlichkeitsprüfung auslösen.[209] Die dafür maßgeblichen Quoten werden zwischen der KV und den Krankenkassen vereinbart.[210] Dabei sind die Richtgrößen um die Ausgaben zu bereinigen, die auf Arzneimittel entfallen, für die eine Bonus-Malus-Regelung gilt.[211] Die Einhaltung von Richtgrößen kann gesamtwirtschaftlich kontraproduktiv sein, falls dadurch eine Therapie unterbleibt, die die Eskalation einer Krankheit verhindern könnte.

Das Wirtschaftlichkeitsgebot wird durch die **Wirtschaftlichkeitsprüfung** konkretisiert. Diese kann auf verschiedene Arten von den Krankenkassen und KVen durchgeführt werden. Bei Überschreitung der fachgruppenspezifischen Richtgrößen erfolgt eine Auffälligkeitsprüfung.[212] Darüber hinaus werden Zufälligkeitsprüfungen auf der Grundlage arzt- und versichertenbezogener Stichproben durchgeführt.[213] Sofern der Arzt mit der Prüfstelle eine individuelle Richtgröße vereinbart, die eine wirtschaftliche Verordnungsweise unter Beachtung von Praxisbesonderheiten gewährleistet,[214] wird kein von ihm zu erstattender Mehraufwand festgesetzt. Es ist kritisch anzumerken, dass Wirtschaftlichkeitsprüfungen nicht zur Steigerung der Wirtschaftlichkeit in der Versorgung beitragen, da den entdeckten Potenzialen hohe Kontrollkosten gegenüber stehen. Wei-

208 Vgl. Dierks (2008), S. 21.

209 Vgl. § 106 Abs. 5a SGB V.

210 Siehe dazu beispielhaft die Ausführungen auf der Internetseite der Kassenärztlichen Vereinigung Nordrhein: http://www.kvno.de/importiert/arzneimittelregresse2008.pdf.

211 Vgl. § 84 Abs. 7a SGB V.

212 Vgl. § 106 Abs. 2 Satz 1 Nr. 1 SGB V.

213 Vgl. § 106 Abs. 2 Satz 1 Nr. 2 SGB V. Beide Prüfungsarten sollen insbesondere bei Ärzten, die an einer Anwendungsbeobachtung teilnehmen, durchgeführt werden, vgl. § 106 Abs. 2 Satz 10 SGB V. Im Gesetz wird der Begriff der Anwendungsbeobachtung nicht definiert. Es ist lediglich die Verpflichtung der Pharmaindustrie geregelt, solche Untersuchungen der zuständigen Kassenärztlichen Bundesvereinigung, dem Spitzenverband Bund sowie der zuständigen Bundesoberbehörde zu melden, vgl. § 67 Abs. 6 AMG. Die Präambel zu den Empfehlungen des Bundesinstitutes für Arzneimittel und Medizinprodukte und des Paul-Ehrlich-Institutes zur Planung, Durchführung und Auswertung von Anwendungsbeobachtungen definiert sie als Untersuchungen, in deren Rahmen „(...) Erkenntnisse aus der Behandlung von Personen mit Arzneimitteln anhand epidemiologischer Methoden analysiert werden; dabei folgt die Behandlung einschließlich der Diagnose und Überwachung nicht einem vorab festgelegten Prüfplan, sondern ausschließlich der ärztlichen Praxis; soweit es sich um ein zulassungspflichtiges oder nach § 21a Absatz 1 genehmigungspflichtiges Arzneimittel handelt, erfolgt dies ferner gemäß den in der Zulassung oder der Genehmigung festgelegten Angaben für seine Anwendung.“, BfARM (2010). Der zitierte Paragraph ist Bestandteil des AMG.

214 Vgl. § 106 Abs. 5d Satz 1 SGB V.

terhin haben sie analog zu Arzneimittel-Zielvereinbarungen negativen Einfluss auf die Ausbreitung neuer, in der Regel teurer Präparate.[215]

Die Rahmenvorgaben auf Bundesebene werden durch **regionale Zielvereinbarungen** umgesetzt. Sie enthalten fachgruppenspezifische Vorgaben für Leitsubstanz- beziehungsweise Analogpräparatquoten, Generika- oder Importquoten. Durch die Erstellung von Analogpräparatlisten (Mee-Too-Listen) und die damit verbundene individuelle Bewertung des Nutzens untergraben regionale Zielvereinbarungen die bundeseinheitliche Nutzenbewertung durch das IQWiG.[216]

Die mit dem Arzneimittelverordnungs-Wirtschaftlichkeitsgesetz eingeführte **Bonus-Malus-Regelung** nimmt die Ärzte stärker in die wirtschaftliche Verantwortung.[217] Dazu definieren die Kassenärztliche Bundesvereinigung (KBV) und der GKV-Spitzenverband jährlich Arzneimittelgruppen für verordnungsstarke Anwendungsgebiete, die die Erschließung von Wirtschaftlichkeitspotenzialen gewährleisten sollen. Hierzu werden die Durchschnittskosten (auf Basis der defined-daily-dose, DDD), die sich bei wirtschaftlicher Verordnungsweise ergeben würden, unter Beachtung der Besonderheiten unterschiedlicher Anwendungsgebiete bestimmt. Bei Überschreitung bestimmter Grenzwerte erfolgt eine Regressierung des Arztes, aus der Unterschreitung der definierten Tagesdosis resultiert eine Incentivierung. Dies gewährleistet, dass sowohl die Menge der verordneten Präparate als auch die Anzahl der versorgten Patienten einen Malus beim Arzt auslösen. Das Risiko, dass nicht medizinisch begründbare Mengenanstiege von den Versicherten getragen werden müssen, ist damit nicht abgedeckt.[218] Da die Durchschnittskosten prospektiv festgelegt werden, sind sie von dem Verordnungsverhalten unabhängig. Durch Wechselwirkungen mit anderen Regulierungsinstrumenten (besonders Festbeträgen und ZZBGs), können die ökonomischen Folgen der Bonus-Malus-Regelung nicht isoliert bestimmt werden. Arzneimittel, die unter die Bonus-

[215] Vgl. Fricke (2008), S. 67.
[216] Vgl. Dierks (2008), S. 19.
[217] Vgl. § 84 Abs. 7a SGB V und Vorderwülbecke (2006), S. 696.
[218] Vgl. Coca / Nink / Schröder (2008), S. 152-153.

Malus-Regelung fallen, sind darüber hinaus von der Wirtschaftlichkeitsprüfung ausgenommen.[219] Werden in einer regionalen Arzneimittelvereinbarung Maßnahmen bestimmt, die die Wirtschaftlichkeit verbessern und einen entsprechenden Ausgleich der Mehrkosten bei Nichteinhaltung der Ziele vorsehen, findet die Bonus-Malus-Regelung ebenfalls keine Anwendung.[220]

Klinikärzte unterliegen bei der **Entlassmedikation** speziellen Vorgaben. Sie müssen ein Arzneimittel verordnen, das auch in der ambulanten Versorgung zweckmäßig und wirtschaftlich ist, wenn die Arzneimitteltherapie für längere Zeit fortgesetzt werden muss.[221] Darüber hinaus müssen sie dem Vertragsarzt wirkstoffbezogene Therapievorschläge mit Angabe preisgünstigerer Therapieoptionen im Anschluss an eine Krankenhausbehandlung machen.[222]

In Deutschland unterliegen Ärzte dem **Dispensierverbot**, das heißt, sie dürfen nicht selbst Arzneimittel an Patienten abgeben. Die direkte Gabe von Medikamenten im Rahmen der ärztlichen Behandlung sowie die Abgabe von Ärztemustern in kleineren Mengen sind davon ausgenommen.

Aus der Kollision sozialrechtlicher Regelungen resultieren für den Vertragsarzt haftungsrelevante Risiken.[223] So widersprechen mengenbegrenzende Komponenten, wie beispielsweise Richtgrößen, mengenausweitenden Komponenten, wie sie in den Leitsubstanzquoten enthalten sind. Für den Vertragsarzt entstehen Unsicherheiten über die Verordnungsfähigkeit eines Präparates, die Einhaltung von Quoten und die daraus resultierenden Regressrisiken. Darüber hinaus schränkt sich das Spektrum therapeutischer Alternativen für den Patienten ein, indem als wirksam zugelassene Arzneimittel von den KVen nicht mehr zur Verordnung gestattet werden.[224]

---

219 Vgl. Coca / Nink / Schröder (2008), S. 152 oder § 84 Abs. 7a SGB V.
220 Vgl. § 84 Abs. 4a SGB V.
221 Vgl. § 115c Abs. 2 SGB V.
222 Vgl. § 115c Abs. 1 SGB V.
223 Vgl. dazu beispielsweise § 84 Abs. 7, § 106 Abs. 1, oder § 130 a Abs. 8 SGB V.
224 Vgl. Dierks (2008) S. 19 zu der Kollision der sozialrechtlichen Regelungen.

2.4.2.3 Regulierung der Patienten

In diesem komplexen Gefüge von Regulierungsinstrumenten ist die ausreichende, zweckmäßige und wirtschaftliche Gesundheitsversorgung der Patienten zu gewährleisten.[225] Da die Patienten von sämtlichen Instrumenten, die Preis, Menge und Qualität der abgegebenen Präparate regulieren, betroffen sind, soll auf eine redundante Darstellung an dieser Stelle verzichtet werden. Grundsätzlich ist jedoch zu beachten, dass es Instrumente gibt, die auf einzelne Patientengruppen unterschiedlich wirken (z. B. Rabattverträge, Belastungsgrenzen) und solche, die universal auf alle gesetzlich Versicherten wirken (z. B. Aufzahlungen aufgrund von Höchst- und Festbeträgen). Insbesondere chronisch Kranke benötigen eine sektorenübergreifende Versorgung im Gesundheitssystem. Die Fülle an verschiedenen, teilweise widersprüchlichen Regelungen erschwert dies jedoch und vermindert so die Therapietreue.

Die Analyse der Regulierungsinstrumente hat gezeigt, dass das über Jahre gewachsene Regulierungssystem kein aufeinander abgestimmtes Konstrukt ist, sondern ein Sammelsurium sich gegenseitig (unbeabsichtigt) beeinflussender Normen. Daraus resultieren sowohl eine unklare Zuordnung der Verantwortung für Wirtschaftlichkeit als auch Haftungsrisiken für Ärzte, ökonomische Einbußen für Arzneimittelhersteller sowie Krankenkassen und massive qualitative Mängel in der Patientenversorgung.

2.4.3 Interdependenzen zwischen Arzneimittelrabattverträgen und anderen Regulierungsinstrumenten

Arzneimittelrabattverträge nach § 130 Abs. 8a SGB V stellen ein deregulierendes Instrument im arzneimittelspezifischen Regulierungssystem dar.[226] Da sie in vielfältiger Interdependenz zu anderen Instrumenten des gesundheitspolitischen Gefüges stehen, bieten sie der Pharmaindustrie eine kontrovers diskutierte Möglichkeit zur strategischen Positionierung. Im Unterschied zu den bisher analysierten Maßnahmen, die auf alle Hersteller, beziehungsweise auf alle pharmazeutischen Produkte gleicher Charakteristik,

---

225 Vgl. § 12 SGB V.

226 Neben Rabattverträgen interpretieren CASSEL UND WILLE (2008) Zuzahlungsregelungen, Auseinzelung sowie Fest- und Höchstbetragsaufzahlungen als deregulierende Instrumente, vgl. Cassel / Wille (2008), S. 98.

einheitlich wirken, handelt es sich bei einem Direktvertrag um eine freiwillig eingegangene Beziehung zwischen Krankenkasse und Arzneimittelhersteller. Da die daraus resultierenden monetären Effekte nur für die Vertragsparteien gelten, können dadurch komparative Wettbewerbsvorteile entstehen.[227]

Abbildung 7 fasst die Interdependenzen zwischen Rabattverträgen und anderen Regulierungsinstrumenten zusammen.

Rabattverträge		
... duplizieren • Belastungsgrenze • Zuzahlungsbefreiungsgrenze • Einschreibung in ein Disease Management Program	**... machen überflüssig** • Bonus-Malus-Regelung • Richtgrößenprüfung • Naturalrabattverbot • Importförderung • Gesetzlicher Herstellerabschlag	**... beeinträchtigen** • Aut-Idem-Regelung • Festbeträge • Höchstbeträge • Ausgabenvolumina • Zielvereinbarungen • Verordnungseinschränkungen und -ausschlüsse

Abbildung 7: Interdependenzen zwischen Arzneimittelrabattverträgen und anderen Regulierungsinstrumenten[228]

Rabattverträge duplizieren die **Belastungsgrenze**, die **Zuzahlungsbefreiungsgrenze** und die **Einschreibung in ein Disease Management Program (DMP)** als vierte Variante der Zuzahlungsbefreiung. Obwohl die Instrumente verschiedene Ziele verfolgen, genügt jeweils eine Variante, um von der Zuzahlung befreit zu werden.[229] Insbesondere bei Patienten, die hohe Behandlungskosten verursachen (z. B. chronisch Kranke) oder ein niedriges Einkommen haben, kommt es zu Fehlsteuerungen. So hat ein Patient, dessen Zuzahlung über der Belastungsgrenze liegt, keinen finanziellen Mehrnutzen von einem Generikum, dessen Preis unter der Befreiungsgrenze liegt, von einem zuzahlungsbefreiten Rabattarzneimittel oder von einer Einschreibung in ein DMP. Ebenso bleibt die Zuzahlungsbefreiung bei Rabattarzneimitteln wirkungslos, wenn bereits der

---

227 Das Beitragssatzsicherungsgesetz (BSSichG) legt 2003 erstmals die Rechtsgrundlage zum Abschluss solcher Verträge. Mit Inkrafttreten des GKV-Wettbewerbsstärkungsgesetzes wurden die Anreiz- und Sanktionsmechanismen individueller Vertragsvereinbarungen verschärft, vgl. Wolf / Hoberg (2007), S. 2 und Natz (2007), S. 567.

228 Eigene Darstellung in Anlehnung an und Ergänzung zu Cassel / Wille (2008), S. 114.

229 Die Belastungsgrenze ist distributiv orientiert, während die Befreiungen im Rahmen der Zuzahlungsbefreiungsgrenze und der Rabattverträge preispolitische Ziele verfolgen und das DMP eine strukturierte Versorgung der Patienten anstrebt, vgl. Cassel / Wille (2008), S. 109.

Listenpreis unter der Befreiungsgrenze liegt.[230]

Aus Sicht der Krankenkassen ist daher der Anreiz einer rabattinduzierten Zuzahlungsbefreiung dann am größten, wenn den Rabatterlösen keine Mindereinnahmen entgegenstehen, da die Patienten bereits zuzahlungsbefreit sind.[231] Somit verfehlen Rabattverträge und der mit ihnen angestrebte Preiswettbewerb in diesem Fall ihre fiskalische Funktion.[232] Insbesondere marktmächtige, verhandlungsstarke Krankenkassen, die viele zuzahlungsbefreite Patienten haben, profitieren von Zuzahlungsbefreiungen durch Rabattverträge. Im Generikamarkt besteht für alle Krankenkassen ein Anreiz, vorrangig Arzneimittel unter Vertrag zu nehmen, deren Apothekenverkaufspreis unterhalb der Befreiungsgrenze liegt, um so den Preisdruck auf die Hersteller zu erhöhen. Aufgrund dieser Wechselwirkungen sind die Einsparungen aus den Rabattverträgen, die eigentlich Voraussetzung für eine Zuzahlungsbefreiung sind, quasi nicht zu quantifizieren.[233]

Rabattverträge machen verschiedene andere Regulierungsinstrumente überflüssig. Werden Ärzte beispielsweise an den Einsparungen, die aus der Verordnung rabattierter Arzneimittel resultieren, beteiligt, können daraus Fehlanreize entstehen. Eine Änderung des Verordnungsverhaltens hin zu rabattierten Arzneimitteln ist aus Sicht des einzelnen Arztes vorteilhaft. Da Vertragsarzneimittel per se als wirtschaftlich gelten,[234] sind sie von der **Bonus-Malus-Regelung** sowie der fachgruppenspezifischen **Richtgrößenprü-**

---

230 Vgl. Cassel / Wille (2008), S. 109.

231 Greift keines der anderen Instrumente zur Zuzahlungsbefreiung, müssen die Krankenkassen zwischen dem Rabatt und der entgangenen Zuzahlung abwägen.

232 Vgl. Cassel / Wille (2008), S. 111.

233 Vgl. Cassel / Wille (2008), S. 110. Krankenkassen sind gesetzlich berechtigt, den Patienten die Zuzahlung ganz oder zur Hälfte zu erlassen, sofern aus einem Rabattvertrag Einsparungen zu erwarten sind und nicht schon eine Zuzahlungsbefreiung im Rahmen eines Festbetrages besteht, vgl. § 31 Abs. 3 SGB V. Diese Möglichkeit wird vorrangig genutzt, um die Akzeptanz der rabattierten Arzneimittel beim Patienten zu verbessern.

234 Vgl. Selder / Brückel (2007), S. 202 oder Cassel / Wille (2008), S. 110.

fung ausgenommen.[235] Das Regressrisiko sinkt. Gesamtwirtschaftlich können dadurch aber höhere Kosten entstehen, falls der Arzt sonst die Substitution durch preisgünstigere Präparate zugelassen hätte.

Sowohl die Bonus-Malus-Regelung als auch die fachgruppenspezifische Richtgrößenprüfung nehmen die Bruttopreise je definierter Dosiereinheit als Bemessungsgrundlage an. Da die Rabattkonditionen für die Ärzte in der Regel nicht transparent sind, können die tatsächlich entstehenden Kosten nicht abgebildet werden. Mit steigendem Anteil an Rabattarzneimitteln sinkt folglich das für eine Prüfung maßgebliche Volumen. Ob der Rest rechtlich als Bemessungsgrundlage für einen möglichen Regress ausreicht und welche Aussagekraft dieser hat, bleibt fraglich.[236] Durch diese Interdependenz gibt es keine eindeutige Zuordnung der Verantwortung für Wirtschaftlichkeit im Arzneimittelmarkt.[237]

Durch den Vorrang der Rabattverträge vor der Aut-Idem-Regelung vermindert ein zunehmendes Volumen an rabattierten Generika den Einfluss der Apotheker auf die Abgabe von Präparaten erheblich und widerlegt damit die Rechtfertigung für das **Verbot von Naturalrabatten.**[238] Die Bevorzugung von Rabattarzneimitteln gilt auch gegenüber preisgünstigen Importen und macht die ohnehin fragliche **Importförderung** zumindest im generikafähigen Markt fiskalisch obsolet, da die Krankenkassen mit den entsprechenden Importeuren ebenfalls Rabattverträge abschließen können.[239]

---

235 Neben der in Kapitel 2.4.2.2 diskutierten pauschalen Berichtigung besteht die Möglichkeit, rabattierte Arzneimittel aus der Richtgrößenprüfung herauszunehmen, vgl. § 84 Abs. 1 Satz 4a SGB V. Arzneimittel, für die ein Rabattvertrag besteht, dem der Arzt beigetreten ist, sind von der Auffälligkeitsprüfung ausgenommen, vgl. § 106 Abs. 2 Satz 8 SGB V. Sowohl die Bonus-Malus-Regelung als auch eine sie ablösende regionale Vereinbarung gelten nicht, soweit ein Arzt, der mit einer Krankenkasse eine individualvertragliche Arzneimittelvereinbarung geschlossen hat, Präparate verordnet, über die die jeweilige Krankenkasse einen Rabattvertrag vereinbart hat, vgl. § 84 Abs. 4a SGB V. Ende 2007 beschlossen die Vertragspartner, die Bonus-Malus-Regelung nicht mehr anzuwenden, da die offiziellen Arzneimittelpreise aufgrund zahlreicher Rabattverträge die von der GKV zu tragenden Arzneimittelkosten nicht mehr repräsentierten. Stattdessen wurden für 2008 Leitsubstanzen für 12 Arzneimittelgruppen festgelegt. Auf die Vorgabe von Durchschnittskosten wurde allerdings verzichtet, vgl. Coca / Nink / Schröder (2008), S. 154.

236 Vgl. Kapitel 2.4.2.2.

237 Vgl. Dierks (2008), S. 24.

238 Die Entscheidung über das Präparat obliegt durch den Vorrang rabattierter Arzneimittel zunächst dem Arzt und geht nur im Falle einer erlaubten Substitution auf den Apotheker über.

239 Vgl. Cassel / Wille (2008), S. 109.

Rabattverträge machen das ausgabenregulierende Instrument der **gesetzlichen Herstellerabschläge** überflüssig. Da die verhandelten Rabatte insbesondere im Generikamarkt weit über dem gesetzlichen Abschlag liegen, ist es irrelevant, ob sich der Nettopreis durch den Rabatt oder eine gleich hohe Summe aus gesetzlichem Abschlag und Rabatt ergibt.[240]

Durch den bereits dargelegten Vorrang von Rabattarzneimitteln wird die Wirkung der **Aut-Idem-Regelung** beeinträchtigt.[241] Bei steigendem Volumen rabattierter Pharmaka hat der Apotheker immer weniger Einfluss auf die Abgabe der Präparate. Probleme ergeben sich insbesondere durch die widersprüchliche Steuerung verschiedener Normadressaten. So folgt ein Vertragsarzt dem Wirtschaftlichkeitsgebot, wenn er durch Verordnung eines Wirkstoffes der Apotheke die Möglichkeit zur Substitution durch ein rabattiertes Generikum lässt.[242] Einige Arzneimittelvereinbarungen empfehlen die Wirkstoffverordnung sogar ausdrücklich.[243] Der Apotheker handelt durch Abgabe des rabattierten Arzneimittels ebenfalls rechtmäßig.[244] Für den Patienten entsteht im Extremfall ein finanzieller Nachteil, wenn das rabattierte Präparat zuzahlungspflichtig ist, während ein substituierbares Generikum von der Zuzahlung befreit ist.[245] Die Zuzahlung bliebe dem Patienten erspart, sofern der Arzneimittelpreis mindestens 30 % unter dem Festbetrag läge oder der Arzt Aut-Idem bewusst ausschließen würde.[246]

Rabattverträge kollidieren mit den Regulierungsinstrumenten, die die Verordnungsmengen individuell beim einzelnen Arzt und kollektiv auf KV-Ebene steuern.[247] Im Gegensatz zur Bonus-Malus-Regelung und den Richtgrößen basieren die Vereinbarungen zwischen den Landesverbänden der Krankenkassen und den KVen über die **Ausgabenvolumina** und die **Zielvereinbarungen** auf Nettopreisen. Da die Vertragskonditionen

240 Vgl. Cassel / Wille (2008), S. 106.
241 Falls keine Zielpreisvereinbarung, aber ein Rabattvertrag, besteht, gilt für das Rabattarzneimittel ein Vorfahrtsrecht, ansonsten erfolgt die Substitution nach Maßgabe des Rahmenvertrages, vgl. § 129 Abs. 1 Satz 3 und Abs. 2 SGB V.
242 Vgl. Dierks (2008), S. 14.
243 Vgl. § 84 Abs. 1 SGB V.
244 Vgl. § 129 Abs. 1 Satz 3 SGB V.
245 Vgl. Cassel /Wille (2008), S. 108.
246 Vgl. Dierks (2008), S. 15.
247 Vgl. Cassel / Wille (2008), S. 107.

dem Arzt in der Regel nicht bekannt sind, fehlt die rechtliche Grundlage zur Umsetzung der Vereinbarungen.

Rabattverträge verursachen unterschiedliche Wechselwirkungen zum **Festbetragssystem**. Sie können zur Abdeckung der Aufzahlung bei Überschreitung der Festbeträge geschlossen werden. So lassen sich Marktanteile im GKV-Markt sichern, ohne den Preis auf Festbetrag abzusenken, da letzteres durch die Referenzpreisfunktion des deutschen Arzneimittelpreises Kettenreaktionen auf ausländischen Märkten verursachen könnte.[248] Dies hat zur Folge, dass die tatsächlichen Krankenkassenausgaben bei Rabattierung unter den offiziellen Listenpreisen liegen, so dass sie durch die Festbeträge nicht mehr adäquat widergespiegelt werden. Somit wird durch das Festbetragssystem zentral Druck auf die Abgabepreise ausgeübt, ohne dass die dezentral vereinbarten und für die Kosten der GKV maßgeblichen Preise bekannt sind.[249] Falls in einem Festbetragssegment mehrere Hersteller ihre Preise nicht auf den Festbetrag absenken, die entsprechenden Preisdifferenzen aber durch hohe Rabatte kompensieren, können Rabattverträge sogar die Bedingung der Festbetragsregelung, die Verfügbarkeit von mindestens einem Fünftel aller Verordnungen beziehungsweise Packungen zum Festbetrag zu gewährleisten, aushebeln.[250] Darüber hinaus löst das Nebeneinander von Rabattverträgen und der Zuzahlungsbefreiungsgrenze spiralähnliche Preiseffekte im Festbetragssystem aus und schränkt so den Abschluss von Rabattverträgen ein, da das verbleibende Rabattvolumen als unattraktiv bewertet wird.

Methodisch ähnliche Probleme ergeben sich für **Erstattungshöchstbeträge**. In die Berechnungsgrundlage für die Kosten-Nutzen-Bewertung eines innovativen Präparates gehen die Kosten der bisherigen Gesundheitstechnologien mit ein. Handelt es sich dabei um meist rabattierte Festbetragsarzneimittel oder Analogpräparate, verzerrt dies die Grundlage. Arzneimittel, für die ein Höchstbetrag festgesetzt wird, besitzen einen erwiesenen Zusatznutzen gegenüber vergleichbaren Alternativen. Gegenstand der Kosten-Nutzen-Bewertung ist damit die Kosteneffektivität. Reduziert ein Hersteller nach Festlegung des Erstattungsbetrages seinen Listenpreis nicht auf dasselbe Niveau, müssen die

---

[248] Vgl. Rücker (2008).
[249] Vgl. Dierks (2008), S. 12-13.
[250] Vgl. Cassel / Wille (2008), S. 111.

Patienten die Aufzahlung tragen. Sofern sie sich das nicht leisten können oder wollen, treten ernstzunehmende Schwierigkeiten auf, da ein Ausweichen auf eine medizinisch adäquate Behandlungsalternative nicht möglich ist. In solchen Fällen sind Rabattverträge, die die Differenz kompensieren, vorteilhaft.[251]

Rabattverträge hebeln das Instrument der **Verordnungseinschränkung beziehungsweise des -ausschlusses** aus. Im Fall der kurzwirksamen Insulinanaloga sah das IQWiG keinen Zusatznutzen im Vergleich zu den Humaninsulinpräparaten und der G-BA schloss sie daraufhin von der Verordnungsfähigkeit aus, soweit Mehrkosten für die GKV entstanden. Durch Rabattverträge, die die Mehrkosten kompensierten, sicherten die Hersteller die GKV-Verordnungsfähigkeit der Präparate und vermieden gleichzeitig nachteilige Auswirkungen auf das Referenzpreissystem.[252]

Ferner schreibt das GKV-Wettbewerbsstärkungsgesetz vor, den ambulanten Arzneimittelbedarf im Rahmen der Integrierten Versorgung mit rabattierten Präparaten abzudecken.[253] Darüber hinaus ist es Vertragsärzten, Apotheken, Großhandel, Krankenkassen und Apothekenrechenzentren nur noch gestattet, die Daten über verordnete Arzneimittel an Stellen zu übermitteln, die diese ausschließlich als Nachweis für die KVen oder auf aggregiertem Niveau verwenden.[254] Damit soll den Prämierungssystemen für Pharmareferenten die Datengrundlage entzogen werden. Ziel ist es, die Aufgabe der Außendienstmitarbeiter auf die wissenschaftliche Information des Arztes als eigentlichen Zweck des § 74 AMG zurückzuführen.[255] Die Verordnungen sollen ausschließlich an Wirtschaftlichkeit, Zweckmäßigkeit und medizinische Notwendigkeit gebunden werden. Folglich ist die pharmazeutische Industrie noch stärker auf die durch die Krankenkassen erhobenen und veröffentlichten Daten angewiesen und Marktforschungsanalysen werden erheblich erschwert.[256] Rabattierte und verordnete Präparate in vertraglichen Versorgungsformen sind davon nicht betroffen. Sie stehen den Herstellern

---

[251] Vgl. Cassel / Wille (2008), S. 112-113.
[252] Vgl. Cassel / Wille (2008), S. 104.
[253] Vgl. § 140a Abs. 1 Satz 5 SGB V und Dieners / Heil (2007b), S. 143.
[254] Nach § 305a SGB V müssen die Daten auf Gebiete mit mindestens 300.000 Einwohnern oder 1.300 Ärzten aggregiert werden.
[255] Vgl. Deutscher Bundestag (2006), S. 176-177.
[256] Vgl. Dieners / Heil (2007b), S. 144.

weiterhin zur Verfügung.[257]

Ohne einen Anspruch auf Vollständigkeit zu erheben, hat die vorhergehende Analyse zahlreiche Konfliktfelder beleuchtet. Trotz der Interdependenzen spricht unter ordnungspolitischen Gesichtspunkten nichts gegen das Instrument der Rabattverträge. Sie sind „(…) per se ein dezentrales wettbewerbskonformes Instrument im GKV-Arzneimittelmarkt (…)“,[258] das sich aber nicht „(…) in einem adäquaten ordnungspolitischen Umfeld (befindet), sondern in einem völlig überregulierten System.“[259] Bei Unkenntnis der rechtlichen Rahmenbedingungen kann es daher in der praktischen Umsetzung zu Problemen kommen. Sind die Wechselwirkungen dagegen bekannt, bieten Rabattverträge eine Möglichkeit zur strategischen Positionierung. Neben der Kenntnis des Regulierungsgefüges ist die Einschätzung der Auswirkungen der gesundheitspolitischen Maßnahmen auf das Gesundheitssystem und seine Marktakteure für die pharmazeutische Industrie eine wichtige Voraussetzung zur Implementierung einer adäquaten Strategie. Um die Verschiebung der Macht-, Einfluss- und Entscheidungsverhältnisse im Nachfragermarkt richtig einschätzen zu können, müssen die Arzneimittelhersteller die drei Megatrends der Ökonomisierung, der horizontalen sowie der vertikalen Integration analysieren.

---

257 Die vertraglichen Versorgungsformen sind in folgenden Paragraphen des fünften Sozialgesetzbuches geregelt: § 63 SGB V (Modellvorhaben), § 73b SGB V (Hausarztzentrierte Versorgung), § 73c SGB V (Besondere Ambulante Versorgung), § 137f SGB V (Strukturierte Behandlungsprogramme bei chronischen Krankheiten) oder § 140a SGB V (Integrierte Versorgung). Die regionale Detaillierung unter die Mindestzahlen von § 305a SGB V sichert die "(...) Möglichkeit einer präzisen Ergebniskontrolle im Hinblick auf die vertraglich mit der Krankenkasse vereinbarten Ziele (...)", siehe Zeiner / Wartenberg (2007), S. 534.

258 Cassel / Wille (2008), S. 113.

259 Cassel / Wille (2008), S. 113.

2.5 Auswirkungen der gesundheitspolitischen Regulierung auf das Gesundheitswesen und seine Marktakteure

2.5.1 Ökonomisierung des Gesundheitswesens

2.5.1.1 Reformierte Finanzierung durch Gesundheitsfonds und Morbiditätsorientierten Risikostrukturausgleich

Im Rahmen der Gesundheitsreform 2007 wurde die Finanzierung des deutschen Gesundheitswesens grundlegend verändert. Sowohl der Gesundheitsfonds als auch der Morbiditätsorientierte Risikostrukturausgleich (Morbi-RSA) haben maßgeblichen Einfluss auf die Wertschöpfungsbetrachtung der gesetzlichen Krankenkassen und führen so zu einer Entwicklung, die sich als Ökonomisierung des Gesundheitswesens bezeichnen lässt.

Seit 2009 bildet der **Gesundheitsfonds** das Kernelement der neuen Finanzierungsstruktur der gesetzlichen Krankenkassen.[260] Er ist ein vom Bundesversicherungsamt (BVA) verwaltetes Sondervermögen. Angelehnt am Modell des reformierten holländischen Gesundheitssystems soll er das Kosten- und Leistungsmanagement der einzelnen gesetzlichen Krankenkassen transparenter machen und so zur Stärkung des Wettbewerbs beitragen.[261] Wie bisher erhalten die Krankenkassen ihre Finanzmittel aus einkommensabhängigen Beiträgen und sonstigen Einnahmen (z. B. Steuerzuschuss).[262] Diese Einnahmen fließen zunächst alle in den Fonds und werden von dort aus neu verteilt. Dadurch soll ein Ausgleich der unterschiedlichen Finanzkraft der Krankenkassen erreicht werden.[263] Mit Inkrafttreten des Gesundheitsfonds legt das Bundesministerium für Gesundheit per Rechtsverordnung einen einheitlichen Beitragssatz fest. Die gesetzlichen Krankenkassen verlieren damit die Finanzhoheit über ihre Einnahmen und ein

---

260 Vgl. Blankart / Fasten / Schwintowski (2009), S. 22. Er ist ein Kompromiss, der die konkurrierenden Vorschläge der Gesundheitsprämie (CDU) und der Bürgerversicherung (SPD) vereinen soll, vgl. o.V. (2009c).

261 Vgl. Scheunemann (2007), S. 3.

262 Im Jahr 2009 betrug der Steuerzuschuss 4 Mrd. Euro. Bis 2016 soll er auf 14 Mrd. Euro ansteigen, vgl. o.V. (2009c).

263 Vgl. Scheunemann (2007), S. 3 und S. 5.

wichtiges Differenzierungsmerkmal gegenüber ihren Versicherten.[264] Ihre Finanzierungsgrundlage und Wertschöpfungsbetrachtung ändern sich somit fundamental. Zur Sicherung der eigenen Existenz gewinnen daher das gezielte Kostenmanagement und die Optimierung von Versorgungsprozessen an Bedeutung. Um sich auch weiterhin monetär von anderen Versicherern zu differenzieren, können gut wirtschaftende Krankenkassen Prämienrückzahlungen ausschütten, während schlecht wirtschaftende Zusatzbeiträge erheben müssen.[265] So soll das Ziel des Gesundheitsfonds, den dominanten Wettbewerbsparameter Preis durch eine Qualitäts- und Leistungsorientierung abzulösen, erreicht werden.[266]

Die Krankenkassen erhalten aus dem Gesundheitsfonds pro Versicherten eine Grundpauschale in Höhe der durchschnittlichen Pro-Kopf-Ausgaben in der GKV sowie alters- und geschlechtsabhängige Zu- und Abschläge.[267] Darüber hinaus bekommen sie Zuschläge für Erwerbsminderungen.[268] Für 80 ausgewählte kostenintensive chronische Krankheiten oder Krankheiten mit besonders schwerem Verlauf erhalten sie **Morbidi-**

---

264 Der einheitliche Beitragssatz widerspricht dem Wettbewerbsgedanken, da die Preishoheit zu den entscheidenden Merkmalen wettbewerblich agierender Unternehmen gehört, vgl. Scheunemann (2007), S. 14.

265 Zu den wettbewerbsverzerrenden Effekten des Zusatzbeitrages, vgl. Scheunemann (2007), S. 18-19. Unter anderem kritisiert das Bundesgesundheitsministerium, dass, falls der Risikostrukturausgleich zwischen den Krankenkassen mit überwiegend armen, kranken und alten und denen mit überwiegend wohlhabenderen, jüngeren und gesünderen Versicherten nicht ausreichend sei, der Zusatzbeitrag kein Indikator dafür ist, wie eine Krankenkasse wirtschaftet, sondern über welche Versichertenstruktur sie verfüge.

266 Vgl. Ecker / Preuß / Roski (2008) S. VIII.

267 Vgl. Scheunemann (2007), S. 6.

268 Vgl. BVA (2008), S. 5.

tätszuschläge, um ihre Kosten zu decken.[269] Um festzustellen, ob einer Krankenkasse ein solcher Morbiditätszuschlag zusteht, sind die ärztlichen Diagnosen relevant. Jede ambulante oder stationäre Diagnose wird für die Abrechnung mit den Krankenkassen nach einem vorgegebenen Schema (international classification of diseases, ICD-10-Code) verschlüsselt. Da in den Kliniken verbindliche Kodierungsrichtlinien bestehen und die Diagnosen Teil der Krankenhausrechnungen im Diagnosis-Related-Group-System (DRG-System) sind, sind sie qualitativ unstrittig. Jede relevante stationäre Diagnose ordnet die Versicherten daher einer Morbiditätsgruppe zu und löst einen Zuschlag aus. Im Gegensatz dazu bedarf die Diagnose eines niedergelassenen Arztes der Bestätigung durch eine Zweitdiagnose derselben Krankheit in mindestens einem anderen Abrechnungsquartal, bevor sie einen Zuschlag auslöst. Darüber hinaus ist besonders bei Krankheiten, die stationär oder durch eine Arzneimitteltherapie behandelt werden, ein entsprechender Therapienachweis erforderlich.[270] Die Wertschöpfungsbetrachtung der gesetzlichen Krankenkassen verändert sich somit durch die Einführung des Morbi-RSA maßgeblich. Während früher gesunde Mitglieder die favorisierte Kundengruppe der Versicherer darstellten, stellen nun die im Sinne des Morbi-RSA gut geführten chronisch Kranken eine interessante Zielgruppe zur Optimierung der Deckungsbeiträge dar. Da die Zuweisungen für die Krankenkassen retrospektiv ermittelt werden, stehen sie erst im Folgejahr zur Verfügung. Vor dem Hintergrund ihrer Kosten-

---

[269] Etwa ein Drittel der Leistungsausgaben wird von diesen Krankheiten verursacht, vgl. Ecker / Preuß / Roski (2008), S. IX. Seit dem Jahr 1996 besteht die Möglichkeit der freien Krankenkassenwahl, vgl. Blankart / Fasten / Schwintowski (2009), S. 20. Bei geltendem Solidarprinzip führte dies zu einer Ungleichverteilung der durch Krankheit entstehenden Kostenrisiken. Zum Ausgleich erfolgte daher in der Vergangenheit ein auf Alters- und Geschlechtsmerkmalen basierender Risikostrukturausgleich. So konnte der Wettbewerb, der vorrangig über unterschiedliche Beitragssätze stattfand, mit dem Solidarprinzip vereinbart werden, vgl. BVA (2008), S. 2. Trotzdem entstanden immer wieder Anreize zur Risikoselektion. Der seit dem 01. Januar 2009 geltende Morbi-RSA berücksichtigt daher zusätzlich das aus einem Krankheitsfall entstehende monetäre Risiko. Die Risiko-Eingruppierung erfolgt anhand von Ärzte-Diagnosen und verordneten Arzneimitteln. Ziel des Gesetzgebers ist, „(…) dass eine Konzentration kranker, insbesondere chronisch kranker Versicherter bei einer bestimmten Krankenkasse für diese nicht zwangsläufig mit gravierenden Wettbewerbsnachteilen verbunden ist.", BVA (2008), S. 3. Das BVA definiert für die 80 ausgewählten Krankheiten 106 Morbiditätsgruppen, da bestimmte Krankheiten je nach Schweregrad differenziert oder aufgrund von ähnlichem Versorgungsbedarf zusammengefasst werden können. Zusätzlich findet eine Hierarchisierung statt, falls es für eine Krankheit mehrere nach Schweregrad differenzierte Morbiditätsgruppen gibt. Sofern ein Versicherter anhand seiner Diagnosen mehreren Morbiditätsgruppen derselben Hierarchie zuzuordnen ist, löst nur die in dieser Hierarchie am höchsten stehende Morbiditätsgruppe einen Zuschlag aus, vgl. BVA (2008), S. 6.

[270] Vgl. BVA (2008), S. 8.

situation müssen sie daher beachten, dass für eine Krankheit, die heute diagnostiziert und behandelt wird, erst im nächsten Geschäftsjahr die Zuweisungen anfallen.

Da ausgewählte ambulante Diagnosen durch Arzneimittelverordnungen abgesichert werden müssen, hat der Morbi-RSA für die pharmazeutischen Hersteller ebenfalls eine zentrale Bedeutung. Die Krankenkassen erhalten in diesen Fällen nur dann Zuweisungen, wenn die vom Bundesversicherungsamt vorgegebenen Arzneimittelverordnungsmengen eingehalten werden. Sie befinden sich daher in dem Dilemma, dass einerseits die Morbiditätszuschläge nur durchschnittliche Kosten, nicht aber reale Behandlungspreise abbilden und andererseits die Differenzierung gegenüber den Versicherten nur noch über Qualität möglich ist. Vor diesem Hintergrund werden die Krankenkassen in Zukunft großes Interesse an einer optimierten Versorgung bei gleichzeitiger Kostenreduktion haben, um ihre Behandlungskosten durch die erhaltenen Finanzierungszuschläge zu decken. Insbesondere bei den Morbi-RSA-relevanten Krankheiten wird der Abschluss von Direktverträgen zwischen Krankenkassen und Arzneimittelherstellern unter Einbeziehung der Leistungserbringer daher eine immer wichtigere Rolle spielen.[271]

2.5.1.2 Intensivierung des Vertragswettbewerbs

Die politisch motivierte Intensivierung des Wettbewerbes im Gesundheitssystem dient keinem Selbstzweck, sondern der verbesserten Allokation knapper Ressourcen. Grundsätzlich ist ein wettbewerbliches System mit dem in der gesetzlichen Krankenversicherung bekannten Solidarsystem vereinbar, wenn den einzelnen Vertragsakteuren genügend wirksame Handlungsparameter zur Verfügung stehen. Auf Grundlage einer funktionierenden Rahmenordnung können so Effizienz- und Effektivitätspotenziale zum Wohle der Versicherten gehoben werden. Dem Staat obliegt dabei die Aufgabe, diese

[271] Vgl. VFA (2009e).

Rahmenordnung zu definieren.[272]

Unter der speziellen Zielsetzung des Gesundheitssystems ist ein Qualitätswettbewerb einem Preiswettbewerb vorzuziehen, da sinkende Preise nur bei gleich bleibender oder verbesserter Qualität zur Erfüllung der Ziele beitragen.[273] Zur Analyse möglicher Ansatzpunkte für einen Vertragswettbewerb werden die in Kapitel 2.2 erläuterten Wettbewerbsfelder nochmals aufgegriffen. Im **Versicherungsmarkt**, in dem die Krankenkassen um die Versicherten konkurrieren, kann eine Steigerung der Effizienz und Effektivität der Gesundheitsversorgung nur durch Hinzunahme des Bereiches der Leistungserstellung stattfinden. Im **Behandlungsmarkt** rivalisieren die Leistungserbringer des ambulanten und stationären Sektors um die Patienten. Erst durch eine Verzahnung der beiden Bereiche, nämlich indem Leistungserbringer um Verträge mit Krankenkassen im **Leistungsmarkt** konkurrieren, kann eine nachhaltige Wettbewerbssteigerung erreicht werden. Sind die Leistungserbringer von solchen Verträgen abhängig, werden sie sich um Qualität und Transparenz ihrer angebotenen Leistungen bemühen.[274] Krankenkassen haben ebenso ein Interesse an Kosten sparender, qualitativ hochwertiger Versorgung, um sich gegenüber ihren Versicherten zu positionieren. Sofern sie über Verträge komparative Vorteile im Leistungsbereich erhalten, führt dies wiederum zu einer besseren Wettbewerbsposition im Versichertenmarkt.[275] Der Vertragswettbewerb bietet den Krankenkassen somit einerseits eine Möglichkeit zur Senkung der Arzneimittelausgaben und andererseits eine geschickte Differenzierung vom Wettbewerb. Durch die Insolvenzfähigkeit der gesetzlichen Krankenkassen sowie den qualitativen Steuerungsanspruch von Gesundheitsfonds und Morbi-RSA verlagert sich der Vertragswettbewerb in den kostenintensiveren, innovativen Bereich. Der Anteil an Direktverträgen über patentgeschützte Arzneimittel lag im Jahr 2009 bereits bei 13 %.[276]

---

[272] Die Einführung wettbewerblicher Strukturen impliziert, dass selektivvertragliche Vereinbarungen an wettbewerbs-, kartell- und vertragsrechtliche Vorgaben gebunden sein müssen. Da dies bei Einführung der selektivvertraglichen Strukturen nicht der Fall war, kam es zu zahlreichen Konflikten mit dem Versorgungsauftrag niedergelassener Ärzte, der Länderzuständigkeit für die Krankenhausplanung, berufsverfassungsrechtlichen Konkurrenzproblemen und wettbewerbsrechtlichen Fragen, vgl. Dreher / Hoffmann (2009) und Gassner (2008).

[273] Vgl. Wille / Cassel / Ulrich (2008), S. 37.

[274] Vgl. Cassel et al. (2008), S. 38.

[275] Vgl. Wille / Cassel / Ulrich (2008), S. 38.

[276] Vgl. Maag / Wald-Eßer (2010), S. 43.

Experten rechnen damit, dass innerhalb weniger Jahre circa 50 % aller Arzneimittelausgaben über Direktverträge geregelt werden.[277] In der Vergangenheit fand im Leistungsmarkt kein Wettbewerb statt, da „(…) der Gesetzgeber Kassen und Leistungserbringer zur Bildung von Verbändekartellen und zum Abschluss von Kollektivverträgen (…)“[278] zwang. Erst mit der Gesundheitsreform 2007 wurden die Möglichkeiten zum Abschluss selektiver Verträge innerhalb sowie außerhalb der ärztlichen Versorgung ausgeweitet.[279]

Innerhalb der ärztlichen Versorgung sind vor allem Modellvorhaben, Verträge mit Krankenhäusern, die Hausarztzentrierte beziehungsweise Integrierte Versorgung und Verträge mit europäischen Leistungserbringern wichtige selektivvertragliche Instrumente. In diesem Fall reicht die Zulassung der Leistungserbringer nicht aus, um per se Zugang zur vergüteten Versorgung gesetzlich Versicherter zu haben. Diese Vertragsformen stehen im Fokus des Kapitels 2.5.3.2, da sie aus Sicht der Pharmaindustrie eine horizontale Integration der Vertriebsstrukturen bedeuten.

Die Industrie kann sich über § 130a Abs. 8 SGB V **außerhalb der ärztlichen Versorgung** an Selektivverträgen beteiligen.[280] Obwohl eine Mindestabnahmemenge vertraglich nicht fixiert werden kann, kann ein Direktvertrag für die Arzneimittelhersteller aus verschiedenen Beweggründen strategisch sinnvoll sein. So ist die Entscheidung, wann, wie und mit wem eine Vertragsbeziehung welche Auswirkungen hat, vor dem Hintergrund des eigenen Produkt- und Kompetenzportfolios kritisch zu treffen sowie Chancen und Risiken abzuwägen.[281] Verschiedene Theoretiker beschäftigen sich mit den Rationalen für den Abschluss eines Direktvertrages. Ob ein einzelnes Ziel oder eine

277 Vgl. Ecker / Preuß / Roski (2008), S. VIII.

278 Cassel et al. (2008), S. 15. Die Krankenkassen konkurrierten bis 2007 ausschließlich auf Basis eines einheitlichen Leistungskataloges, der nur ein sehr eingeschränktes Angebot an zusätzlichen Leistungen zuließ.

279 Cassel et al. (2008) stellen heraus, dass die zur Verfügung stehenden selektivvertraglichen Optionen im Hinblick auf ihre Spielräume bei der Vertragsgestaltung, dem Koordinationsbedarf gegenüber dem Kollektivsystem und der Möglichkeit, Versicherte in das Vertragskonstrukt einzubeziehen, sehr heterogen sind, vgl. Cassel et al. (2008), S. 18.

280 Die legale Basis und die Einordnung von Selektivverträgen außerhalb der ärztlichen Versorgung in das gesundheitspolitische Gesamtsystem wurde in Kapitel 2.4 ausführlich diskutiert.

281 Vgl. u.a. Zeiner (2008a), S. 595, Prik (2008), S. 171-172 oder Blöß (2008), S. A74-A75.

Mischung daraus letztendlich zum Vertragsabschluss führt, kann aufgrund unternehmerischer Geheimhaltung empirisch nicht erhoben werden.

Wird ein Rabattvertrag zur **Minimierung gesundheitspolitischer Produktrisiken** geschlossen, versucht der Hersteller die Interdependenz der Verträge mit anderen Regulierungsinstrumenten bewusst auszunutzen, um seinen Umsatz auszuweiten oder den Verlust bei Eintreten einer Regulierung möglichst gering zu halten. Würde für ein Original beispielsweise ein Erstattungshöchstbetrag festgelegt, an den der Hersteller seinen Listenpreis nicht anpasst, um Aufzahlungen der Patienten zu vermeiden, müsste er mit einem Rückgang der Absatzmenge rechnen. In einem solchen Fall könnte ein aufzahlungsausgleichender Kontrakt wirtschaftlich sinnvoll sein. Internationale Pharmaunternehmen können mit Hilfe eines Rabattvertrages ihren **Markteintritt beschleunigen** und eine schnellere Potenzialausschöpfung auf dem deutschen Markt erreichen. Ferner können sowohl die nationale als auch die internationale **Preisbildung beeinflusst** werden. Im nationalen Markt kann durch Rabattierung des Abgabepreises auf Festbetragsniveau die Aufzahlung für die Patienten wegfallen. Das internationale Referenzpreissystem wird durch einen Vertrag nicht beeinflusst, da es sich am Listenpreis orientiert. Ein mögliches Vertragsziel könnte daher darin bestehen, die Erstattung eines Präparates bei der Partnerkrankenkasse zu sichern, obwohl der Listenpreis über dem Festbetrag liegt.[282] Um eine wirtschaftliche **Alternative zu Importpräparaten** zu bieten, kann ein individueller Rabattvertrag für forschende Hersteller ökonomisch sinnvoll sein. Die Patienten profitieren von der Behandlung mit Originalpräparaten, da so Irritationen durch verschiedene Packungsdesigns oder Lieferengpässe bei Importen ausgeschlossen werden können. Der Hersteller kann so seinen Umsatz beziehungsweise Marktanteil sichern. Es bleibt dabei zu beachten, dass sich die Importe nur bei großflächigen Verträgen kontrollieren lassen. Bei regional begrenzten Verträgen gelangt die importierte Ware außerhalb des Vertragsgeltungsbereiches weiterhin in den deutschen Markt, so dass der Vertrag für den Hersteller zum Nullsummenspiel werden kann.[283] Ebenso ist der Abschluss eines Rabattvertrages in Erwägung zu ziehen, um den Markt bei einem bevorstehenden **Patentablauf** gegen generische Konkurrenz zu sichern. Da-

[282] Vgl. Prik (2008), S. 172.
[283] Vgl. Zeiner (2008b), S. 714.

bei ist nicht nur die Laufzeit des eigenen Patentes entscheidend. Generischer Wettbewerb kann beginnen, sobald das erste Präparat in einer Substanzklasse patentfrei wird.[284] So hat JANSSEN-CILAG als erstes forschendes Pharmaunternehmen bereits zum 01. April 2007 das patentgeschützte Antipsychotikum RISPERDAL rabattiert.[285] Der Arzneimittelhersteller LILLY setzt dieses strategische Instrument des Life-Cycle-Managements ebenfalls bei dem Antipsychotikum ZYPREXA ein. Darüber hinaus lassen sich mit Hilfe eines Rabattvertrages gezielt bestimmte **Patientengruppen ansprechen**, indem der Vertrag durch Marketingmaßnahmen begleitet wird, die auf die Versichertenstruktur der Partnerkrankenkasse abgestimmt sind. Darüber hinaus können indikationsorientierte Verträge die **Versorgung sichern**, indem für definierte Patientengruppen die Aufzahlung erlassen wird. Über die Vereinbarung einer Risikoteilung in Abhängigkeit vereinbarter Therapieziele lässt sich im Late Entry Fall mit patentgeschützten Schrittinnovationen eine **höhere Marktpenetration** erreichen.[286] Zuletzt könnte das **Versorgungsmanagement außerhalb der Regelversorgung** über die Kombination von Rabatt- und Lieferantenverträgen ein mögliches Ziel eines Vertrages sein. Nach Analyse des eigenen Portfolios müssen Hersteller und Krankenkassen diese strategische Wettbewerbsfrage für sich beantworten, um möglichst schnell ihre Lernkurve steigern zu können.[287]

Um das deregulierende, wettbewerbliche Instrument der Rabattvereinbarungen nutzen zu können, müssen Win-Win-Situationen geschaffen werden. Während durch die Aut-Idem Regelung im Generikasektor bilaterale Vertragsbeziehungen zwischen Kostenträgern und Arzneimittelherstellern zur Steuerung ausreichen, entwickeln sich für den patentgeschützten Bereich komplexere Vertragsmodelle. Je nach Ausgestaltung bieten sie der pharmazeutischen Industrie die Möglichkeit, sich vom Arzneimittelproduzenten zu einem aktiv an der Versorgung beteiligten Akteur zu entwickeln. Sie erweitern die bilaterale Beziehung um eine spezifische Versorgungsumgebung (z. B. Ärztenetz, Medizinisches Versorgungszentrum (MVZ)) und integrieren die Leistungserbringer, so

---

284 Vgl. Solbach (2000), S. 19.
285 Vgl. Janssen-Cilag / AOK Rheinland / Hamburg (2007).
286 Zu den Zielsetzungen von Rabattverträgen, vgl. Rebscher / Sewekow / Ziesemer (2008), S. 97.
287 Vgl. Zeiner (2008a), S. 599.

dass eine Business-to-Business-Struktur entsteht.[288]

Die Einbeziehung möglichst aller im Gesundheitssystem vertretenen Anspruchsgruppen wird zum wesentlichen Erfolgsfaktor vertragsrelevanter Tätigkeiten. Nur wenn auf allen Wertschöpfungsstufen die Vorteilhaftigkeit eines Kontraktes erkannt wird, wird dieser auch konsequent umgesetzt. Rabattverträge im Arzneimittelbereich übernehmen eine Signalfunktion für andere Leistungsbereiche der Krankenversicherung. Steigern sie die Effektivität und Effizienz, werden vertragliche Lösungen zunehmend auf komplexere Leistungsbereiche, wie beispielsweise die Integrierte, Hausarztzentrierte und Besondere Ambulante Versorgung, übertragen.[289]

Neben dieser durch die Reformierung der GKV-Finanzierungsbasis und den Vertragswettbewerb ausgelösten Ökonomisierung des Gesundheitssystems stellen die horizontale (Kapitel 2.5.2) und die vertikale Integration (Kapitel 2.5.3) der Leistungserbringer zwei weitere Wettbewerbsmechanismen dar, die zu einer massiven Konzentration im Nachfragemarkt der pharmazeutischen Industrie führen.

2.5.2 Horizontale Integration

2.5.2.1 Vereinigungen von gesetzlichen Krankenkassen

Die Anzahl der gesetzlichen Krankenkassen reduzierte sich seit dem 01. Januar 1991 von 1.209 auf aktuell 184.[290] Dieser horizontale Konzentrationstrend geht auf bewusste gesundheitspolitische Entscheidungen zurück.[291]

Die Einführung des Gesundheitsfonds hat den Wettbewerbsdruck im Versicherungsmarkt weiter erhöht und den Konsolidierungsprozess beschleunigt.[292] Durch den einheitlichen Beitragssatz und den damit verbundenen feiner justierten Finanzausgleich

---

[288] Vgl. Ecker / Preuß (2008a), S. 11-12.

[289] Vgl. Ecker / Preuß / Roski (2008), S. VI-VII.

[290] Vgl. BMG (2009b), S. 50. Die Internetseite des Bundesministeriums für Gesundheit gibt eine in regelmäßigen Abständen aktualisierte Übersicht über alle gesetzlichen Krankenkassen.

[291] Diese können sich bei einer horizontalen Integration als gleichartige Einheiten auf einer Wertschöpfungsstufe zusammenschließen, vgl. Zeiner (2008a), S. 593.

[292] Vgl. Gassner (2008). S. 418. Heute vereinen die 50 größten gesetzlichen Krankenkassen knapp 90 % aller Mitglieder, vgl. Ecker / Preuß (2008a), S. 8.

zwischen den Krankenkassen bietet das Werben gesunder und einkommensstarker Versicherter keine Vorteile mehr. Die Exklusivität einer mitgliederschwachen Krankenkasse kann im Wettbewerb nachteilig sein, da es kleinere Krankenkassen deutlich schwerer haben dürften, durch gutes Versorgungsmanagement und geschickte Vertragspolitik mit Leistungserbringern und Arzneimittelherstellern (z. B. bei der Integrierten Versorgung), ihre Kosten zu steuern. Ein gutes Kostenmanagement ist aber Voraussetzung, um Zusatzbeiträge zu vermeiden. Zusätzlicher Budgetdruck wird dadurch ausgeübt, dass seit 01. Januar 2010 sowohl die unter Bundes- als auch die unter Landesaufsicht stehenden Krankenkassen insolvenzfähig sind.[293] Darüber hinaus müssen Krankenkassen zukünftig nach einheitlichen handelsrechtlichen Vorgaben bilanzieren, so dass ihre Finanzsituation transparenter wird.[294]

Reichen die durch den Gesundheitsfonds ausgelösten Zuweisungen nicht aus, bleiben den Kostenträgern drei Handlungsoptionen: Erstens kann eine gesetzliche Krankenkasse ihre Einnahmen durch die Erhebung eines Zusatzbeitrages erhöhen. Damit tritt allerdings automatisch ein Sonderkündigungsrecht für die Mitglieder in Kraft. Der Zusatzbeitrag wird daher aus Krankenkassensicht sehr negativ bewertet, da mit einer massiven Abwanderung von Mitgliedern zu rechnen ist. Zweitens kann sie ihre Ausgaben senken. Eine Möglichkeit ist der Abschluss von Rabattverträgen, um Einsparungen bei den Arzneimittelausgaben zu erreichen. Drittens kann sie versuchen durch den Zusammenschluss mit einer anderen Krankenkasse, Synergien zu nutzen.[295] Die vorrangigen Gründe für die Vereinigung zweier Krankenkassen sind je nach Krankenkassenart und verfolgter Strategie unterschiedlich.[296] Die durch den Gesundheitsfonds und Morbi-RSA eher betroffenen kleinen Betriebskrankenkassen fokussieren derzeit das

---

293 Damit wird mit dem GKV-OrgWG die ungleiche Wettbewerbssituation zwischen den Krankenkassenarten aufgehoben. Die Insolvenzfähigkeit der bundesunmittelbaren Krankenkassen löste Umlagepflichten für die Finanzierung von Insolvenzgeld nach dem SGB III und für die Insolvenzsicherung von Altersversorgungsansprüchen der Beschäftigten aus, vgl. Deutscher Bundestag (2008), S. 1.

294 Vgl. Knieps (2008), S. 21.

295 Bei einem solchen Zusammenschluss handelt es sich in der Regel um eine freiwillige Vereinigung. Sowohl der Gesetzgeber als auch die Praxis bezeichnet dies meist als Fusion. Die wissenschaftliche Fachliteratur kritisiert diese begriffliche Unschärfe, da es sich um einen ausschließlich öffentlich-rechtlichen Zusammenschluss handelt und der Begriff Fusion zu „(…) Missverständnissen hinsichtlich der Anwendbarkeit der kartellrechtlichen Fusionsvorschriften führe (…)“, Vogt (2009), S. 170.

296 Vgl. Thelen (2009).

Krisenmanagement. Durch gezielte Zusammenschlüsse versuchen sie, die Zuweisungen aus dem Fonds zu optimieren, um so Zusatzbeiträge zu vermeiden. Gleichzeitig erhoffen sie sich Ersparnisse besonders im Bereich der Verwaltungskosten. Die großen Krankenkassen möchten vor allem Synergien mit neuen Partnern realisieren, um ihre eigene Marktmacht durch den Zugewinn von Mitgliedern zu erhöhen. So erhoffen sie sich eine bessere Verhandlungsbasis gegenüber Leistungserbringern und Pharmaunternehmen. Die Ortskrankenkassen versichern traditionell ärmere und im Durchschnitt kränkere Menschen. Einerseits profitieren sie daher eher von dem Finanzausgleich, andererseits können sie durch ihre vorwiegend regionale Aktivität hohe Kosten in einer Region nicht durch geringere Kosten in einer anderen ausgleichen. Vor dem Hintergrund immer weiter steigender Krankheitskosten bietet die Vereinigung daher eine Möglichkeit, um Zusatzbeiträge zu vermeiden.

Besonders die mit der jüngsten Gesundheitsreform legalisierten kassenartenübergreifenden Zusammenschlüsse sollen die Krankenkassen wettbewerbs- und leistungsfähiger machen und ihre Stellung beim Abschluss von Einzelverträgen mit Ärzten und anderen Leistungserbringern stärken. Solche Vereinigungen können dazu führen, dass einzelne Krankenkassen eine marktbeherrschende Stellung erlangen. Derartigen Wettbewerbsgefährdungen könnte begegnet werden,[297] indem Krankenkassen der kartellrechtlichen Fusionskontrolle unterlägen.[298] Dazu gibt es bislang keine einheitliche Rechtsauffassung. Inwieweit „(...) über die allgemeinen rechtsaufsichtlichen Vorschriften hinaus gehende kartellrechtliche Kontrollen bei Krankenkassenfusionen greifen, ist gesetzlich nicht geregelt (...).“[299] In der Gesetzesbegründung sieht der Gesetzgeber von flankierenden Regelungen ab und postuliert, dass „(...) auch Vereinigungen von Krankenkassen (...) nach den Regeln der Fusionskontrolle des Gesetzes gegen Wettbewerbsbeschränkungen (GWB) durch das Bundeskartellamt zu prüfen (sind).“[300] Ein weiterer Hinweis auf die Anwendbarkeit der Fusionskontrolle ist die Zielsetzung des GKV-Wettbewerbsstärkungsgesetzes, das den Wettbewerb durch die Legalisierung kassenartenübergreifender Zusammenschlüsse fördern soll. Müssten

297 Vgl. Deutscher Bundestag (2006), S. 155-156, zu Nummer 130 (§ 171a SGB V) zu Absatz 1.
298 Vgl. §§ 35 ff. GWB.
299 Vogt (2009), S. 172.
300 Deutscher Bundestag (2006), S. 156.

sich die Krankenkassen diesem Wettbewerb sowie der Kontrolle aufgrund ihrer marktbeherrschenden Stellung nicht stellen, würde diese Zielsetzung ad absurdum geführt.[301] Der Bundesrat lehnt dagegen die Anwendbarkeit des GWB explizit ab, um eine ungerechtfertigte Benachteiligung mittelgroßer und kleiner regionaler Krankenkassen zu vermeiden.[302] Auch der Bundesgerichtshof (BGH) und das Bundessozialgericht (BSG) vertreten die Ansicht, dass öffentlich-rechtliche Rechtsbeziehungen nicht in den Geltungsbereich des Kartellrechtes fallen, da dies das Vorliegen einer bürgerlichrechtlichen Rechtsbeziehung voraussetzt. So sei das Kartellrecht als Privatrecht sowohl auf den Angebots- als auch den Nachfragemarkt nicht anwendbar.[303]

Konsolidierungstendenzen sind sowohl innerhalb einzelner Krankenkassenarten als auch kassenartenübergreifend zu beobachten.[304] Durch die Konzentration von Versicherten auf wenige Krankenkassen werden letztere zu zentralen Akteuren. Die Komplexität im Markt steigt. Schon heute werden die meisten Leistungseinkäufe der Krankenkassen über kollektive und zunehmend selektive Verträge geregelt. Nur selten werden noch Einzelfallentscheidungen getroffen. Damit verhandeln einzelne Entscheider über größere Versorgungsvolumina. Von Seiten der Arzneimittelhersteller müssen diese wettbewerbsfähigen Oligopole durch ein professionelles Key-Account-Management bedient werden, um die sich durch den Leistungsumfang ergebenden Spielräume der Vertragsgestaltung optimal ausnutzen zu können.[305]

---

301 Vgl. Vogt (2009), S. 172.

302 Vgl. Bundesrat (2006), S. 63.

303 Vgl. Vogt (2009), S. 173. VOGT (2009) bezieht sich auf die beiden Urteile BGHZ 36, 91, 101 und BSGE 87, 95, 99.

304 Das System der gesetzlichen Krankenversicherung umfasst verschiedene Krankenkassenarten: Allgemeine Ortskrankenkassen (AOKen), Betriebskrankenkassen (BKKen), Innungskrankenkassen (IKKen), Landwirtschaftliche Krankenkassen, die Knappschaft und die Ersatzkassen. Kassenartenübergreifende Vereinigungen wurden mit dem GKV-WSG legalisiert, vgl. Schöffski (2008), S. 6. Die erweiterten Fusionsmöglichkeiten gelten nicht für die Deutsche Rentenversicherung Knappschaft-Bahn-See – da ihre Krankenversicherung nicht von einer selbständigen Krankenkasse angeboten wird – und für die landwirtschaftlichen Krankenkassen, vgl. Vogt (2009), S. 170.

305 Vgl. Ecker / Preuß (2008a), S. 8.

2.5.2.2 Zusammenschlüsse von Großhändlern oder Apotheken

Der **Großhandel** bildet die den Arzneimittelherstellern nachgelagerte Wertschöpfungsstufe, sofern die Präparate für den ambulanten Sektor bestimmt sind. Seine Kernaufgabe ist die effiziente und effektive Versorgung der Apotheken mit Arzneimitteln, damit diese ihren Versorgungsauftrag erfüllen können.[306] Im System der Gesundheitsversorgung übernehmen 14 vollversorgende Pharmagroßhandlungen mit insgesamt 109 Niederlassungen die Funktion der Sortimentsbildung und des Marktzugangs, die Belieferungs-, Lagerhaltungs- und Finanzfunktion.[307] Neben etwa 60.000 Darreichungsformen von Fertigarzneimitteln lagern, sortieren, kommissionieren, verpacken und liefern sie circa 30.000 apothekenübliche Produkte. Das Arzneimittelsortiment besteht zu circa 55 % aus verschreibungspflichtigen Präparaten, die 87 % des Umsatzes ausmachen. Der Anteil der OTC-Arzneimittel beträgt 45 % und generiert lediglich 13 % des Umsatzes. Dieses Verhältnis ist entscheidend für die Profitabilität, da die Distributionskosten vom Preis des Arzneimittels unabhängig sind, während die Großhandelsvergütung davon abhängt.[308] Je höher daher der Anteil niedrigpreisiger Präparate ist, desto eher müssen Wirtschaftlichkeitspotenziale genutzt werden. Besonders das GKV-Modernisierungsgesetz führte im Jahr 2004 durch die gesetzlich vorgeschriebene Halbierung der Großhandelszuschläge zu einem merklichen Umsatzrückgang und setzte das klassische Geschäftsmodell unter Druck.[309] Da die Großhändler von rund 1.500 Pharmaherstellern beliefert werden, bieten sie ein herstellerneutrales, an den Bedürfnissen der Patienten ausgerichtetes Sortiment.[310]

Aus Sicht der Hersteller liegt eine Besonderheit des pharmazeutischen Großhandels in der fehlenden Ausübung der Nachfragemacht. Durch die Spezifika des Arzneimittelmarktes wird vor allem im verschreibungspflichtigen Bereich die Nachfrage nicht durch den Großhandel, sondern durch das Verordnungsverhalten der Ärzte bestimmt.

---

[306] Der Versorgungsauftrag ist in § 1 Abs. 1 des Gesetzes über das Apothekenwesen (ApoG) begründet, vgl. Kaapke / Preißner / Heckmann (2008), S. 1.

[307] Vgl. Kaapke / Preißner / Heckmann (2008), S. 6 und S. 12. Vollversorgende Großhändler führen alle in ihrem Liefergebiet nachgefragten Arzneimittel und apothekenüblichen Produkte sowie Artikel aus dem Rand- und Nebensortiment.

[308] Vgl. Kaapke / Preißner / Heckmann (2008), S. 7.

[309] Im Jahr 2007 lag die durchschnittliche Marge bei 6,09 %. Vor der Gesetzesänderung war sie etwa doppelt so hoch, vgl. Mähr / Rossmy (2008), S. 333.

[310] Vgl. Dambacher / Schöffski (2008), S. 284.

Apotheken bilden die Schnittstelle zwischen der Verschreibung eines Arzneimittels durch den behandelnden Arzt und der Anwendung des Präparates durch den Patienten. Im deutschen Gesundheitssystem wird zwischen öffentlichen Apotheken und Krankenhausapotheken unterschieden. Letztere (circa 600 in Deutschland) übernehmen die Versorgung des stationären Sektors mit Arzneimitteln.[311] Da sich die gesetzliche Regulierung weitestgehend auf den ambulanten Sektor bezieht, soll ihre Funktion nicht weiter analysiert werden, so dass sich die folgenden Ausführungen auf die 21.500 öffentlichen Apotheken beziehen. Neben der Sicherstellung der Versorgung mit Arzneimitteln liegt ihre Hauptaufgabe in der fachkundigen Patientenberatung.

Bereits heute beeinflussen die in Kapitel 2.4.2.1 analysierten Maßnahmen des GKV-Wettbewerbsstärkungsgesetzes ihren ökonomischen Erfolg maßgeblich. Um die aus der Erhöhung des Apothekenabschlages resultierenden Gewinneinbußen auszugleichen, müssen sie Einsparpotenziale nutzen. Da der Wareneinkauf beim Großhandel den größten Kostenblock bildet, wird versucht, die Ertragseinbußen durch höhere Einkaufsrabatte aufzufangen. Daher findet eine zunehmende Konsolidierung zu Einkaufsgemeinschaften statt. Bei geltendem Recht werden zwei Konzentrationsformen unterschieden. Erstens schließen sich Apotheken Systemanbietern, wie beispielsweise DocMorris oder Linda, an, um durch diese Verbundeffekte Größenvorteile hinsichtlich Effektivität und Wirtschaftlichkeit realisieren zu können.[312] Zweitens können Einzelapotheken durch die im Rahmen des Mehrbesitzverbotes zugelassenen vier Parallelgründungen auf regionaler Ebene Größenvorteile nutzen.[313]

Noch ausstehende legislative Entscheidungen und allgemeine Veränderungen des Gesundheitsmarktes werden zukünftig zu tiefer greifenden strukturellen Veränderungen des Apothekenmarktes führen. Um das Ausmaß dieser Veränderungen einschätzen zu können, modelliert die International School of Management (ISM) in einer explorativen

---

311 Vgl. Prinz / Vogel (2003), S. 103.

312 Vgl. Ziegenbein (2008), S. 7.

313 Vgl. Dambacher / Schöffski (2008), S. 288. Ein Apotheker darf im Rahmen des Mehrbesitzverbotes neben einer durch ihn geführten Apotheke drei Filialapotheken betreiben, vgl. § 1 ApoG.

Studie verschiedene Szenarien für den Apothekenmarkt 2015.[314] Die Studie kommt zu dem Ergebnis, dass die Dynamik in allen Szenarien zunehmen wird. So wird die Struktur des Apothekenmarktes ganz entscheidend von der Aufhebung des Fremd- und Mehrbesitzverbotes, dem Wegfall der Apothekenpflicht für OTC-Präparate und der Änderung der Apothekenbetriebsordnung beeinflusst.[315] Neben diesen heute noch nicht abschließend getroffenen politischen Entscheidungen verändern verschiedene externe Parameter den Markt.[316] So spielt beispielsweise die demographische Entwicklung eine wichtige Rolle. Sie führt zu steigender Morbidität einer immer größeren Bevölkerungsgruppe, deren Mobilität, das heißt die Fähigkeit, sich mit Medikamenten selbst zu versorgen, gleichzeitig abnimmt. Die Veränderung der Gesundheitssoziologie führt zu einem steigenden Gesundheitsbewusstsein in der Bevölkerung bei gleichzeitig zunehmenden Erkrankungen, die auf einen ungesunden Lebensstil oder zu hohe Belastung durch Umwelt und Arbeitsplatz zurückzuführen sind. Weiterhin führt der medizinische Fortschritt zu immer höheren Behandlungskosten und steigenden Anforderungen an die Finanzierung des Gesundheitssystems. Daher ist auch in Zukunft mit weiteren Restriktionen der Preise oder Medikation zu rechnen, die großen Einfluss auf den Apothekenmarkt haben können. So kommt ein Expertengremium zu der Einschätzung, dass von den im Jahr 2008 existierenden 21.500 Einzelapotheken im Jahr 2012 nur noch 10.500 als Einzelapotheken geführt werden, alle anderen werden sich Kooperativen (circa 10.250), Franchisesystemen (z. B. AVIE, circa 250) oder DocMorris (circa 500) anschließen.[317] Daneben ist – in Abhängigkeit von der Rechtslage – mit dem Eintritt von Drogeriemärkten (circa 1.000) und anderen Kettenbildnern (circa 2.000) zu rechnen. Im Vergleich zu anderen Ländern und Branchen wird allerdings mit einer moderaten Konsolidierung gerechnet.[318] Diese sich ändernde Marktdynamik setzt den Rahmen für die zukünftigen Handlungsoptionen der Apotheken. Dazu ist eine stärkere

314 ISM modelliert die Entwicklung der Marktdynamik unter den Annahmen einer gleich bleibenden Rechtslage (Szenario 1, Null-Szenario), der Aufhebung des beschränkten Mehrbesitzverbotes (Szenario 2), der Aufhebung des Fremdbesitzverbotes (Vgl. §§ 1, 7, 8 ApoG., Szenario 3), der Aufhebung der Apothekenpflicht für OTC-Produkte (Vgl. § 43 AMG i.V.m. AMVerkRV., Szenario 4) oder einer Anpassung der Voraussetzungen für die Abgabe von Arzneimitteln, (Vgl. ApBetrO, Szenario 5), vgl. Ziegenbein (2008).

315 Vgl. Ziegenbein (2008), S. 15 und Zeiner (2008a), S. 593.

316 Vgl. Ziegenbein (2008), S. 8-9.

317 Vgl. Ecker / Preuß (2008a), S. 6.

318 Vgl. Ziegenbein (2008), S. 10-16.

Ausrichtung an den Kundenbedürfnissen unerlässlich. Um dauerhaft komparative Wettbewerbsvorteile erreichen zu können, müssen die Bedürfnisse analysiert und die Kunden segmentiert werden. Für Kooperationen ist der einheitliche Auftritt im Sinne einer Corporate Identity als Wiedererkennungsmerkmal ein wichtiger Erfolgsfaktor. Die Nutzung multikanaler Vertriebswege bietet Apotheken die Möglichkeit zur Erhöhung ihrer Effizienz und Effektivität. Werden die Präparate neben dem Filialvertrieb über einen Versandhandel abgesetzt, können neue Kundengruppen hinzugewonnen und Skaleneffekte genutzt werden. Horizontale und vertikale Apothekenkooperationen wirken beim Aufbau eines multikanalen Vertriebs unterstützend.[319]

Mit der Veränderung der Marktstruktur im Apothekenmarkt ändert sich für die Pharmahersteller ein wichtiger Abnehmermarkt. So bilden die in Abbildung 8 dargestellten Apothekenkooperationen eine stärkere und betriebswirtschaftlich professioneller organisierte Einkaufsmacht im Sinne von Buying Centers. „Bei dieser zu erwartenden Größenordnung ist professionelles BtoB-Marketing (Anm. d. A. Business-to-Business-Marketing) und Key-Account-Management die einzige Möglichkeit, um mit diesen Anbietern ins Geschäft zu kommen."[320]

---

[319] Vgl. Ziegenbein (2008), S. 16, S. 22 und S. 26.
[320] Ecker / Preuß (2008a), S. 6.

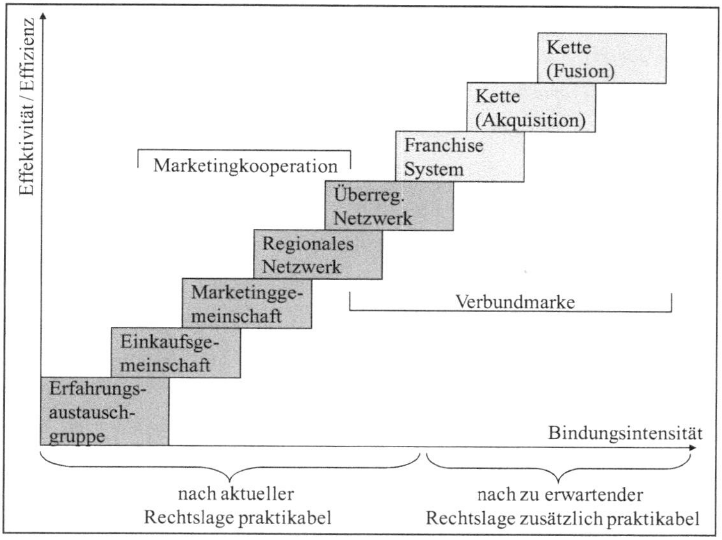

Abbildung 8: Formen von Apothekenkooperationen[321]

2.5.2.3 Kooperationen im ambulanten oder stationären Sektor

Der zunehmende Kostendruck im Gesundheitssystem wirkt sich auch auf den ambulanten und den stationären Sektor aus.[322] Das Zusammenschließen oder Kooperieren mehrerer Leistungserbringer in größeren Wirtschaftseinheiten ist daher eher zwingend als freiwillig.[323] Hauptziele sind die Sicherstellung der Versorgungsqualität und die Erhöhung der Wirtschaftlichkeit durch übergreifende Zusammenarbeit unterschiedlicher medizinischer Fachgebiete, die Vernetzung von Facharztpraxen sowie die sektorübergreifende Koordination verschiedener Leistungserbringer. So können Beschaffungssynergien, Skaleneffekte oder die fachliche Spezialisierung im Marketing besser ausgenutzt werden.[324]

---

321 Eigene Darstellung in Anlehnung an Ziegenbein (2008), S. 20.
322 Vgl. Knieps (2008), S. 21.
323 Vgl. Ehlers / Bitter (2008), S 217.
324 Vgl. Zeiner (2008a), S. 593.

Im **ambulanten Sektor** begann der Zusammenschluss von niedergelassenen Ärzten zu Ärzte- oder Praxisnetzen mit dem Zweiten GKV-Neuordnungsgesetz 1997 (2. NOG).[325] Die Hauptvorteile von Ärztenetzen bestehen in der wirtschaftlicheren und qualitativ besseren Versorgung der Versicherten. Durch gezielte und systematische Kooperation kann eine der demographischen Entwicklung angemessene Versorgung sichergestellt werden. Darüber hinaus wird die kollegiale Abstimmung intensiviert, so dass koordinierte Behandlungsabläufe zu einer Vermeidung von Doppeluntersuchungen und Verkürzung der Wartezeiten führen. Kurze Wege ermöglichen eine unkomplizierte und vertrauensvolle Beratung. Durch die Reduzierung von Mehrfachleistungen und gemeinsame Nutzung von Infrastrukturen werden wirtschaftliche Vorteile erzielt und die medizinischen Gestaltungsmöglichkeiten des einzelnen Arztes erhöht.[326] Darüber hinaus kann durch Kooperationen mit anderen Akteuren des Gesundheitssystems das Leistungsspektrum über die reine Behandlungsleistung hinaus erweitert werden. Viele Ärztenetze kooperieren daher mit anderen Leistungserbringern (z. B. Physiotherapeuten, Apotheken und Pflegediensten), Kliniken, Vorsorge- und Rehakliniken sowie Angehörigen anderer Gesundheitsberufe. Die Zusammenarbeit findet sowohl auf lokaler als auch regionaler Ebene statt. Der zunehmende Vertragswettbewerb verstärkt den Konsolidierungsprozess im ambulanten Sektor. Durch das Auswahlrecht hinsichtlich der Vertragspartner erhalten die Krankenkassen wesentlich mehr Marktmacht. Einzelne Leistungserbringer können ihnen kaum als Vertragspartner entgegentreten, aber durch Bündelung ihrer Marktmacht können sich Ärztenetze als adäquate Partner positionieren.

---

[325] Der Begriff Praxis- oder Ärztenetz ist gesetzlich nicht definiert. Allgemein wird darunter ein freiwilliger, regionaler Zusammenschluss niedergelassener Ärzte verstanden, der unter Beibehaltung ihrer Selbstständigkeit der Verbesserung ihrer beruflichen und wirtschaftlichen Situation dienen soll. Nach dem Verständnis des Verbandes der niedergelassenen Ärzte Deutschlands e.V. ist die Ausgestaltung dieser Zusammenschlüsse sehr unterschiedlich, vgl. o.V. (2009b). Zum Selbstverständnis von Ärztenetzen ausführlich: http://www.deutsche-aerztenetze.de/. Sowohl regelmäßige, unverbindliche Treffen aus Qualitätszirkeln als auch genossenschaftliche beziehungsweise genossenschaftsähnliche Einkaufsgemeinschaften und die Gründung von Gesundheitsunternehmen lassen sich unter dem Begriff des Praxisnetzes subsumieren. Die Bandbreite der Zielsetzungen reicht von versorgungsbezogenen bis zu ökonomischen oder berufspolitischen Intentionen. GOTZEN (2002) präzisiert diese allgemeine Definition, indem sie eine gewisse Verbindlichkeit voraussetzt. Ein Ärztenetz ist „ (…) ein freiwilliger Zusammenschluss von rechtlich und wirtschaftlich selbständigen, ambulant tätigen Ärzten, die ein definiertes Netzwerkziel verfolgen, welches durch eine Kooperation aller Beteiligten erzielt werden kann und zu dessen Erreichung sich die Mitglieder verpflichten, Ressourcen („Patienten", Informationen, Dienstleistungen) auszutauschen und gemeinsame Netzwerkregelungen einzuhalten.", Gotzen (2002), S. 103.

[326] Vgl. Ecker / Preuß (2008a), S. 4.

Im Zuge der Intensivierung des Vertragswettbewerbs steigt daher ihre Bedeutung beim Abschluss von Verträgen im Bereich der Integrierten, Hausarztzentrierten und Besonderen Ambulanten Versorgung.

Der Gesetzgeber fördert den Zusammenschluss von Ärzten durch Modellvorhaben und Strukturverträge. Bei **Modellvorhaben** schließen Krankenkassen oder KVen in der Regel Selektivverträge mit einzelnen (vernetzten) Leistungserbringern über die Versorgung der Versicherten ab.[327] Ziel ist die Weiterentwicklung von Verfahrens-, Organisations-, Finanzierungs- und Vergütungsformen.[328] So kann die Leistungserbringung außerhalb des Leistungskataloges vereinbart werden, sofern der G-BA die Erbringung dieser Leistungen noch nicht negativ beurteilt hat.[329] Dadurch entstandene Mehraufwendungen können mit Einsparungen des Modellvorhabens verrechnet werden. Ferner besteht die Möglichkeit der extrabudgetären Vergütung. Modellvorhaben sind vom Gesetzgeber auf längstens acht Jahre befristet und müssen wissenschaftlich begleitet und ausgewertet werden.[330] Eine weitere Förderung der Netzbildung sind **Strukturverträge.**[331] Derartige Verträge werden von den KVen als Vertragspartner der jeweiligen Landesverbände der Krankenkasse mit dem Ziel der Optimierung der Versorgungs- und Vergütungsstrukturen im ambulanten Bereich abgeschlossen. Im Rahmen dieser Kontrakte trägt ein Verbund aus Vertragsärzten die Verantwortung für die Qualität und die Wirtschaftlichkeit eines definierten Leistungsspektrums. Dieses kann bestimmte Indikationen beziehungsweise Diagnosen oder die gesamte medizinische Versorgung umfassen. Ein Praxisnetz hat die Möglichkeit, eigene Vergütungsstrukturen zu vereinbaren, die durch besondere Formen, wie ergebnisorientierte Vergütung oder Bonus-Malus-Regelungen, ergänzt werden. Zudem kann die Budgetverantwortung und -verwaltung auf den Ärzteverbund übertragen werden. Strukturverträge sind vom Gesetzgeber weder befristet noch müssen sie wissenschaftlich begleitet werden.

Viele laienhaft geführte Ärztenetze haben in den letzten Jahren professionellere Strukturen entwickelt. Eine in den Jahren 2006 und 2009 durchgeführte Praxisnetzstudie

---

[327] Vgl. § 63 SGB V.
[328] Vgl. § 63 Abs. 1 SGB V.
[329] Vgl. § 63 Abs. 4 SGB V.
[330] Vgl. § 63 Abs. 5 und § 65 SGB V.
[331] Vgl. § 73a SGB V.

untersucht den Reifegrad der Netze und attestiert ihnen deutliche Verbesserungspotenziale in der Zusammenarbeit.[332] Die Typisierung der Netze in sechs Gruppen zeigt, dass die heutige Professionalisierung der meisten Netze nicht ausreicht, um bei den Krankenkassen als Verhandlungspartner ernst genommen zu werden.[333] 94 % der Befragten gehen allerdings davon aus, dass die Vernetzung im ambulanten Sektor in den nächsten drei bis fünf Jahren weiter zunehmen wird.[334] Damit ist zu erwarten, dass die Netze professionellere Strukturen entwickeln werden.

Im **stationären Sektor** ist die horizontale Integration in Form von Klinikketten verbreitet. Von den im Jahr 2008 existierenden 2.150 einzelnen Hospitälern werden Experteneinschätzungen zur Folge im Jahr 2012 nur noch 1.150 eigenständig agieren.[335] Die anderen werden sich in einer der großen Ketten wie Rhön-Kliniken, Asklepios-Gruppe, Helios-Kliniken, Sana-Kliniken, MediClin oder anderen zusammen geschlossen haben. Etwa 200 Kliniken werden zu MVZs gehören.[336] Das Fallpauschalengesetz aus dem Jahr 2002 verstärkte die Konsolidierungstendenzen. Mit seiner Verabschiedung wurde die in der stationären Versorgung bis dahin übliche zeitraumbezogene Vergütung durch eine Vergütung von Einzelleistungen in Abhängigkeit von Basisfallwerten (DRGs) abgelöst. So zwingt es die Kliniken zu größter Kosteneffizienz, um im Wettbewerb bestehen zu können.[337] Das Konzentrationsniveau der größten Krankenhausketten, wie beispielsweise den Rhön-Kliniken, ist bereits heute mit Großunternehmen vergleichbar. Der Bereich der privaten, teilweise kapitalmarktnotierten Klinikketten dehnt sich immer weiter aus.[338] In den nächsten Jahren ist mit einem Eintritt ausländi-

---

[332] Die Studie wurde durch den Lehrstuhl Wirtschaftsinformatik II der Universität Erlangen-Nürnberg durchgeführt. Als Methode wurde zunächst eine Online-Befragung mit Hilfe eines strukturierten Fragebogens gewählt. Geeignete Probanden wurden in einem zweiten Schritt persönlich befragt. An der Praxisnetzstudie 2009 nahmen 86 deutsche, 14 schweizerische und 24 schwedische Praxisnetze teil, vgl. Purucker / Böhm / Bodendorf (2009).

[333] Die Nachzügler, die in mindestens einer der Dimensionen Netzmanagement, Prozesse sowie Informations- und Kommunikationssysteme einen niedrigen Reifegrad aufweisen, bilden die größte Gruppe unter den befragten Netzen, vgl. Purucker / Böhm / Bodendorf (2009), S. 31.

[334] Vgl. Purucker / Böhm / Bodendorf (2009), S. 23. Das Ergebnis bezieht sich auf den Anteil der deutschen Praxisnetze.

[335] Vgl. Ecker / Preuß (2008a), S. 7.

[336] Vgl. Ecker / Preuß (2008a), S. 7.

[337] Vgl. Blankart / Fasten / Schwintowski (2009), S. 20.

[338] Vgl. Zeiner (2008a), S. 593.

scher Betreiber zu rechnen. Sogar die Übernahme von Kliniken oder Ketten durch Private Equity-Gesellschaften wird als realistisch eingeschätzt.[339] Mit der Konzentration geht eine „(...) Professionalisierung der Entscheidungswege (...)"[340] einher. Da zunehmend Arzneimittelkommissionen und Zentraleinkäufer über die Arzneimittelversorgung ganzer Klinikketten entscheiden, werden Business-to-Business-Strukturen im Kliniksektor zum Regelfall.

2.5.3 Vertikale Integration

2.5.3.1 Direktvertrieb und Übernahme von Apotheken durch Großhändler

Bei einer vertikalen Integration schließen sich Teilnehmer auf unterschiedlichen Stufen der Wertschöpfungskette zusammen. Die Direktbelieferung von Apotheken durch Arzneimittelhersteller sowie die Übernahme von Apotheken durch Großhändler stellen wichtige vertikale Veränderungen in der Arzneimitteldistributionskette dar, da jeweils eine Stufe der Versorgungskette wegfällt.[341]

Die Regulierung des Arzneimittelmarktes hat neben der in Kapitel 2.4.1.2 analysierten direkten Auswirkung auf den Großhandel in Form der Margenreduzierung auch indirekte Auswirkungen durch die strategische Neupositionierung von Lieferanten

---

339 Vgl. Ecker / Preuß (2008a), S. 7.

340 Ecker / Preuß (2008a), S. 7. Ein im Jahr 2007 durchgeführter internationaler Vergleich der Effizienz in der Krankenhausversorgung zeigt, dass die durchschnittliche Bettenzahl pro 1.000 Einwohner in Deutschland mit 8,5 vergleichsweise hoch ist (OECD-Durchschnitt: 5,9) und die Verweildauer eines Patienten im Krankenhaus mit 10,2 Tagen lange ist, vgl. Blankart / Fasten / Schwintowski (2009), S. 9. Weiterhin deckt der Vergleich deutliche Effizienzpotenziale im Bereich der Verwaltungskosten auf, da die „(...) Gesamtausgaben für die Gesundheitsverwaltung und Krankenkassen über dem Median (...)", (Blankart / Fasten / Schwintowski (2009), S. 9-10) liegen und damit einen deutlichen Finanzierungsbedarf nicht mit der Leistungserbringung verbundener Kosten zeigen.

341 Vgl. Zeiner (2008a), S. 594.

(Arzneimittelherstellern) und Kunden (Apotheken) im Direktgeschäft.[342] Gemäß der Studie ‚Zukünftiger Apothekenmarkt' der Bad Homburger Unternehmensberatung SEMPORA rechnen 63 % der befragten Pharmamanager damit, dass das Direktgeschäft mit den Apotheken die Stellung des Großhandels schwächt.[343] Eine Untersuchung des Instituts für Handelsforschung kommt dagegen zu dem Ergebnis, dass das Direktgeschäft zwar für den einzelnen Hersteller Effizienzvorteile bedeutet, volkswirtschaftlich jedoch nachteilig ist, da die Bündelungseffekte des Großhandels wegfallen.[344] Im Jahr 2007 betrug der Anteil des Direktgeschäftes knapp 19 % des Gesamtmarktes (verschreibungspflichtiger und OTC-Markt) und machte circa 16 % des Umsatzes aus. Mengenmäßig ist in beiden Märkten eine rückläufige Tendenz zu beobachten. Wertmäßig entwickeln sie sich konträr. Während das Direktgeschäft mit OTC-Präparaten leicht sinkt, steigt es im verschreibungspflichtigen Markt weiterhin an. Im Jahr 2007 lag es bereits bei knapp 14 %.[345] Diese Entwicklung bestätigt den hohen Anteil teurer Arzneimittel, die über das Direktgeschäft vertrieben werden. Im Umkehrschluss bedeutet das, dass vorwiegend niedrigpreisige Präparate über den Großhandel vertrieben werden.

Durch die Unabhängigkeit der Distributionskosten bei gleichzeitiger Abhängigkeit der Margen von den Arzneimittelpreisen führt das zu steigendem Preisdruck auf den Großhandel. Dies wiederum zwingt ihn, neue Dienstleistungs- und Kooperationskonzepte zu entwickeln, um die Apotheke stärker an sich zu binden.[346]

Um das eigene Überleben zu sichern, integrieren sich Großhändler in die Wertschöp-

---

[342] Durch das Verbot der Geldrabatte auf verschreibungspflichtige Arzneimittel beschränken sich die Wettbewerbsmöglichkeiten der Hersteller gegenüber Apotheken auf die Großhandelsspanne, vgl. § 7 Abs. 1 Satz 1 Nr. 2 HWG und § 78 Abs. 3 Satz 1 1. HS AMG. Um dieses Wettbewerbsinstrument einsetzen zu können, findet eine Direktbelieferung der Apotheken unter Umgehung des Großhandels statt. Im Rahmen der Preiskalkulation kann der Hersteller diese Kosten berücksichtigen, so dass er die Großhandelsspanne in voller Höhe an die Apotheken weitergeben kann. Dem Großhandel ist lediglich eine partielle Weitergabe der Spanne möglich, da er daraus seine Kosten decken muss, vgl. Sickendiek (2009). Das Direktgeschäft ist aus Sicht der pharmazeutischen Unternehmen umso lohnender, je größere Mengen an wenige Kunden (z. B. Apothekenketten) abgegeben werden können, vgl. Postina (2009), S. 182. Der Fall des Mehrbesitzverbotes könnte daher zu einer Steigerung des Direktgeschäftes führen.

[343] Vgl. Kilian (2009), S. 2.

[344] Vgl. Kaapke / Preißner / Heckmann (2008), S. 2.

[345] Vgl. Dambacher / Schöffski (2008), S. 284.

[346] Ein bekanntes Kundenbindungsprogramm ist die ‚gesund leben-Kooperation' des pharmazeutischen Großhandels GEHE. Sie bietet den teilnehmenden Apotheken unter anderem bessere Einkaufskonditionen, Schulungen und betriebswirtschaftliche Beratung an, vgl. Mähr / Rossmy (2008), S. 335.

fungsstufe der Apotheken. Dies führt zu neuen Handelsstrukturen, die neben Größenvorteilen oft auch eine starke Kapitalmacht besitzen.[347]

2.5.3.2 Integration der Leistungserbringer durch Selektivverträge

Durch die Gesundheitsreform 2007 wird die kollektivvertraglich geregelte Versorgung, die durch ein einheitliches und gemeinsames Vorgehen aller Krankenkassen geprägt ist, zunehmend durch selektivvertragliche Lösungen in der ärztlichen Versorgung abgelöst. Dadurch wird „(...) das Potenzial für Vertragswettbewerb und damit Wettbewerb um die Art, Qualität und Preis der Leistungserbringer in der GKV prinzipiell erhöht."[348] Besonders im Bereich der Volkskrankheiten (z. B. kardiovaskuläre oder gastroenterologische Erkrankungen sowie Atemwegserkrankungen) werden Selektivverträge zukünftig an Bedeutung gewinnen,[349] da die Krankenkassen aus zwei Gründen den Kostendruck auf die Leistungserbringer erhöhen müssen. Erstens sind sie nach Einführung des einheitlichen Beitragssatzes und dem damit verbundenen Verlust eines wichtigen Wettbewerbsinstrumentes gezwungen, die Versorgung immer mehr zu steuern, um Wirtschaftlichkeitspotenziale zu nutzen. Das verstärkt den Wettbewerb im Versicherungsmarkt und den Einfluss der Krankenkassen auf die Behandlung der Versicherten. Zweitens ist mit den gesetzlichen Neuregelungen der Einfluss der KVen deutlich gesunken, so dass die gesetzlichen Krankenkassen immer mächtigeren Leistungserbringerverbünden jenseits des KV-Systems gegenüber stehen, deren qualitativ hochwertige Leistungen zu einer Erhöhung der Arzneimittelkosten führen können. Da in Selektivverträgen die Leistungen und deren Honorierung von den Vertragspartnern verhandelt werden, haben die Krankenkassen die Möglichkeit, die Arzneimittelverordnungen stärker als in der Regelversorgung zu steuern, indem sie Ärzte an den Einsparungen beteiligen. Insbesondere günstige Generika und rabattierte Präparate werden bevorzugt. Im patentgeschützten Bereich kann die Verordnung mit Hilfe einer Praxissoftware gezielt beeinflusst werden.

---

[347] Vgl. Ziegenbein (2008), S. 7.
[348] Cassel et al. (2008), S. 101.
[349] Vgl. Zeiner (2008a), S. 595.

Die wichtigsten Vertragstypen sind die Integrierte, die Besondere Ambulante und die Hausarztzentrierte Versorgung. Während der Abschluss von Verträgen zur Integrierten und Besonderen Ambulanten Versorgung den Krankenkassen frei steht, wurden sie mit dem GKV-OrgWG dazu verpflichtet, Hausarztverträge abzuschließen, um eine flächendeckende Versorgung zu gewährleisten.[350]

Die **Integrierte Versorgung** stellt den Kernbereich der selektivvertraglichen Möglichkeiten dar. Ihr Ziel ist die Überwindung der heute oft ausgeprägten Schnittstellenproblematik zwischen den Sektoren und der damit verbundenen Ineffizienzen. Durch bessere Zusammenarbeit sollen die Versorgungsqualität gesteigert und gleichzeitig die Kosten gesenkt werden. In der Vergangenheit fand oftmals kaum Informationsaustausch zwischen den Leistungserbringern statt. Die Patienten erhielten wenig Unterstützung und mussten den Übergang von der stationären zur ambulanten Versorgung selbst koordinieren, was vor dem Hintergrund der demographischen Entwicklung und der Zunahme chronischer Erkrankungen in Zukunft immer schwieriger werden dürfte.[351] Charakteristisch für die Integrierte Versorgung ist daher ihre sektoren- (ambulant und stationär) und fachübergreifende (Haus- und Facharzt) regionale Abdeckung.[352] Nicht mehr die Erfüllung einzelner Leistungen ist Basis der ärztlichen Honorierung, sondern vorab verhandelte Versorgungsabschnitte.[353] So wird im Vorhinein genau festgelegt, welche Leistungen der Patient im Behandlungsverlauf bekommt. Ziel ist es, „(...) Anreizstrukturen zu schaffen, die ein effizientes Handeln honorieren und somit das Wohl der Patienten steigern und zeitgleich Finanzierungskosten senken."[354] Die Integrierte Versorgung soll allen Beteiligten Vorzüge bieten. Die Vorteile für die Leistungserbringer bestehen in der besseren Auslastung medizinischer Geräte und der Verteilung hoher Anschaffungskosten. Für die Patienten ist die Teilnahme freiwillig. Sie werden oft durch Boni oder erlassene Zuzahlungen dafür belohnt und behalten gleichzeitig das Recht der freien Arztwahl bei. Neben monetären Vorteilen profitieren sie von qualitativ höheren Leistungen, kürzeren Wartezeiten und der Ver-

---

350 Vgl. Dreher / Hoffmann (2009), S. 281.
351 Vgl. Zeiner (2008c), S. 820.
352 Vgl. Zeiner (2008c), S. 820.
353 Die Leistungserbringung ist an der ganzheitlichen Behandlung eines Patienten ausgerichtet, vgl. Birnbaum (2007), S. 66.
354 Blankart / Fasten / Schwintowski (2009), S. 56.

meidung von Doppeluntersuchungen. Die gesetzlichen Krankenkassen können sich durch das Angebot Integrierter Versorgung vom Wettbewerb differenzieren und es als Marketinginstrument zur Werbung neuer Versicherter nutzen.[355]

Bis 2008 konnte jede Krankenkasse zur Förderung der Integrierten Versorgung bis zu einem Prozent der vertragsärztlichen Gesamtvergütung und der Klinikrechnungen für stationäre Behandlung als Anschubfinanzierung einbehalten. Dadurch entwickelte sich eine bemerkenswerte Dynamik. Die Bundesgeschäftsstelle Qualitätssicherung weist zum Ende des Jahres 2008 6.407 Integrationsverträge aus, an denen schätzungsweise 4 Mio. Versicherte teilnehmen und die ein Vergütungsvolumen von 811 Mio. Euro umfassen.[356] Diese zusätzliche Eigenverantwortung der kooperierenden Leistungserbringer macht ein professionelles medizinisches und betriebswirtschaftliches Management sowie ein differenziertes Qualitäts- und Kostencontrolling unabdingbar.[357]

Um die Versorgungsqualität und -effizienz im ambulanten niedergelassenen Bereich außerhalb der kollektivvertraglichen Regelversorgung großflächig zu steigern, fördert der Gesetzgeber die Hausarztzentrierte und Besondere Ambulante Versorgung. Im Fokus steht dabei die Patientenversorgung an den Schnittstellen zwischen den Leistungserbringern, die zukünftig zeit- und wohnortnah erfolgen soll. Zentrales Element der **Hausarztzentrierten Versorgung** ist die Verpflichtung der Versicherten, ambulante fachärztliche Leistungen nur bei Überweisung des Hausarztes in Anspruch zu nehmen.[358] Die Teilnahme der Versicherten ist freiwillig, bei Einschreibung sind sie jedoch für mindestens ein Jahr an ihre Entscheidung gebunden. Der Hausarzt übernimmt dabei die Aufgabe eines Case Managers, indem er die Behandlungen koordiniert. So sollen durch bessere Abstimmung zwischen Haus- und Fachärzten Doppeluntersuchungen sowie planbare Krankenhauseinweisungen reduziert werden. Bei der Arzneimitteltherapie sollen die Adhärenz verbessert, unkoordinierte Verordnungen

---

355 Vgl. Blankart / Fasten / Schwintowski (2009), S. 57.

356 Vgl. Grothaus (2009), S. 15 und S. 17.

357 Vgl. Ecker / Preuß (2008a), S. 4. Grundsätzlich lassen sich indikationsbezogene und populationsbezogene Integrierte Versorgungsmodelle unterscheiden, wobei erstere heute den größten Teil ausmachen. In Zukunft werden eher die populationsbasierten Modelle von den Kostenträgern bevorzugt werden. Das Gesunde Kinzigtal in Baden-Württemberg oder das AOK-Modell in Wesel sind Beispiele für populationsbasierte Modelle, vgl. Ecker / Preuß (2008a), S. 5.

358 Die Leistungen der Augen- und der Frauenärzte sind von dieser Regelung ausgenommen, vgl. Ehlers / Bitter (2008), S 217.

vermieden und der Einsatz von Generika gefördert werden.[359] Neben der qualitativ verbesserten Versorgung können die Versicherten von Wahltarifen ihrer Krankenversicherung profitieren, die beispielsweise Prämienzahlungen oder Zuzahlungsermäßigungen vorsehen.[360] Die Krankenkassen sind gesetzlich verpflichtet, mit besonders qualifizierten Hausärzten, deren Gemeinschaften oder hausärztlich tätigen MVZs, Verträge abzuschließen. Dazu fordern die Krankenkassen zunächst unter Bekanntgabe objektiver Auswahlkriterien öffentlich zur Angebotsabgabe auf.[361] Durch den Abschluss eines solchen Selektivvertrages wird dann aus den zur vertragsärztlichen Versorgung zugelassenen Hausärzten eine Sondergruppe gebildet.[362] Die Hausärzte haben keinen Anspruch auf einen Vertragsabschluss. Bei Teilnahme erhalten sie eine zusätzliche Vergütung in Form von Zusatzpauschalen oder Vergütungsaufschlägen und verbessern die Patientenbindung.[363] Hausarztmodelle können von den Krankenkassen als Marketinginstrument eingesetzt werden, um sich im Wettbewerb um die Versicherten von ihren Mitbewerbern abzugrenzen. Da die konkreten Vertragsinhalte durch verbindliche Vorgaben des Gesetzgebers determiniert sind, sind die selektivvertraglichen Handlungsspielräume allerdings stark eingeschränkt. Die Vorgabe der großflächigen Abdeckung widerspricht der Idee dezentraler Versorgungsverträge. Daher werden die Krankenkassen Verträge mit möglichst mitgliederreichen Hausarztverbänden schließen, so dass kein wesentlicher Unterschied zur kollektivvertraglichen Versorgung erwartet wird. Experten sehen daher in den Hausarztmodellen keine nennenswerten Einsparpotenziale.[364]

Neben der hausarztzentrierten Versorgung eröffnet der Gesetzgeber mit der **Besonderen Ambulanten Versorgung** eine weitere Vertragsebene.[365] Danach können die Krankenkassen auf selektivvertraglicher Basis ihren Versicherten eine qualifizierte fachärztliche Versorgung zukommen lassen. Im Gegensatz zu den Hausarztmodellen besteht allerdings für die Krankenkassen keine Verpflichtung dazu. Die Teilnahme der

---

359 Vgl. Zeiner (2008c), S. 820.
360 Zur Regelung der Wahltarife vgl. § 53 SGB V.
361 Im Einzelfall können die Verträge auch mit KVen geschlossen werden, sofern sie von den Gemeinschaften der Hausärzte dazu ermächtigt wurden.
362 Vgl. Ehlers / Bitter (2008), S 215.
363 Vgl. Cassel et al. (2008), S. 77.
364 Vgl. Cassel et al. (2008), S. 160.
365 Die Besondere Ambulante Versorgung ist in § 73 c SGB V geregelt.

Versicherten ist freiwillig. Bei der Besonderen Ambulanten Versorgung können auch die KVen Vertragspartner werden.[366] Der Gesetzgeber äußert hier seine Intention, das selektive Kontrahieren zu fördern, besonders deutlich. So heißt es, „ (…) im Gegensatz zum geltenden Recht wird zukünftig die Entwicklung neuer Versorgungsstrukturen in der ambulanten Versorgung ausschließlich im dezentralen, wettbewerblichen Selektivsystem organisiert.“[367]

Ähnliche Vertragsspielräume bietet § 116 b SGB V im stationären Bereich. Der Gesetzgeber öffnet die **ambulante Behandlung für Krankenhäuser** und fördert damit die Verflechtung der Leistungssektoren. Er ermöglicht Krankenkassen oder ihren Landesverbänden mit zugelassenen Kliniken, die an stationären DMP-Programmen teilnehmen, einen Vertrag über die ambulante Versorgung zu schließen. Bisher gibt es wenige Verträge dieses Typus. Ein wesentliches Hindernis dürfte die Mehrfachvergütung sein, da die selektivvertragliche Beziehung keine Auswirkung auf die von der Krankenkasse an die KV zu zahlende Gesamtvergütung hat.[368] Darüber hinaus kann die Landesbehörde auf Antrag eines Krankenhausträgers eine zugelassene Klinik zur ambulanten Behandlung in hochspezialisierten Leistungsbereichen – wie beispielsweise Humane Immundefizienz-Virus (HIV) oder Onkologie – bestimmen.[369] Bei beiden Regelungen ist der Verhandlungsspielraum für die Vertragspartner vergleichsweise gering.[370] Es ist daher davon ausgehen, dass sich in den Krankenhäusern keine parallelen ambulanten Versorgungsstrukturen entwickeln werden, sondern dass es sich hier um Spezialfälle handelt.[371]

---

366 Vgl. Ehlers / Bitter (2008), S 218-219.
367 Deutscher Bundestag (2006), S. 113.
368 Vgl. Cassel et al (2008), S. 84.
369 Vgl. BMG (2009a), S. 7.
370 Vgl. Cassel et al. (2008), S. 85.
371 Vgl. Ehlers / Bitter, (2008), S 220-221.

Nach umfassender Analyse der verschiedenen Vertragsformen kommen CASSEL ET AL (2008)[372] in ihrem Gutachten zu dem Ergebnis, dass die momentane Vertragslandschaft innerhalb der ärztlichen Versorgung in höchstem Maße uneinheitlich ist und dass die Vielzahl und Unterschiedlichkeit der Verträge einen hohen Administrationsaufwand nach sich ziehen. Da die selektivvertraglichen Regelungen meist auf den bestehenden sektoralen Kollektivregelungen aufbauen, besteht konzeptioneller Nachbesserungsbedarf. Es bleibt daher abzuwarten, wie der Gesetzgeber in Zukunft den Rahmen selektivvertraglicher Beziehungen gestaltet, um die angestrebte Vorfahrt wettbewerblicher Verträge zu erreichen. Eine zentrale Entscheidung wird bezüglich des Koordinationsaufwandes gegenüber dem Kollektivsystem und der Bereinigung der Kollektivvergütungen getroffen werden müssen.[373]

2.5.3.3 Medizinische Versorgungszentren

Im Jahr 2004 wurde die gesetzliche Basis zur Gründung Medizinischer Versorgungszentren (MVZs) geschaffen.[374] Seither haben sich die MVZs in der vertragsärztlichen Versorgung etabliert und agieren im Rahmen des Kollektivvertrages. Zum Ende des zweiten Quartals 2009 existierten 1.325 MVZs.[375] Pro Quartal kommen etwa 70 neue hinzu. Damit lässt sich ihre Entwicklung als insgesamt noch auf niedrigem Niveau steigend bewerten. Obwohl MVZs heute noch ein Nischendasein führen, wird in Zukunft mit einer schnelleren Entwicklung gerechnet.

MVZs dienen der fachübergreifenden Zusammenarbeit unterschiedlicher medizinischer Gebiete. Durch enge Kooperation zwischen den Ärzten eines MVZ kann die Versorgungsqualität bei gleichzeitiger Reduzierung stationärer Aufenthalte verbessert werden.[376] Ihr Ziel ist, Medikationen besser abzustimmen, Doppeluntersuchungen zu

---

372 Vgl. Cassel et al. (2008).

373 Vgl. Cassel et al. (2008), S. 102, S. 104 und S. 156.

374 Mit dem GKV-Modernisierungsgesetz wurde 2004 erstmals die Möglichkeit zur Gründung Medizinischer Versorgungszentren geschaffen, das VÄndG hat diese Rahmenbedingungen modifiziert und erweitert, vgl. KBV (2009a), S. 5.

375 Vgl. KBV (2009b), S. 3. Im Jahr 2008 gab es sogar schon einige MVZ-Ketten wie beispielsweise die Rhön-Kliniken (19 MVZs), Sana-Kliniken (12 MVZs) oder Asklepios-Kliniken (19 MVZs), vgl. Ecker / Preuß (2008a), S. 4.

376 Vgl. Ecker / Preuß (2008a), S. 4.

vermeiden und Über- und Zuweisungen effizienter zu regeln. So können durch gemeinsame Nutzung von Verwaltung, Medizintechnik und technischen Einrichtungen Wirtschaftlichkeitspotenziale gehoben werden.[377] Es lassen sich im Wesentlichen zwei Typen unterscheiden. In den von Krankenhäusern gegründeten MVZs (36,9 %) übernimmt in der Regel eine Managementgesellschaft die betriebswirtschaftliche Organisation.[378] Sie profitieren häufig von den im Rahmen des Vertragsarztrechtsänderungsgesetzes (VändG) flexibilisierten Anstellungsmöglichkeiten.[379] In den von Vertragsärzten gegründeten MVZs (55,8 %) hat der ärztliche Leiter die betriebswirtschaftlichen Aufgaben inne.[380] Diese MVZs profitieren am häufigsten von der Zweigpraxengründung. 7,3 % der MVZs wurden durch Apotheken, Sanitätshäuser oder Pflegedienste gegründet.[381] Je nach Trägerschaft sind die Standortprofile unterschiedlich, wobei MVZs grundsätzlich in bevölkerungsstärkeren Gebieten angesiedelt sind. Vertragsarzt-MVZs sind häufiger spezialisiert, während Krankenhaus-MVZs meist die Grundversorgung in bevölkerungsschwächeren Gebieten leisten.[382] Zwei Drittel der MVZs haben zwei bis vier Ärzte, lediglich 15,3 % haben sieben und mehr Ärzte.[383] Die häufigsten Kooperationen bestehen zwischen niedergelassenen Ärzten und Krankenhäusern. Gemäß dem durch die KBV durchgeführten MVZ-Survey 2008 beteiligen etwa die Hälfte der teilnehmenden MVZs (n=268) ihre Ärzte am Umsatz.[384] Unabhängig von der Trägerschaft bewerten größere MVZs die durch das Vertragsarztrechtsänderungsgesetz geschaffenen Veränderungen positiver als kleinere.[385] Um diese Vorteile zu nutzen, ist mit einem stärkeren Trend zur Konsolidierung zu rechnen.

Vor dem Hintergrund der Ökonomisierung des Gesundheitswesens positionieren sich MVZs strategisch in drei Richtungen.[386] Ähnlich den in Kapitel 2.5.2.3 analysierten Kooperationen zwischen Leistungserbringern können sie erstens den Krankenkassen als

[377] Zu den Vorteilen von MVZs, vgl. Zeiner (2008c), S. 821.
[378] Vgl. KBV (2009a), S. 11.
[379] Vgl. KBV (2009a), S. 5.
[380] Vgl. KBV (2009a), S. 11.
[381] Vgl. KBV (2009a), S. 13.
[382] Vgl. KBV (2009a), S. 14-15.
[383] Hausärzte, Internisten und Chirurgen sind die am häufigsten vertretenen Fachgruppen, vgl. KBV (2009a), S. 16.
[384] Vgl. KBV (2009a), S. 18 und S. 20.
[385] Vgl. KBV (2009a), S. 22.
[386] Vgl. Amelung / Cornelius (2009).

adäquate Vertragspartner zur Umsetzung der Integrierten Versorgung gegenübertreten. Zweitens sind besonders Krankenhaus-MVZs aufgrund ihrer Größe und Gesellschaftsstrukturen für Investoren interessant. Hier werden sich zunehmend professionelle Organisationen bilden, die durch ein Key Account Management der Arzneimittelhersteller betreut werden. Drittens bieten sie Kliniken die Möglichkeit, ihre Wertschöpfung auszudehnen, indem der Zufluss von Patienten sichergestellt und der stationäre Aufenthalt optimiert werden kann.

2.6 Zwischenfazit: Implikationen der veränderten Rahmenbedingungen für die pharmazeutische Industrie

Verschiedene Makrotrends beeinflussen die Struktur des deutschen Arzneimittelmarktes maßgeblich.[387] Erstens werden in Zukunft aufgrund der demographischen Entwicklung die älteren, oft multimorbiden und chronisch Kranken einen immer größeren Teil der Gesellschaft ausmachen. Ihre zumeist kostenintensive Medikation führt zu steigenden Ausgaben im deutschen Gesundheitssystem. Zweitens wird es deshalb notwendig, das Gesundheitssystem ökonomischer zu gestalten, um Effizienz- und Effektivitätsreserven zu heben. Damit wächst der gesundheitspolitische Einfluss auf die Preise, Mengen und Qualität der Arzneimittelverordnungen und der Kostendruck auf die Marktteilnehmer steigt. Drittens schließen sich die Akteure daher horizontal und vertikal zusammen, um Skaleneffekte nutzen zu können. Neue Marktteilnehmer und die verlagerten Entscheidungskompetenzen der klassischen Zielgruppen machen die Abnehmerstrukturen der Arzneimittelhersteller komplexer. Während bisher die Apotheken sowie die ambulanten und stationären Verordner (Ärzte und Kliniken) zu den primären Ansprechpartnern der Pharmareferenten zählten, werden künftig neue Kundengruppen an Relevanz gewinnen. Die Arzneimittelversorgung über den einzelnen Arzt rückt damit immer mehr in den Hintergrund. Die Neuen Versorgungsformen werden von professionellen Betreibern geleitet, denen professionelle Selling Center gegenüber gestellt werden müssen. Neben den klassischen wissenschaftlichen Informationsaufgaben erfordern betriebswirtschaft-

[387] Vgl. zu diesem Kapitel auch die Einschätzung von Hoos (2007), S. 17-18.

liche Fragestellungen, insbesondere im Zusammenhang mit individuellen Vertragsverhandlungen, spezifische Qualifikationen des Pharmaaußendienstes. Darüber hinaus werden die Neuen Versorgungsformen in der Regel einen (betriebswirtschaftlichen) Ansprechpartner haben, der über die Auswahl der Arzneimittel (Arzneimittellistung) entscheidet. Das erfordert eine gezieltere Vorbereitung auf die Kundengespräche sowie spezifische Kompetenzen der Vertriebsmitarbeiter. Diese vielfältigen Aufgaben und Anforderungen können durch den klassischen Pharmaaußendienst nicht alleine bewältigt werden. Die Vertriebsorganisation und die Geschäftsprozesse müssen sich auf diese neuen Macht-, Einfluss- und Entscheidungsverhältnisse zwischen den Marktteilnehmern anpassen. Insbesondere die Aufbauorganisation der Funktionsbereiche muss auf die neuen Abnehmerstrukturen ausgerichtet werden. Die Entwicklung vom produktorientierten (Push-Strategie, one-size-fits-all) zum kunden- und serviceorientierten Vermarktungsmodell (Pull-Strategie) macht darüber hinaus eine Flexibilisierung der Ablauforganisation unabdingbar, damit der Vertrieb nicht nur auf Marktveränderungen reagieren, sondern proaktiv handeln kann. Die parallele Qualifizierung der Außendienstmitarbeiter im Hinblick auf die spezifischen Bedürfnisse der Zielgruppen ist dabei von elementarer Bedeutung. Insbesondere die kooperierenden Leistungserbringer und die Krankenkassen, die aufgrund der gesetzlichen Neuregelung des § 130a Abs. 8 SGB V zu bedeutenden Stakeholdern werden, benötigen eine besondere Betreuung. Ziel muss es sein, die strategische Ausrichtung und Organisation stärker an den Bedürfnissen dieser zentralen Kunden zu orientieren. Um auf die Herausforderungen des komplexen und dynamischen Pharmamarktes adäquat reagieren zu können, bauen die Arzneimittelhersteller ein übergreifendes Vertrags- beziehungsweise Key Account Management auf, das durch den klassischen Pharmaaußendienst unterstützt wird.

Abbildung 9 fasst die zentralen Implikationen der veränderten Rahmenbedingungen zusammen.

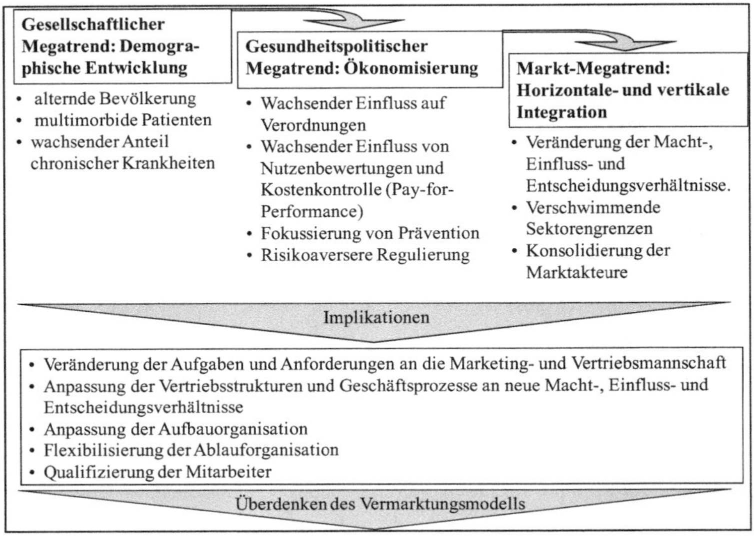

Abbildung 9: Implikationen der veränderten Rahmenbedingungen[388]

[388] Eigene Darstellung.

3 Absatzwirtschaftliche Geschäftsmodelle in der pharmazeutischen Industrie

3.1 Vom produktorientierten zum kundenorientierten Geschäftsmodell

Vor dem Hintergrund der analysierten Veränderungen im Arzneimittelmarkt muss die pharmazeutische Industrie ihr Vermarktungsmodell auf seine Zukunftstauglichkeit überprüfen.

Das klassische produktorientierte Modell (Push-Strategie) ist ein einheitlicher, zentralistischer Ansatz, der auf eine möglichst hohe Marktdurchdringung eines Massenmarktes abzielt. Im Mittelpunkt stehen das Produkt und das Bestreben dieses durch gezielte Marketing- und Vertriebsmaßnahmen zu einem Blockbuster zu machen.[389] Als Entscheider über die therapeutische Alternative sind die verschreibenden Ärzte und die empfehlenden Apotheken Adressaten des klassischen Vermarktungsmodells.[390] Da die originäre Aufgabe des Pharmaaußendienstes im Sinne des § 74 AMG in der wissenschaftlichen Information der Verordner besteht,[391] entfallen etwa 90 % der vertrieblichen Aufwendungen auf diese Zielgruppe.[392] Der Pharmareferent ist auch heute noch eine der wichtigsten Informationsquellen des Arztes über medizinische und pharmakologische Entwicklungen und ist daher in den Praxen ein geschätzter und willkommener Gesprächspartner.[393] Der klassische Vertriebsansatz ist ein typisches Business-to-Professionel-Marketing.[394] Sein Hauptziel ist die Erreichung eines möglichst hohen Anteils am Kommunikationsvolumen (Share of Voice).[395] Die dahinter stehende Rationale ist der mechanistisch-quantitative Zusammenhang zwischen der Stärke der Außendienstmannschaft und der Absatzmenge der Präparate. Aufgrund der daraus resultierenden hohen personellen Kapazitäten ist das Share of Voice-Modell für die

---

389 Vgl. Albiez / Hennlich (2008), S. 18.
390 Vgl. Zeiner (2008a), S. 594.
391 Vgl. Deutscher Bundestag (2006), S. 176-177.
392 Vgl. Schneider / Utsch (2009). S. 29 und Wolf Sussmann (2008), S. 236-237.
393 Die regelmäßigen Umfragen der Arbeitsgemeinschaft LA-MED bestätigen, dass der Pharmareferent an dritter Stelle der am häufigsten genutzten Informationsquellen steht, vgl. Eschenbach (2009), S. 3.
394 Vgl. Ecker / Preuß (2008a), S. 2.
395 Vgl. Schneider / Utsch (2009), S. 27 und Illert (2009), S. 2024.

Arzneimittelhersteller sehr kostenintensiv.[396]

Verschiedene unternehmensinterne und -externe Entwicklungen haben in den letzten Jahren dazu geführt, dass dieser einheitliche, stark durch Quantität geprägte Vermarktungsansatz an Bedeutung verliert. Intern ist das produktorientierte Geschäftsmodell durch eine strenge Trennung zwischen der Entwicklung und der Vermarktung der Präparate charakterisiert. Dadurch weist es klare Stärken in der Produktion von Arzneimitteln auf, die zum Absatz in großen Stückzahlen bestimmt sind.[397] Aufgrund der heute weitgehend gesättigten Massenmärkte und der immer restriktiveren Gesundheitspolitik konzentrieren sich die Arzneimittelhersteller zunehmend auf Nischenmärkte mit kleineren Zielgruppen.[398] Für eine derartige Specialty Care-Vermarktung ist das auf Primary Care ausgerichtete Modell nicht ohne organisatorische und unternehmenskulturelle Anpassungen geeignet,[399] da die Kundenorientierung fehlt. Diejenigen, die den Außenkontakt zum Kunden übernehmen, haben wenige Mitspracherechte bei der Entwicklung der Präparate. In der Außensicht führt das zu Unstimmigkeiten und Missverständnissen, da der Vertrieb nicht auf die spezifischen Bedürfnisse von Ärzten, Apotheken und Patienten zugeschnitten ist. Darüber hinaus ist die Incentivierung der Pharmareferenten häufig an die Frequenz der Besuche geknüpft. Der Außendienstmitarbeiter hat daher vergleichsweise geringe Anreize, individuelle Kundenbedürfnisse zu erfüllen. Sein Fokus liegt auf der Masse der Kontakte.[400] Zusammenfassend lässt sich feststellen, dass das produktorientierte Geschäftsmodell überall da, wo produkt- oder kundenindividualisierte Lösungen erforderlich sind, an seine Grenzen stößt.[401]

Die in Kapitel 2 analysierten weit reichenden unternehmensexternen Entwicklungen bedingen die Veränderung der Entscheiderstrukturen im Gesundheitsmarkt.[402] Die Heterogenisierung der Abnehmerstruktur macht es für die Pharmaunternehmen notwendig, ihre Vertriebsstrategien an die individuellen Bedürfnisse diversifizierter Kunden anzupassen. In der Vergangenheit oblag dem Arzt die Entscheidung über das zu verordnende

---

396 Pro Außendienstbesuch fallen circa 100 Euro an, vgl. Scholl / Rupp / Steiner / Glantz (2007), S. 18.
397 Vgl. Lonsert / Harms (2006).
398 Vgl. Feick (2009), S. 1.
399 Vgl. PWC (2009), S. 16.
400 Vgl. Pesse (2007), S. 304.
401 Zu Schwächen des produktorientierten Vermarktungsmodells, vgl. Lonsert / Harms (2004), S. 80.
402 Vgl. Heeb (2007), S. 1.

Medikament. Nachdem die Therapiefreiheit und der Zugang zu den Ärzten durch mehrere Gesundheitsreformen stark eingeschränkt wurden, trifft der Verordner heute weniger als 50 % aller Therapieentscheidungen.[403] Das klassische Marketing- und Vertriebsmodell verliert damit seine Wirkung. Die meisten Arzneimittelhersteller reagierten darauf in den letzten Jahren mit dem Abbau der arztzentrierten Außendienstaktivitäten.[404] Zunehmend bestimmen „(...) die regulierenden Kräfte in Deutschland wie Krankenkassen, Gesetzgeber und andere Gremien (G-BA, IQWiG, etc.) (...), welche Medikamente sich am Markt etablieren."[405] Damit entscheiden nicht mehr alleine die Produkteigenschaften über den Erfolg, sondern die Frage, wie sich die Präparate in ein sich ständig veränderndes gesundheitspolitisches Umfeld einordnen lassen. Die geringere Entscheidungsfreiheit des Arztes zwingt die pharmazeutische Industrie zur Neuausrichtung.[406] Experten sehen in diesem Paradigmenwechsel aber nicht das grundsätzliche Ende des Pharmaaußendienstes, sondern im Wesentlichen eine Verschiebung des Aufgabenportfolios hin zu pharmaökonomischen Schwerpunkten.[407] „The key consequence is that the single, centrally important decision maker, the target of share of voice-driven activities is actually less important, giving way to a network of tightly interrelated professionals, advisors, informants, budget holders and policy makers."[408]

Das pharmazeutische Vermarktungsmodell wird sich daher zunehmend in zwei Teilbereiche aufgliedern: klassischer Pharmaaußendienst und Key Account Management.[409] Während im klassischen Pharmaaußendienst das Spannungsfeld zwischen Präparat und Markt im Zentrum steht, wird dieses im Key Account Management um die Kunden-Dimension ergänzt. Abbildung 10 verdeutlicht die Spannungsfelder des produktorientierten und des kundenorientierten Vermarktungsmodells.

[403] Vgl. Seiter / Schneider (2009), S. 4.
[404] Vgl. PWC (2009), S. 4 oder Demmer (2008). S. 20.
[405] Seiter / Holz (2009), S. 4.
[406] Vgl. Demmer (2008), S. 20.
[407] Vgl. Schneider / Utsch (2009), S. 27.
[408] Pesse (2007), S. 305.
[409] Vgl. Boethin (2007), S. 7. Eine Untersuchung im Jahr 2007 ergab, dass 73 % der befragten Pharmaunternehmen ein Contract- beziehungsweise Key Account Management implementieren wollen, vgl. Beck (2007), S. 9.

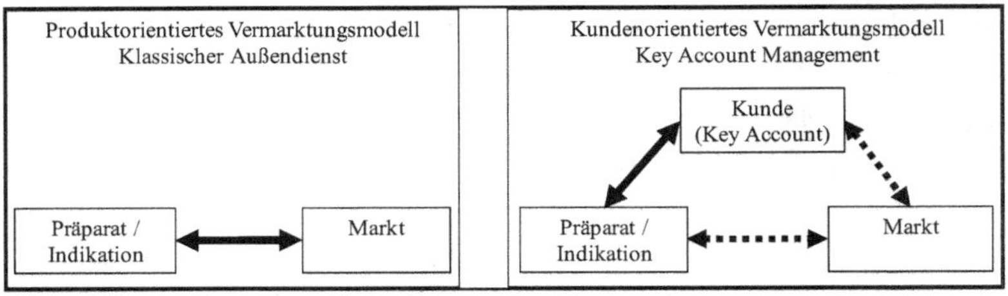

Abbildung 10: Spannungsfelder des produktorientierten und des kundenorientierten Vermarktungsmodells[410]

Ziel der Koexistenz dieser beiden Konzepte muss die profitable Befriedigung der Kundenwünsche sein.[411] Eine Überinterpretation des Key Account Management-Ansatzes würde zu Effizienz- und Effektivitätsverlusten führen. Die sorgfältige Analyse des eigenen Produkt- und Kompetenzportfolios ist daher für die Wahl des adäquaten Vermarktungsmodells unerlässlich. In den Teilmärkten, in denen der Arzt die Therapieentscheidung nicht alleine trifft, greift der einfache Mechanismus des Share of Voice nicht mehr.[412] Selbst bei steigendem Kommunikationsvolumen würden die Umsätze stagnieren. Hier gewinnt das Key Account Management, das sich auf die betriebswirtschaftliche Betreuung von Schlüsselkunden konzentriert, als Vertriebsstrategie an Bedeutung. So wird das klassische Business-to-Professional-Marketing in diesen Teilmärkten durch ein Business-to-Business-Marketing abgelöst, dessen primäres Ziel ist nicht, die Anzahl der Verordnungen kurzfristig zu steigern, sondern das Management des gesundheitlichen Outcomes langfristig zu verbessern.[413] Mit Hilfe eines proaktiven Key Account Managements kann sich die pharmazeutische Industrie in der Versorgungskette des Patienten positionieren, um im Gesundheitsmarkt als zielorientierter Partner ernst genommen zu werden. Auf die Besonderheiten dieses neuen Vermark-

---

410 Eigene Darstellung.

411 Vgl. Wengler (2006), S. 139.

412 Vgl. Schneider / Utsch (2009), S. 27.

413 „To create sustainable value, we need to employ a more customer-centric and patient outcome-oriented 'Share of Care' model. The paradigm shift for us lies in the better balancing of our products' financial performance with the delivery of improved healthcare effectiveness (patient treatment outcomes) and healthcare efficiency (contribution to cost-containment in the healthcare system).", Albiez / Hennlich (2008), S. 19.

tungsansatzes geht Kapitel 3.2 detailliert ein.

In den Marktsegmenten, die sich durch hohes Fortschrittstempo und technologiegetriebene weiter zunehmende Innovationsraten, bei gleichzeitig ungesättigter medizinischer Nachfrage, auszeichnen, werden Ärzte die primäre Zielgruppe bleiben. Da dazu vor allem innovative Produkte und Nischentherapien gehören, wird sich die Ansprache vorwiegend auf Fachärzte konzentrieren (Specialty Care). Je komplexer die Therapie, desto höher ist der sektorübergreifende Kommunikations- und Koordinationsbedarf. Daher wird die Rolle des sehr gut geschulten, wissenschaftlich-informierenden Pharmareferenten in Therapiegebieten wie beispielsweise Onkologie, HIV oder Diabetes immer wichtiger werden.[414]

Um abschließend zu entscheiden, ob und in welchem Ausmaß neben den klassischen Push-Ansatz andere Modelle treten müssen, sollten zunächst die Profitabilität und die strategischen Optionen des bestehenden Vertriebsmodells unter den in den verschiedenen Märkten gegebenen Randbedingungen bewertet werden. Für die Weiterentwicklung des Vermarktungsmodells sind in einem zweiten Schritt unter Berücksichtigung des eigenen Produktportfolios, der Wettbewerbssituation und dem Grad des Wandels drei Aspekte wesentlich.[415] Um einen möglichst direkten Effekt auf das Tagesgeschäft zu erhalten, müssen erstens die Effektivität und Effizienz der aktuell vorhandenen Ressourcen geprüft werden. Dazu gehören vor allem neue Segmentierungs- und Targetingansätze. Zweitens muss die Rolle der Entscheider und Einflussnehmer im heutigen und zukünftigen Marktumfeld korrekt eingeschätzt werden. Erst auf dieser Basis erfolgt die Bewertung der Bedeutung einzelner Zielgruppen. Drittens sollte die Wertschöpfung über das eigene Produktangebot hinaus verbessert werden, um die

---

414 Vgl. Zeiner (2008a), S. 594. Internationale Pharmaunternehmen sollten darüber hinaus beachten, dass die Aufgliederung des Vermarktungsmodells nicht nur indikationsabhängig, sondern auch geographisch sinnvoll sein kann. Experten ordnen die nationalen Pharmamärkte drei Gruppen zu. Die Notwendigkeit der Anpassung der Vertriebsmodelle besteht besonders in der ersten Gruppe (USA, Großbritannien und Deutschland). In allen drei Ländern wird die Entscheidung der Arzneimittelverordnung zunehmend nicht mehr durch den Arzt, sondern durch andere Instanzen getroffen. So üben in den USA Managed-Care-Programme großen Einfluss auf die Therapieentscheidungen aus, während in Großbritannien Primary Care Trusts regulierend in das Verschreibungsverhalten eingreifen. Einer zweiten Gruppe von Ländern (z. B. Südeuropa oder Südafrika) steht eine ähnliche Entwicklung bevor. Nur die dritte Gruppe ist geprägt durch den Ausbau der Gesundheits- und Finanzierungssysteme. In diesen Ländern (z. B. China, Indien, Türkei oder Korea) funktioniert das klassische pharmazeutische Vertriebsmodell weiterhin, vgl. Schneider / Utsch (2009), S. 28.

415 Vgl. Schneider / Utsch (2009), S. 28-29.

Kundenbedürfnisse optimal bedienen zu können. Obwohl viele Pharmaunternehmen in den letzten Jahren bereits kundenorientierte Pull-Marketing-Aspekte implementiert haben, sollte diese Analyse in regelmäßigen Abständen wiederholt werden, um Anpassungsbedarfe zu identifizieren.

3.2 Key Account Management als Teil des kundenorientierten Geschäftsmodells

3.2.1 Begriffliche Abgrenzung und Einsatzfelder des Key Account Managements

Allgemein wird unter Key Account Management das „ (...) Management von Geschäftsbeziehungen zwischen Hersteller und Abnehmer (...)“[416] verstanden.[417] Es bezeichnet ein Spezialgebiet des Kundenbindungsmanagements, das sich auf das Segment der wichtigsten Kunden konzentriert.[418] Da das Verständnis von Key Account Management je nach Branche und Unternehmen sehr unterschiedlich ist,[419] wird diese allgemeine Definition für den Pharmamarkt konkretisiert. Dazu wird der Begriff in seine drei Bestandteile Key, Account und Management zerlegt.

Key stellt die strategische Schlüsselrolle heraus. Danach müssen entweder besonders wichtige, große, umsatz- und potenzialstarke Kunden oder jene mit Image- sowie Multiplikatorfunktion von den normalen Kunden unterschieden werden. Branchenanalysen zur Folge werden etwa 65 % bis 88 % des Umsatzes mit den 100 wichtigsten Kunden generiert.[420] In der Regel repräsentieren sie ungefähr 5 % des Kundenstammes. **Account** beschreibt den Kundentyp, der im Mittelpunkt der Betreuungsstrategie steht. Da verschreibungspflichtige Arzneimittel nicht unmittelbar an Patienten abgesetzt werden

---

416 Reimer Caroli (2000), S. 93.
417 Vgl. zu diesem Kapitel auch Hoos (2007), S. 19-20.
418 Vgl. Jensen (2005), S. 530.
419 Vgl. Sidow (2002), S. 14 und Wengler (2006), S. 12-14. WENGLER (2006) gibt in seiner Dissertation einen detaillierten Überblick über die verschiedenen Konzepte und Zielsetzungen des Key Account Managements.
420 Vgl. Scholl / Reißfelder (2007), S. 9.

dürfen, handelt es sich bei den Accounts um Organisationen (Business-to-Business).[421] Sie zeichnen sich „(...) durch eine eigenständige Arzneimittel-Beschaffung und ein komplexes, multipersonales Beschaffungsverhalten (...)"[422] aus. Durch das Merkmal der Beschaffungsbefugnis unterscheiden sie sich von den verschreibenden und beeinflussenden Institutionen.[423] **Management** beschreibt eine systematische und aktive Kundenbetreuung, in deren Mittelpunkt die eigenständige und detaillierte Analyse, Planung und Betreuung der wichtigsten Kunden steht.[424] Sie unterscheidet sich damit klar von klassischen Vertriebstätigkeiten wie dem Besuch niedergelassener Ärzte, der nach strengen Vorgaben erfolgt.

Für die in dieser wissenschaftlichen Arbeit durchgeführten Analysen werden die in Neuen Versorgungsformen integrierten Leistungserbringer sowie die (gesetzlichen) Krankenkassen beispielhaft als Key Accounts herausgegriffen. Da sie über exklusive Vertragsbeziehungen entscheiden, ein hohes Einkaufsvolumen repräsentieren und besondere Betreuung in Form betriebswirtschaftlicher Beratung benötigen, erfüllen sie grundsätzlich die Kriterien Key, Account und Management. Im Einzelfall sollte dies jedoch in Abhängigkeit vom Patientenpotenzial für die zu rabattierenden Arzneimittel verifiziert werden. Anderen Anspruchsgruppen soll nicht per definitionem der Key Account Status aberkannt werden, sie sind allerdings nicht Gegenstand weiterer Analysen.

Innerhalb des Key Account Managements stellt das Vertragsmanagement einen wichtigen Aufgabenbereich dar. In der Regel trifft der Hersteller die strategische Entscheidung zur Implementierung eines Key Account Managements, lange bevor der erste Kontrakt geschlossen wird. Langfristig ist aber die vertragliche Interaktion mit den Kunden Ziel der Herstellerbemühungen. Wie in Kapitel 2.5.1.2 dargestellt, sind im Hinblick auf das Vertragsmanagement rechtliche Unterschiede zwischen den beiden Key Account-Gruppen zu beachten. Außerhalb der ärztlichen Versorgung sind individuelle Verträge mit Krankenkassen nach § 130a Abs. 8 SGB V möglich. Bei der strategischen Positionierung gegenüber den Krankenkassen ist der Aufbau von Wissen über deren Strukturen und Geschäftspolitik bedeutend. Durch ihre Rolle als Kostenträ-

---

421 Vgl. Solbach (2000), S. 7.
422 Scholl / Reißfelder (2007), S. 8.
423 G-BA und IQWiG sind beispielsweise beeinflussende Institutionen im deutschen Gesundheitswesen.
424 Vgl. Scholl / Reißfelder (2007), S. 8.

ger nehmen sie einen besonderen Platz im Gesundheitswesen ein. Neben gesundheitspolitischem Wissen sind besonders betriebswirtschaftliche Fragestellungen relevant. Darunter fallen der Aufbau und die Pflege von Kontaktnetzen sowie die Konditionen- und Rabattpolitik. Innerhalb der ärztlichen Versorgung besteht für die pharmazeutische Industrie die Möglichkeit, Public-Private-Partnerships zu den Leistungserbringern aufzubauen. Über Annexverträge oder die Einbindung von Rabattvereinbarungen in selektivvertragliche Lösungen können sich die Hersteller an Versorgungsverträgen zwischen Leistungserbringern und Krankenkassen beteiligen.[425] Das Key Account Management muss in diesem Kontext sowohl die Bedürfnisse der regionalen Verbundstrukturen als auch die der in der Regel überregional agierenden Krankenkassen befriedigen.

Im Folgenden werden die Ziele des Key Account Managements (Kapitel 3.2.2) definiert sowie eine funktionale (Kapitel 3.2.3) und eine organisatorische Ebene (Kapitel 3.2.4) unterschieden.[426] Die funktionale Ebene umfasst die pharmaspezifischen Aufgaben eines Key Account Managers. Dabei agiert dieser in dem aufgezeigten Spannungsfeld zwischen Key Account, Präparat und Markt. Die spezifischen Gegebenheiten des Marktes setzen dabei die Rahmenbedingungen für sein Handeln, um die Präparate des Arzneimittelherstellers während langfristigen Geschäftsbeziehungen mit Key Accounts bestmöglich vermarkten zu können.

Auf organisatorischer Ebene geht es darum, „(...) die Voraussetzungen für eine erfolgreiche Schlüsselkundenbearbeitung zu schaffen“.[427] Da strategische und operative Entscheidungen auf beiden Ebenen getroffen werden, erfolgt diesbezüglich keine Differenzierung. Das Key Account Management wird als dynamisches Konzept verstanden, das sich kontinuierlich an die veränderten Rahmenbedingungen seines Umfeldes anpassen muss.[428] Daher haben die in den folgenden Kapiteln vorgestellten Ziele und Ebenen des Key Account Managements exemplarischen Charakter und können nicht als allgemeingültige Ausgestaltung des Key Account Management-Konzepts interpretiert werden.

---

425 Vgl. Zeiner (2008a), S. 595.

426 Die Einteilung in eine funktionale und eine organisatorische Ebene orientiert sich am St. Galler Key Account Management Konzept, vgl. Belz / Müllner / Zupancic (2005), S. 38 und 40.

427 Belz / Müllner / Zupancic (2005), S. 38.

428 Vgl. Belz / Müllner / Zupancic (2005), S. 22.

3.2.2 Ziele des Key Account Managements

Für das Key Account Management werden in der wissenschaftlichen Fachliteratur vier allgemeingültige Ziele definiert,[429] die im Folgenden pharmaspezifisch interpretiert werden. Das erste Ziel besteht in der **Verbesserung der (horizontalen) Wettbewerbsposition**. Das Key Account Management kann die Wettbewerbsfaktoren zwar nicht unmittelbar beeinflussen, ist aber durch hinreichende Nähe zum Absatzmarkt über die Mitbewerber und ihre Präparate sehr gut informiert.[430] So kann es Wettbewerbsvorteile nutzen und Markteintrittsbarrieren aufbauen, indem es beispielsweise durch eine vertragliche Vereinbarung strategische Beziehungen zu einzelnen Kostenträgern oder integrierten Leistungserbringern sichert.[431] Das zweite Ziel strebt die **Verbesserung der Geschäftsbeziehungen** durch regelmäßigen und intensiven Kontakt mit den Schlüsselkunden an, um eine Win-Win-Situation zu etablieren.[432] Der Wert einer langfristigen Geschäftsbeziehung besteht im gegenseitigen Austausch von Informationen.[433] So erhält der Hersteller wichtige Auskünfte über die individuellen Anliegen seiner Kunden, kann Markttrends frühzeitiger erkennen und sein Angebot entsprechend ausrichten.[434] Dabei darf nicht die Befriedigung der eigenen Informationsbedürfnisse im Vordergrund stehen, sondern die gegenseitige Interaktion mit den Key Accounts. Grundlage hierfür ist die Fokussierung auf wenige Kunden und deren Kooperationsbereitschaft.[435] Dabei stehen Vertragsverhandlungen im Spannungsfeld der unterschiedlichen Zielsetzungen zwischen Krankenkasse und Arzneimittelhersteller. Hat ein Präparat eines forschenden Herstellers ein Alleinstellungsmerkmal in einem Indikationsgebiet, so hat die Krankenkasse einen hohen, der Hersteller aber keinen Anreiz, einen monetären Nachlass zu ge-

429 Vgl. Kotler / Keller / Bliemel (2007), S. 800. Vgl. zu diesem Kapitel auch Hoos (2007), S. 21-22.

430 Vgl. Gaitanides / Diller (1989), S. 186.

431 Vgl. dazu allgemein Baguhl (2004), S. 44.

432 Cornelsen (2000) stellt in diesem Zusammenhang fest, dass eine Abwendung von der isolierten, letztendlich auf opportunistisch geprägten Verhaltensweisen der Vertragspartner basierenden Beziehung hin zu einer integrativen und kooperativen Wertschöpfungspartnerschaft ceteris paribus die Wertanteile beider Partner im Sinne einer Win-Win-Konstellation erhöhen kann, vgl. Cornelsen (2000), S. 46.

433 Durch den Abbau von Informationsasymmetrien zwischen Hersteller und Kunde entsteht eine Win-Win-Situation, vgl. Wengler (2006), S. 29.

434 Vgl. Wengler (2006), S. 29.

435 Vgl. Belz / Senn (1995), S. 46-47. Die Bereitschaft der Key Accounts, eine langfristige strategische Win-Win-Beziehung einzugehen, ist grundlegende Voraussetzung für ein erfolgreiches Key Account Management. Sind die Kunden nicht an einem Beziehungsmanagement interessiert, wird das Key Account Management zur Ressourcenverschwendung, vgl. Wengler (2006), S. 17.

währen. Droht dem Original generischer Wettbewerb, wird der Hersteller versuchen, den Markt für sein patentgeschütztes Präparat durch eine vertragliche Vereinbarung zu behaupten. Die Krankenkasse wird dagegen bestrebt sein, die generische, günstigere Variante unter Vertrag zu nehmen. Da das Key Account Management eine langfristige Zusammenarbeit anstrebt, sollte sich das Pharmaunternehmen zwar an den Kundenbedürfnissen orientieren, es darf aber nicht auf überzogene Forderungen eingehen.[436] Lässt sich der Hersteller von den Krankenkassen steuern, führt dies in der Regel zu einer Preiserosion.[437] Zielsetzung des Key Account Managements muss daher sein, die pharmazeutische Industrie aus ihrer reaktiven in eine proaktive Rolle zu versetzen, das heißt, es soll „ (...) den Kunden (…) steuern, anstatt von ihm gesteuert zu werden".[438] Das dritte Ziel fokussiert die **Stärkung der vertikalen Marktposition**. Zur gezielteren Reaktion auf veränderte Macht- und Entscheidungsbefugnisse auf Abnehmerseite muss neben dem bestehenden Push-Marketing ein Pull-Marketing aufgebaut werden.[439] Während die Push-Strategie nur die bestehende Nachfrage nach Arzneimitteln befriedigt, bildet der Key Account Manager im Rahmen der Pull-Strategie einen aktiven Gegenpart zur konsolidierten Einkaufsmacht der Schlüsselkunden.[440] Wie in Kapitel 3.1 dargestellt, wird in einigen Bereichen das Push-Marketing auch in Zukunft eine wichtige Rolle spielen. Der Einsatz der personellen Kapazitäten sollte in diesem Kundensegment so optimiert werden, dass frei werdende und zusätzliche Ressourcen im Sinne einer Pull-Strategie die Bedarfe der Schlüsselkunden aktiv managen können.[441] Das vierte Ziel strebt die **Minimierung des Koordinationsaufwandes** an. Ein erfolgreiches Key Account Management zeichnet sich durch die schnelle und flexible Abstimmung zwischenbetrieblicher (Hersteller / Key Account) sowie innerbetrieblicher (Koordination des Pharmaaußendienstes) Aktivitäten aus.[442] Das reduziert die Prozess- und Transaktionskosten für den Hersteller und steigert die Profitabilität des Unternehmens.

---

436 Vgl. Sidow (2002), S. 45.
437 Vgl. Fiesser / Fiesser (2000), S. 2.
438 Scholl / Reißfelder (2007), S. 10.
439 Vgl. Zeiner / Wartenberg (2007), S. 534.
440 Vgl. Gaitanides / Diller (1989), S. 186.
441 Vgl. Beck (2007), S. 11.
442 Vgl. Kotler / Keller / Bliemel (2007), S. 800.

3.2.3 Funktionale Ebene des Key Account Managements

Die Ziele verdeutlichen die grundsätzlich langfristige Ausrichtung des Key Account Managements.[443] Wettbewerbsvorteile lassen sich nur erzielen, „ (...) wenn die Stelleninhaber tatsächlich alle wichtigen Funktionen ausfüllen, die eine kundenzentrierte Vertriebsarbeit ausmachen".[444] So lassen sich aus der Verantwortung des Key Account Managers für die Erreichung der kundengerichteten Ziele vier zentrale Funktionen ableiten.[445] Zunächst obliegt ihm eine **kundenbezogene Informationsfunktion**. Dazu gehört die Verbesserung der Key Account bezogenen Planungs-, Kontroll- und Informationssysteme durch systematische Analyse, Auswahl und Bearbeitung aktuell und potentiell wichtiger Kunden. Basis für die Allokation monetärer und personeller Ressourcen bildet eine Markt- beziehungsweise Kundensegmentierung, die wiederum Ausgangspunkt für Ziele, Strategien und Maßnahmen ist. Dazu werden im ersten Schritt alle heutigen und potentiellen (Schlüssel-)Kunden mit Hilfe einheitlicher Kriterien bewertet (Kundensituationsanalyse).[446] Im zweiten Schritt werden daraus hinreichend differenzierte Markt- beziehungsweise Kundensegmente gebildet und in ein Key Account Portfolio überführt.[447] Im Pharmamarkt hängt die Entscheidung über eine mögliche Rabattvereinbarung nicht nur von der Bedeutung des Kunden, sondern auch von der Wettbewerbssituation und Lebenszyklusphase des Produktes ab. Zu diesem Zweck müssen die zentralen Mitbewerber im relevanten Markt identifiziert werden (Branchen- beziehungsweise Wettbewerbsanalyse).[448] Die Relevanz aller gesammelten Informationen wird überprüft, um damit die Grundlage für ein entscheidungsorientiertes Rechnungswesen zu legen.[449] Besonders in der Implementierungsphase des Key Account Managements dominiert die kundenbezogene Informationsfunktion, da sie die Voraussetzung für die Erfüllung aller anderen Funktionen ist. Erst durch Schaffung ei-

---

443 KLEINALTENKAMP UND RIEKER (1997) bezeichnen die Bindung bedeutender Kunden auch als „strategische Aufgabe", siehe Kleinaltenkamp / Rieker (1997), S. 164.
444 Diller (1989), S. 214.
445 Vgl. Kotler / Keller / Bliemel (2007), S. 801 und Wengler (2006), S. 38-40.
446 Vgl. Baguhl (2004), S. 53.
447 Eine klassische Segmentierung zielt auf Homogenität in Bezug auf den Marketing-Mix ab (Vgl. Guminski / Utsch (2008), S. 305 oder Schweitzer / Bock (2009) S. 89.), während eine kundenwertorientierte Segmentierung Homogenität in Bezug auf den Wertbeitrag des Kunden erreichen möchte.
448 Die für eine Branchen- und Wettbewerbsanalyse notwendigen Informationen werden mit Hilfe einer Primär- oder Sekundärforschung erhoben, vgl. Baguhl (2004), S. 55.
449 Vgl. Sidow (2002), S. 123.

ner soliden Informationsbasis und Transparenz können der Markt analysiert und Entwicklungen bewertet werden. Nur so lassen sich in dem dynamischen und komplexen Umfeld des deutschen Pharmamarktes informationsbasierte Entscheidungen treffen. Auf dieser aufgabenorientierten Informationsbasis setzt die **Planungs- und Promotorfunktion** auf, durch die der Key Account Manager die Geschäfte mit den Key Accounts konzeptionell absichert und ausbaut.[450] Er erarbeitet eine kundenbezogene Strategie, definiert Ziele und analysiert die Entscheiderstrukturen auf Kundenseite.[451] Während der Maßnahmenplanung überführt er dieses strategische Konzept in konkrete Key Account Pläne.[452] Er erschließt nicht ausgeschöpfte Umsatz- und Deckungsbeitragspotenziale und steuert die Zusammenarbeit mit den Schlüsselkunden.[453] Neben der Akquisition von Neukunden gehört auch die Beendigung von Vertragsbeziehungen zu seinen Aufgaben, wenn sich der Pharmahersteller in einer reaktiven Position befindet und von den Anforderungen seiner Key Accounts vor sich her getrieben wird.[454] Die dritte und wichtigste Funktion ist die **Koordinations- und Durchführungsfunktion**, die alle externen und internen Abwicklungs- und Koordinationstätigkeiten umfasst. Im Außenverhältnis gehört dazu insbesondere das Vertrags- und Konditionenmanagement.[455] Der Key Account Manager kann dieser Aufgabe nur gerecht werden, wenn er intern entsprechende Weisungs- und Entscheidungsbefugnisse innehat. Im Innenverhältnis ist somit die Abstimmung mit anderen Kunden- oder Produktmanagern, dem Vertrieb oder Controlling von zentraler Bedeutung.[456] Dabei ist es empfehlenswert als Vorbereitung der Vertrags- und Konditionengestaltung, funktionenüber-greifende Teams zu bilden, die die produkt- und kundenbezogenen Strategien gemeinsam entwickeln. Durch frühzeitige Involvierung aller intern Beteiligten (Produktmanagement, Vertrieb, Medizin, Controlling) werden der interne Abstimmungsaufwand sowie Risiken von Fehlentscheidungen minimiert. Als vierte Funktion hat der Key Account Manager eine **Kontrollfunktion** und verantwortet somit die Kontrolle sämtlicher externer und inter-

450 Vgl. Diller (1989), S. 214.
451 Vgl. Sidow (2002), S. 116.
452 Vgl. Küng / Schilling / Toscano (2002), S. 122.
453 Vgl. Baguhl (2004), S. 58.
454 Vgl. Jensen (2005), S. 533.
455 Vgl. Sidow (2002), S. 184.
456 Vgl. Küng / Schilling / Toscano (2002), S. 123.

ner Tätigkeiten. Neben der Ausführungskontrolle, im Rahmen derer er alle Aktivitäten auf Hersteller- und Kundenseite überwacht, führt er eine Ergebniskontrolle anhand von Key Account bezogenen Kennzahlen und Abweichungsanalysen durch.[457]

Abbildung 11 fasst die vielschichtigen Aufgaben eines Key Account Managers zusammen. Da es keine idealtypische Ausgestaltung bezüglich Gründlichkeit und Vollständigkeit gibt, ist das Anforderungsprofil sehr anspruchsvoll.[458]

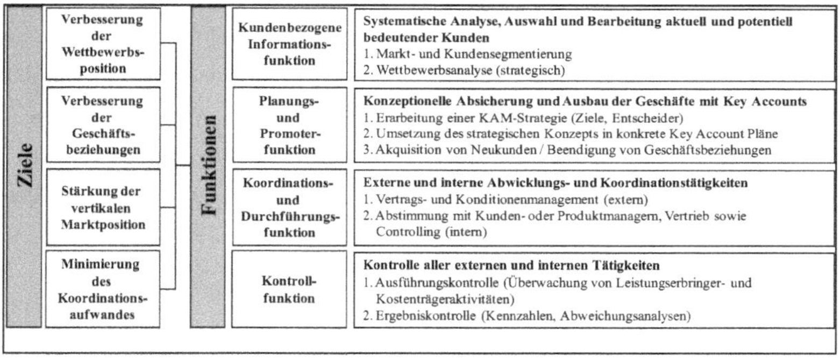

Abbildung 11: Ziele und Funktionen des Key Account Managements[459]

BELZ (1995)[460] identifiziert verschiedene Herausforderungen für die praktische Umsetzung proaktiver Schlüsselkundenstrategien, denen sich auch das pharmaspezifische Key Account Management stellen muss.[461] Grundlage für die Entwicklung kundenbezogener Strategien ist die Definition der Ziele und Identifikation der relevanten Entscheider.[462] Krankenkassenartenübergreifende Fusionen oder das Zusammenschließen der Leistungserbringer erhöhen die **Dynamik in den Kundenorganisationen** und führen zu intransparenten Entscheiderstrukturen. Darüber hinaus besteht die Gefahr der **Abhängigkeit von wenigen marktmächtigen Kunden**, wenn sich der Arzneimittelhersteller zu sehr an den spezifischen Bedürfnissen der Key Accounts ausrichtet. Um dem entge-

457 Vgl. Baguhl (2004), S. 61.
458 Vgl. Gruner /Garbe / Homburg (1997), S. 242 und Fiesser / Fiesser (2000), S. 11.
459 Entnommen aus Hoos (2007), S. 24.
460 Vgl. Belz / Senn (1995).
461 Vgl. Belz / Senn (1995), S. 49.
462 Vgl. Sidow (2002), S. 116.

gen zu wirken, muss der Key Account Manager als starker Verhandlungspartner die Schlüsselkunden steuern. Die wachsende Marktdynamik verändert die bestehenden Rollen der Marktteilnehmer und führt zu einer **Vernetzung von Wertketten.** Um die Ausrichtung auf Schlüsselkunden in der Unternehmenskultur zu verankern, muss die Kollaboration mit den Key Accounts auf eine konzeptionelle Basis gestellt werden und darf sich nicht in kurzfristigem Aktionismus erschöpfen.[463] Fehlen langfristige kundenspezifische Strategien, kann dies zu **konzeptionellen Mängeln** in der Kundenbindung führen. Folge des komplexen Aufgabenspektrums und der hohen Anforderungen an die Key Account Manager ist oftmals eine unbefriedigende **Personalsituation.** Um auf diese Herausforderungen adäquat reagieren zu können, ist das Key Account Management nicht als einmaliges Projekt, sondern als permanenter Lernprozess zu verstehen. Seine ständige Weiterentwicklung und Anpassung an die sich fortwährend ändernden Kundenbedürfnisse und Marktverhältnisse sind daher von zentraler Bedeutung.[464]

3.2.4 Organisatorische Ebene des Key Account Managements

Die organisatorische Veränderung, die die Implementierung eines Key Account Managements mit sich bringt, wird in der Praxis oft unterschätzt.[465] Charakteristisch ist eine Gliederung des Vertriebs nach Kunden, um eine einheitliche Betreuung zu gewährleisten.[466] Daher kann eine Abkopplung des Key Account Managements von der Struktur der Außendienstorganisation in Erwägung gezogen werden. In der pharmazeutischen Industrie bestimmt die Charakteristik der Schlüsselkunden maßgeblich den Aufbau der Key Account Management Strukturen. Während die einheitliche nationale Betreuung von Krankenkassen möglich ist, ist bei der Zielgruppe der integrierten Leistungserbringer eine absolute Trennung von der Gebietsorientierung nicht sinnvoll. Gerade in diesem Bereich sollte die Organisation möglichst an der regionalen Aufteilung ihrer Zielgruppen ausgerichtet werden, um durch Kundennähe eine bessere Ansprache zu

---

463 Vgl. Homburg / Jensen / Fürst (2004), S. 53 oder Belz / Senn (1995), S. 50.
464 Vgl. Belz / Senn (1995), S. 50.
465 Vgl. Wengler (2006), S. 228.
466 Vgl. Fiesser / Fiesser (2000), S. 4. Im Gegensatz dazu ist der klassische Pharmaaußendienst in der Regel nach Gebieten oder Regionen gegliedert, um eine optimale Betreuung der Ärzte und Apotheken sicherzustellen.

gewährleisten.[467] Das erfordert eine höhere Eigenständigkeit der regionalen Teams. Eine andere Möglichkeit wäre die Arbeit in Kundenteams, um den komplexen Kundenbeziehungen gerecht zu werden.[468] Ein netzwerkzentrierter Ansatz könnte aus einem Key Account Manager bestehen, der für ein ganzes Produktportfolio zuständig ist und von einem multi-funktionalen Team, bestehend aus Marketing und Medizin, unterstützt wird.[469] Abbildung 12 visualisiert die unterschiedliche Struktur zwischen nationalem und regionalem Key Account Management.

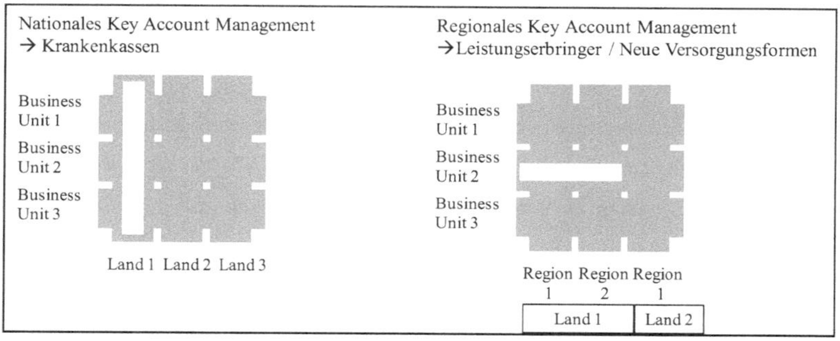

Abbildung 12: nationale und regionale Struktur des Key Account Managements[470]

Die Kundenorientierung muss in der Aufbauorganisation reflektiert werden. Ihre Ausgestaltung gehört daher zu den wichtigsten organisationspolitischen Entscheidungen und unterliegt situativen Restriktionen.[471] Die Organisation soll die Erreichung der definierten Ziele des Key Account Managements fördern und kann nach unterschiedlichen interdependenten Kriterien erfolgen.[472] Sie wird damit zur entscheidenden Voraussetzung für die spätere Effizienz und Effektivität des Key Account Managements, denn eine Reorganisation ist mit hohen Kosten und Verunsicherung der Mitarbeiter verbun-

467 Vgl. Schneider / Utsch (2009), S. 29.

468 Kundenteams bilden darüber hinaus ein adäquates Gegengewicht zu den immer professionelleren Einkaufsteams, vgl. Wengler (2006), S. 56.

469 Vgl. Pesse (2007), S. 306.

470 Eigene Darstellung in Anlehnung an Homburg / Jensen (2004), S. 23.

471 Vgl. Kleinaltenkamp / Rieker (1997), S. 169. Die eigene wirtschaftliche Situation, Kunden, Lieferanten und die Unternehmensumwelt stellen mögliche Restriktionen der Entscheidung dar, vgl. Wengler (2006), S. 149. Vgl. zu diesem Abschnitt auch Hoos (2007), S. 24-26.

472 Vgl. Sidow (2002), S. 62.

den. Die organisatorische Ausgestaltung des Key Account Managements sollte daher bewusst und sorgfältig durchdacht werden. Grundsätzlich lassen sich drei idealtypische Modelle unterscheiden.[473] In einer **Stab-Linien-Organisation** ist eine Stelle für die Betreuung der Schlüsselkunden verantwortlich. So kann das Key Account Management beispielsweise der Marketing- oder Vertriebsleitung als Stab zugeordnet werden.[474] Der Key Account Manager hat keine Entscheidungsbefugnis, so dass er an Entscheidungen nur beratend und unterstützend mitwirken kann.[475] Diese mangelnde formale Autorität schwächt seine Verhandlungsposition und macht Weisungs- und Kontrollregelungen komplizierter.[476] Einerseits stellt die eindeutige Abgrenzung des Verantwortungsbereichs einen Vorteil dar, andererseits sind die erschwerte Koordination mit anderen Funktionsbereichen und die geringe Kreativität, Innovationsbereitschaft sowie Flexibilität durch lange Instanzenwege nachteilig zu bewerten.[477] Da die organisatorische Veränderung relativ gering ist, wird die Stab-Linien-Organisation oft während der Implementierungsphase genutzt. Später wird das Key Account Management in der Regel als Matrix oder Sparte organisiert.[478] Charakteristisch für die **Sparten- oder divisionale Organisation** ist die produkt- oder kundenspezifische Ausrichtung der Geschäftseinheiten. Wird diese Objektorientierung konsequent eingehalten, hat der Key Account Manager sämtliche Entscheidungsbefugnisse, wie beispielsweise die Gewinnverantwortung (Profit-Center).[479] Im Extremfall würde dies in der Auflösung des regionalen Außendienstes und einer Divisionalisierung der gesamten Unternehmensorganisation münden. Dadurch würde die Vermarktung erschwert. Um dies zu verhindern, sollte die Unterscheidung in bedeutende und weniger bedeutende Kunden auf den Marketing- und Vertriebsbereich beschränkt werden.[480] Die schnelle Reaktionsmöglichkeit der quasi-unabhängigen Sparten auf komplexe dynamische Märkte stellt einen Vorteil der objekt-

---

473 Vgl. Küng / Schilling / Toscano (2002), S. 110. Andere Autoren betrachten die organisatorische Ausgestaltung detaillierter als KÜNG / SCHILLING / TOSCANO. So unterteilt beispielsweise WENGLER (2006) die idealtypischen Modelle in neun Untergruppen und stellt sie in seiner Argumentation der Alternative, kein Key Account Management zu implementieren, gegenüber.

474 Vgl. Kleinaltenkamp / Rieker (1997), S. 183.

475 Die Entscheidungsbefugnis bezeichnet das Recht, intern und extern bindende Entscheidungen treffen zu dürfen, vgl. Kleinaltenkamp / Rieker (1997), S. 180.

476 Vgl. Küng / Schilling / Toscano (2002), S. 111.

477 Vgl. Baguhl (2004), S. 75.

478 Vgl. Wengler (2006), S. 45.

479 Vgl. Baguhl (2004), S. 68.

480 Vgl. Kleinaltenkamp / Rieker (1997), S. 188.

orientierten Organisation dar.[481] Der Key Account Manager wird als starker Verhandlungspartner akzeptiert.[482] Nachteilig ist die „(...) Vernachlässigung der funktionalen Spezialisierung zugunsten des abnehmergerichteten Marketings."[483] Die **Matrix-Organisation** stellt zwei Funktionsbereiche gleichberechtigt nebeneinander und gleicht so die Schwächen eindimensionaler Organisationsformen aus.[484] Durch die Überlagerung zweier Weisungssysteme und die damit einhergehende Mehrfachunterstellung der Mitarbeiter ist die Abgrenzung der Kompetenzen schwierig. Die Matrix entsteht, indem auf die bisherige Organisationsform eine nach Kunden orientierte Linienorganisation aufgesetzt wird. Sie kann als Kunden-Funktions-Matrix Key Account Management und Marketing beziehungsweise Vertrieb, als Kunden-Produkt-Matrix Key Account Management und Produktmanagement verbinden oder als dreidimensionale Tensororganisation Key Account-, Produkt- und Funktionsmanagement integrieren. Letztere gleicht die jeweilige Missachtung eines Bereiches in den ersten beiden Matrixformen aus.[485] Die dualistische Sichtweise und die direkte Koordination von mindestens zwei Aufgabenbereichen sind Vorteile der Matrixorganisation.[486] Darüber hinaus ist sie sehr flexibel und lässt sich schnell an wechselnde Aufgabenstellungen anpassen.[487] Allerdings wird der Koordinationsaufwand durch Konflikte erhöht, die sich aus der Mehrfachunterstellung der Mitarbeiter ergeben.[488]

3.3 Arzneimittelvertragsmodelle im Key Account Management

Der zentrale Bestandteil der Koordinations- und Durchführungsfunktion des Key Account Managers ist das Vertrags- und Konditionenmanagement. Es bietet verschiedene Möglichkeiten zur strategischen Kooperation mit Krankenkassen. Vor dem Hintergrund des Produkt- und Kompetenzportfolios des Arzneimittelherstellers muss der Key Ac-

---

481 Vgl. Gruner /Garbe / Homburg (1997), S. 235.
482 Vgl. Baguhl (2004), S. 80.
483 Baguhl (2004), S. 81.
484 Vgl. Küng / Schilling / Toscano (2002), S. 114.
485 In diesem Konzept vertritt der Key Account Manager die auf die Schlüsselkunden bezogenen Marketingpläne. Der Funktionsmanager ist für die Vertriebswege verantwortlich und der Produktmanager fungiert als Produktkoordinator, vgl. Baguhl (2004), S. 77.
486 Vgl. Kleinaltenkamp / Rieker (1997), S. 193.
487 Vgl. Baguhl (2004), S. 79.
488 Vgl. Kleinaltenkamp / Rieker (1997), S. 194.

count Manager die Chancen und Risiken seiner Handlungsoptionen kritisch abwägen.[489] Da § 130a Abs. 8 SGB V die Vertragsgestaltung nicht konkretisiert,[490] haben sich im deutschen Pharmamarkt sehr unterschiedliche Modelle etabliert. ECKER UND PREUß (2008)[491] wählen eine idealtypische Klassifizierung in input-, prozess- und outcomeorientierte Modelle, an der sich auch diese Arbeit orientiert. Da sich die Vertragsmodelle ständig weiterentwickeln und die Konditionen aufgrund von Geheimhaltungsvorschriften Dritten in der Regel nicht bekannt sind, kann damit jedoch nicht mehr als eine grobe Systematisierung erreicht werden. Grundsätzlich können die in Abbildung 13 dargestellten Vertragsmodelle außerhalb der ärztlichen Versorgung abgeschlossen werden. Je komplexer ein Kontrakt allerdings ist, desto sinnvoller ist die Einbindung in eine geeignete Versorgungsumgebung.

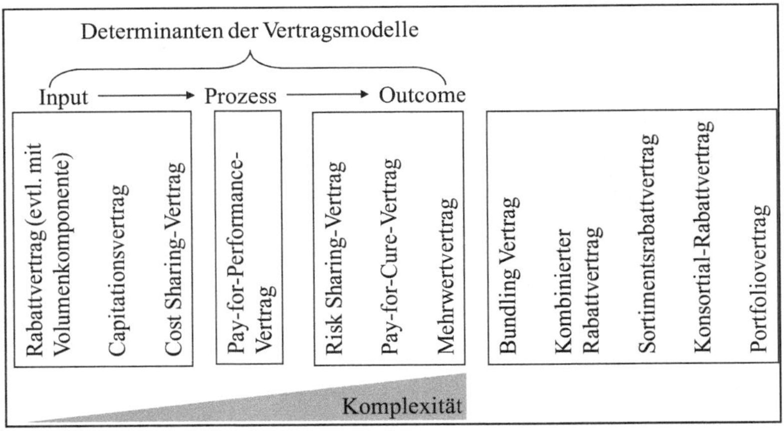

Abbildung 13: Idealtypische Klassifizierung von Vertragsmodellen[492]

---

[489] Vgl. Beck / Seiter / Wartenberg (2007), S. 899.

[490] Beispielhaft nennt der Gesetzgeber die Rabattierung eines jährlichen Umsatzvolumens oder einer Abstaffelung von Mehrumsätzen, vgl. § 130a Abs. 8 SGB V.

[491] Vgl. Ecker / Preuß (2008b), S. 27. Zu Klassifizierung der Vertragsmodelle siehe Tabelle 8 in Anhang zu Kapitel 3.

[492] Eigene Darstellung in Anlehnung an Ecker / Preuß (2008b), S. 28.

Bei inputorientierten Modellen sind der Preis und die Menge eines Präparates die zentralen Vertragsgrößen.[493]

Aus Sicht des Key Account Managers sind diese Modelle am wenigsten komplex und daher am einfachsten umzusetzen. Andererseits bieten sie aufgrund fehlender Abnahmeverpflichtungen seitens der Krankenkasse die geringsten Steuerungsmöglichkeiten für den Hersteller. Typisch ist der in Abbildung 14 dargestellte **einfache Rabattvertrag**, der bislang vorrangig im generikafähigen Markt eingesetzt wird. Er basiert auf einem Grundrabatt, der die gesamte zulasten der Krankenkasse abgesetzte Menge rabattiert.[494] Für den Hersteller liegen die Chancen des Vertrages in einer Prozesskostenreduzierung bei gleichzeitiger Verordnungsausweitung aufgrund der Interdependenz der in Kapitel 2.4.3 analysierten Regulierungsinstrumente.[495] Die Krankenkasse bekommt dagegen den maximalen Rabatt bezogen auf einen Wirkstoff und kann damit ihre Arzneimittelkosten senken. Das Herstellerrisiko liegt in der fehlenden Kontrolle über den Abgabeweg oder eventuelle Rabattverträge von Mitbewerbern. Die Substitutionserwartungen werden daher oft nicht erfüllt. Um den Zuschlag der Krankenkasse zu erhalten, muss der Hersteller den Preis meist bis auf Selbstkostenniveau reduzieren, so dass dieser zur Schwachstelle des Vertrags wird. Es besteht die Gefahr eines ruinösen Preiswettbewerbs.[496] Wird dem Rabattvertrag eine Volumenstaffelung hinzugefügt, schwächt dies die Gefahr der Preiskanibalisierung ab.[497] Für die Krankenkasse besteht somit ein Anreiz, den Umsatz durch Information der Ärzte und Versicherten zu erhöhen. Die Pharmaindustrie hat das Interesse, die reduzierten Einnahmen durch Mengengewinn zu kompensieren. Da der Absatz nicht durch geweckte

---

493 Der Input stellt ein Arzneimittel oder Medizinprodukt dar, vgl. Ecker / Preuß (2008b), S. 27.

494 Typische Beispiele sind der Rabattvertrag der BKK mit PFIZER über SORTIS und die europaweiten Ausschreibungen der AOK, vgl. Ecker / Preuß (2008b), S. 38. Bei den für die AOKen typischen Tender-Verträgen werden Marktsegmente ausgeschrieben. Dies sind meist Arzneimittelaggregate nach dem International-Non-Proprietary Name (INN). INN-Generika sind in Europa die häufigste beziehungsweise klassische Vermarktungsform. Ihr Name besteht aus einer internationalen Wirkstoffbezeichnung und einem firmenspezifischen Suffix, vgl. o.V. (2004), S. A-1120. Die AOKen verpflichten zur Angebotsabgabe für alle in der Lauer-Taxe gelisteten Pharmazentralnummern des Wirkstoffs. Sofern die AOK bundesweit einheitlich auftritt, hat sie mit circa 40 % Marktanteil ein erhebliches Einkaufsvolumen und stellt für die Arzneimittelhersteller einen wichtigen Verhandlungspartner dar, vgl. Natz (2007), S. 567.

495 Vgl. Hartmann- Besche (2007), S.10-11 und Zeiner (2008a), S. 595.

496 Vgl. Ecker / Preuß (2008b), S. 29, S. 35 und S. 37.

497 Hier steigt entweder die Rabatthöhe mit der Verordnungsmenge (Mengenstaffel) oder es wird ein Mehrrabatt ausgehandelt, der sich auf den Mehrumsatz zu einer definierten Bezugsgröße bezieht.

Nachfragebedürfnisse der Patienten gesteigert werden kann, führt dies zu heftigem Verdrängungswettbewerb.[498]

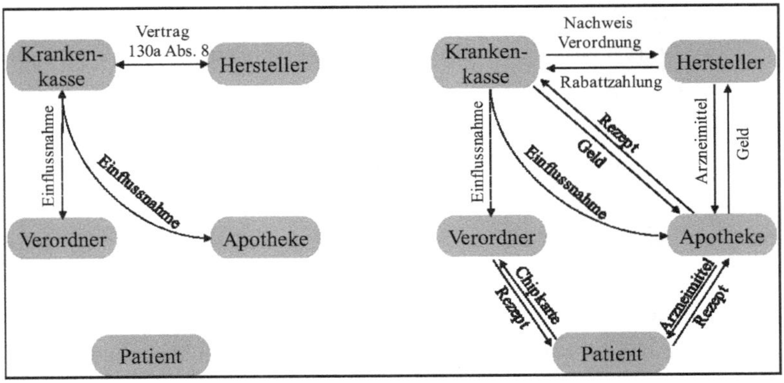

Abbildung 14: Vertragsstruktur und Prozesskette bei einem einfachen (arzneimittelbezogenen) Rabattvertrag[499]

Beispiel für einen **Capitations-Kontrakt** ist der Vertrag zwischen NOVARTIS und der AOK über LUCENTIS (Ranibizumab).[500] LUCENTIS wird seit Anfang 2007 zur Behandlung feuchter altersbedingter Makuladegeneration (AMD) eingesetzt. Die Kosten pro Behandlung liegen bei 1.500 Euro pro Quartal. Vor Zulassung von LUCENTIS wurde AMD häufig mit AVASTIN von ROCHE behandelt, das eine arzneimittelrechtliche Zulassung nur in der Krebstherapie hat. Die Behandlungskosten liegen bei 50 Euro. Die große Preisdifferenz zwischen den beiden Produkten führte zu einer Empörung in politischen Kreisen und dem Anstieg des verbotenen off-Label Use von AVASTIN. Um für die Ärzte eine rechtssichere Situation zu schaffen, haben NOVARTIS und der AOK-Bundesverband eine Budget-Obergrenze für LUCENTIS vereinbart. In dem zugrundeliegenden Rahmenvertrag bietet der Hersteller der Krankenkasse eine Rückversicherung über die Entwicklung der Arzneimittelkosten, indem er garantiert, prospektiv festgeleg-

498 Vgl. Hartmann-Besche (2007), S. 14.

499 Eigene Darstellung in Anlehnung an Ecker / Preuß (2008b), S. 35. Zitierte Paragraphen beziehen sich auf das SGB V.

500 Vgl. o.V. (2008), S. 1.

te Kosten nicht zu überschreiten.[501] Da die Krankenkasse den vereinbarten Betrag unabhängig von den tatsächlich angefallenen Kosten erhält, hat sie ein hohes Interesse an der Verordnung des Präparates.[502] So reduziert sie bei steigender Menge den effektiven Arzneimittelpreis und hat Planungssicherheit über die Kosten. Gegenüber Mitbewerbern kann sich die Krankenkasse durch den Zugang zu besserer Versorgung profilieren. Der Hersteller kann den Marktzugang für innovative teure Medikamente verbessern, ohne den Listenpreis zu senken. Bei dieser Vertragsart muss der Key Account Manager die Einnahmesicherheit über die vereinbarte Summe mit dem Risiko abwägen, dass die Verordnungskosten über dem vereinbarten Betrag liegen. Darüber hinaus besteht ein gewisses Risiko in der Validität der Verordnungsdaten, wenn vorrangig Patienten mit überdurchschnittlichem Arzneimittelverbrauch gemeldet werden.[503] Das veränderte Verordnungsverhalten und die damit gewonnenen Marktanteile lassen ferner eine schnelle und heftige Reaktion der Mitbewerber erwarten. Darüber hinaus kann die Einengung der Therapiefreiheit des Arztes dem Image der Vertragspartner schaden. Der in Abbildung 15 dargestellte indikationsbezogene Versorgungsvertrag ist eine Sonderform, die sich für die im Morbi-RSA abgedeckten Krankheiten eignet, da hier die durchschnittlichen Kosten einer Indikation bekannt sind und sich gut von anderen Leistungsausgaben abgrenzen lassen. Diese Vertragsart kann eine Win-Win-Situation herstellen, da die Krankenkassen ihr Kostenrisiko auslagern, während sie über den Morbi-RSA sichere Deckungsbeiträge erzielen. Dem Hersteller obliegt die Kontrolle des gesamten Versorgungsprozesses und damit des Produkteinsatzes.[504]

[501] Diese prospektiv festgelegten Kosten können sich generell auf einen Patienten, eine Indikation oder ein Kollektiv von Versicherten beziehen, vgl. Laschet (2008), S. 10.
[502] Vgl. o.V. (2008), S. 1.
[503] Vgl. Ecker / Preuß (2008b), S. 42.
[504] Vgl. Ecker / Preuß (2008b), S. 41-42. Der Capitationsvertrag eignet sich für Generika, Originale, Biosimilars, OTC-Produkte, Diagnostika und Medizinprodukte, vgl. Ecker / Preuß (2008b), S. 30.

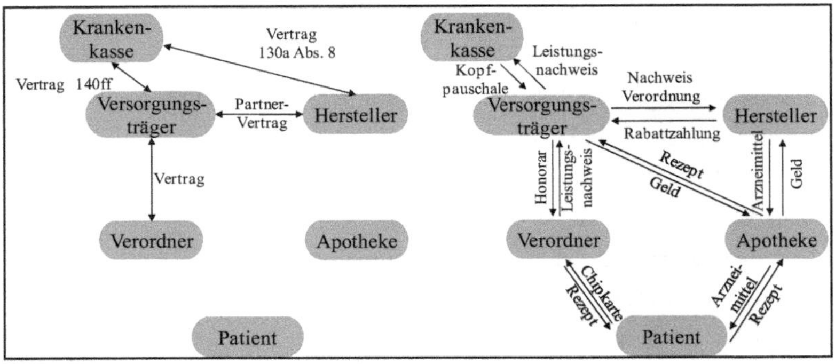

Abbildung 15: Vertragsstruktur und Prozesskette bei einem (arzneimittelbezogenen) indikationsbezogenen Capitationsvertrag[505]

Beim **Cost Sharing Vertrag** wird statt eines festen Rabattsatzes eine Budgetgrenze pro behandelten Patienten vereinbart.[506] Typisches Beispiel ist der Vertrag von ROCHE zu dem Angiogenese-Hemmer AVASTIN. Bezogen auf die angefallenen Jahreskosten pro Patient in einer Indikation bekommt die Krankenkasse einen bestimmten Teilbetrag vom Hersteller zurückerstattet. Dazu wird die kumulative Gesamtdosis oder Ausgabenobergrenze pro Patient und Jahr vorher festgelegt.[507] Dieses Vertragsmodell bietet sich für hochpreisige Innovationen an, bei denen aus medizinischen Gründen eine bestimmte Therapiedauer oder eingesetzte Wirkstoffmenge angestrebt wird. Oft handelt es sich dabei um hoch wirksame Produkte gegen Krankheiten mit ungünstiger Prognose und kompliziertem Verlauf. Daher ist die Einbindung der behandelnden Ärzte in das Cost Sharing Modell sinnvoll. Vor Abschluss eines Cost Sharing Vertrages muss der Key Account Manager die Chance auf vermehrte Neueinstellungen oder zusätzlichen Verbrauch bewerten, da er ansonsten einen Pauschalrabatt auf getätigte Umsätze gewährt. Die Krankenkasse kann mit diesem Vertragsmodell zwar ihr Ausgabenrisiko senken, wird aber nicht absolut entlastet, da die Kostenbeteiligung nur bei Mehrumsätzen an-

505 Eigene Darstellung in Anlehnung an Ecker / Preuß (2008b), S. 41. Zitierte Paragraphen beziehen sich auf das SGB V.

506 Vgl. Laschet (2008), S. 10.

507 Vgl. Ludwig / Walter (2008), S. 111.

fällt. In der Kommunikation gegenüber ihren Versicherten kann sie aber mit einem verbesserten Zugang zu innovativen Produkten werben. In der Umsetzung stellen die besonderen Datenanforderungen häufig ein Problem dar. Da der Schwellenwert in den Verträgen patientenbezogen definiert ist, muss der Nachweis der Krankenkasse durch individuelle Verordnungsdaten erfolgen. Allgemeine Kritik gibt es darüber hinaus, da Ärzte zu einem medizinisch nicht notwendigen Einsatz hochpreisiger Arzneimittel verleitet werden können.[508]

Prozessorientierte Verträge fokussieren neben dem Produkt die damit verbundenen Prozess- beziehungsweise Behandlungsschritte.[509] **Pay-for-Performance-Verträge** (P4P) knüpfen monetäre Anreize an die Erfüllung von Vorgaben zur medizinischen oder versorgungsspezifischen Prozessqualität.[510] In der Regel besteht der Kontrakt zwischen Krankenkasse und Verordner (z. B. Einhaltung der Dokumentationsqualität in DMPs, Einhaltung von Vorgaben zur Arzneimitteltherapie). Typische Versorgungsumgebungen sind neben DMPs qualitätsorientierte Besondere Ambulante Versorgungen und die Integrierte Versorgung. Hersteller sind in diesen Verträgen nur vorgesehen, wenn sich Prozessvorgaben auf Arzneimittel beziehen. Bei dieser Vertragsart könnte der Key Account Manager in der Verhaltenssteuerung der Incentivierten den Vorteil eines Annexvertrages sehen. Allerdings sind die Leistungserbringer auch ohne P4P zu einer Behandlung nach aktuellem medizinischem Stand verpflichtet. Aufgrund multipler Einflussfaktoren der Prozessparameter bieten diese Verträge eine hohe Manipulationsanfälligkeit und Interpretationsbreite.[511] Abbildung 16 zeigt die charakteristische Vertragsstruktur und Prozesskette eines P4P-Vertrages.

---

508 Vgl. Ecker / Preuß (2008b), S. 44.
509 Vgl. Ecker / Preuß (2008b), S. 27.
510 Durch hohe Prozessqualität (Leitlinien, Qualitätsmanagement) soll eine hohe Ergebnisqualität erreicht werden, vgl. Ecker / Preuß (2008b), S. 31.
511 Vgl. Ecker / Preuß (2008b), S. 46-47.

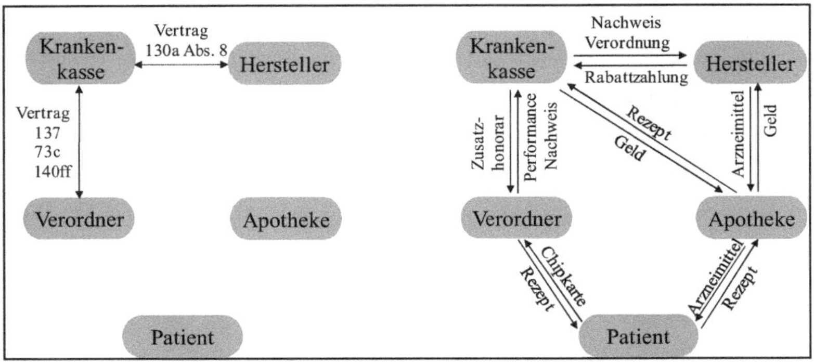

Abbildung 16: Vertragsstruktur und Prozesskette bei einem (arzneimittelbezogenen) Pay-for-Performance-Vertrag[512]

Outcomeorientierte Vertragsmodelle werden an ihrem Ergebnis gemessen.[513] Da sowohl das Produkt als auch der Prozess Vertragsbestandteile sind, sind sie am komplexesten und am schwierigsten umzusetzen. Charakteristisch für **Risk Sharing Verträge** ist, dass der Hersteller die Gewährleistung für die Wirksamkeit der Therapie übernimmt, indem er einen monetären Rabatt einräumt.[514] Ein typisches Beispiel ist der Vertrag zwischen der Deutschen Angestellten Krankenkasse und der Barmer Ersatzkasse mit NOVARTIS über ACLASTA. Erleiden Patienten trotz Behandlung mit ACLASTA innerhalb eines Jahres eine osteoporotische Fraktur, übernimmt NOVARTIS die Arzneimittelkosten in voller Höhe.[515] Risk Sharing Verträge werden bevorzugt geschlossen, wenn auf Krankenkassenseite Zweifel bezüglich der Wirksamkeit oder Überlegenheit des Produktes bestehen oder wenn die Wirksamkeit großen Schwankungen unterliegt. Damit wird der versprochene Nutzen zum Vertragsgegenstand. Das Risiko des Misserfolges bei der Behandlung wird zwischen Krankenkasse und Hersteller geteilt, indem das Verfehlen des medizinischen Nutzens (Outcomes) den Arzneimittelpreis reduziert, während bei

[512] Eigene Darstellung in Anlehnung an Ecker / Preuß (2008b), S. 46. Zitierte Paragraphen beziehen sich auf das SGB V.
[513] Vgl. Ecker / Preuß (2008b), S. 27.
[514] Vgl. Zeiner (2008c), S. 817 oder Pflaum (2009), S. 39-40.
[515] Vgl. Korzilius (2008). S. A-1260.

Erfolg ein Bonus gezahlt wird.[516] Aus Sicht der Hersteller sind diese Verträge geeignet, um eine Hochpreisargumentation innovativer Produkte bei gleichzeitig steiler Marktpenetration zu erreichen. Die Umsetzung hängt maßgeblich vom Verordnungsverhalten der Ärzte ab. Ein begleitender Einsatz eines Fachaußendienstes ist daher unerlässlich, um Einnahmefehler oder unerwünschte Nebenwirkungen durch den vertragsinduzierten Präparatewechsel zu minimieren.[517] Die dazu notwendige regionale Transparenz ist durch die Aufhebung der strengen Aggregationsregeln des § 305a SGB V für rabattierte Arzneimittel möglich. Abbildung 17 charakterisiert einen Risk Sharing Vertrag.

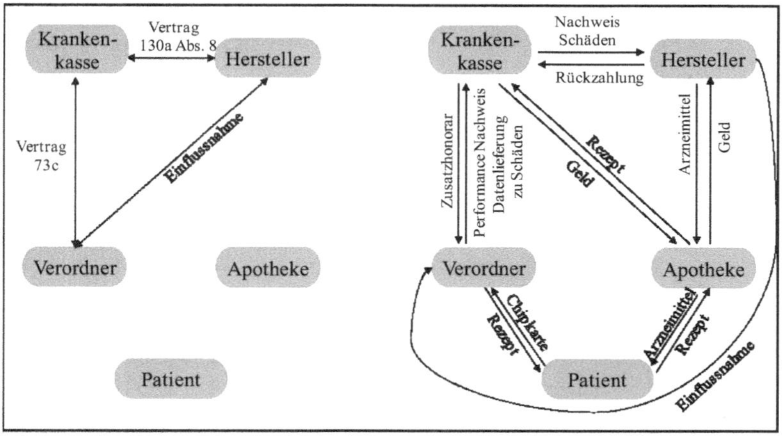

Abbildung 17: Vertragsstruktur und Prozesskette bei einem (arzneimittelbezogenen) Risk Sharing Vertrag[518]

Im Rahmen der in Abbildung 18 dargestellten **Pay-for-Cure-Verträge (P4C)** werden nur erfolgreiche Behandlungen honoriert. Ein typisches Beispiel für einen solchen Vertrag stammt aus Großbritannien. Nachdem das englische National Institute for Health and Clinical Excellence (NICE) im Jahr 2006 entschied, die Kosten bei Behandlung des

516 Vgl. Ecker / Preuß (2008b), S. 33.
517 Vgl. Zeiner (2008c), S. 818.
518 Eigene Darstellung in Anlehnung an Ecker / Preuß (2008b), S. 50. Zitierte Paragraphen beziehen sich auf das SGB V.

multiplen Myeloms mit VELCADE aufgrund geringer Kosteneffektivität nicht mehr zu erstatten, bot das Pharmaunternehmen JANSSEN-CILAG ein Pay-for-Cure-Modell an, wonach Patienten das Präparat zunächst kostenlos über maximal vier Zyklen erhalten. Kann während dieser Zeit eine Remission des multiplen Myeloms nachgewiesen werden, werden die Kosten der bisherigen und weiteren Therapie erstattet. Ist die Behandlung nicht erfolgreich, wird sie abgebrochen und nicht erstattet. Da die Wirtschaftlichkeit durch diesen faktischen Rabatt in akzeptable Höhe stieg, bestätigte das NICE daraufhin die Erstattungsfähigkeit.[519] So bieten P4C-Verträge eine idealtypische Verknüpfung zwischen Patientennutzen und Vergütung und sind die radikalste Garantie für eine Produktleistung.[520] Da teure Indikationsgebiete wie Onkologie, Krankheiten des Zentralen Nervensystems, Depression, Demenz oder chronisch rheumatische Erkrankungen zur Belastung für das Gesundheitssystem werden, könnten P4C-Verträge zukünftig auch in Deutschland an Bedeutung gewinnen. Um mit dieser Vertragsart für das Pharmaunternehmen einen finanziellen Mehrwert zu generieren, muss der Key Account Manager das Anwendungsgebiet allerdings genau prüfen. Die Therapietreue der Patienten muss vorausgesetzt werden können. Besonders in der Chroniker-Therapie ist das Vertragsrisiko schwer abschätzbar, da die Krankheitsverläufe sehr individuell und daher schlecht planbar sind. Darüber hinaus ist die Bemessung des Therapiebeitrages des einzelnen Produktes schwierig, da Heilungen oft multifaktorielle Ereignisse darstellen.[521] Typische Versorgungsumgebungen sind DMPs, in denen Erkrankungen mit kostenintensivem, schwerem Verlauf behandelt werden oder die qualitätsorientierte Besondere Ambulante Versorgung.

---

519 Vgl. o.V. (2007), S.12.
520 Vgl. Ecker / Preuß (2008b), S. 54.
521 Vgl. Ecker / Preuß (2008b), S. 33 und 54.

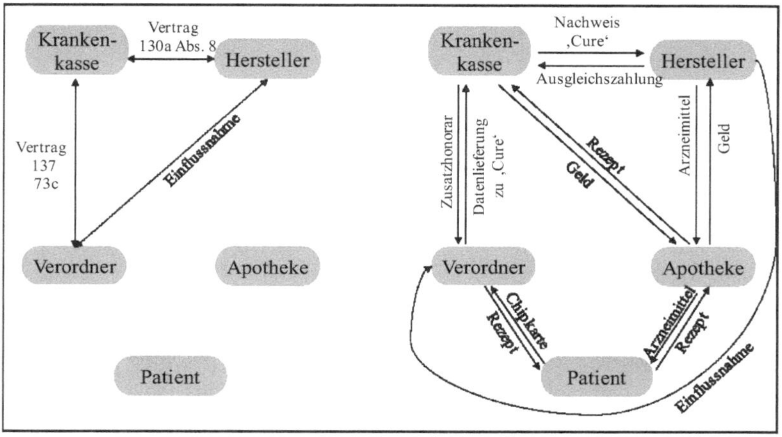

Abbildung 18: Vertragsstruktur und Prozesskette bei einem (arzneimittelbezogenen) Pay-for-Cure-Vertrag[522]

Mehrwertverträge sind die komplexeste Form der outcomeorientierten Modelle, da sie viele Module und Partner vereinen.[523] Charakteristisch ist eine Zweiteilung des Vertrags in eine monetäre Komponente und eine Marketingkooperation.[524] Im Gegensatz zu den Cost und Risk Sharing Verträgen liegt der Fokus auf dem durch eine Leistung zusätzlich geschaffenen Wert. Durch verbesserte Versorgung sollen Folgekosten durch Komplikationen oder Aggravation der Erkrankung vermieden werden.[525] Mehrwertverträge sind nur für ausgewählte Indikationen und Versorgungssituationen sinnvoll. Sie eignen sich besonders für Präparate zur Behandlung chronischer Krankheiten wie Diabetes, Rheuma, kardiovaskulären und gastroenterologischen Erkrankungen oder Atemwegserkrankungen.[526] Aus Sicht der Hersteller sind Mehrwertverträge eine Vorwärtsintegration in der Wertschöpfungskette, da sie zu Systemanbietern werden. Einerseits bieten die meist langen Laufzeiten der Verträge Planungssicherheit und kön-

522 Eigene Darstellung in Anlehnung an Ecker / Preuß (2008b), S. 53. Zitierte Paragraphen beziehen sich auf das SGB V.

523 Vgl. Ecker / Preuß (2008b), S. 34.

524 Der monetäre Teil sichert die Anwendbarkeit des § 130a SGB V, vgl. Zeiner (2008c), S. 817.

525 Vgl. Rebscher / Sewekow / Ziesemer (2008), S. 102 oder Neumann (2010), S. 1.

526 Vgl. Zeiner (2008c), S. 817 und Heiny / Kuchenbach (2008), S. 56.

nen die Erreichung eines dauerhaften Wettbewerbsvorteils unterstützen. Andererseits erfordert die Konzeption eines Mehrwertvertrages profunde Marktkenntnisse des Key Account Managers. Da das Kopieren bestehender Verträge kaum möglich ist, ist ihre Entwicklung zeit- und kostenintensiv. Aus Sicht der Krankenkassen bieten sie die Möglichkeit einer besseren und nachhaltigeren Versorgung im Kontext des Morbi-RSA. Kurzfristig entstehen der Krankenkasse allerdings Zusatzkosten durch Adhärenzmodule oder Verhaltensmodifikationsmaßnahmen. Leistungen, die gemäß Arzneimittelrichtlinien nicht erstattungsfähig sind, bieten eine wichtige Nische. Allerdings stellen die Einflussnahme auf die Verordner und der Datenschutz der Patienten bisher ungelöste Probleme dar.[527] Da solche Kontrakte schwer geheim zu halten sind, stellt die rechtliche Nichtangreifbarkeit des Vertragskonstruktes hohe Anforderungen an die Partner.[528] Mehrwertverträge eignen sich besonders für DMPs oder die Integrierte, Hausarztzentrierte sowie Besondere Ambulante Versorgung. Experten zur Folge werden Mehrwert- und Risk Share Verträge erst mittelfristig an Bedeutung im deutschen Markt gewinnen, da zum heutigen Zeitpunkt wichtige Fragen, beispielsweise zum Thema Adhärenz noch nicht geklärt sind.[529] Abbildung 19 zeigt die idealtypische Vertrags-struktur und Prozesskette eines Mehrwertvertrages.

527 Vgl. Ecker / Preuß (2008b), S. 34 und 58.
528 Vgl. Heiny / Kuchenbach (2008), S. 57.
529 Vgl. o.V. (2009a), S. 1.

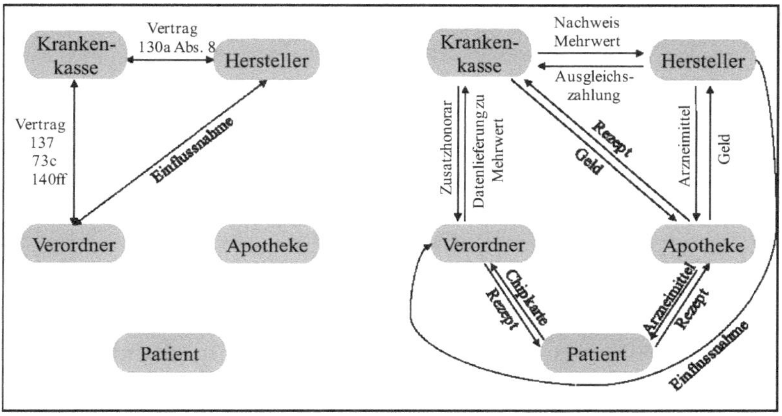

Abbildung 19: Vertragsstruktur und Prozesskette bei einem (arzneimittelbezogenen) Mehrwertvertrag[530]

Je nach Versorgungssituation sind Kombinationsmodelle sinnvoll. Die Kombination mehrerer Arzneimittel kann über Sortiments- oder Portfolioverträge erfolgen. **Sortimentsverträge** stellen einen Pauschalrabatt über das gesamte Sortiment eines Herstellers dar und sind die typische Vertragsform mit den führenden Ersatz- und Betriebskrankenkassen im Generikamarkt.[531] Aufgrund der von der Größe der Krankenkasse unabhängigen Administrationsfixkosten lohnen sich diese Verträge besonders für verordnungsstarke Krankenkassen. Ihr Vorteil besteht in der Vermeidung von Lieferengpässen und der einfachen Kommunikation gegenüber Ärzten und Patienten.[532] Nachteilig ist, dass diese undifferenzierten Verträge nur marginalen Einfluss auf den Produktmarkt haben. Schlimmstenfalls entstehen adverse Effekte, so dass Präparate mit negativem Deckungsbeitrag gefährdet sind, aus dem Markt genommen zu werden. Ein weiterer Nachteil besteht darin, dass marktführende Hersteller nicht die günstigsten Anbieter sind. Werden ihre hohen Preise rabattiert, reduziert dies nicht die GKV-

[530] Eigene Darstellung in Anlehnung an Ecker / Preuß (2008b), S. 56. Zitierte Paragraphen beziehen sich auf das SGB V.

[531] Typisch dafür sind die Verträge der Technikerkrankenkasse (TK) oder der Betriebskrankenkassen (BKKen), vgl. IMS Health GmbH & Co. OHG (2007), S. 1.

[532] Vgl. Ecker / Preuß (2008b), S. 29.

Ausgaben, da preiswertere, aber nicht rabattierte Alternativpräparate, nicht mehr abgegeben werden dürfen.[533] **Portfolioverträge** stellen eine Variante des Sortimentsvertrages dar, die sich nur auf eine Indikation oder ein Organsystem bezieht (z. B. Produkte zur Indikation Depression oder Produkte zur chronischen Schmerztherapie).[534] Sie sind nicht primär auf Generika fokussiert. Durch die Kombination verschiedener Produktklassen erhält der Hersteller einen größeren Preisspielraum. **Konsortialrabattverträge** kombinieren das Angebot mehrerer Hersteller und decken damit ein besonders großes Sortiment ab. Für Krankenkassen besteht der Vorteil geringer Administrationskosten, da nur ein Vertrag abgeschlossen wird.[535] **Bundling Verträge** sind die Kombination von sich ergänzenden Diagnostika, Arzneimitteln und Dienstleistungen.[536] Oft werden Preisvorteile für innovative Präparate angeboten, um deren Marktzugang zu erleichtern.[537] Die Gewährung des Rabattes wird gleichzeitig an den Absatz von Generika oder Alt-Originalen geknüpft, so dass deren Marktanteile gesichert werden können. Je nach Inhalten des Bundling Vertrages kann es sich auch um eine vertikale Integration der medizinischen Wertekette handeln, die den Herstellern dazu dient, ihre Produkte mit Adhärenzprogrammen zu flankieren. Typische Versorgungsumgebungen sind DMPs, qualitätsorientierte Besondere Ambulante Versorgungen und Integrierte Versorgungsmodelle.[538] Beim **kombinierten Rabattvertrag** werden substitutive Produkte gemeinsam angeboten.[539] Für beide Vertragsparteien ergibt sich durch Mischkalkulation ein größerer Gestaltungsspielraum beim Preis.

---

533 Vgl. Hartmann-Besche (2007), S. 12.
534 Vgl. Ecker / Preuß (2008b), S. 30.
535 Um kleineren Anbietern die Möglichkeit zur Teilnahme an einer Ausschreibung zu geben, können ihre Teilsortimente durch das Deutsche-Arzt-Portal gebündelt werden, vgl. Ecker / Preuß (2008b), S. 29.
536 Vgl. Coca / Nink / Schröder (2009), S. 156 oder Ecker / Preuß (2008b), S. 32.
537 Vgl. Zeiner (2008c), S. 819.
538 Vgl. Ecker / Preuß (2008b), S. 48-49.
539 Vgl. EPC Health Care (o.J.).

3.4 Zwischenfazit: Controllingrelevante Parameter des veränderten absatzwirtschaftlichen Geschäftsmodells

Um vor dem Hintergrund der gesundheitspolitischen Veränderungen ein ernst zu nehmender Akteur im Gesundheitswesen zu bleiben, muss sich die pharmazeutische Industrie von der ausschließlich produktbezogenen Sichtweise abwenden und den gesamten therapeutischen Prozess fokussieren. Ihre Rolle im Gesundheitsmarkt muss sich vom Arzneimittelproduzenten zum strategischen Partner entwickeln. Im Zuge dessen gewinnt ein kundenorientiertes Geschäftsmodell an Bedeutung. Es erwächst aus der Notwendigkeit, die für den Unternehmenserfolg relevanten Akteure im Gesundheitsmarkt individuell betreuen zu können. Dazu werden zunächst die zentralen Kundengruppen identifiziert und die Ziele, Funktionen und Organisationsstruktur der forschenden Pharmaindustrie auf deren Anforderungen abgestimmt. Da dies mit einem hohen personellen und monetären Aufwand verbunden ist, sollte eine kritische Analyse des eigenen Produkt- und Kompetenzportfolios vorausgehen.

Eine Möglichkeit der strategischen Partnerschaft bietet das politisch induzierte Vertragsmanagement. Durch die enorme Marktmacht der Schlüsselkunden ist eine professionelle Vorbereitung auf Vertragsverhandlungen unabdingbar. Dazu muss der Key Account Manager die sich durch die neuen Gegebenheiten bietenden Chancen und Risiken genau analysieren, um daraus eine auf die Kunden und das eigene Produktportfolio abgestimmte Strategie zu entwickeln.

Die aufbau- und ablauforganisatorische Neuausrichtung erfordert neue Ziele und Instrumente der Willensbildung sowie -durchsetzung und verändert den Informations- und Koordinationsbedarf im Pharmaunternehmen. Da der sich wandelnde, stark regulierte Arzneimittelmarkt die Rahmenbedingungen für das unternehmerische Handeln setzt, benötigt der Key Account Manager adäquate Instrumente zur frühzeitigen Information über strukturelle Veränderungen. Besonders für Pipeline-Produkte stellt die zunehmende Regulierung unter der Prämisse langer Forschungs- und Entwicklungszeiten ein Risiko dar, das es angemessen zu berücksichtigen und zu steuern gilt. Der Key Account Manager benötigt daher eine Methodik, mit der er diejenigen Produkte, deren Deckungsbeitrag am meisten durch gesundheitspolitische Maßnahmen gefährdet ist, identifizieren kann, um eine Handlungsstrategie zu entwickeln. Zuletzt besteht seine wichtigste Aufgabe darin, die attraktivsten Kunden auszuwählen, zu segmentieren und zu steuern, um durch strategische Partnerschaften die Präparate langfristig zu vermarkten. Da der personelle und monetäre Aufwand im Key Account Management vergleichsweise hoch ist, tritt besonders die wertschöpfende Komponente (Performance) in den Vordergrund. Der zielgerichtete Einsatz vorhandener Ressourcen kann nur durch die Koordination der Führungsteilsysteme Planung, Kontrolle, Information, Personalführung und Organisation im Key Account Management gewährleistet werden.

Um eine adäquate betriebswirtschaftliche Unterstützung zu leisten, muss ein bereichsspezifisches Controlling implementiert werden, das auf die Besonderheiten des pharmazeutischen Key Account Managements abgestimmt ist. Da hierbei insbesondere die Kundenperspektive im Vordergrund steht, muss es über den Einsatz der klassischen Instrumente des Rechnungswesens hinausgehen.

4 Konzept des Key Account Controllings in der pharmazeutischen Industrie

4.1 Begriffliche Abgrenzung des Key Account Controllings

Der vorliegenden wissenschaftlichen Arbeit wird die koordinationsorientierte Controllingkonzeption von KÜPPER (2005)[540] zugrunde gelegt. Per definitionem geht sie über die Funktionen der informationsorientierten sowie der planungs- und kontrollorientierten Controllingkonzeptionen hinaus und definiert die Koordination aller Führungsteilsysteme als ihre zentrale Aufgabe.[541] Unter Controlling wird demnach „(...) die Gesamtheit der Managementfunktionen verstanden, welche die Instrumente des Führungszyklus (Planung, Kontrolle, Informationsversorgung, Personalführung und Organisation) mittels Information zielorientiert koordinieren".[542] Nach dieser Definition fokussiert die Kernaufgabe des Controllings eine zentrale und eigenständige Problemstellung. Die Koordination im Führungsgesamtsystem ist – im Unterschied zum Gegenstand anderer Controllingkonzeptionen – durch die Weiterentwicklung der Führungsinstrumente gewachsen und beschreibt eine Funktion, die von keinem der originären Führungsteilsysteme erfüllt wird.[543]

Um besonders in großen Pharmaunternehmen die ausreichende Nähe der Controller zu den einzelnen Geschäftsbereichen zu gewährleisten, sollte das Controlling dezentralisiert werden. Die Koordination der Informationsbereitstellung richtet sich im Bereichscontrolling nach den Bedürfnissen des jeweiligen Teilbereichs.[544] Das Key Account Controlling konzentriert sich auf das Key Account Management als ausgewählten Unternehmensbereich und grenzt sich so vom Marketing- beziehungsweise Vertriebscontrolling ab, das auf den klassischen produktorientierten Marketing-Mix beziehungsweise auf den Außendienst gerichtet ist.[545]

540 Vgl. Küpper (2005).
541 Vgl. Küpper (2005), S. 27.
542 Baguhl (2004), S. 27-28.
543 Vgl. Küpper (2005), S. 32.
544 Vgl. Fiesser / Mokros / Schlein (2001), S. 349.
545 Vgl. Baguhl (2004), S. 4.

Ausgangspunkt für die Ableitung der Aufgaben des Key Account Controllings ist die in Abbildung 20 dargestellte Trennung in Führungs- und Leistungssystem.[546]

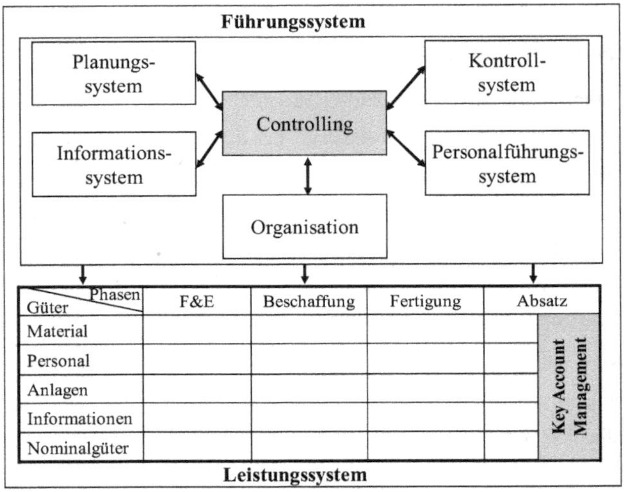

Abbildung 20: Unterscheidung zwischen Führungs- und Leistungssystem[547]

Im Folgenden werden die Ziele des Key Account Controllings (Kapitel 4.2) definiert sowie eine funktionale (Kapitel 4.3) und eine organisatorische Ebene (Kapitel 4.4) unterschieden.[548] Innerhalb der funktionalen Ebene liegt der Fokus auf den strategischen Aspekten. Das strategische Key Account Controlling ist ein „ (…) Konzept zur Bereitstellung entscheidungsrelevanter Informationen für die Unternehmensführung und Koordination verschiedener strategischer sowie operativer Teilsysteme des Unternehmens mit dem Ziel der nachhaltigen Existenzsicherung durch die systematische

[546] Damit ist nicht zwangsläufig eine Zuordnung zu Controllerstellen verbunden, da funktionale und organisatorische Ebene zu trennen sind, vgl. Küpper (2005), S. 431-432.

[547] Eigene Darstellung in Anlehnung an Küpper (2005), S. 433.

[548] Die Unterteilung in eine funktionale und eine organisatorische Ebene erfolgt in Analogie zum Konzept des Key Account Managements.

Erschließung bestehender und Schaffung neuer Erfolgspotenziale (…).“[549] Da das Key Account Controlling auf das dynamische Konzept des Key Account Managements aufbaut, ist die Gewichtung von Zielen und Instrumenten ebenfalls von Marktumfeldveränderungen abhängig.

4.2 Ziele des Key Account Controllings

Durch enge Zusammenarbeit zwischen Key Account Management und Controlling kann der Informationsfluss verbessert und damit eine Grundlage für informationsbasierte Entscheidungen gelegt werden.[550] Die Ziele des Key Account Controllings beziehen sich daher unmittelbar auf die unternehmensspezifischen Ziele des Key Account Managements.[551] Das erste Ziel fokussiert die **Sicherung der Marktorientierung und des Markterfolges** durch Information, Planung, Koordination und Kontrolle. Das Key Account Controlling ergänzt das traditionelle Controlling um die Kundenperspektive,[552] indem es die Key Account Ziele integriert und eine angemessene Höhe der Zielausprägungen sichert. Es überprüft die Effizienz und Effektivität der Kundenbearbeitung anhand von Kennzahlen und steuert das Key Account Portfolio. Ferner übernimmt es das Informationsmanagement für alle im Key Account Management getroffenen Entscheidungen und erhöht die Transparenz im Konditionensystem.[553] Zur Unterstützung des Key Account Managements konzipiert es ein maßgeschneidertes Informations-, Planungs- und Berichtssystem.[554] Das zweite Ziel besteht in der **Sicherung des Geschäftsbeziehungsmanagements**. Dazu erarbeitet das Key Account Controlling die Auswahlsystematik und -kriterien zur Identifikation der Key Accounts und schafft somit die Voraussetzung für eine informationsorientierte Selektion der Schlüsselkunden.[555] Darüber hinaus deckt es mittels Information ungenutzte Geschäftspotenziale auf. Das

---

549 Baguhl (2004), S. 112. Insbesondere für das strategische Controlling wird die enge Schnittstelle zum Marketingbereich betont, da es auf Kunden, Produkte, Markt und Wettbewerber fokussiert ist, vgl. Kaland / Wömpener (2007), S. 35.

550 Vgl. Fiesser / Mokros / Schlein (2001), S. 341. Vgl. zu diesem Kapitel Hoos (2007), S. 27-28.

551 Vgl. Baguhl (2004), S. 89-98. BAGUHL (2004) bezieht seine Ausführungen auf Industriegüter.

552 Vgl. Baguhl (2004), S. 90.

553 Vgl. Küng / Schilling / Toscano (2002), S. 170.

554 Vgl. Fiesser / Esser (1999), S. 306.

555 Vgl. Fiesser / Mokros / Schlein (2001), S. 352.

dritte Ziel fokussiert die **Sicherung der Rentabilität der Key Accounts**. Dazu gehören eine eindeutige Zuordnung der Kosten im Rahmen des Kostenmanagements sowie ein schlüsselkundenorientiertes Erlösmanagement. Darüber hinaus koordiniert der Key Account Controller die Einführung und interne Durchsetzung des Konditionensystems und schafft damit eine wichtige Voraussetzung für die ergebnis- und rentabilitätsorientierte Zusammenarbeit mit den Schlüsselkunden.[556] Das vierte Ziel besteht in der **Sicherung der Risikobeurteilung und Risikobegrenzung**. Da oft überproportional hohe Ressourcen in die Geschäftsbeziehungen mit Key Accounts fließen, müssen diese Risiken diversifiziert werden. Einerseits bieten Schlüsselkunden große Profitabilitätschancen (z. B. großes Einkaufsvolumen, reduzierte Prozesskosten) andererseits hohe Profitabilitätsrisiken (z. B. Abschluss eines Exklusivvertrages mit einem Mitbewerber).[557] Darüber hinaus stehen die Präparate gesundheitspolitischen Risiken gegenüber, die identifiziert und unternehmensorientiert gesteuert werden müssen, um in konkreten Fällen eine zeitnahe Reaktion sicherzustellen.

4.3 Funktionale Ebene des Key Account Controllings

4.3.1 Besonderheiten der Beziehung zu Key Accounts

Die Besonderheiten des Arzneimittelmarktes haben zentrale Implikationen für die funktionale Ausgestaltung des pharmaspezifischen Key Account Managements und damit auch des Key Account Controllings. Wie aus der Analyse in Kapitel 3 hervorgeht, stellt das Key Account Management eine Erweiterung und Ergänzung des traditionellen produktorientierten Geschäftsmodelles dar. Insbesondere in der Beziehung zu Krankenkassen lassen sich die aus dem produktorientierten Vermarktungsmodell bekannten, klassischen Mechanismen einer Kundenbeziehung nicht unmittelbar auf Key Accounts übertragen. Aufgrund von vier zentralen Besonderheiten stellen die Beziehungen zu Krankenkassen die pharmazeutische Industrie vor neue Herausforderungen und sollen daher im Fokus des Key Account Controlling Konzeptes stehen.

---

556 Vgl. Baguhl (2004), S. 93 und S. 95.

557 Vgl. Jensen (2005), S. 529 und Belz / Müllner / Zupancic (2005), S. 22.

Erstens besteht zu Krankenkassen durch ihre Rolle als Erstatter eine **dauerhafte indirekte Kundenbeziehung**. Eine aus anderen Branchen bekannte strategische Steuerung von Kundenbeziehungen durch Akquisition oder Beendigung ist daher im pharmaspezifischen Kontext nicht möglich.[558] Ein Kundenlebenszyklus mit unterschiedlich hohen kundenspezifischen Kosten kann ebenfalls nicht modelliert werden, da die Krankenkassen zunächst keine direkten Kunden sind und folglich auch keine kundenspezifischen Kosten anfallen. Im Segment der verschreibungspflichtigen Präparate besteht keine Personalunion zwischen Entscheider und Käufer (Bezahler). Eine Krankenkasse hat daher zunächst keinen Einfluss auf die Verordnungsentscheidung.[559] Erst durch den Abschluss eines Selektivvertrages kann sie steuernd mitwirken. Bei zweiseitigen Kontrakten außerhalb der ärztlichen Versorgung übt sie indirekt Einfluss aus durch die gesundheitspolitisch motivierte Incentivierung der Verordner und Apotheken, rabattierte Präparate zu bevorzugen. Besteht ein dreiseitiger Vertrag unter Einbeziehung einer Versorgungsumgebung, kann die Krankenkasse die Verordnungen durch monetäre Beteiligung der Ärzte stärker beeinflussen.[560] Wie Abbildung 21 zeigt, verändert sich die Beziehung zwischen Arzneimittelhersteller und Krankenkassen durch einen Vertrag von einer indirekten zu einer direkten Kundenbeziehung.

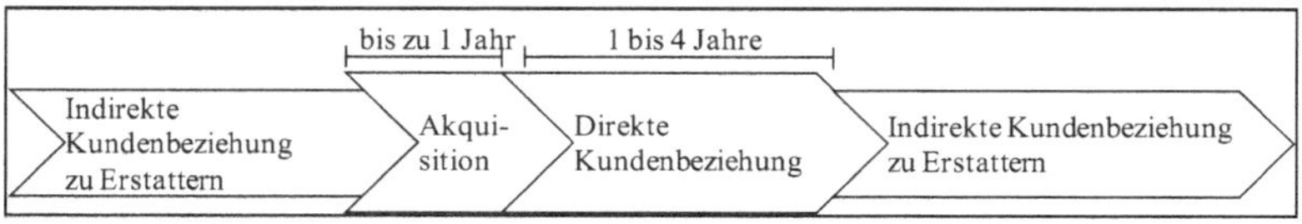

Abbildung 21: Phasen der Kundenbeziehung zu Erstattern[561]

---

[558] Die strategische Steuerung von Kundenbeziehungen gilt als Maxime des Relationship-Marketing, vgl. Bruhn (2010a), S. 357. Die Möglichkeit einer anbieterseitigen Kündigung der Beziehung wurde in der wissenschaftlichen Literatur bis Ende der 1990er Jahre nicht betrachtet, da sie als widersprüchlich zum Denken in Kundenbeziehungen angesehen wurde. In der jüngsten Fachliteratur beschäftigt sich beispielsweise BRUHN (2010a) mit dem relativ jungen Forschungsfeld der anbieterseitigen Kündigung von Kundenbeziehungen im Business-Consumer-Bereich, vgl. Bruhn (2010a).

[559] Vgl. dazu ausführlich Kapitel 1.2.

[560] Die unterschiedlichen Formen der Beeinflussung wurden im Rahmen der verschiedenen Arzneimittelvertragsmodelle in Kapitel 3.3 erläutert.

[561] Eigene Darstellung. Die klassische Einteilung eines Kundenbeziehungszyklus erfolgt in drei Kernphasen: Neukundenakquisition, Kundenbindung, Kundenrückgewinnung, vgl. Bruhn (2010b), S. 188. Aus den genannten Gründen wird von dieser klassischen Einteilung für die Beziehung mit Krankenkassen abgewichen.

Zweitens trifft die Verordnungsentscheidung in letzter Instanz der Arzt. Auch wenn die Therapiefreiheit durch gezielte gesundheitspolitische Maßnahmen in der Vergangenheit stark eingeschränkt wurde, kann die Krankenkasse selbst bei bestehendem Vertragsverhältnis **keine Verordnungsmenge garantieren**.[562] Die Einbindung der Leistungserbringer in Vertragsmodelle kann daher ökonomisch sinnvoll sein. Hieraus resultieren allerdings komplexere Modelle, deren Ausarbeitung und Umsetzung mit höheren Kosten verbunden ist.

Drittens haben bewusste gesundheitspolitische Entscheidungen zu einem starken **Konsolidierungsprozess** im Krankenversicherungsmarkt geführt.[563] Die Anzahl der Krankenkassen hat sich dadurch drastisch reduziert und der Markt ist von einer hohen Konzentration geprägt.[564] Für die Arzneimittelhersteller bedeutet das, dass sie einerseits kundenindividuelle Informationen erheben können und andererseits sehr mächtigen Marktakteuren gegenüber stehen.

Viertens ist die Nachfrage nach verschreibungspflichtigen pharmazeutischen Präparaten nur begrenzt durch Marketingmaßnahmen stimulierbar, da das **Konsumniveau** nicht durch die Nachfrager (Patienten), sondern durch die Leistungsanbieter bestimmt wird.[565] Die Prävalenz einer Krankheit determiniert die maximale Verordnungsmenge. Die Ausweitung der Absatzmenge eines Präparates kann daher nur auf Kosten der Mitbewerber stattfinden (Verdrängungswettbewerb). Nachfrageunterschiede zwischen Krankenkassen resultieren im Wesentlichen aus deren spezifischer Patienten- und Kostenstruktur (Morbiditätsprofil) und sind somit für den Arzneimittelhersteller nur durch Verdrängung von Mitbewerbern beeinflussbar.

---

562 Kapitel 2.5.1.2 geht auf die verschiedenen Zielsetzungen von arzneimittelspezifischen Selektivverträgen ein, die einen Vertragsabschluss trotz fehlender Abnahmeverpflichtung für die Pharmaindustrie ökonomisch sinnvoll machen.

563 Die Einführung des Gesundheitsfonds hat den Wettbewerbsdruck verstärkt, so dass der Konsolidierungsprozess beschleunigt wurde, vgl. Gassner (2008). S. 418.

564 Vgl. Kapitel 2.5.2.1.

565 Vgl. Kapitel 2.4.1.

4.3.2 Zentrale Aufgaben des Key Account Controllings

Um die Controllingziele erreichen zu können, werden Instrumente benötigt, deren zentrale Funktion, gemäß der zugrunde gelegten Konzeption, in der Koordination der Führungsteilsysteme im Key Account Management besteht.[566] Dabei werden drei Richtungen unterschieden. Die Koordination innerhalb des Key Account Managements steht im Mittelpunkt und bildet im Folgenden die Grundlage für die Abgrenzung der Aufgaben. Darüber hinaus bezieht sich die Koordination auf Beziehungen zum Unternehmenscontrolling und zu anderen Funktionsbereichen.[567] Der Key Account Controller ist ein kritischer Sparringpartner des Key Account Managers.[568] Letzterer ist dabei vorrangig für die Außenorientierung des Unternehmens zuständig. Indem der Key Account Controller die Koordination der Informationsbereitstellung an den Bedürfnissen des Key Account Managements ausrichtet, übernimmt er die Innenorientierung. Er muss früh in alle Entscheidungsprozesse eingebunden werden, um gefundene Lösungen kritisch hinterfragen zu können.[569] Aufgrund dieser engen Zusammenarbeit lässt sich oft keine eindeutige Trennung zwischen den Instrumenten des Key Account Managements und Controllings ziehen, da diese gemeinsam konzipiert worden sind.[570] Das Key Account Controlling beschränkt sich so auch nicht auf die traditionellen Instrumente des Rechnungswesens, sondern soll den Prozess der Kundenorientierung unterstützen, indem es den Aufbau und die Beherrschung aller Planungs-, Entscheidungs- und Kontrollinstrumente verantwortet.[571] Die Aufgaben des Key Account Controllers sind daher sehr vielfältig.

---

566 Vgl. Küpper (2005), S. 35. Vgl. zu diesem Kapitel Hoos (2007), S. 28-30.

567 Vgl. Seidenschwarz / Gleich (2006), S. 826.

568 FIESSER / MOKROS / SCHLEIN (2001) interpretieren die Zusammenarbeit zwischen Key Account Management und Controlling als Tandem, vgl. Fiesser / Mokros / Schlein (2001), S. 353. Eine im Jahr 1998 unter Controllern und Vertriebsmitarbeitern durchgeführte Studie identifiziert die größten Chancen der Zusammenarbeit in einer „ (...) höheren Transparenz im Konditionensystem (...)“ (Fiesser / Esser (1999), S. 303.) und der „ (...) Stärkung der Verhandlungsposition (...)“ (Fiesser / Esser (1999), S. 304). Das Unternehmen FIESSER & PARTNER führte die Studie zwischen Oktober 1997 und März 1998 unter 97 Controllern und 72 Mitarbeitern des Vertriebs durch.

569 Vgl. Baguhl (2004), S. 116.

570 Einige Autoren sehen Controlling nicht als eigene Disziplin oder Subdisziplin, sondern als Neu-Gruppierung oder Beschreibung von Elementen, die traditionell zu anderen Disziplinen (z. B. strategisches Marketing) gehören, vgl. dazu u.a. Kaland / Wömpener (2007), S. 32. Dieser Auffassung wird im Weiteren nicht gefolgt.

571 Vgl. Baguhl (2004), S. 116.

Aufgrund der hohen Bedeutung des Key Account Managements für den Erfolg eines pharmazeutischen Herstellers, werden besonders die Führungsteilsysteme der Planung, Kontrolle und Informationsversorgung gezielt entwickelt. Daneben werden zur Steuerung der überwiegend im Außendienst tätigen Mitarbeiter spezifische Anreizsysteme und eine eigene Key Account Organisation aufgebaut. In Anlehnung an die allgemeinen Aufgaben des Bereichs- sowie des Marketingcontrollings lassen sich daher vier Aufgabenschwerpunkte ableiten.[572] Ausgangspunkt für alle weiteren Funktionen bildet die **Koordination der Informationsversorgung** des Key Account Managements.[573] Dazu gehört die Koordination der Sammlung, Aufbereitung, Auswertung, Verknüpfung und Weiterleitung kundenbezogener Informationen.[574] An der Schnittstelle zwischen Unternehmen und Markt nehmen strategische Entscheidungen einen besonderen Stellenwert ein. Dafür stellt das Key Account Controlling spezifische Informationsinstrumente zur Verfügung und ermittelt zukünftig relevante Angebotsbereiche.[575] Im operativ-taktischen Bereich fasst es diejenigen Informationen problembezogen zusammen, die andere Funktionsbereiche (z. B. Marktforschung, Rechnungswesen) generieren und die zur Steuerung der Key Account Manager dienen.[576] Die zweite Funktion fokussiert die **Koordination der Key Account Planung**. Das Key Account Controlling bietet methodische und instrumentelle Unterstützung bei der Auswahl von Markt- und Kundensegmenten und der Gestaltung von Anreizsystemen. Ferner koordiniert es die Key Account Ziele sowie die Abstimmung des Marketing-Mixes.[577] Darüber hinaus gehört die Abstimmung strategischer (z. B. Auswahl der Key Accounts und Marktbearbeitungsstrategie) und operativer (z. B. konkrete Aktivitäten im Absatzkanal) Key Account Pläne sowie die Koordination zwischen Produktmanagement-, Key Account Management-, Vertriebs- und Marketing- sowie Unternehmensplanung zu seinen zent-

---

572 Zu den Aufgaben des Marketingcontrollings siehe Reinecke (2005), S. 127-157 und Küpper (2005), S. 434-451. Diese sollen für den Kontext dieser Arbeit auf das Key Account Controlling übertragen werden. Auch BAGHUHL (2004) legt seiner Dissertation die Auffassung zugrunde, dass eine solche Übertragbarkeit möglich ist.

573 Vgl. Küpper (2005), S. 435. Auch andere Autoren sehen in der Informationsversorgung eine zentrale Aufgabe des Bereichscontrollings, vgl. hierzu Reinecke (2005), S. 131-133 und Fiesser / Mokros / Schlein (2001), S. 352.

574 Vgl. Küng / Schilling / Toscano (2002), S. 170.

575 Vgl. Küpper (2005), S. 436.

576 Vgl. Köhler (2006), S. 48.

577 Vgl. Reinecke (2005), S. 132 und 134.

ralen Aufgaben. Es verknüpft somit die strategische mit der operativen Planung. Dabei geht es vor allem darum, die in qualitativen Größen ausgedrückten Konsequenzen einer strategischen Entscheidung (z. B. Erfolgspotenzial, Kundenattraktivität) mit quantitativen Messgrößen (z. B. Umsatz, Deckungsbeitrag, Kosten) zu verknüpfen.[578] Die dritte Funktion besteht in der **Koordination zwischen Planung, Kontrolle, Personalführung und Organisation** im Key Account Management.[579] Die vorwiegende Tätigkeit der Key Account Manager im Außendienst bedingt eine klassische Principal-Agent-Situation.[580] Anreiz- und Vergütungssysteme sind daher von besonderer Bedeutung, um sie zu motivieren, Spielräume zur Prozess- und Strukturgestaltung im Sinne des Key Account Managements zu nutzen.[581] Die Key Account Organisation bestimmt die Zurechenbarkeit von Erfolgen auf Entscheidungsträger und macht so den engen Bezug zum Organisationssystem deutlich.[582] Eine weitere Aufgabe des Key Account Controllings besteht daher in der Konzeption und Implementierung von Kennzahlen und Kennzahlensystemen zur Koordination der Führungsteilsysteme.[583] Über diese klassischen Funktionen hinaus identifiziert BAGUHL (2004)[584] eine **Anstoßfunktion.** Das Key Account Controlling initiiert proaktive Handlungen und unterstützt das Key Account Management bei der Wahrnehmung und Realisierung von Marktchancen.[585] Im Rahmen dessen stellt es Informationen über anstehende Projekte und fällige Ersatzinvestitionen zusammen und analysiert diese, um die Anpassung des pharmazeutischen Unternehmens an veränderte Umweltbedingungen sicherzustellen.[586] Abbildung 22 gibt einen Überblick über die Ziele und Funktionen des Key Account Controllings.

---

578 Vgl. Baguhl (2004), S. 103-105.
579 Vgl. Küpper (2005), S. 438.
580 Zu Prämissen und Problemstellungen von Principal-Agent-Modellen, vgl. Küpper (2005), S. 67.
581 Vgl. Köhler (2006), S. 46. oder Baguhl (2004), S. 214.
582 Vgl. Küpper (2005), S. 439.
583 Vgl. Reinecke (2005), S. 134.
584 Vgl. Baguhl (2004), S. 107.
585 Vgl. Fiesser / Esser (1999), S. 306.
586 Vgl. Baguhl (2004), S. 109.

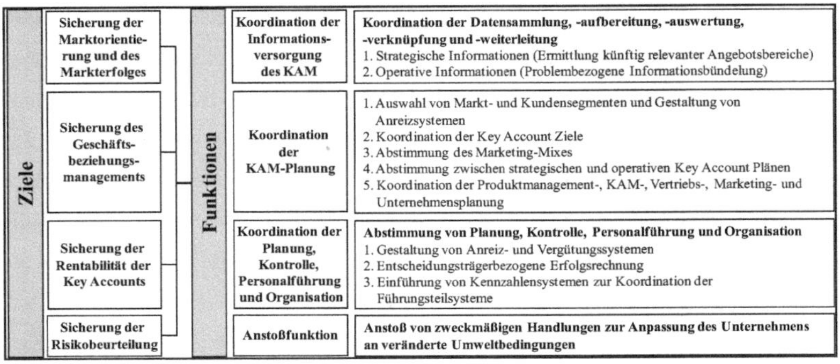

Abbildung 22: Ziele und Funktionen des Key Account Controllings[587]

Aus diesen vielfältigen Aufgaben wird deutlich, dass das Key Account Controlling verschiedene Instrumente benötigt, die zur Unterstützung der Entscheidungen im Key Account Management wichtig sind. Neben klassischen Controllinginstrumenten werden daher Instrumente relevant, die sich aus dem Spezifikum des pharmazeutischen Key Account Managements als neues Geschäftsmodell ergeben. Der Fokus dieser Arbeit liegt daher auf der Konzeption geeigneter Instrumente zur Entscheidungsunterstützung und Verhaltenssteuerung im pharmazeutischen Key Account Management und verzichtet auf eine redundante Auseinandersetzung mit vielfach diskutierten klassischen Controllinginstrumenten.

Da der Arzneimittelmarkt ein stark regulierter **Markt** ist, setzt dies enge Rahmenbedingungen für das unternehmerische Handeln. Umso wichtiger ist es daher, in einem dynamischen regulatorischen Umfeld frühzeitig gesellschaftliche, gesundheitspolitische und marktspezifische Chancen und Risiken aufzudecken und darauf zu reagieren. Dazu bedarf es eines geeigneten Frühinformationssystems (Kapitel 4.3.3).[588] Da sich patentgeschützte **Präparate** in sehr unterschiedlichen Wettbewerbsumfeldern und Lebenszyklusphasen befinden, sind sie unterschiedlichen regulatorischen Risiken ausgesetzt. Um diese gezielt steuern zu können, wird ein geeignetes Instrument zum

---

587 Entnommen aus Hoos (2007), S. 30.

588 Vgl. zu den gesellschaftlichen, gesundheitspolitischen und marktspezifischen Rahmenbedingungen ausführlich Kapitel 2.1 bis 2.4.

Management derartiger Risiken benötigt (Kapitel 4.3.4). All diese Informationen sind notwendig, um eine sinnvolle Auswahl, Segmentierung und Steuerung von **Key Accounts** zu ermöglichen und fließen somit in ein geeignetes Kundenwertkonzept ein (Kapitel 4.3.5). Letztendlich bedarf es geeigneter Instrumente zur Verhaltenssteuerung der Key Account Manager (Kapitel 4.3.6), die eine effektive und effiziente Bearbeitung der Key Accounts sowie die Profitabilität der Verträge sicherstellen.

Abbildung 23 visualisiert die zentralen Instrumente des Key Account Controllings und stellt sie in einen konzeptionellen Zusammenhang.

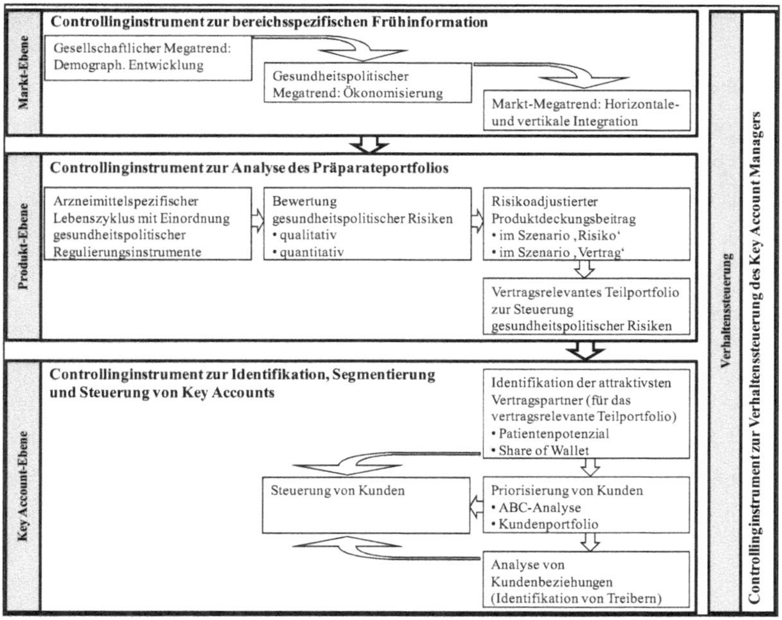

Abbildung 23: Zentrale Aufgaben und Instrumente des Key Account Controllings[589]

[589] Eigene Darstellung.

4.3.3 Frühzeitige Information über gesundheitspolitische Entwicklungen im Arzneimittelmarkt

4.3.3.1 Motivation und Zielsetzung der bereichsspezifischen Frühinformation

Das dynamische und komplexe Marktumfeld sowie die Konzentration personeller und monetärer Ressourcen auf wenige Key Accounts machen die frühzeitige Antizipation zukünftiger Chancen und Risiken für forschende Pharmaunternehmen immer wichtiger. Nur wenn eine veränderte Kundennachfrage, zunehmender Wettbewerb, staatliche Reglementierung, modifizierte Wertvorstellungen oder eine Beschleunigung des technischen Fortschritts frühzeitig wahrgenommen werden, können die Unternehmen darauf reagieren und langfristig erfolgreich handeln.[590] Dazu werden Frühinformationssysteme benötigt, die Informationen über Ereignisse mit so großem zeitlichen Vorlauf erfassen, verarbeiten und weiterleiten, dass die von ihnen ausgehenden Risiken möglichst vermieden und Chancen genutzt werden können.[591] Mit Hilfe der Frühinformation können Diskontinuitäten in der exogenen Umwelt erkannt sowie technologische Trends und zukünftige Geschäftsfelder identifiziert werden.[592]

Ein pointierter Überblick über den aktuellen Forschungsstand soll die grundlegenden Prinzipien und Zielsetzungen der Frühinformation klären, um anschließend ein eigenes Konzept für das pharmazeutische Key Account Management entwickeln zu können (Kapitel 4.3.3.2). In der betriebswirtschaftlichen Literatur werden in der Regel vier Generationen unterschieden.[593] Die ersten beiden werden aufgrund des betrachteten

---

[590] Vgl. Schäffer / Heidmann (2007), S. 66. und Busse / Schreyögg / Gericke (2006), S. 209. MÜLLER (2003) sieht darin die wichtigsten Gegebenheiten, die zu einer Komplexität des Unternehmensgeschehens führen, vgl. Müller (2003), S. 17-18.

[591] Das frühzeitige Erkennen von Chancen und Risiken erweitert den Handlungsspielraum des Unternehmens, vgl. Hauff (2009), S. 1.

[592] Unter Diskontinuitäten werden Strukturbrüche oder Richtungsänderungen sowie Unstetigkeiten und Niveauänderungen verstanden, vgl. Kreilkamp (1987), S. 269. Nach MÜLLER (2003) ist allen Diskontinuitäten gemeinsam, dass sie einen Entwicklungstrend beenden beziehungsweise die Dynamik des Umweltwandels steigern, vgl. Müller (2003), S. 17.

[593] In der Literatur hat sich bisher keine einheitliche Begriffsbildung durchgesetzt, vgl. Hauff (2009), S. 8. Für den Kontext dieser Arbeit soll die Frühinformation im Folgenden als Oberbegriff für alle Frühwarn-, Früherkennungs- und Frühaufklärungssysteme dienen. Gleichzeitig charakterisiert sie die integrierten Systeme der vierten Generation.

Zeithorizonts (ein bis zwei Jahre) als operative Systeme bezeichnet, während die dritte Generation (zwei bis fünf Jahre) der strategischen Frühinformation zugeordnet wird. Die vierte Generation stellt eine Integration der drei vorgelagerten Systeme dar. In der deutschsprachigen Literatur wurde der Begriff Frühwarnsystem erstmals um das Jahr 1972 zitiert.[594]

Zur **ersten Generation (Frühwarnung)** gehören kennzahlen- und planhochrechnungsorientierte Systeme. Sie basieren auf einer Fortentwicklung der operativen Planung (insbesondere Ergebnis- und Liquiditätsplanung) und sollen das Unternehmen frühzeitig vor Gefährdungen warnen. Mit Hilfe von Abweichungs- und Ursachenanalysen werden permanente Soll-Ist-Vergleiche ermöglicht, so dass die Frühwarnung einen engen Bezug zum operativen Controlling hat.[595]

Die **zweite Generation (Früherkennung)**[596] dominiert ab dem Jahr 1977 die wissenschaftliche Diskussion im deutschsprachigen Raum. Dabei steht die Identifikation und theoretische Fundierung von Indikatoren mit spezifischen Frühinformationseigenschaften im Vordergrund. Diese indikatororientierte Frühinformation beschreibt und misst latente, nicht unmittelbar wahrnehmbare Entwicklungen und deren Veränderungen, die unternehmensintern und -extern auftreten anhand von Indikatoren.[597] Im Unterschied zu Systemen der ersten Generation werden zunehmend qualitative Größen einbezogen. Damit können auch längerfristige Aspekte der sozioökonomisch-technologischen Ent-

---

594 Vgl. Roll (2004), S. 14.

595 Vgl. Hauff (2009), S. 10. Obwohl Kennzahlen den Vorteil der Quantifizierbarkeit und Vergleichbarkeit von Sachverhalten bieten, eignen sie sich aufgrund ihres Gegenwarts- und Vergangenheitsbezuges nur sehr begrenzt zur Frühinformation, vgl. Hauff (2009), S. 12. Lediglich die Bestandsaufnahme bereits bekannter Bedrohungen kann gewährleistet werden. Planhochrechnungen werden zur frühzeitigen Antizipation von Veränderungen eingesetzt, indem die jeweils vorliegenden Ist-Werte extrapoliert und mit den für das Jahr ursprünglich geplanten Zahlen verglichen werden. So können Gegenmaßnahmen frühzeitig eingeleitet werden, sofern Abweichungen identifiziert wurden. Planhochrechnungen begegnen ebenfalls der Kritik der Vergangenheitsorientierung, vgl. Hauff (2009), S. 12. In der Praxis werden sie allerdings häufig im Sinne eines monatlichen Key Account Outlooks eingesetzt. Ein Key Account Outlook ist eine auf den aktuellen Ist-Zahlen basierende monatliche Hochrechnung für ein Jahr. Sie dient dazu, dem Key Account Management im Jahresverlauf einen immer besseren Überblick über die Entwicklung des Geschäftes zu geben, um frühzeitig Gegenmaßnahmen einleiten zu können.

596 Vgl. Jonda (2004), S. 90.

597 Indikatoren sind Hilfsgrößen, die die Entwicklungen indirekt abbilden, vgl. Hauff (2009), S. 13.

wicklungen erfasst und neben Gefahren aktiv nach latenten Chancen gesucht werden.[598] Aufgrund ihres schematischen Ablaufs sind diese Systeme vergleichsweise starr gegenüber neuartigen Bedrohungen und Diskontinuitäten.[599]

Die **dritte Generation (Frühaufklärung)** fokussiert den strategischen Bereich. Ihr Ziel ist es, die informationelle Basis zur Vorbereitung von Managemententscheidungen qualitativ zu verbessern, um einen Lerneffekt und größere Sensibilisierung sowie Flexibilisierung des Planungsprozesses hinsichtlich zukünftiger Planungsaufgaben auszulösen und ein „(...) proaktiv erfolgreiches Handeln zu ermöglichen (...)".[600] Die Frühaufklärung orientiert sich an Erfolgspotenzialen (Strategisches Radar). Sie erfasst und analysiert alle strategisch relevanten Informationen systematisch. Im Fokus steht die permanente Identifikation von schwachen Signalen.[601] Auf dieser Basis sollten frühzeitig Strategien und Handlungsalternativen erarbeitet werden, um Gefahren abzuwehren und Chancen zu nutzen.[602] Schwache Signale können sowohl aus dem externen als auch internen Umfeld stammen. Allgemeine externe Beobachtungsbereiche sind insbesondere das wirtschaftliche, soziopolitische und technologische Umfeld.[603] Daneben beachtet die strategische Frühaufklärung unternehmensinterne Signale und enthält damit „(...) Elemente einer antizipativen Unternehmensanalyse (...)".[604]

In der jüngeren Literatur wird eine **vierte Generation** genannt, die die ganzheitliche

598 Die Vernachlässigung von Chancen kann für ein Unternehmen ebenso existenzgefährdend sein wie die Nichtbeachtung von Risiken, vgl. Müller (2001), S. 213.

599 Vgl. Baum / Coenenberg / Günther (2007), S. 336. Häufig vorgebrachte Kritik gegenüber indikatorbasierten Frühinformationssystemen bezieht sich auf ihre vorrangig operative Ausrichtung und die enge Verwandtschaft zu Kennzahlensystemen sowie die Vernachlässigung von Softfacts und Ursache-Wirkungsbeziehungen. Der zentrale Kritikpunkt bezieht sich aber darauf, dass die Früherkennung erst dann einsetzen kann, wenn sich die Veränderungen in den definierten Indikatoren niederschlagen, vgl. Müller (2003), S. 30.

600 Krystek (2007), S. 51.

601 Vgl. Baum / Coenenberg / Günther (2007), S. 338. Schwache Signale sind schlecht definierte Informationen, die das zukünftige Handeln eines Unternehmens beeinflussen können wie beispielsweise die plötzliche Häufung von Ereignissen mit strategisch relevanter Bedeutung, die Verbreitung von neuartigen Ideen und Meinungen sowie Stellungnahmen von Schlüsselpersonen und Institutionen oder Initiativen zur Veränderung von Gesetzen, vgl. Krystek (2007), S. 53. Im pharmazeutischen Kontext spielen die Aussagen von Key Opinion Leadern eine wichtige Rolle, um schwache Signale zu erkennen.

602 Vgl. Baguhl (2004), S. 117.

603 Vgl. Baum / Coenenberg / Günther (2007), S. 333.

604 Baum / Coenenberg / Günther (2007), S. 329.

Integration operativer und strategischer Frühinformation zum Ziel hat.[605]

Die Frühinformation im Key Account Management ist bereichsbezogen und muss in den gesamtunternehmerischen Kontext eingebettet sein. Sie setzt an den veränderten Anforderungen der Kunden an und fokussiert die Veränderungen in der Key Account-relevanten Unternehmensumwelt, um frühzeitig Anpassungen anzustoßen.[606] Unter dieser Zielsetzung muss der Controller seine reine Innensicht um eine Kundenperspektive ergänzen.[607] Nur so kann er im Rahmen seiner Koordinations- und Unterstützungsfunktion den Key Account Manager bei delegierbaren Aufgaben im Entscheidungsprozess entlasten.[608] Der bereichsbezogenen Frühinformation kommt besonders vor dem Hintergrund eines sich verändernden Präparateportfolios und der zunehmenden gesundheitspolitischen Regulierung eine große Bedeutung zu.[609] In den nächsten Jahren laufen die Patente einiger Blockbuster-Medikamente aus. Viele Pharmaunternehmen stehen damit vor der Veränderung ihres eigenen Präparateportfolios. Ihre Aktivitäten verlagern sich von bekannten Massenmärkten hin zu oft unbekannten (Nischen)märkten. In diesem Umfeld gilt es, die Patientenbedürfnisse und gesundheitspolitischen Wirkmechanismen frühzeitig abzuschätzen, um die Launch- und Vertragsstrategie entsprechend darauf abzustimmen.

---

605 Vgl. Hauff (2009), S. 4. In der Praxis findet die Frühinformation heute noch vergleichsweise geringe Anwendung, vgl. Schäffer / Heidmann (2007), S. 67 und Kreilkamp (1987), S. 257. Die Literatur nennt dafür verschiedene Gründe. So werden die Fehleinschätzung des eigentlichen Potenzials strategischer Frühinformationssysteme, mangelnde Kenntnis über ihre Form sowie die Abgrenzung zum operativen Bereich als mögliche Argumente angeführt, vgl. Krystek (2007), S. 50. Daneben stellt die Tatsache, dass primär schlecht strukturierte Informationen oft entweder überhaupt nicht oder zumindest nicht an der entsprechenden Stelle wahrgenommen werden, ein großes Problem dar. In der Literatur wird diese Tatsache als Informationspathologie bezeichnet, vgl. Jonda (2004), S. 88 mit Verweis auf Trux / Müller-Stewens / Kirsch (1988), S. 339-340. Oft ist es schwierig, unstrukturierte Signale frühzeitig zu identifizieren und sie richtig zu interpretieren, bevor sie die Handlungsmöglichkeiten einschränken, vgl. Kreilkamp (1987), S. 25. Aufgrund der hohen Interpretationsbedürftigkeit schwacher Signale gehören eine holistische Denkweise sowie Kreativität zu den Kernqualifikationen der an der Frühinformation beteiligten Personen, vgl. Krystek (2007), S. 52. Eine entsprechende Anpassung der Unternehmenskultur ist darüber hinaus eine notwendige Bedingung für eine erfolgreiche Implementierung, vgl. Jonda (2004), S. 88.

606 Vgl. Müller (2001), S. 214. MÜLLER (2001) definiert die veränderten Anforderungen der Abnehmer als wichtige Ursache für die Entstehung von Turbulenzen.

607 Vgl. Stüker (2008), S. 37.

608 Vgl. Baguhl (2004), S. 114. Die Frühinformation ist eine Führungsaufgabe, die durch das Controlling unterstützt wird. So leistet das (strategische) Key Account Controlling eine wichtige Betreuungs- und Koordinationsfunktion für das (strategische) Management, vgl. Krystek (2007). S. 50.

609 KREILKAMP (1987) weist darauf hin, dass der strategischen Frühaufklärung bei Produktneueinführungen eine besondere Bedeutung zukommt, da verlässliche Prognosen über die Erfolgschancen der Produkte benötigt werden, vgl. Kreilkamp (1987), S. 253.

4.3.3.2 Konzeption eines geeigneten Frühinformationssystems

Obwohl in der Praxis vielfach die Integration der strategischen und operativen Frühinformation gefordert wird, gibt es vergleichsweise wenige konkrete theoretische Beispiele integrierter Konzepte.[610] Ziel dieses Kapitels ist es daher, einen eigenen integrierten Systematisierungsversuch für das pharmazeutische Key Account Management zu erarbeiten. Das entwickelte Frühinformationssystem soll aus sieben Aufbaustadien bestehen, die rollierend durchlaufen werden.[611] Dem Controller kommt während allen Stadien eine Unterstützungs- und Beratungsfunktion zu. Parallel zu den Phasen vier bis sieben trägt er die Verantwortung für die Ausgestaltung der Informationssysteme. Der Hauptbeitrag des Key Account Controllings liegt damit weniger in der erstmaligen Identifikation neuer Themen als in der Bereitstellung von geeigneten Kommunikationskanälen, um die vorhandenen Informationsbestandteile zusammenzuführen und bei ihrer Interpretation zu unterstützen.[612] Abbildung 24 zeigt den Aufbau eines ganzheitlichen Frühinformationssystems im Key Account Management.

[610] Vgl. Hauff (2009), S. 2. und S. 29.

[611] Vgl. Kreilkamp (1987), S. 261. Der hier skizzierte Aufbau eines Frühinformationssystems basiert auf den Ideen des im Jahr 1977 vom Institut für Unternehmensplanung in Gießen entwickelten gesamtunternehmensbezogenen Frühinformationssystems und eines von GEIßLER (1995) entwickelten integrierten Frühinformationssystems, vgl. Hauff (2009), S. 32.

[612] Vgl. Schäffer / Heidmann (2007), S. 72.

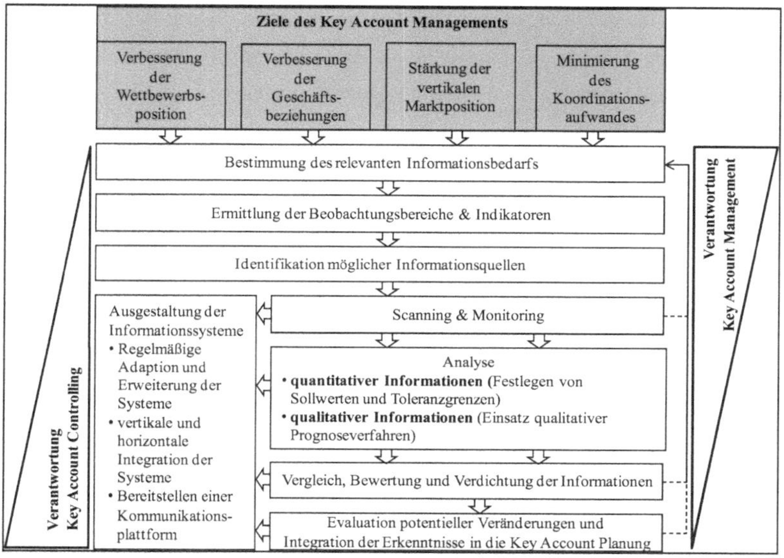

Abbildung 24: Aufbau eines ganzheitlichen Frühinformationssystems[613]

Ausgehend von den in Kapitel 3.2.2 diskutieren Zielen des Key Account Managements wird in der ersten Phase der relevante **Informationsbedarf** bestimmt.[614] Gegenstand einer bereichsbezogenen Frühinformation darf nicht die unsystematische Beobachtung sämtlicher unternehmensexterner und -interner Veränderungen sein. Vielmehr muss sich der Informationsbedarf auf konkrete Aktivitäten beziehen, die wiederum im Einklang mit den Zielen des Key Account Managements stehen. In der zweiten Phase werden **relevante Beobachtungsbereiche** identifiziert. Da die bereichsbezogene Frühinformation in den unternehmensbezogenen Gesamtkontext eingebettet ist, fließen Informationen aus allgemeinen externen und internen Beobachtungsbereichen mit ein. Der Fokus der schlüsselkundenbezogenen Frühinformation liegt allerdings auf der Beobachtung der Key Account-spezifischen Bereiche. So stehen gesundheitspolitische

613 Eigene Darstellung in Anlehnung an und Erweiterung zu Hauff (2009), S. 32.
614 Vgl. Hauff (2009), S. 33.

Veränderungen, die das Produkt- und Key Account-Portfolio beeinflussen, im Vordergrund. Beispielhaft sei an dieser Stelle die Beobachtung der Konsolidierung im Versicherungsmarkt genannt. Als geeignete Kennzahl kann entweder das Erstattungsvolumen oder die Mitgliederzahl einer Krankenkasse ins Verhältnis zum gesamten Erstattungsvolumen oder der Mitgliederzahl im Krankenversicherungsmarkt gesetzt werden. Auf dieser Basis können Auswertungen zur Marktkonzentration gemacht werden. Aus dem Erstattungsvolumen lässt sich beispielsweise pro Präparat eine Konzentrationskurve ableiten, aus der der Arzneimittelhersteller ablesen kann, wie viele Krankenkassen den kumulierten Umsatz im relevanten Markt auf sich vereinen. So kann eine Krankenkasse, die einen verhältnismäßig niedrigen prozentualen Deckungsbeitrag aufweist, aufgrund ihrer Marktmacht trotzdem einen hohen Wert für den Arzneimittelhersteller haben. Darüber hinaus sollte das Entwicklungspotenzial der Krankenkassen ständig beobachtet werden. Es macht eine Aussage über die erwartete Entwicklung des maximal möglichen Erstattungsvolumens der Krankenkasse als Anteil des Gesamterstattungsvolumens aller gesetzlichen Krankenkassen.[615] Vor dem Hintergrund der Insolvenzfähigkeit gewinnt diese Information an Bedeutung, da sich sowohl durch Fusion als auch durch Insolvenz die Marktmacht und das Erstattungsvolumen einer Krankenkasse sehr schnell ändern können. Zur Präzisierung kann es mit Zusatzattributen versehen werden, so dass Indikationsschwerpunkte, regional hohe Präsenz oder Spezifika der Krankenkasse, transparent gemacht werden.[616] Für die einzelnen Beobachtungsbereiche werden im nächsten Schritt geeignete **Frühwarnindikatoren** bestimmt, die sich aus den gesellschaftlichen, gesundheitspolitischen und marktspezifischen Entwicklungen ergeben. Die Wahl der richtigen Indikatoren bestimmt die Effizienz des Frühinformationssystems.[617] Um die Komplexität des Marktes zu erfassen, sind vernetztes Denken und die Beachtung von Verkettungen zwischen den einzelnen Indikatoren wichtig.[618] In dieser Phase kommt daher der individuellen Intuition und der persönlichen

---

615 In der Literatur wird das Entwicklungspotenzial häufig als absoluter Wert definiert, vgl. Mengen / Mettler (2008), S. 35. Für den Kontext dieser Arbeit erscheint eine relative Betrachtung sinnvoller, da das Volumen des Gesamtmarktes vergleichsweise konstant ist.

616 Vgl. Brennecke / Werner (2008), S. 89.

617 Vgl. Kreilkamp (1987), S. 262.

618 Eine vereinfachte Darstellung möglicher Key Account-spezifischer Indikatoren ist in Abbildung 42 in Anhang zu Kapitel 4 zu finden.

Erfahrung der Beteiligten eine große Bedeutung zu. Abbildung 25 zeigt beispielhafte Key Account-spezifische Beobachtungsbereiche und ihre Indikatoren, die in den Kontext der allgemeinen externen und internen Frühinformation eingebettet sind.

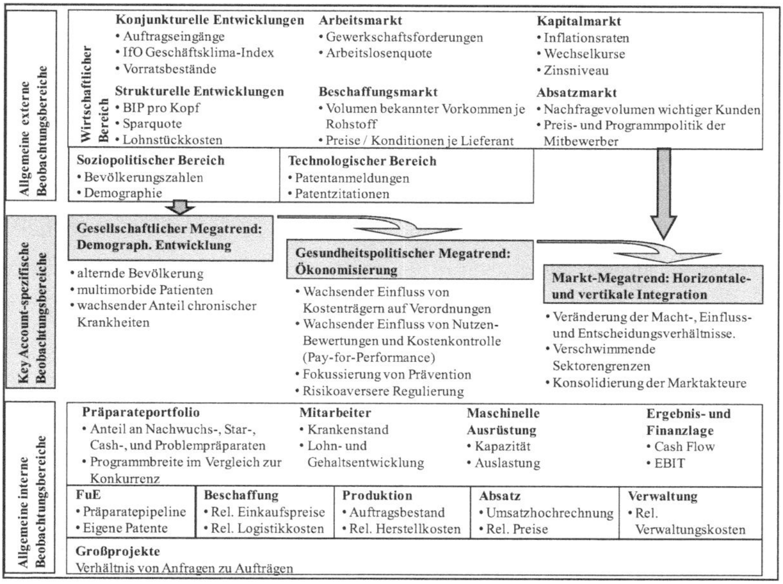

Abbildung 25: Beobachtungsbereiche der Frühinformation im Key Account Management[619]

In der dritten Phase werden mögliche **Informationsquellen** ermittelt. Dabei sollte zunächst die Nutzbarkeit verfügbarer Ressourcen geprüft werden, bevor neue Informationssysteme beschafft oder die Dienste externer Agenturen in Anspruch genommen werden. Besonders bei der Suche qualitativer Informationen wird das Internet häufig als Quelle genutzt.[620] Neben der Nutzung geeigneter Datenbanken kommt dem Aufbau eines Kommunikationsnetzwerkes eine besondere Bedeutung zu. Hier wird ins-

619 Eigene Darstellung in Anlehnung an und Erweiterung zu Baum / Coenenberg / Günther (2007), S. 333. Zu einzelnen mit den Beobachtungsbereichen verbundenen Indikatoren siehe Abbildung 43 in Anhang zu Kapitel 4.

620 Vgl. Krystek (2007), S. 55.

besondere auf die Kontakte zu Dritten (z. B. Verbände, Mitbewerber, gesundheitspolitische Netzwerke) sowie auf unternehmensinterne Informationen (z. B. Außendienst) zurückgegriffen.[621] Insbesondere bei der Erhebung von regionalen Informationen (z. B. zur Entwicklung der Neuen Versorgungsformen) ist ein enger Kontakt zum Pharmaaußendienst hilfreich. Die vierte Phase ist die Phase der eigentlichen Informationsgewinnung und einer ersten subjektiven Relevanzprüfung. Diese kann zufällig oder gezielt ablaufen. Dabei sollte zunächst im Sinne eines 360-Grad-Radars vorgegangen werden. Dieser ungerichtete Suchvorgang, der zu jedem Zeitpunkt überall nach schwachen Signalen im definierten Beobachtungsbereich sucht, wird als **Scanning** bezeichnet.[622] Während des **Monitorings** folgt dann eine systematische und strukturierte Suche nach konkreteren Informationen zu dem identifizierten Phänomen.[623] In dieser Phase ist besonders darauf zu achten, dass relevante von irrelevanten Informationen getrennt werden. Dies kann beispielsweise durch die gezielte Suche nach Informationen erfolgen, die bereits identifizierte Beobachtungen bewusst stützen oder widerlegen. In der fünften Phase werden **quantitative und qualitative Informationen** parallel analysiert. Für die quantitativen Informationen werden Sollgrößen und Toleranzgrenzen der Indikatoren in den einzelnen Beobachtungsbereichen bestimmt und im Informationssystem hinterlegt.[624] Die Analyse der Entwicklungen von Kennzahlen und Indikatoren dient der Prognose ihrer zukünftigen Veränderungen. Unter Einsatz qualitativer Prognoseverfahren werden die qualitativen Informationen verarbeitet. Diese fließen ebenfalls in das Controllingsystem ein. Nach der Informationsgewinnung spielen in der sechsten Phase **der Vergleich, die Bewertung und Verdichtung der Informationen** eine wichtige Rolle.[625] Mittels Szenarien können die Informationen komprimiert und ganzheitlich interpretiert werden. Da die Fehlinterpretation generierter Informationen zu strategischen Fehlern führen kann, sollten die erstellten Szenarien mit einer übergeordneten Managementebene diskutiert werden. In der letzten Phase werden die Auswirkungen **möglicher Veränderungen evaluiert und Reaktionsstrategien erarbeitet**. Diese Erkenntnisse

---

621 Vgl. dazu die Ausführungen von MÜLLER (2003) zu Frühaufklärungssystemen im Marketing-Controlling, vgl. Müller (2003), S. 24.
622 Vgl. Hauff (2009), S. 21.
623 Vgl. Krystek (2007), S. 54.
624 Vgl. Kreilkamp (1987), S. 261.
625 Vgl. Eckelmann (2006), S. 177.

fließen dann in den Key Account Planungsprozess ein und führen möglicherweise zur Anpassung der Key Account Ziele. Daneben müssen operative Pläne erstellt und ihre Durchführung und Kontrolle koordiniert werden.

Parallel zu den Phasen vier bis sieben gestaltet das Key Account Controlling die **Informationskanäle**. Es stellt Informationssysteme zur Verfügung und setzt die entsprechenden Anreize zum Suchen und Eintragen der Daten.[626] Danach führt es die ermittelten Informationen zusammen und stellt deren Überführung in den Prozess des strategischen Managements sicher. So initiiert es die Integration von Diskontinuitäten und Trends in die langfristige Planung.[627] In effektiven Controllingsystemen können Zusammenhänge dargestellt und die Diskussion unterschiedlicher Sichtweisen gefördert werden.[628] In einer im Jahr 2007 durchgeführten empirischen Studie identifizieren SCHÄFFER / HEIDMANN (2007)[629] drei wesentliche Maßnahmen zur Verbesserung der Früherkennung mit Hilfe von Controllingsystemen. Dazu muss erstens eine **regelmäßige Adaption und Erweiterung** der Systeme auf den Fokus strategischer Unsicherheiten erfolgen.[630] Ein sich änderndes Marktumfeld erfordert eine Anpassung. Ziel muss es sein, die Aufmerksamkeit und das Interesse der Key Account Manager gezielt auf die (strategisch) relevanten Sachverhalte zu lenken. Damit obliegt dem Controller die Aufgabe, sein Berichtswesen und seine Kennzahlen auf das Wesentliche zu reduzieren und ihre Relevanz ständig zu hinterfragen. Darüber hinaus sollte ein geeignetes Forum etabliert werden, um sinnvolle Anpassungen der Systeme mit den Informationsempfängern zu diskutieren. Zweitens kann durch **horizontale und vertikale Integration der Systeme** die Analyse und Interpretation unterstützt werden. Horizontal integrierte Systeme stellen bereichsübergreifende Informationen zur Verfü-

---

626 Vgl. Baguhl (2004), S. 119. Diese Aufgabe ergibt sich aus der generellen Informations- und Koordinationsfunktion des Controllings.

627 Vgl. Krystek (2007), S. 57-58.

628 Vgl. Schäffer / Heidmann (2007), S. 68.

629 Vgl. Schäffer / Heidmann (2007). In sieben börsennotierten Unternehmen wurden explorative Fallstudien durchgeführt. Dazu wurden 30 Manager aus der oberen und mittleren Führungsebene befragt. Mit Hilfe eines Fragebogens wurde die Informations- und Systemqualität von Controllingsystemen ermittelt. Danach wurde in 90-minütigen Interviews näher auf den Beitrag von Controllingsystemen zur strategischen Frühaufklärung eingegangen, vgl. Schäffer / Heidmann (2007), S. 66-72.

630 Vgl. Krystek (2007), S. 58. Zu diesem Zweck müssen bestehende Informations- und Berichtssysteme (z. B. Marketing- und Außendienstinformationssysteme) auf früherkennungsrelevante Sachverhalte untersucht und erweitert werden, vgl. Müller (2003), S. 38.

gung (z. B. zwischen den Abteilungen Marketing und Medizinische Wissenschaft). Sie helfen dabei, komplexe Probleme aus unterschiedlichen Perspektiven zu beleuchten und ermöglichen eine fokussierte Interaktion. Vertikal integrierte Systeme verdeutlichen Zusammenhänge zwischen operativen und strategischen Controllinginformationen. Diese sind besonders wichtig, da das Key Account Management oft stark auf operative Ziele fokussiert ist, die aber in den Gesamtzusammenhang der Unternehmensziele eingebettet sein müssen. Drittens können durch die Nutzung von Controllingsystemen als **Kommunikationsplattform** wichtige Informationen über strategische Chancen und Risiken gezielt hinterfragt und erforscht werden. Berichtsprozesse müssen interaktiv ablaufen. Nur so kann das Key Account Management die Implikationen der Informationen richtig einschätzen.[631] Indem ein regelmäßiges Feedback an den Berichtersteller sichergestellt wird, kann die Qualität der Kommentierungen verbessert werden.

Durch das skizzierte System der bereichsbezogenen Frühaufklärung soll im Wesentlichen eine Bewusstseinsänderung bei den beteiligten Personen erreicht und insbesondere im Controlling das „(...) Primat harter Fakten (...)“[632] überwunden werden. Die Grenzen des Systems liegen weitestgehend in der Gewinnung von Informationen. So unterliegt die Auswahl der Beobachtungsbereiche und Indikatoren subjektiven Einflüssen. Es kann keine objektive Auskunft darüber gegeben werden, ob letztendlich die relevanten Umweltfaktoren beobachtet werden. Zu hinterfragen bleibt weiterhin, ob der Verlauf der Faktoren prognostiziert werden kann beziehungsweise inwieweit diese Prognosen verlässlich sind. In der praktischen Umsetzung ist darüber hinaus entscheidend, ob das Key Account Management bereit und in der Lage ist, die gewonnenen Informationen in seine Entscheidungen mit einzubeziehen.[633]

---

[631] Vgl. Schäffer / Heidmann (2007), S. 71.
[632] Müller (2003), S. 42.
[633] Zu den Grenzen strategischer Frühaufklärung, vgl. Müller (2003), S. 42.

4.3.4 Identifikation gesundheitspolitischer Produktrisiken: Konzeption eines geeigneten Instrumentes zur Analyse des Präparateportfolios

4.3.4.1 Motivation und Zielsetzung zur gesundheitspolitischen Analyse des Präparateportfolios

Die im Rahmen der Frühinformation identifizierten Risiken müssen in die Unternehmensführung integriert werden, um die Existenz des Arzneimittelherstellers in einem dynamischen Marktumfeld zu sichern.[634] In seiner Koordinationsfunktion unterstützt das Controlling diesen Prozess und stellt ein methodisch geeignetes Instrumentarium zur Verfügung.[635] Das Key Account Controlling konzentriert sich dabei auf Risiken aus dem Key Account-spezifischen Umfeld.[636] Eine besondere Herausforderung stellt das durch zahlreiche Gesundheitsreformen komplexer gewordene Regulierungsgefüge dar. So werden gesundheitspolitische Maßnahmen beispielsweise als Risiken interpretiert, die die geplanten Produktdeckungsbeiträge negativ beeinflussen können. Dabei wird der Analyse die Hypothese zugrunde gelegt, dass die Eintrittswahrscheinlichkeit und die Schadenshöhe dieser Risiken während des Produktlebenszyklus variieren. Erst die Schaffung von Transparenz über die existierenden Risiken ermöglicht dem Key Ac-

634 Das wachsende Interesse am Thema Risikomanagement im Controlling wird durch zahlreiche wissenschaftliche Beiträge neueren Datums repräsentiert, darunter Hoitsch / Winter (2004), Henle (2009), Kanacher / Rademacher / Werners (2010), Nevries / Strauß (2008).

635 Eine bei elf deutschen Großunternehmen branchenübergreifend durchgeführte Studie ergab, dass der Controller bei der Identifikation von Risiken eine wichtige Ratgeber- oder Prozesskoordinator-Funktion übernimmt. Er fungiert als Schnittstellenmanager und behält den Überblick über sämtliche relevanten Informationen, vgl. Nevries / Strauß (2008), S. 108. Die Studie spricht daher dem Controlling insgesamt eine wesentliche Rolle im gesamten Risikomanagementprozess zu. Die einzelnen Aufgaben unterscheiden sich jedoch nach der organisatorischen Anordnung des Risikomanagements, vgl. Nevries / Strauß (2008), S. 107. NEVRIES UND STRAUß (2008) interpretieren ein adäquates Risikomanagement als Rationalitätssicherung, vgl. Nevries / Strauß, (2008), S. 106. Sie legen ihrer Argumentation damit die Controllingkonzeption nach WEBER UND SCHÄFFER (2000) zugrunde, die in der Rationalitätssicherung der Führung die originäre Aufgabe des Controllings sehen, vgl. Weber / Schäffer (2000). Nach der Controllingkonzeption von KÜPPER (2005) ist das Risikomanagement der Koordination im Informationssystem zuzuordnen, vgl. Küpper (2005), S. 155. Auch andere Autoren weisen auf die zentrale Rolle des Controllings im Risikomanagementprozess hin, vgl. beispielsweise Kanacher / Rademacher / Werners (2010), S. 191.

636 Im Key Account Controlling steht das Management bereichsspezifischer Risiken im Vordergrund. Das unternehmensweite Risikomanagement muss dagegen alle relevanten Einzelrisiken erfassen. Zur Reduzierung der Komplexität wird häufig eine Kategorisierung der Risiken vorgenommen (z. B. finanzwirtschaftliche oder leistungswirtschaftliche Risiken), vgl. Nevries / Strauß, (2008), S. 106.

count Management ein steuerndes Eingreifen.[637] Ziel ist es daher, zukünftige Gefährdungen durch Regulierungsinstrumente sowie potentielle Chancen, die aus einer angemessenen strategischen Positionierung resultieren, frühzeitig aufzudecken und geeignete Handlungsstrategien abzuleiten. Aufgrund der in Kapitel 2.5 analysierten Interdependenzen zwischen den Regulierungsinstrumenten stellen Verträge nach § 130a Abs. 8 SGB V eine adäquate Möglichkeit zur Steuerung derartiger Risiken dar. Die Überprüfung des eigenen Produktportfolios auf unterschiedliche Optionen ist daher eine wichtige Grundvoraussetzung für die Ausarbeitung einer passenden Vertragsstrategie.[638] Die Erkenntnisse über die gesundheitspolitischen Gefährdungen müssen in die regelmäßige mehrjährige Planung integriert und einer ständigen Prämissen- und Durchführungskontrolle unterzogen werden.[639]

Zur Analyse des Präparateportfolios wird ein dreischrittiges Vorgehen vorgeschlagen. Zunächst werden ein idealtypischer Arzneimittellebenszyklus modelliert sowie mögliche Risiken für die Produktdeckungsbeiträge identifiziert und darin eingeordnet (Kapitel 4.3.4.2).[640] Zur Vereinfachung beschränkt sich die Analyse auf die in Kapitel 2.4.1 diskutierten direkten Regulierungsinstrumente, die Menge, Preis oder Qualität der Präparate beeinflussen.[641] Im zweiten Schritt wird das gesundheitspolitische Risiko pro Präparat bewertet (Kapitel 4.3.4.3). Als qualitative, eher pragmatische Methode wird dazu ein einfaches Scoring Modell entwickelt. Zur quantitativen Modellierung wird die Methode der Monte Carlo Simulation vorgestellt und anhand eines konkreten Beispiels simuliert. Im Mittelpunkt steht dabei die Frage, mit welcher Wahrscheinlichkeit eine

---

637 Vgl. zur Risikosimulation bei Großprojekten die Ausführungen von Kanacher / Rademacher / Werners (2010), S. 191.

638 Vgl. Ecker / Preuß (2008c), S. 133.

639 In der Literatur wird die Einführung eines Business Risk Models vorgeschlagen, um das Risikomanagement in die Unternehmensführung zu integrieren, dazu Hoitsch / Winter (2004), S. 241.

640 Die Aussagekraft der regelmäßigen Planung des Präparateportfolios hängt entscheidend von der Zuverlässigkeit der Planwerte ab, das heißt die Planabweichungen dürfen ein akzeptables Maß nicht überschreiten. In einem dynamischer werdenden Marktumfeld gefährden zunehmende Risiken die Planungssicherheit, so dass die Kenntnis ihres Ausmaßes immer wichtiger wird. Gesundheitspolitische Instrumente stellen in diesem Zusammenhang Risiken dar, die negative Abweichungen von der prognostizierten Planung verursachen.

641 Indirekte Regulierungsinstrumente sind nicht Gegenstand der Betrachtung. Hier käme als zusätzliche Komplexität hinzu, dass das Instrument nicht auf den Arzneimittelhersteller beziehungsweise das Präparat wirkt, sondern auf Dritte (z. B. Großhändler, Apotheken, Verordner). Um mögliche Umsatzauswirkungen modellieren zu können, müssten zusätzliche Annahmen über das Verhalten der Drittparteien getroffen werden.

gesundheitspolitische Maßnahme eintritt und welcher Schaden (Deckungsbeitragsverlust) daraus resultiert.[642] Ergebnis dieser Analyse ist ein um die gesundheitspolitischen Risiken adjustierter Produktdeckungsbeitrag. Im dritten Schritt werden die Ergebnisse in einem Risiko-Nutzen-Portfolio abgebildet (Kapitel 4.3.4.4). Hierzu wird der Wirkungsgrad möglicher Gegenmaßnahmen zur Reduktion der Risiken abgeschätzt und ebenfalls mit Hilfe der Monte Carlo Simulation quantifiziert. Der Key Account Manager identifiziert daraufhin aus der Risiko-Chancen-Beziehung die vertragsgeeigneten Produkte im Portfolio, für die geeignete Handlungs- und Vertragsstrategien entwickelt werden sollten.

4.3.4.2 Modellierung des arzneimittelspezifischen Lebenszyklus und Einordnung gesundheitspolitischer Regulierungsinstrumente

In der wissenschaftlichen Literatur wird für den Lebensweg einer Marktleistung analog zum biologischen Leben ein bestimmter Verlauf angenommen. Im idealtypischen Fall besteht zwischen Absatz und Umsatz eines Präparates eine bestimmte Abhängigkeit von der Zeit. Dies führt zu einer Kategorisierung in Phasen. Je nachdem in welcher Phase sich ein Arzneimittel befindet, „(…) ergeben sich entsprechend unterschiedliche Rahmenbedingungen, die in der Unternehmensführung zu berücksichtigen sind."[643] Insofern stellt die jeweilige Produktphase ein wichtiges Strukturmerkmal dar. In der Theorie sind verschiedene Abgrenzungen der Lebenszyklusphasen zu finden.[644] Häufig wird zwi-

---

[642] Das Produkt aus Eintrittswahrscheinlichkeit und Schadenshöhe wird als Risk Exposure bezeichnet, vgl. Wolf (2003), S. 565.

[643] Freiling / Reckenfelderbäumer (2010), S. 196.

[644] Nach RAASCH (2006) und GUMINSKI (2008) umfasst der arzneimittelspezifische Lebenszyklus fünf Phasen, vgl. Raasch (2006), S. 13. und Guminski (2008), S. 200. KLEINALTENKAMP UND PLINKE (2002) unterscheiden allgemein fünf bis sechs Phasen, vgl. Kleinaltenkamp / Plinke (2002), S. 153. SEITER UND SCHNEIDER (2009) unterteilen den Entstehungs- und Marktzyklus jeweils in vier Phasen, vgl. Seiter / Schneider (2009), S. 5.

schen einem engen und einem erweiterten Konzept unterschieden.[645] Der erweiterte Begriff vereint den Entstehungszyklus mit dem Markt- und Nachsorgezyklus und spiegelt so den Zeitraum von der Produktidee bis zur Entsorgung wider. Der Entstehungszyklus beinhaltet betriebliche Forschungs- und Entwicklungsphasen sowie jegliche Produktions- und Absatzvorbereitungen, welche den zukünftigen Markteintritt unterstützen. Der Marktzyklus stellt den konkreten Angebots- oder Nachfragezeitraum eines Produktes dar. Die Angebotsperiode (auch: Angebotszyklus) beginnt mit der Markteinführung des Präparates. Nach individuell schwankender Reaktionszeit der Leistungserbringer und Patienten lösen erste Verordnungen den Nachfragezyklus aus. Der enge Begriff des Produktlebenszyklus, der dieser Arbeit zugrunde gelegt wird, setzt ihn mit dem Marktzyklus gleich.[646] Er besteht, je nach Literaturquelle, aus fünf bis acht idealtypischen Phasen.[647] Das am weitesten verbreitete Modell umfasst die fünf Phasen Einführung, Wachstum, Reife, Sättigung und Degeneration und soll als Referenz dienen. In der Realität kommt es zu produktspezifischen Abweichungen, da nicht alle Arzneimittel diese Phasen in gleicher Intensität und Länge durchlaufen. Dies führt zu der Kritik, der Umsatzverlauf lasse sich nicht verallgemeinern. Darüber hinaus ist das Konzept deskriptiv ausgerichtet, so dass normative Schlüsse von hinreichender Allgemeingültigkeit nicht getroffen werden können.[648] Da im Kontext dieser wissenschaftlichen Arbeit die qualitative Beschreibung der wesentlichen Eckpunkte im Leben eines Arzneimittels im Vordergrund steht, soll die vorgebrachte Kritik vernachlässigt und auf eine eingehende Diskussion dieser Forschung verzichtet werden. Abbildung 26 skizziert einen idealtypischen Lebenszyklus mit der Form einer Glockenkurve.

---

645 Darüber hinaus wird nach dem Produktlebenszyklus aus Produzenten- und Kundensicht unterschieden. Aus Produzentensicht beginnt der Lebenszyklus bereits mit der Produktidee und umfasst daher auch den Entstehungszyklus. Aus Kundensicht beginnt er erst mit Eintritt des Produktes in den Markt, also mit dem Marktzyklus. Der Produzent betrachtet darüber hinaus den Lebenszyklus einer gesamten Produktart, während sich der Kunde nur für das von ihm gekaufte Produkt interessiert. So umfasst der Marktzyklus aus Produzentensicht viele Marktzyklen aus Kundensicht, vgl. Baum / Coenenberg / Günther (2007), S 87.

646 Vgl. Kreikebaum (1997), S. 109-110.

647 Die fünf Phasen beziehen sich nur auf den Marktzyklus, vgl. Raasch (2006), S. 13, und Guminski (2008), S.200. Die Unterteilung nach acht Phasen schließt auch den Entstehungszyklus mit ein, vgl. Seiter / Schneider (2009), S. 5.

648 Zur Kritik am Produktlebenszykluskonzept unter anderem Baum / Coenenberg / Günther (2007), S. 87-88. Mit Verweis auf weitere Literatur siehe Raasch (2006), S. 14.

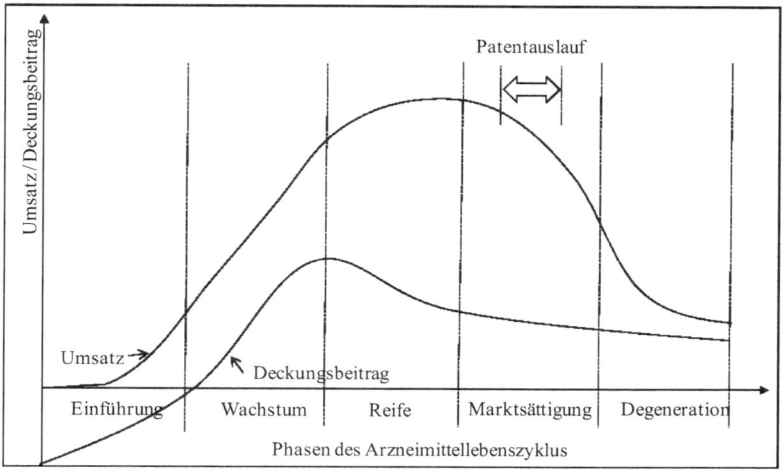

Abbildung 26: Idealtypischer Produktlebenszyklus von Arzneimitteln[649]

Die meisten gesundheitspolitischen Maßnahmen lassen sich in einen direkten Zusammenhang mit einem spezifischen Lebenszyklusabschnitt bringen. Das bedeutet, dass ein Arzneimittel in bestimmten Phasen deutlich stärker von Regulierungen betroffen ist als in anderen. Da sich die angesprochenen Instrumente merklich auf den Umsatz und den Deckungsbeitrag des Arzneimittels auswirken, kann es zu starken Abweichungen gegenüber dem erwarteten Verlauf des Lebenszyklus kommen.[650] Eine möglichst frühzeitige Prognose des Produktwertes beziehungsweise der Umsätze und Deckungsbeiträge zu bestimmten Zeitpunkten im Produktleben ist daher im Hinblick auf künftige strategische Entscheidungen von besonderer Bedeutung.

Die erste Phase skizziert die **Markteinführung**. Sie beginnt mit der Zulassung des Präparates. Oft wird das Medikament zunächst nur für ein eingeschränktes Indikationsgebiet zugelassen.[651] Die Umsätze sind noch relativ gering und wachsen langsam, da das

---

649 Eigene Darstellung in Anlehnung an Raasch (2006), S. 13.

650 Gesundheitspolitische Instrumente haben Einfluss auf Menge, Preis oder Qualität der verordneten Medikamente. Um diesen Effekt adäquat abbilden zu können, sollte neben dem Umsatz auch der Deckungsbeitrag dargestellt werden.

651 Vgl. Kleinaltenkamp / Plinke (2002), S. 155.

neue Medikament zunächst unbekannt ist. Parallel fallen verhältnismäßig hohe Werbe- und Markterschließungskosten an, die zu negativen Deckungsbeiträgen führen.[652] Unter idealen Voraussetzungen kann zum Ende der Einführungsphase der Break-Even-Point überschritten werden.[653] Eine von IMS HEALTH durchgeführte Launch Excellence Studie kommt zum Ergebnis, dass neben der medizinischen Kompetenz das Einführungstempo beziehungsweise die Steigerung der Umsatzkurve (Time-to-Peak-Sales) und die Effektivität der Werbung für den Erfolg einer Neueinführung besonders kritisch sind.[654] Die ersten sechs Monate entscheiden über Erfolg oder Misserfolg.[655] Daher wird die frühzeitige Planung der Markteinführungsaktivitäten bei allen zentralen Akteuren immer wichtiger.[656] Nach Qualität, Wirksamkeit und Unbedenklichkeit eines Arzneimittels bilden die gesundheitspolitischen Entscheidungen, die mit der Erstattungsfähigkeit des Arzneimittels zusammenhängen, die vierte Hürde der Markteinführung. So stellen die Maßnahmen der Gesundheitspolitik eine nicht zu unterschätzende, hinreichende Bedingung für einen erfolgreichen Marktzugang dar. Das regulatorische Umfeld wird zu einer entscheidenden Rahmenbedingung des unternehmerischen Handelns.[657] Eine auf die Erstatter und andere relevante Gremien abgestimmte Vertriebsstrategie ist dabei umso

652 Vgl. dazu die allgemeinen Ausführungen von ARNDT (2008) zum Produktlebenszyklus, Arndt (2008), S. 21.

653 Vgl. Freiling / Reckenfelderbäumer (2010), S. 196.

654 Vgl. Zeiner (2008d), S. 440. Der Studie liegen quantitative Marktdaten von 4.225 Markteinführungen aus acht Ländern zugrunde, die IMS HEALTH zwischen 1997 und 2004 systematisch analysierte. Zum Studienkonzept siehe Zeiner (2008d), S. 430.

655 Ein schneller Marktzugang entscheidet in der pharmazeutischen Industrie maßgeblich über den Erfolg eines Präparates. Produkte, die in derselben Substanzklasse folgen, haben in der Regel deutlich geringere Marktchancen, vgl. Huang / Schmidt (2001), S. 304.

656 Im Vergleich dazu hing der Erfolg der Markteinführung im produktorientierten Vermarktungsmodell vom monetären Einsatz ab. Je größer der finanzielle Spielraum von Marketing und Vertrieb, desto höher war die Penetration der Zielgruppen. Das primäre Ziel bestand darin, innerhalb kürzester Zeit einen möglichst hohen Share of Voice zu erreichen, um den Bekanntheitsgrad zu steigern und mögliche Verordnungswiderstände zu überwinden. Dieser Zusammenhang im Bereich der Werbeeffektivität hat sich verändert. Da die neuen Stakeholder nicht nur bei der Einführung, sondern über den ganzen Lebenszyklus eine immer wichtigere Rolle spielen, müssen sie in die Vermarktungsstrategie integriert werden, vgl. Seiter / Schneider (2009), S. 5. An dieser Stelle sei auch auf die in Kapitel 2.4.1 erklärten Regulierungsinstrumente verwiesen, die insbesondere zu Beginn den Lebenszyklus beeinflussen können.

657 Vgl. Kapitel 2.

relevanter je generischer der Gesamtmarkt ist.[658]

Das Regulierungsinstrument der Zweitmeinung kann der Einführungsphase zugeordnet werden. Es betrifft besondere Arzneimittel mit sehr hohen Jahrestherapiekosten oder erheblichem Risikopotenzial und stellt daher nicht per se für alle Präparate eine potentielle Gefahr dar.[659] Die Auswirkungen auf den Umsatz und Deckungsbeitrag sind präparatespezifisch und müssen im Einzelfall von Experten abgeschätzt werden.

In der **Wachstumsphase** wird das neue Präparat zunehmend vom Markt akzeptiert. Die Verordner zeigen verstärktes Interesse, so dass Absatz und Umsatz zunächst sehr schnell und später langsamer ansteigen. Da häufig mehrere Arzneimittelhersteller an ähnlichen Wirkstoffen forschen, kommen oft vergleichbare Präparate mit kurzem Zeitabstand in die Wachstumsphase. Die schnelle Realisierung von Pioniergewinnen ist daher wichtig.[660] Innerhalb dieser Phase werden maximale Umsatzwachstumsraten erzielt. Durch eine Reduzierung der Herstellkosten aufgrund von Skaleneffekten kann die höchste Rendite im gesamten Lebenszyklus erreicht werden.[661] In der Regel werden bereits in der Wachstumsphase Produktmodifikationen sowie neue Arzneimittelformulierungen in den Markt gebracht, um so die Anwendungsbreite zu vergrößern und zusätzliche Zielgruppen zu erschließen.[662]

Obwohl das Regulierungsinstrument der Kosten-Nutzen-Bewertung schon kurz nach Einführung des Präparates beauftragt werden kann, liegen die Ergebnisse aufgrund des

---

658 Vgl. Seiter / Schneider (2009), S. 5. In generischen Märkten ist der Preisunterschied zwischen den etablierten generischen Therapieoptionen und einem neu in den Markt eintretenden Arzneimittel in der Regel sehr groß. Da die Verordnungen des neuen Arzneimittels bei hohem Preis große Auswirkungen auf das Arzneimittelbudget der Erstatter haben, ist die Wahrscheinlichkeit von gesundheitspolitischen Regulierungen (z. B. Kosten-Nutzen-Bewertungen, Therapiehinweisen, Erstattungshöchstbeträgen) vergleichsweise hoch. Dies sollte bei der Markteinführungsstrategie bereits beachtet werden.

659 Vgl. dazu Kapitel 2.4.1.

660 Vgl. Kleinaltenkamp / Plinke (2002), S. 153-156.

661 Vgl. Freiling / Reckenfelderbäumer (2010), S. 196.

662 Darüber hinaus werden in dieser Phase oft Phase-IV Studien und Anwendungsbeobachtungen begonnen, die über Jahre laufen. Damit werden verschiedene Ziele verfolgt. Erstens können die an den Anwendungsbeobachtungen teilnehmenden Verordner Erfahrungen mit dem Präparat sammeln. Zweitens sollen bisher unerkannte Nebenwirkungen ausgeschlossen werden und drittens können die Studien Hinweise für eine Erweiterung der Zulassung um andere Indikationen geben, vgl. Raasch (2006), S. 26.

hohen Zeitaufwandes in der Regel wesentlich später vor.[663] Die nach ihrem Abschluss möglichen Therapiehinweise und Verordnungseinschränkungen sowie -ausschlüsse treten daher nicht vor Mitte der Wachstumsphase in Kraft. Zu den Konsequenzen eines Therapiehinweises auf den Arzneimittelmarkt sind trotz sorgfältiger Recherche in der Literatur keine allgemeingültigen Angaben zu finden. Je nach Produktcharakteristik und Umsetzung durch die Verordner dürften die Auswirkungen jedoch sehr unterschiedlich ausfallen. Die Verordnungsrestriktion und der -ausschluss reduzieren die Verordnungsmenge drastisch, da sie für alle gesetzlich Versicherten gelten. Verordnungsausschlüsse ziehen einen Umsatzeinbruch von 100 % im GKV-System nach sich; Verordnungseinschränkungen können abhängig von ihrem Umfang jede beliebige Umsatzveränderung verursachen. Durch angemessene Berücksichtigung der Entwicklungskosten bei der Ermittlung des Erstattungshöchstbetrages hat der Gesetzgeber eine implizite Mindestgrenze der Erstattung festgelegt.[664] Die Auswirkungen auf den Umsatz und Deckungsbeitrag sind darüber hinaus von den Verordnungsrückgängen durch die von den Patienten zu leistende Aufzahlung oder der Reduzierung des Listenpreises abhängig.

Die **Reifephase** zeichnet sich durch einen hohen Bekanntheitsgrad sowie eine weite Marktstreuung des Arzneimittels aus, so dass die Marketing- und Vertriebsaufwendungen zugunsten anderer Präparate gezielt reduziert werden können.[665] Meist wird das Arzneimittel in verschiedenen Wirkstärken und Darreichungsformen angeboten. Zudem hat es aufgrund bisheriger Erfahrungen in den Anwendungsbereichen seine technische Reife bestätigt. Innerhalb des Marktes ist ein Standard geschaffen worden, dessen Erfüllung Leistungserbringer und Patienten voraussetzen.[666]

All dies führt letztendlich in der **Marktsättigung** zum Absatzmaximum des Präparates und damit zur Ausschöpfung des Marktpotenzials. Es treten zunehmend neue, therapeu-

---

663 Eine Nutzenbewertung durch den G-BA dauert knapp zwei Jahre. Bis zur Erarbeitung einer Arzneimittelrichtlinie vergehen weitere Wochen. Erst danach wird ein Therapiehinweis erarbeitet. Eine Auswertung der Bearbeitungsdauer von Therapiehinweisen zwischen 1999 und 2004 ergab, dass bis zum Inkrafttreten weitere acht Monate benötigt werden, vgl. Dietrich (2008), S. 13.

664 Vgl. Wasem (2008), S. 1. Die Zuordenbarkeit von Entwicklungskosten mit überwiegendem Gemeinkostencharakter zu speziellen Präparaten ist in diesem Zusammenhang jedoch fraglich.

665 Vgl. Raasch (2006), S. 27.

666 Vgl. Kleinaltenkamp / Plinke (2002), S. 153-156.

tisch verbesserte Mitbewerberpräparate (Schein- und Schrittinnovationen) in den Markt,[667] so dass Marktanteile verloren werden und der Absatz sinkt. Um weitere Verordnungsanreize zu schaffen, müssen Zusatzfunktionen oder -leistungen erfüllt werden. Hersteller reagieren oft mit flankierenden Dienstleistungen (z. B. Helferinnen- und Deviceschulungen) oder Kombinationsprodukten.[668] Zusätzliche Investitionen und höhere Produktionskosten schmälern daher die Gewinne. Gegen Ende der Sättigungsphase kennzeichnet der Patentauslauf einen kritischen Wendepunkt, der in der Pharmabranche besondere Bedeutung hat.[669] Da nach Patentverlust in der Regel heftiger generischer Wettbewerb mit einem Preisverfall von 30 % bis 60 % entsteht,[670] bleibt forschenden Herstellern nur die Patentphase, um ihre Kosten zu amortisieren.

Der Eintritt in die **Degenerationsphase** kann neben dem Verlust des eigenen Patentes durch den Verlust eines Mitbewerberpatentes ausgelöst werden. So beschleunigt das erste Patent, das in der Substanzklasse ausläuft, in der Regel den Niedergang eines Präparates.[671] Trotzdem stabilisieren sich die Arzneimittelumsätze oft auf wesentlich niedrigerem Niveau wieder. Da für Altoriginale normalerweise kaum noch Marketing- und Vertriebsaufwendungen getätigt werden,[672] sind diese in der Regel hinreichend profitabel, so dass es für die Arzneimittelhersteller attraktiv bleibt, sie weiterhin anzubieten. Oft sprechen darüber hinaus die Aufrechterhaltung eines Images oder Verbundeffektes beziehungsweise die Tatsache, dass es sich um einen Prestigemarkt handelt, gegen eine Eliminierung aus dem Portfolio.[673]

Abbildung 27 skizziert die prognostizierten Eintrittszeitpunkte der jeweiligen Instrumente, das heißt den Zeitpunkt, an dem sie in Kraft treten – nicht den Zeitpunkt, an dem die ersten Auswirkungen bemerkbar sind. Diese Betrachtungsweise erscheint im Hin-

---

667 Durch den Verlust an Marktanteilen und Absatzmenge steigen in vielen Fällen die Produktionskosten an, vgl. Guminski (2008), S. 200.
668 Vgl. Kleinaltenkamp / Plinke (2002), S. 153-156.
669 Vgl. Raasch (2006), S. 14-15.
670 Generika können durch den Wegfall der Forschungs- und Entwicklungskosten wesentlich günstiger angeboten werden, vgl. Guminski (2008), S. 205. oder Kapitel 2.3.1.
671 Abweichend zu Koch (2009), S. 140. KOCH (2009) macht den Eintritt der Degenerationsphase zwangsläufig vom Auslaufen des eigenen Patentes abhängig.
672 Vgl. Raasch (2006), S. 28.
673 Vgl. Freiling / Reckenfelderbäumer (2010), S. 196.

blick auf die Schaffung eines Gefahrenbewusstseins sowie eines möglichen Reaktionszeitraums sinnvoll.

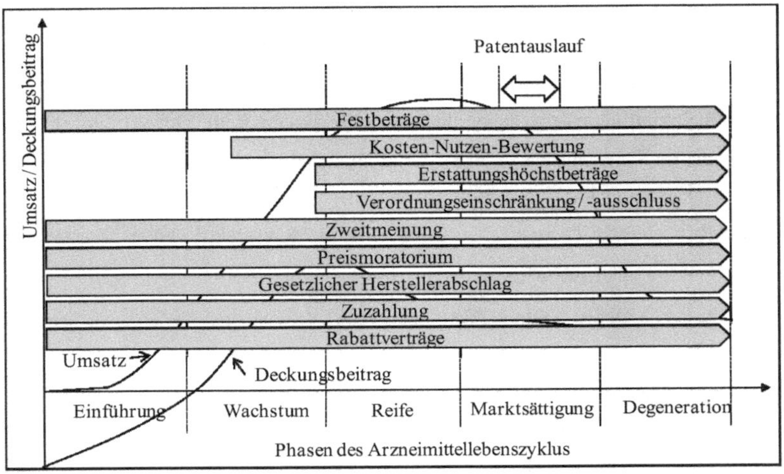

Abbildung 27: Positionierung gesundheitspolitischer Regulierungsinstrumente im idealtypischen Produktlebenszyklus[674]

Festbeträge, Preismoratorien, gesetzliche Herstellerabschläge, Zuzahlungen und Rabattverträge lassen sich keiner spezifischen Lebenszyklusphase zuordnen, sondern stellen permanent latente Bedrohungen dar. Patentgeschützte Analogpräparate können unter Festbetrag fallen, sobald das jeweilige Innovationspräparat der Wirkstoffklasse patentfrei wird. Je früher ein Festbetrag im Lebenszyklus festgelegt wird, desto schwieriger wird die Amortisation der Forschungs- und Entwicklungskosten. Um Aufzahlungen der Versicherten zu vermeiden, sind – abhängig vom Preisgefüge der Mitbewerber – Preisreduktionen von 10 % bis 80 % üblich.[675]

---

[674] Eigene Darstellung.

[675] Eigene Berechnungen. Im Jahr 2009 trugen die Arzneimittelhersteller 3,4 Mrd. Euro der Festbetragseinsparungen, vgl. VFA (2010a).

Aufgrund von Herstellerabschlägen reduzierte sich der Nettoumsatz der pharmazeutischen Hersteller im Jahr 2009 um circa 870 Mio. Euro.[676] Die ab August 2010 geplante Erhöhung der Zwangsrabatte für patentgeschützte Präparate von 6 % auf 16 % wird weitere Umsatzeinbußen verursachen.[677]

Rabattverträge nehmen in diesem Kontext eine ambivalente Rolle ein. Die Preisnachlässe aus Sicht der den Vertrag abschließenden Hersteller lagen im Jahr 2009 durchschnittlich bei 25 %.[678] Die Konsequenzen für die Mitbewerber sind nicht quantifizierbar. Ähnlich dem Konstrukt der Festbeträge können Rabattverträge zu verschiedenen Zeitpunkten entlang des Produktlebenszyklus geschlossen werden. Dabei sind aus der Vielzahl der in Kapitel 3.3 diskutierten Modelle, diejenigen zu wählen, die bezogen auf die jeweilige Lebensphase realisierbar und strategisch sinnvoll sind.[679] In einer sehr frühen Phase (Einführungsphase) können Pay-for-Cure oder Risk Sharing Verträge den Marktzugang für teure innovative Medikamente erleichtern. In der Wachstums- und Reifephase werden meist Cost Sharing-, Capitations-, P4P-, Mehrwert- oder Bundling-Kontrakte geschlossen, um einerseits den Marktanteil zu erhöhen und andererseits die Kosten für die gesetzliche Krankenversicherung in einem angemessenen Maß zu halten. Einfache Rabatt- oder Konsortialverträge werden für Originalpräparate in der Regel nach Ablauf eines Patentes oder kurz zuvor geschlossen. Auslöser ist in diesem Fall der zeitnah erwartete Markteintritt von Generika, der einen drastischen Umsatzeinbruch zur Folge hätte.

Abbildung 28 trifft eine idealtypische Zuordnung der Vertragsmodelle zu den Lebensphasen.

676 Vgl. Maag / Wald-Eßer (2010), S. 40.

677 Aus Sicht der Krankenkassen entspricht das einer Einsparung in Höhe von 1,1 Mrd. Euro, vgl. Biermann (2010).

678 Die Rabatthöhe von 25 % ergibt sich aus dem hohen Anteil von Generikaverträgen, vgl. Maag / Wald-Eßer (2010), S. 40.

679 Diese grobe Zuordnung der Vertragsmodelle erfolgt in Anlehnung an Ecker / Preuß (2008b), S. 60.

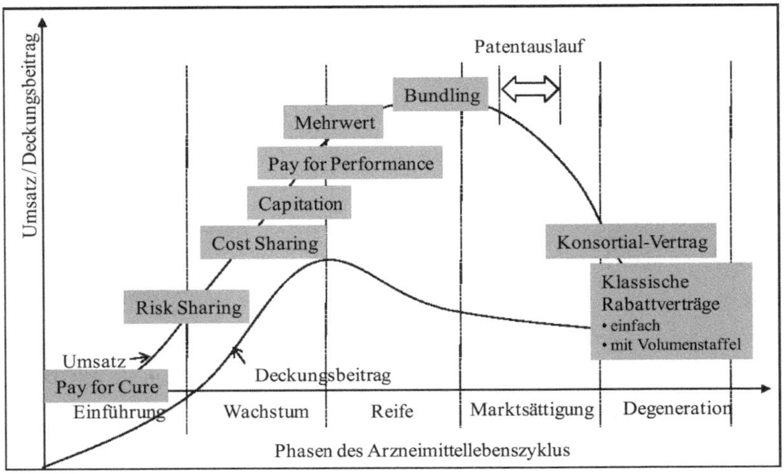

Abbildung 28: Rabattvertragsarten patentgeschützter Medikamente innerhalb des Produktlebenszyklus[680]

Auf Basis der regelmäßigen Umsatz- und Deckungsbeitragsplanung entwickelt der Key Account Controller produktindividuelle Diagramme und vergleicht sie mit dem standardisierten Lebenszyklus. Um einen ersten groben Überblick über mögliche Gefährdungen zu erhalten, ordnet er die untersuchten Regulierungsinstrumente den einzelnen Phasen zu. Die ermittelten Informationen müssen im Weiteren auf spezifische Einflussgrößen analysiert und weiterverarbeitet werden, um ein produktspezifisches gesundheitspolitisches Risikoprofil erstellen zu können. Eine besondere Herausforderung für das Key Account Controlling besteht daher im Umgang mit der Unsicherheit, die sich zwangsläufig aus unvorhersehbaren gesundheitspolitischen Ereignissen ergibt. Der Controller bewertet diese Risiken mit Hilfe eines Scoring Modells oder einer Monte Carlo Simulation, um einen risikoadjustierten Produktdeckungsbeitrag ermitteln zu können.

[680] Eigene Darstellung in Anlehnung an Ecker / Preuß (2008b), S. 60.

4.3.4.3 Methoden zur Bewertung des gesundheitspolitischen Risikos

4.3.4.3.1 Scoring Modell

Eine qualitative Bewertung von Risiken kann mit Hilfe eines Scoring Modells erfolgen. Da es die Integration qualitativer sowie quantitativer Aspekte erlaubt, kann die Lebenszyklusphase als Einflussgröße entsprechend berücksichtigt werden.[681] Die Bewertungsgrundlage sollte von einem multifunktionalen Team aus Key Account Managern und Controllern erarbeitet werden. Dabei werden die zentralen Einflussgrößen mit ihrer relativen Gewichtung im Gesamtkonzept festgelegt und die Ausprägungen mit Hilfe eines Punktesystems bewertet. Die Einordnung aller Einzelrisiken anhand der ermittelten Werte in eine ordinale Skala macht deren Rangordnung deutlich. Aufbauend auf dem arzneimittelspezifischen Lebenszyklus wird ein Modell mit drei gleichgewichteten Einflussgrößen präferiert. Es orientiert sich an folgender Bewertungslogik: Je höher das prognostizierte Risiko, desto höher der Punktwert.[682] Das Instrument der Rabattverträge nimmt in diesem Kontext eine Sonderstellung ein. Um Verzerrungen zu vermeiden, werden nur nicht-beeinflussbare Rabattverträge, das heißt – Kontrakte von Mitbewerbern – als Risiko definiert und in das Modell integriert. Eigene Direktverträge des Arzneimittelherstellers werden als bewusste Gegenstrategie interpretiert und im Folgenden außer Acht gelassen.

Die erste (qualitative) Einflussgröße ist die **Lebenszyklusphase**, in der ein gesundheitspolitisches Instrument voraussichtlich in Kraft tritt. Zur Bewertung der fünf Zyklusphasen ist die Vergabe der Punkte 1 bis 5 sinnvoll ($Score_I$ = 1, 2, 3, 4 oder 5). Je früher im Lebenszyklus eine Regulierung eintritt, desto höher ist das anzunehmende Risiko. Bei Inkrafttreten in der Einführungsphase besteht große Gefahr, dass das Wachstum des Produktes unterbunden wird, der Umsatz niemals sein prognostiziertes Potenzial ausschöpft und die hohen Forschungs- und Entwicklungskosten nicht amortisiert werden können. Das geringste Risiko geht von einer gesundheitspolitischen

---

681 Die Integration quantifizierbarer und nicht quantifizierbarer Entscheidungskriterien ist ein besonderer Vorteil von Scoring Modellen, vgl. Burger / Buchhart (2002), S. 156.

682 Im Beispiel werden jeweils gleich große Wahrscheinlichkeitsintervalle einem Punktwert zugeordnet. In der praktischen Anwendung sollten die Wahrscheinlichkeitsintervalle dem Kontext angemessen gewählt werden, sie können somit unterschiedlich groß sein.

Maßnahme in der Degenerationsphase aus. Hier ist der Umsatz des Arzneimittels bereits stark rückläufig, es besteht kein Patentschutz mehr und Generika drängen in den Markt. Im Scoring Modell werden von der Einführungs- zur Degenerationsphase absteigend 5 bis 1 Punkte vergeben.

Eine weitere Einflussgröße (*$Score_2$*) bewertet die **Eintrittswahrscheinlichkeit** der Instrumente. Die Prognose der Wahrscheinlichkeiten stellt höchste Anforderungen an das Expertenteam. Als Basis können empirische Erhebungen, wie beispielsweise die Auswertung ähnlicher Entwicklungen in Vergleichsmärkten oder die Analyse von veröffentlichten Studien, dienen. Um eine Vergleichbarkeit zu gewährleisten und Veränderungen im Zeitablauf erfassen zu können, wird ein strukturiertes Vorgehen anhand von drei Einflussgrößen vorgeschlagen. Die Eintrittswahrscheinlichkeit eines gesundheitspolitischen Regulierungsinstrumentes hängt wesentlich von den Produktcharakteristika ab. So haben kostenintensive Produkte in der gesundheitspolitischen Wahrnehmung voraussichtlich eine weit höhere Relevanz als preisgünstige (Preis-Kriterium). Ein weiterer Einflussfaktor könnte die Auswirkung auf die Ausgaben gesetzlicher Krankenversicherungen sein.[683] Die Umsetzung einer Regulierung muss aufgrund der monetären Höhe aller Verschreibungen nachvollziehbar und sinnvoll sein (Mengen-Kriterium). Als letztes Kriterium könnten die veröffentlichten Studien des betreffenden Medikaments dienen. Je unsicherer oder unklarer die Datenlage, desto höher ist beispielsweise die Wahrscheinlichkeit einer Kosten-Nutzen-Bewertung (Qualitäts-Kriterium). In diesem Kontext werden fünf Merkmalsausprägungen gewählt: *unwahrscheinlich* (0 % bis 20 % Eintrittswahrscheinlichkeit), *mäßig* (21 % bis 40 %), *mittel* (41 % bis 60 %), *wahrscheinlich* (61 % bis 80 %) und *sehr wahrscheinlich* (81 % bis 100 %). Je höher die prognostizierte Eintrittswahrscheinlichkeit, desto höher ist die anschließende Punktebewertung. Gemäß dem Sachverhalt, dass alle Instrumente nach ihrem Inkrafttreten zu einem Deckungsbeitragsverlust führen, wird eine höhere Eintrittswahrscheinlichkeit als steigendes potenzielles Risiko eingestuft. Aufgrund dessen wird ein unwahrscheinlicher Eintritt eines Instrumentes mit einem Punkt und ein sehr wahrscheinlicher Eintritt mit 5 Punkten bewertet.

683 Je höher die Ausgaben der gesetzlichen Krankenversicherung, desto größer das realisierbare Einsparpotenzial, vgl. Schuler / Dilger (o.J.), S. 4.

Die dritte Einflussgröße (*Score*$_3$) beurteilt die Schadenshöhe (**Höhe eines möglichen Deckungsbeitragseffektes)** im ersten Jahr nach Regulierung. Sie beruht ebenfalls auf Expertenschätzungen. Als Referenz dient die individuell modellierte Lebenszykluskurve des Präparates, das heißt jegliche Effekte werden in Relation zu dieser Kurve gesetzt. Um eine hinreichende Differenzierung zu gewährleisten, hat dieses Merkmal ebenfalls fünf Ausprägungen: *gering* (0 % bis 20 % Deckungsbeitragsrückgang), *mäßig* (21 % bis 40 %), *mittel* (41 % bis 60 %), *groß* (61 % bis 80 %) und *sehr groß* (81 % bis 100 %). Da ein Deckungsbeitragsrückgang von mehr als 80 % ein sehr großes Risiko darstellt, wird er mit 5 Punkten bewertet, während ein geringer Deckungsbeitragsrückgang mit einem Punkt einfließt. Tabelle 1 fasst die verschiedenen Kriterien des gesundheitspolitischen Risikos zusammen.

Kriterium	**Gewichtung**	**Bewertung der möglichen Ausprägungen**				
Lebenszyklus phase	1/3	Einführung	Wachstum	Reife	Sättigung	Degeneration
		5	4	3	2	1
Geschätzte Eintrittswahrscheinlichkeit	1/3	Unwahrscheinlich (0%-20%)	Mäßig (21%-40%)	Mittel (41%-60%)	Wahrscheinlich (61%-80%)	Sehr wahrscheinlich (81%-100%)
		1	2	3	4	5
Schadenshöhe	1/3	Gering (0%-20%)	Mäßig (21%-40%)	Mittel (41%-60%)	Groß (61%-80%)	Sehr groß (81%-100%)
		1	2	3	4	5

Tabelle 1: Bewertung des gesundheitspolitischen Risikos mit Hilfe eines Scoring Modells[684]

Alle bewerteten Einflussgrößen des Modells (Score$_1$, Score$_2$ und Score$_3$) werden im Folgenden miteinander multipliziert, um pro Regulierungsinstrument und Produkt einen Punktwert zu generieren. Die Summierung der einzelnen Punktwerte pro Medikament repräsentiert das gesundheitspolitische Risikoprofil.

Hauptvorteile eines Scoring Modells sind neben der Integration qualitativer sowie quantitativer Kriterien die einheitliche Bewertung aller Risiken sowie die damit erreichte

[684] Eigene Darstellung.

Vergleichbarkeit.[685] Durch eine Aggregation der Risiken auf Portfolioebene lässt sich die strategische Ausgangslage des Arzneimittelherstellers ermitteln. Erhebliche Nachteile stellen die Subjektivität der Wahrscheinlichkeitsschätzung und die Vernach-lässigung von Interdependenzen zwischen den Risiken dar. Die Aussagekraft des aggregierten Gesamtrisikos ist daher stark eingeschränkt. Darüber hinaus lässt sich der Risikoscore aufgrund seines qualitativen Charakters nicht in die Unternehmensplanung integrieren. Unter Verzicht auf die Einflussgröße Lebenszyklusphase wird daher im Folgenden eine Quantifizierung des Risikos vorgenommen.

4.3.4.3.2 Monte Carlo Simulation

Die Monte Carlo Simulation ist ein stochastisch-statistisches Verfahren, das im betriebswirtschaftlichen Kontext zur Bewertung quantifizierbarer Risiken eingesetzt werden kann.[686] Ihr Ziel besteht in der experimentellen Ermittlung einer Wahrscheinlichkeitsverteilung für eine als ungewiss betrachtete Zufallsgröße.[687]

Die forschende Pharmaindustrie interpretiert gesundheitspolitische Regulierungsinstrumente als derartige Zufallsgrößen, deren Eintreten zu Abweichungen in den geplanten Produktdeckungsbeiträgen führen. In der Vergangenheit wurden häufig Best- und Worst-Case Szenarien berechnet, um unterschiedliche Umweltzustände in die regelmäßige Key Account Planung zu integrieren.[688] Durch die gestiegene Regulierungskomplexität genügt diese Methode den zukünftigen Herausforderungen nicht mehr. Auf Basis der Monte Carlo Simulation soll deshalb ein stochastisches Planungsmodell für den pharmaspezifischen Kontext entwickelt werden, das für jede zentrale Planungsannahme neben dem Erwartungswert auch eine Information zu ihrer Unsicherheit

685 Ein Scoring Modell ermöglicht die Vergleichbarkeit von Risiken unterschiedlicher Geschäftsfelder und Bereiche nur dann, wenn einheitliche Bewertungsmuster im Unternehmen vorgegeben werden. Vgl. zu den Vor- und Nachteilen von Scoring Modellen zur Bewertung von Risiken, Fiege (2005), S. 183.

686 Die Monte Carlo Simulation wird vorrangig zur Ermittlung der Risikomaße Value at Risk, Cash Flow at Risk oder Earnings at Risk eingesetzt. Einen groben Überblick über die Anwendungsgebiete liefert Bleuel (2006), S. 372.

687 Vgl. Wolf / Runzheimer (2009), S. 137.

688 Best- und Worst-Case Szenarien vergleichen meist nur eine sehr begrenzte Anzahl verschiedener Fälle, so dass keine Gesamtaussage über die Risiken getroffen werden kann, vgl. Gleißner (2008), S. 82 und 84.

(Streuung und Risiko) liefert sowie eine konsistente und simultane Analyse von Risiken ermöglicht. Zu diesem Zweck wird für die einzelnen Präparate im Portfolio eines Arzneimittelherstellers eine Risikobewertung vorgenommen. Indem die geplanten Produktdeckungsbeiträge um die gesundheitspolitischen Risiken adjustiert werden, können diejenigen Produkte identifiziert werden, die durch Regulierungen am meisten gefährdet sind. So kann die Planungssicherheit verbessert und eine höhere Transparenz über das Ausmaß risikobedingter Planabweichungen erreicht werden.[689] Der Fokus wird hierbei auf negative Planabweichungen gelegt, da diese für die Existenz des pharmazeutischen Unternehmens kritisch sind.

Um die Nachvollziehbarkeit der Monte Carlo Simulation zu verdeutlichen, soll ein einfaches Grundmodell entwickelt und anhand eines Beispielproduktes i skizziert werden. Für ein zweites Produkt j wird ebenfalls eine Risikobewertung nach gleicher Methodik durchgeführt. Die Ergebnisse sind in Tabelle 9 im Anhang zu Kapitel 4 dargestellt.

Die Monte Carlo Simulation wird in sechs Schritten durchlaufen und anhand der excelbasierten Software @Risk von Palisade Corporation simuliert:[690]

Schritt 1: Identifikation der gesundheitspolitischen Risiken

In einem ersten Schritt werden die im vorherigen Kapitel identifizierten, mit Unsicherheit behafteten, Einflussgrößen in Verbindung zur Unternehmensplanung gebracht.[691] Abbildung 29 verdeutlicht, dass jedes Risiko eine bestimmte Plangröße der Produktdeckungsbeitragsrechnung beeinflusst. Das gesundheitspolitische Risiko durch einen Festbetrag (R1), einen Erstattungshöchstbetrag (R2), eine Verordnungseinschränkung oder einen -ausschluss (R3), eine Zweitmeinung (R4), eine Zuzahlung (R5) oder

[689] Da die Planung Grundlage der unternehmerischen Entscheidungen ist, ist eine hinreichende Genauigkeit unerlässlich, um Fehlentscheidungen zu vermeiden sowie die Steuerungsmöglichkeiten zu verbessern, vgl. Gleißner (2008), S. 81.
[690] Das vollständige Modell der Monte Carlo Simulation ist im Anhang zu Kapitel 4 zu finden.
[691] Vgl. Gleißner / Schrei / Wolfrum (2009), S. 93.

einen Rabattvertrag eines Mitbewerbers (R6) beeinflusst jeweils die Absatzmenge,[692] während das Risiko durch ein Preismoratorium (R7) oder einen erhöhten Herstellerrabatt (R8) die Höhe der Erlösschmälerungen verändert.

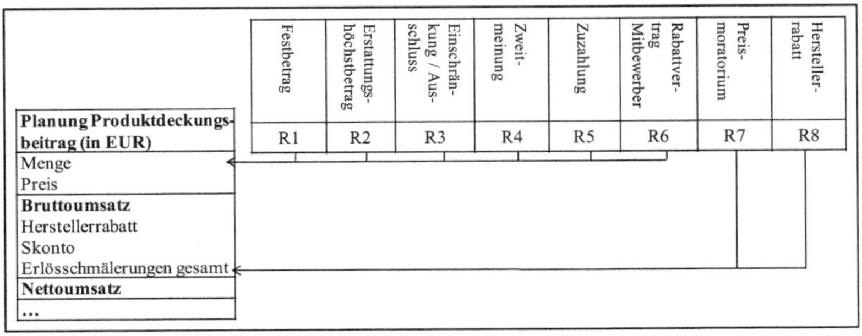

Abbildung 29: Integration gesundheitspolitischer Risiken in die Unternehmensplanung[693]

Schritt 2: Erstellung des Basismodells mit Risikoannahmen

Das Modell betrachtet den in Abbildung 30 dargestellten Planungshorizont von fünf Jahren (t_0 = 2010 bis t_4 = 2014).[694]

---

692 Aufgrund der freien Arzneimittelpreisbildung in Deutschland werden auch Erstattungshöchstbetrag und Festbetrag den mengenbeeinflussenden Instrumenten zugeordnet. Diese Instrumente haben zunächst keine Auswirkung auf den Listenpreis. Da die Patienten die Differenz zwischen Listenpreis und Erstattung in Form einer Aufzahlung privat tragen müssten, ist jedoch mit einer Reduktion der Verordnungsmenge zu rechnen.

693 Eigene Darstellung in Anlehnung an Gleißner (2004), S. 32.

694 Dem Beispiel liegen die gesetzlichen Rahmenbedingungen von März 2010 zugrunde.

Basisplanung (in EUR)		**2010**	**2011**	**2012**	**2013**	**2014**	**Kommentar**
Menge		3.006	3.298	3.800	3.338	2.687	Normalverteilung
davon Originalware		2.304	2.396	2.853	2.360	1.687	
davon Import		703	902	947	978	1.000	
Preis							
dt. Preis		10	11	11	11	11	Preiserhöhung um 5 % ab 2011
AEP		6	6	6	6	6	
Bruttoumsatz		**27.253**	**30.569**	**35.641**	**30.652**	**23.716**	
Herstellerrabatt	*6%*	*1.635*	*1.834*	*2.138*	*1.839*	*1.423*	
Skonto	*1%*	*273*	*306*	*356*	*307*	*237*	
Erlösschmälerungen gesamt		1.908	2.140	2.495	2.146	1.660	
Nettoumsatz		**25.345**	**28.429**	**33.146**	**28.506**	**22.056**	
Gestehungskosten		3.006	3.298	3.800	3.338	2.687	1 EUR/Packung
Vertriebssonderkosten	2%	545	611	713	613	474	
Deckungsbeitrag I		**21.794**	**24.520**	**28.633**	**24.555**	**18.894**	
in % von Bruttoumsatz		80%	80%	80%	80%	80%	

Abbildung 30: Planung des Deckungsbeitrages für Produkt i (gerundete Werte)[695]

Zu den Variablen der Basisplanung werden folgende vereinfachende Annahmen getroffen:

Annahme 1 (Preis):

Der deutsche Listenpreis des Präparates beträgt 10 Euro pro Packung in t_0. In t_1 soll er um 5 % erhöht werden und über die folgenden Planperioden konstant gehalten werden. Die im Markt befindlichen Parallelimporte werden zu einem europäischen Durchschnittspreis (european average price, AEP) von 6 Euro angeboten, der über die Planperioden als konstant angenommen wird.

Annahme 2 (Menge):

Die Absatzmenge unterliegt üblichen Marktschwankungen. Sie sei normalverteilt, wobei μ durch den Planwert repräsentiert wird und $\sigma = 10$ sei.[696] Die Importquote betrage zwischen 23 % und 37 % über die Planperioden.

695 Eigene Darstellung einer fiktiven Deckungsbeitragsplanung.

696 Marktschwankungen setzen sich aus einer Vielzahl von Einzelstörungen zusammen, deren Summe gegen eine Normalverteilung konvergiert, vgl. Gleißner / Meier (1999), S. 927.

Annahme 3 (Kostenpositionen):

Als Erlösschmälerungen werden Skonti in Höhe von 1 % und ein gesetzlicher Herstellerrabatt in Höhe von 6 % des Bruttoumsatzes geplant. Die Gestehungskosten liegen bei 1 Euro / Packung, die Vertriebssonderkosten bei 2 % des Bruttoumsatzes.

Aufgrund der Produktcharakteristika und der Wettbewerbssituation werden in Zukunft voraussichtlich vier gesundheitspolitische Risiken den geplanten Deckungsbeitrag negativ beeinflussen.

Risiko R2:

Ein Auftrag zur Nutzenbewertung des Wirkstoffes wurde bereits an das IQWiG erteilt, so dass ab dem Jahr 2013 mit dem Ergebnis gerechnet werden kann. Zum heutigen Zeitpunkt wird ein Erstattungshöchstbetrag erwartet. Die Festlegung könnte ab 2013 zu einem erstatteten GKV-Preis von 5 bis 7 Euro führen. Da der Hersteller nicht plant, den Listenpreis anzupassen, wird mit dem Rückgang der Verordnungsmenge gerechnet. Auf Basis von Marktforschungen wird eine Mengenreduktion von jeweils 30 % gegenüber der aktuellen Planung für die Jahre 2013 und 2014 erwartet. Zur Vereinfachung wird diese diskrete Variable mit einer sehr geringen Streuung von 4 Packungen um den Erwartungswert modelliert. Die Eintrittswahrscheinlichkeit für das Zufallsereignis wird auf 80 % geschätzt.

Risiko R6:

Im Markt gibt es Gerüchte, dass einer der Mitbewerber über einen nahezu flächendeckenden Rabattvertrag mit den größten gesetzlichen Krankenkassen verhandelt. Der Vertrag soll für zwei Jahre geschlossen werden (2011-2012). Die Eintrittswahrscheinlichkeit wird auf 70 % geschätzt. Über die Konditionen ist nichts bekannt. Aufgrund der Produktcharakteristika des Mitbewerbers wird mit einem Verdrängungswettbewerb gerechnet. Die negative Auswirkung auf die eigene Absatzmenge wird auf circa 10 % geschätzt.

Risiko R7:

Mit einer geschätzten Wahrscheinlichkeit von 90 % wird ein Preismoratorium rückwirkend ab August 2010 erhoben. Die für 2011 geplante Erhöhung des Listenpreises wäre in diesem Fall an die Krankenkassen abzuführen.

Risiko R8:

Die Wahrscheinlichkeit, dass der Herstellerrabatt zwischen 2011 und 2013 von derzeit 6 % auf 16 % erhöht wird, ist ebenfalls mit 90 % sehr hoch einzuschätzen.

Schritt 3: Festlegung der Risikoparameter

Die Bestimmung der Eintrittswahrscheinlichkeit und der Schadenshöhe stellt hohe Anforderungen an die Experten. Als Grundlage der Risikoabschätzung können Zeitreihen über Planabweichungen mit ähnlichen Ursachen oder Expertengespräche dienen.[697]

Das Ergebnis ist eine Wahrscheinlichkeitsverteilung, die den jeweiligen Wahrscheinlichkeitsintervallen eine Schadenshöhe zuordnet.[698] Um die Risiken später sinnvoll aggregieren zu können, werden kardinale Informationen über die Schadenshöhe benötigt.[699] Die geschätzten Eintrittswahrscheinlichkeiten werden kumuliert und Zufallszahlenintervallen (Z) zwischen 0 und 100 zugeordnet.

Wahrscheinlichkeitsverteilung für R2:

Da der Erstattungshöchstbetrag die Menge der verkauften Packungen (Absatzmenge) beeinflusst, ist er eine diskrete Zufallsvariable, für die die in Tabelle 2 dargestellte Verteilung angenommen wird.

---

697 Vgl. Gleißner (2008), S. 85.

698 Die Wahrscheinlichkeitsverteilung hat maßgeblichen Einfluss auf die Güte der Simulationsergebnisse. Dazu sind profunde Kenntnisse der Markt- und Branchenlogik notwendig, vgl. Bleuel (2006), S. 374. Zur Vereinfachung des Modells wird angenommen, dass die Deckungsbeitragsauswirkung nahezu zeitgleich (das heißt in der gleichen Periode) mit dem eintretenden Risiko wirksam wird.

699 Vgl. Gleißner / Meier (1999), S. 927.

Erstattungshöchstbetrag (R2)	**A1**	**A2**	**A3**	**A4**	**A5**	**A6**	**A7**	**A8**	**A9**
Mengeneffekt 2013	996	997	998	999	1000	1001	1002	1003	1004
Mengeneffekt 2014	810	811	812	813	814	815	816	817	818
Wahrscheinlichkeit in %	4	8	12	16	20	16	12	8	4
kumulierte Wahrscheinlichkeit in %	4	12	24	40	60	76	88	96	100
Zufallszahlenintervall (Z2)	0 - 4	5 - 12	13 - 24	25 - 40	41 - 60	61 - 76	77 - 88	89 - 96	97 - 100

Tabelle 2: Wahrscheinlichkeitsverteilung für R2[700]

Wahrscheinlichkeitsverteilung für R6:

Der Rabattvertrag des Mitbewerbers ist ebenfalls eine diskrete Zufallsvariable mit der in Tabelle 3 angenommenen Verteilung.

Rabattvertrag Mitbewerber (R6)	**A1**	**A2**	**A3**	**A4**	**A5**	**A6**	**A7**	**A8**	**A9**
Mengeneffekt 2011	296	297	298	299	300	301	302	303	304
Mengeneffekt 2012	228	229	230	231	232	233	234	235	236
Wahrscheinlichkeit in %	4	8	12	16	20	16	12	8	4
kumulierte Wahrscheinlichkeit in %	4	12	24	40	60	76	88	96	100
Zufallszahlenintervall (Z6)	0 - 4	5 - 12	13 - 24	25 - 40	41 - 60	61 - 76	77 - 88	89 - 96	97 - 100

Tabelle 3: Wahrscheinlichkeitsverteilung für R6[701]

Wahrscheinlichkeitsverteilung für R7 und R8:

Da der Schaden durch das Preismoratorium (R7) und den Herstellerrabatt (R8) nur zwei Ausprägungen (R7: 0 % oder 5 %, R8: 0 % oder 10 %) hat,[702] kann er als ja / nein-Entscheidung modelliert werden.

---

[700] Eigene Darstellung einer fiktiven diskreten Verteilung für R2.

[701] Eigene Darstellung einer fiktiven diskreten Verteilung für R6.

[702] Der Schaden des zusätzlichen Herstellerrabattes entsteht nur in Höhe der Differenz zum bereits eingeplanten Herstellerrabatt von 6 %.

Darüber hinaus wird davon ausgegangen, dass die Ereignisse jeweils nur in der Eintrittsperiode unsicher sind. Ist ein Ereignis eingetreten, entsteht der verursachte Schaden auch in den Folgeperioden.

Schritt 4: Konstruktion des Erklärungsmodells

Das Erklärungsmodell zeigt den Zusammenhang zwischen der zufallsabhängigen Einflussgröße (hier: gesundheitspolitisches Regulierungsinstrument) und der Zielgröße (hier: Deckungsbeitrag) für die definierte Periode. Es wird dabei zwischen deterministischen Inputgrößen und stochastischen Inputgrößen (Zufallsvariablen) differenziert.[703] Über deterministische Inputgrößen besteht keine Unsicherheit, während für die unsicheren Zufallsgrößen die in Schritt 3 ermittelte Wahrscheinlichkeit beziehungsweise Wahrscheinlichkeitsverteilung zugrunde gelegt werden muss.

Die gesundheitspolitischen Regulierungsinstrumente werden als unsichere Zufallsgrößen modelliert. Über eine Vielzahl von Simulationsläufen kann die Wahrscheinlichkeitsverteilung der Zielgröße ermittelt werden. Dazu müssen die Einzelrisiken zu einem produktbezogenen Gesamtrisiko aggregiert werden. Eine solche Aggregation könnte je nach Modell mathematisch-analytisch zu komplex werden.[704] Im Rahmen der Monte Carlo Simulation wird sie daher aus der Wahrscheinlichkeitsverteilung der stochastischen Inputgrößen ermittelt.

Im gegebenen Beispiel sind die vier Risiken nicht korreliert, das heißt ihr Eintreten ist unabhängig voneinander. Sie sind additiv miteinander verknüpft und können zu dem Gesamtrisiko R_i für das Produkt i addiert werden:

$$R_i = R2 + R6 + R7 + R8$$

[703] Vgl. Sander (2004), S. 342. SANDER (2004) betrachtet darüber hinaus Strategieparameter, die die Ausprägung der Marketing-Instrumente beschreiben. Hierzu zählen beispielsweise die periodenspezifischen Marketingkosten (Werbe- und Distributionsstrategie) sowie der Preis (Preisstrategie). Zur Vereinfachung werden die Marketingkosten im gegebenen Beispiel nicht betrachtet, da sie nicht im Entscheidungsbereich des Key Account Managers liegen. Der Preis wird als bekannt angenommen, so dass er als Strategieparameter keine Rolle spielt.

[704] Vgl. Gleißner / Meier (1999), S. 927.

Der Erwartungswert des Deckungsbeitrages I $E(DB_i)$ ergibt sich aus der Multiplikation von Preis und erwarteter Absatzmenge abzüglich der Erlösschmälerungen und der Kostenpositionen.

$$E(DB_i) = p_i \times E(x_i) \times (1 - E(e_i)) - k_i$$

mit:

$E(DB_i)$	Erwartungswert des Deckungsbeitrages I für das Produkt i
p_i	Listenpreis des Produktes i
$E(x_i)$	erwartete Absatzmenge des Produktes i
$E(e_i)$	erwartete Erlösschmälerungen des Produktes i
k_i	aus Vereinfachungsgründen zusammengefasste, variable Kostenpositionen für das Produkt i

Die Risiken R7 und R8 beeinflussen die Höhe der Erlösschmälerungen positiv, so dass sich für $E(e_i)$ folgender Zusammenhang ergibt:

$$E(e_i) = e_i + E(R7) + E(R8)$$

mit:

e_i	geplante Erlösschmälerungen für das Produkt i
$E(R7)$	Erwartungswert von R7
$E(R8)$	Erwartungswert von R8

Die Absatzmenge wird von den Risiken R2 und R6 negativ beeinflusst und lässt sich wie folgt beschreiben.

$$E(x_i) = E(x_{i\,Plan}) - E(R2) - E(R6)$$

mit:

$E(x_{i\,Plan})$	Erwartungswert der geplanten Absatzmenge für das Produkt i
$E(R2)$	Erwartungswert von R2
$E(R6)$	Erwartungswert von R6

Schritt 5: Durchführung der Simulation

Die Genauigkeit der Berechnungsergebnisse hängt maßgeblich von der Anzahl der durchgeführten Iterationen ab. Um die erforderliche Anzahl zu bestimmen, kann vorab ein Konvergenztest durchgeführt werden. Dazu muss ein Konfidenzintervall definiert werden, in dem das Ergebnis mit einer festgelegten Wahrscheinlichkeit liegen soll. Diese Wahrscheinlichkeit, die gewünschte Genauigkeit und die zu bestimmende Zielgröße determinieren die Zahl der durchzuführenden Iterationen.[705] Zur Vereinfachung werden für das Beispiel 10.000 Iterationen durchgeführt.

Schritt 6: Analyse, Interpretation und Entscheidung

Zuletzt erfolgen die Ermittlung des Mittelwertes und der Standardabweichung oder Quantilen der simulierten Szenarien, um die Ergebnisse entsprechend analysieren und interpretieren zu können. Für die Planjahre konnten die in Tabelle 4 dargestellten Verteilungen simuliert werden. Es wird deutlich, wie sich die ursprünglich normalverteilte Zielgröße – Deckungsbeitrag I – ohne Einfluss von Risiken (vergleiche dazu das Szenario ‚DB Plan') für die Planjahre durch die gesundheitspolitischen Ereignisse in t_1 bis t_4 verändert (vergleiche dazu das Szenario ‚DB Risiko'). In den Planjahren 2011 und 2012 ergibt sich durch die Kumulation der Risiken R6, R7 und R8 ein Gesamtrisiko von knapp 20 %. Für das Planjahr 2013 wird mit der größten Beeinträchtigung durch gesundheitspolitische Maßnahmen gerechnet, da hier durch die vier modellierten Risiken (R2, R6, R7 und R8) ein Gesamteffekt auf den Deckungsbeitrag in Höhe von rund 37 % erwartet wird. Für das Planjahr 2014 wird nur mit dem Eintritt von R2 gerechnet, so dass sich ein negativer Effekt von 24 % ergibt. Durch die modellierten Zufallsereignisse wird nicht nur der Mittelwert reduziert, sondern auch die Charakteristik der Verteilung verändert. Auf die Anwendung weiterer statistischer Auswertungen zur näheren Bestimmung der Art der Verteilung soll an dieser Stelle verzichtet werden.

[705] Vgl. Kanacher / Rademacher / Werners (2010), S. 195. BLEUEL (2006) weist darauf hin, dass eine hinreichende Stabilisierung der Simulationsergebnisse erreicht werden muss. Die konkrete Anzahl der Simulationsläufe ist daher kontextabhängig, vgl. Bleuel (2006), S. 373.

Name	Diagramm	Min.	Mittelwert	Max.	5%	95%	Risikofaktor
DBI 2010 Plan	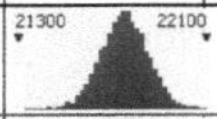	21.351	21.752	22.089	21.601	21.902	
DBI 2010 Risiko	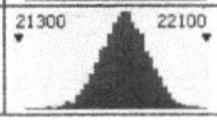	21.351	21.752	22.089	21.601	21.902	0,00%
DBI 2011 Plan	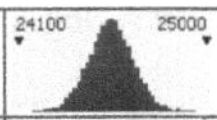	24.188	24.546	24.933	24.386	24.707	
DBI 2011 Risiko	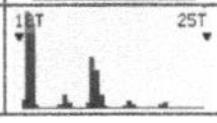	18.324	19.670	24.741	18.519	22.085	19,86%
DBI 2012 Plan	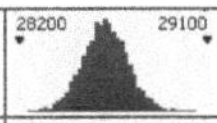	28.265	28.619	29.029	28.458	28.780	
DBI 2012 Risiko	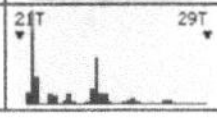	21.528	23.067	28.821	21.714	25.748	19,40%
DBI 2013 Plan	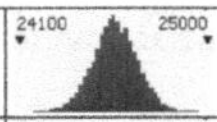	24.193	24.561	24.936	24.402	24.721	
DBI 2013 Risiko	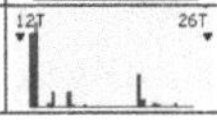	13.229	15.362	24.675	13.401	21.008	37,45%
DBI 2014 Plan	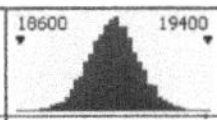	18.611	19.004	19.393	18.844	19.163	
DBI 2014 Risiko		12.936	14.420	19.312	13.124	19.071	24,12%

Tabelle 4: Ergebnis der Risikobewertung von Produkt i[706]

Ergebnis der Monte Carlo Simulation ist ein risikoadjustierter Deckungsbeitrag pro Planjahr. Die prozentuale Differenz aus dem ursprünglich geplanten und dem risikoadjustierten Deckungsbeitrag wird als gesundheitspolitischer Risikofaktor RF_i definiert, der formal wie folgt beschrieben wird:

$$RF_i = \frac{E(DB_{i\,\text{Plan}}) - E(DB_{i\,Risiko})}{E(DB_{i\,\text{Plan}})}$$

Der Risikofaktor gibt an, welcher Anteil des Deckungsbeitrages durch das Eintreten der gesundheitspolitischen Risiken gefährdet ist, dabei gilt: Je höher der Faktor, desto ge-

[706] Eigene Darstellung mit Hilfe der Software @Risk von Palisade Corporation.

fährdeter das Produkt.[707] Aus dem Abgleich dieses Faktors mit der absoluten Schadenshöhe lassen sich Handlungsbedarfe ableiten. Falls das ermittelte Gesamtrisiko ein vorher definiertes zulässiges Risikoniveau überschreitet, sollte eine mögliche Gegenstrategie entwickelt werden (z. B. Prüfung der Option eines Direktvertrages).

Dieses recht einfache Basismodell kann je nach Anforderungen an verschiedenen Stellen erweitert werden. Für Produkte, die aufgrund ihrer Charakteristika anderen gesundheitspolitischen Risiken ausgesetzt sind, könnte das Modell um **andere beziehungsweise zusätzliche Zufallsvariablen** ergänzt werden. Darüber hinaus können neben direkten Regulierungsinstrumenten auch **indirekte Instrumente** als Risiken modelliert werden, sofern diese die Produktdeckungsbeiträge (negativ) beeinflussen. Eine weitere Entwicklung des Modells könnte durch die Modellierung **korrelierter Variablen** (Risiken) erfolgen.[708] Die Beschreibung dieser Interdependenzen muss mit Hilfe einer Korrelationsmatrix erfolgen. So ist beispielsweise die Einführung eines Therapiehinweises zwingend von einer vorhergehenden Kosten-Nutzen-Bewertung abhängig (Korrelation = 1), während die Veränderung des Herstellerrabattes davon völlig unabhängig ist (Korrelation = 0). Die Berücksichtigung von Korrelationen hat signifikante Auswirkungen auf das Gesamtrisiko.[709] Sie bringen eine zusätzliche Komplexität in das Modell, da sie auf „(...) Einschätzungen von Beziehungen zwischen Wirtschaftsfaktoren (beruhen), die nicht so einfach aus den Erfahrungen der Vergangenheit ablesbar sind und über die in vielen Fällen nicht einmal Konsens in der Industrie oder sogar innerhalb eines Unternehmens herrscht."[710] Als weitere Modifikation wäre die **zeitliche Verschiebung von Ursache (In Kraft treten) und Wirkung (Deckungsbeitragseffekt)** des Risikos denkbar. So könnte beispielsweise die Annahme getroffen werden, dass die

---

707 Sofern $RF_i < 0$, hat das gesundheitspolitische Risiko einen positiven Einfluss auf den Deckungsbeitrag. Dieser Fall wird im Folgenden nicht näher betrachtet.

708 Sind Risiken negativ korreliert (Korrelation = -1) ist das Gesamtrisiko deutlich geringer als die Summe der Einzelrisiken, vgl. Wolf (2003), S. 567. Würde eine solche Korrelation ignoriert, würde ein zu hohes Gesamtrisiko ausgewiesen, so dass falsche Risikosteuerungsanreize gesetzt würden.

709 Verschiedene Autoren weisen auf die besondere Bedeutung von Korrelationen zwischen den unsicheren Einflussgrößen hin, vgl. dazu unter anderem Gleißner / Meier (1999), 927 oder Kanacher / Rademacher / Werners (2010), S. 194. Die Korrelation der Zufallsvariablen muss transparent sein, damit die Ergebnisse später adäquat in die Unternehmensentscheidungen integriert werden können, vgl. Henle (2009), S. 182.

710 Henle (2009), S. 183-184.

Auswirkungen des Rabattvertrages eines Mittbewerbers auf den eigenen Deckungsbeitrag erst einige Monate (z. B. eine Periode) später zu spüren sind.

4.3.4.4 Ermittlung des vertragsrelevanten Teilportfolios zur Steuerung gesundheitspolitischer Risiken

Die Steuerung von Risiken ist nur dann sinnvoll, wenn dem bewerteten Risiko auch eine quantifizierbare Chance gegenübersteht, da ansonsten keinerlei ökonomische Rationale für eine Steuerung bestünde.[711] Deshalb gilt es in einem nächsten Schritt, mögliche Gegenmaßnahmen zu definieren und den Risiken zuzuordnen. Dazu kann sich der Key Account Manager die in Abbildung 31 dargestellten Interdependenzen zwischen den Direktverträgen und anderen Regulierungsinstrumenten zu Nutze machen.[712] Dahinter steht die Erwartung, dass ein Vertragsmanagement gezielt zur Reduzierung des gesundheitspolitischen Risikos eingesetzt werden kann. So stellen beispielsweise Festbeträge, Erstattungshöchstbeträge, Verordnungseinschränkungen und -ausschlüsse sowie Zuzahlungen aufgrund ihrer Interdependenzen steuerbare Risiken dar, während Kosten-Nutzen-Bewertungen, Zweitmeinungen, Herstellerabschläge und Preismoratorien nicht steuerbar sind.

---

[711] Vgl. dazu Nevries / Strauß (2008), S. 110.

[712] Vgl. zu den Interdependenzen ausführlich Kapitel 2.5. Gegenmaßnahmen, beispielsweise durch Reduzierung von Kostenpositionen (z. B. Vertriebs- und Marketingaufwendungen) sowie Eliminierung des Produktes aus dem Portfolio, sollen hier nicht betrachtet werden, da sie nicht zum originären Handlungsfeld des Contract- und Key Account Managements gehören.

	Festbetrag	Höchstbetrag	Kosten-Nutzen-Bewertung	Einschrän-kung / Ausschluss	Nutzen-bewertung	Zweitmeinung	Hersteller-abschlag	Preis-moratorium	Zuzahlung	**Direkt-vertrag**
Festbetrag		X	x		x		x	x	x	X
Höchstbetrag			x		x					X
Kosten-Nutzen-Bewertung				x	x					
Einschränkung / Ausschluss										X
Nutzenbewertung										
Zweitmeinung										
Herstellerabschlag								x	x	
Preismoratorium										
Zuzahlung										X

Abbildung 31: Interdependenzen zwischen Direktverträgen und anderen Regulierungsinstrumenten[713]

Danach werden die Schadenshöhe und Eintrittswahrscheinlichkeit der Risiken unter Annahme einer Gegenmaßnahme neu bewertet. Es handelt sich dabei um eine durchschnittliche Einschätzung für das gesamte Kundenportfolio. Kunden- beziehungsweise vertragsindividuelle Kosten werden daher nicht berücksichtigt. Diese Bewertung dient alleine der Priorisierung von Ressourcen auf die relevanten Produkte und der Identifikation eines vertragsrelevanten Teilportfolios. Die detaillierte Planung der Verträge unter Einbeziehung der entstehenden Kosten erfolgt an späterer Stelle, da dies häufig mit hohem operativem Aufwand sowie begleitenden Szenario-Berechnungen durch das Controlling verbunden ist. Es ist daher empfehlenswert, solche Berechnungen nur für eine beschränkte Anzahl von Präparaten durchzuführen.

[713] Eigene Darstellung.

Folgende vereinfachte Annahmen sollen dem Beispiel zugrunde gelegt werden:

Risiko R2:

Es wird erwartet, dass die Eintrittswahrscheinlichkeit für einen Erstattungshöchstbetrag ab 2013 durch einen Direktvertrag verringert werden kann. Indem der Arzneimittelhersteller durch einen proaktiv abgeschlossenen Rabattvertrag die Wirtschaftlichkeit seines Präparates demonstriert, hofft er, die Eintrittswahrscheinlichkeit auf schätzungsweise 5 % reduzieren zu können. Die Schadenshöhe bei Eintritt ist nicht beeinflussbar.[714]

Risiko R6:

Die Eintrittswahrscheinlichkeit für den Rabattvertrag des Mitbewerbers ist nicht beeinflussbar. Der Mengenverlust kann dagegen durch einen eigenen Direktvertrag auf circa 5 % begrenzt werden. Es wird erwartet, dass die Verordnungsmenge eines weiteren Wettbewerbers, der keinen Vertrag abschließt, dafür stärker zurückgedrängt wird. Die neue Wahrscheinlichkeitsverteilung für R6 ist in Tabelle 5 dargestellt.

Rabattvertrag Mitbewerber (R6)	**A1**	**A2**	**A3**	**A4**	**A5**	**A6**	**A7**	**A8**	**A9**
Mengeneffekt 2011	148	149	150	151	152	153	154	155	156
Mengeneffekt 2012	114	115	116	117	118	119	120	121	122
Wahrscheinlichkeit in %	4	8	12	16	20	16	12	8	4
kumulierte Wahrscheinlichkeit in %	4	12	24	40	60	76	88	96	100
Zufallszahlenintervall (Z2)	0 - 4	5 - 12	13 - 24	25 - 40	41 - 60	61 - 76	77 - 88	89 - 96	97 - 100

Tabelle 5: Wahrscheinlichkeitsverteilung für R6 im Szenario ‚Vertrag'[715]

[714] Eine alternative Annahme könnte darin bestehen, dass die Eintrittswahrscheinlichkeit des Erstattungshöchstbetrages nicht beeinflusst werden kann, während die Mengenreduktion durch Ausgleich der Aufzahlung moderater ausfällt. In diesem Fall müsste eine alternative Verteilung für die Absatzmenge modelliert werden, während die Eintrittswahrscheinlichkeit gleich bleibt.

[715] Eigene Darstellung.

R7 und R8:

Weder die Eintrittswahrscheinlichkeit noch die Schadenshöhe der Risiken R7 und R8 sind beeinflussbar. Beide Risiken gelten als nicht steuerbar.

Für die durch mögliche Gegenmaßnahmen veränderten Eintrittswahrscheinlichkeiten und Schadenshöhen wird ebenfalls eine Monte Carlo Simulation durchgeführt, so dass sich der in Tabelle 6 dargestellte modifizierte Risikofaktor für das Szenario ‚DB Vertrag' ergibt. Die Differenz zwischen dem Faktor im Szenario ‚DB Risiko' und dem Szenario ‚DB Vertrag' definiert den antizipierten Wirkungsgrad eines Vertrages. In den Planjahren 2011 und 2012 überwiegt der Anteil der nicht steuerbaren Risiken (R7 und R8) am Gesamtrisiko. Der Nutzen eines Vertrages durch Steuerung des Risikos R6 wäre mit rund 3 % bis 4 % vergleichsweise gering. Der Anteil der steuerbaren Risiken am Gesamtrisiko ist in den Planjahren 2013 und 2014 dagegen deutlich höher, so dass ein Vertrag hier einen antizipierten Nutzen von rund 22 % hätte.

Name	Diagramm	Min.	Mittelwert	Max.	5%	95%	Risikofaktor	Nutzen Vertrag
DBI 2010 Plan	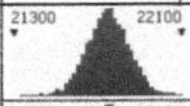	21.351	21.752	22.089	21.601	21.902		
DBI 2010 Risiko	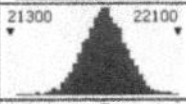	21.351	21.752	22.089	21.601	21.902	0,00%	
DBI 2010 Vertrag	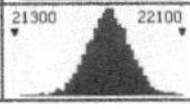	21.351	21.752	22.089	21.601	21.902	0,00%	0,00%
DBI 2011 Plan	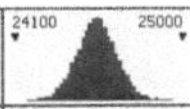	24.188	24.546	24.933	24.386	24.707		
DBI 2011 Risiko		18.324	19.670	24.741	18.519	22.085	19,86%	
DBI 2011 Vertrag	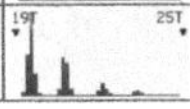	19.422	20.441	24.741	19.618	22.255	16,72%	3,14%
DBI 2012 Plan	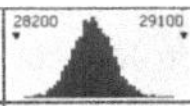	28.265	28.619	29.029	28.458	28.780		
DBI 2012 Risiko		21.528	23.067	28.821	21.714	25.748	19,40%	
DBI 2012 Vertrag	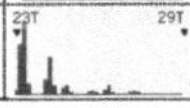	23.130	24.133	28.821	23.324	26.366	15,67%	3,72%
DBI 2013 Plan	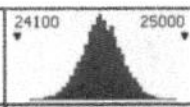	24.193	24.561	24.936	24.402	24.721		
DBI 2013 Risiko	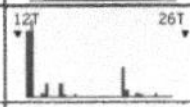	13.229	15.362	24.675	13.401	21.008	37,45%	
DBI 2013 Vertrag	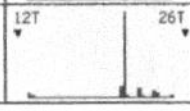	13.296	20.877	24.798	17.311	23.337	15,00%	22,46%
DBI 2014 Plan	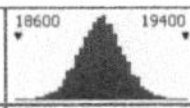	18.611	19.004	19.393	18.844	19.163		
DBI 2014 Risiko		12.936	14.420	19.312	13.124	19.071	24,12%	
DBI 2014 Vertrag		12.975	18.717	19.393	13.628	19.161	1,51%	22,61%

Tabelle 6: Gegenüberstellung der Risikofaktoren für Produkt i in den drei Szenarien[716]

Zur Veranschaulichung der Ergebnisse kann das Risiko dem Nutzen graphisch gegenübergestellt werden. Der gesundheitspolitische Risikofaktor definiert die vertikale Achse des Koordinatensystems, während der Nutzen einer Gegenmaßnahme auf der

716 Eigene Darstellung aufgrund der Simulation mit der Software @ Risk von Palisade.

Abszisse der Risiko-Nutzen-Matrix abgetragen wird.[717] Die Skalierung der beiden Achsen kann Risikofaktoren von 0 % bis 100 % abbilden. Je nach Sachverhalt wird jedoch eine Begrenzung auf einen sinnvollen Prozentbereich empfohlen.

Um die aktuelle Relevanz eines Präparates für den Arzneimittelhersteller auszudrücken, werden die einzelnen Produkte als Kreise positioniert, deren Größe durch den Deckungsbeitrag bestimmt wird.[718] Die Unterschiedlichkeit der Kreise ist bei einer Unternehmensanalyse von hoher Bedeutung, da deckungsbeitragsstarke Produkte existenzieller sind und verstärkt fokussiert werden müssen. Im Rahmen einer strategischen Unternehmensplanung ist eine Ausrichtung auf den Deckungsbeitrag einzelner produktspezifischer Strategien die Basis für eine Finanzplanung zur zukunftsfähigen Sicherung der Unternehmensliquidität.[719] Um Produkte, die sich am Anfang des Lebenszyklus befinden, angemessen zu berücksichtigen, sollten Risiko-Nutzen-Matrizen für alle Planungsperioden erstellt werden.

Die Risiko-Nutzen-Matrix dient der Analyse der gegenwärtigen Ausgangssituation und der Zukunftsfähigkeit einzelner oder mehrerer Produkte eines Arzneimittelherstellers und wird in Abbildung 32 dargestellt.[720] Auf ihrer Basis lassen sich Normstrategien ableiten, die dem Key Account Manager eine grobe Übersicht über eine sinnvolle Allokation der Ressourcen ermöglicht. Um Fehlsteuerungen zu vermeiden, sollten nur die Produkte, die in einer gleichen Lebenszyklusphase sind, in derselben Matrix dargestellt werden. So kann pro Matrix eine zum Lebenszyklus passende Vorauswahl an Vertragsmodellen getroffen werden.

---

717 Die Vier-Felder-Matrix ist im Produktmanagement ein beliebtes Instrument, um die Abhängigkeit einer unternehmensinternen, beeinflussbaren Dimension und einer unternehmensexternen, nicht-beeinflussbaren Dimension zu beschreiben, vgl. Götz / Diller (1991), S. 8. Heute wird die Vier-Felder-Matrix in Theorie und Praxis in unterschiedlichen Zusammenhängen benutzt. Im pharmazeutischen Marketing wird beispielsweise die Marktwachstum-Marktanteil-Matrix der Boston-Consulting-Group zur strategischen Planung eingesetzt, vgl. Burkard (2002), S. 135.

718 Vgl. Töpfer / Afheldt (1987), S. 26-27 oder Kotler / Keller / Bliemel (2007), S. 96.

719 Vgl. Dunst (1983), S. 95.

720 Vgl. Dunst (1983), S. 90.

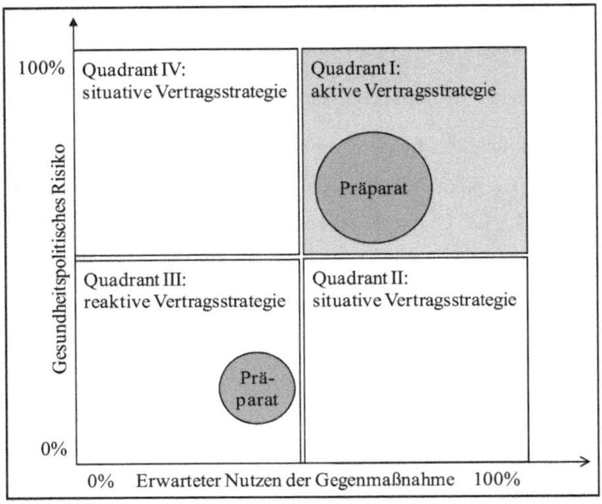

Abbildung 32: Idealtypische Risiko-Nutzen-Matrix[721]

Dem *Quadranten I* werden Präparate zugeordnet, die bei hohem Risikofaktor einen hohen Wirkungsgrad von Gegenmaßnahmen versprechen, das heißt der Anteil steuerbarer Risiken am Gesamtrisiko ist relativ hoch. Der Arzneimittelhersteller sollte seine Aufmerksamkeit auf diese Arzneimittel konzentrieren und eine aktive Vertragsstrategie verfolgen. Dazu muss das Key Account Management adäquate Vertragsmodelle entwickeln, die auf die Charakteristika des Arzneimittels abgestimmt sind. Für die Präparate im *Quadranten II* besteht aufgrund ihrer Charakteristika ein relativ geringes Gesamtrisiko. Der erwartete Nutzen von Gegenmaßnahmen wird dagegen verhältnismäßig hoch eingeschätzt. Der Arzneimittelhersteller sollte für diese Präparate eine situative Strategie verfolgen, das heißt, der Key Account Manager muss das Kosten-Nutzen-Verhältnis eines Vertragsmanagements sorgfältig abwägen, bevor er eine konkrete Handlungsempfehlung abgibt. Dem *Quadranten III* werden Präparate zugeordnet, für die sowohl das gesundheitspolitische Risiko als auch der Nutzen von Gegenmaßnahmen als relativ ge-

[721] Schematische Darstellung einer Risiko-Nutzen-Matrix. Je nach Strategie des pharmazeutischen Unternehmens können die vier Quadranten unterschiedlich groß sein.

ring eingeschätzt wird. Hier sollte eine reaktive Vertragsstrategie verfolgt werden, das heißt, es sollten nur dann Ressourcen in eine Vertragsstrategie investiert werden, wenn eine Anfrage von Seiten einer Krankenkasse an den Arzneimittelhersteller herangetragen wird oder eine veränderte Wettbewerbssituation Reaktionen erfordert. Präparate, die dem *Quadranten IV* zugeordnet werden, sind durch gesundheitspolitische Maßnahmen relativ stark gefährdet, während der Nutzen möglicher Gegenmaßnahmen als moderat eingeschätzt wird. Ähnlich wie bei den Präparaten im Quadranten II muss der Key Account Manager situativ entscheiden.

Wird für die analysierten Produkte i und j die in Abbildung 33 visualisierte Risiko-Nutzen-Matrix erstellt, so werden Unterschiede zwischen den Produkten sowie Planjahren in Abhängigkeit der erwarteten gesundheitspolitischen Entwicklung deutlich. Es wird erwartet, dass Produkt j während des Planungszeitraumes nur von Maßnahmen betroffen ist, die im Sinne eines Vertragsmanagements nicht steuerbar sind (R7 und R8). Produkt i ist sowohl von steuerbaren als auch nicht steuerbaren Risiken betroffen. Insbesondere in den Jahren 2013 und 2014 überwiegt der Anteil der steuerbaren Risiken, so dass dieses Produkt dem vertragsrelevanten Portfolio zugerechnet werden sollte.

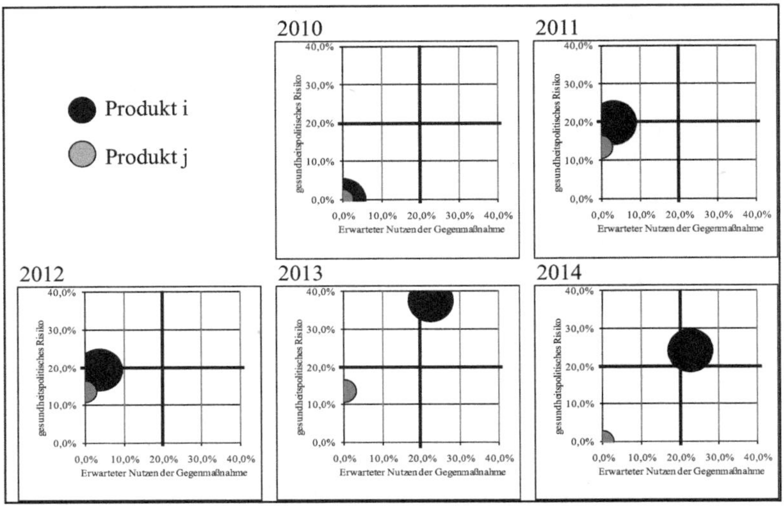

Abbildung 33: Risiko-Nutzen-Matrix für die Produkte i und j[722]

[722] Eigene Darstellung.

4.3.5 Identifikation, Segmentierung und Steuerung von Key Accounts

4.3.5.1 Motivation und Zielsetzung eines systematischen Kundenmanagements

Um in dem sich verändernden gesundheitspolitischen Umfeld den Markterfolg innovativer Arzneimittel zu sichern, muss die Pharmaindustrie stärker in Interaktion mit den entscheidenden Stakeholdern entlang der Wertschöpfungskette treten. Nachdem in Kapitel 4.3.4 eine Systematik entwickelt werden konnte, um die durch gesundheitspolitische Risiken gefährdeten Produkte zu identifizieren, gilt es nun, diejenigen Kunden auszuwählen, mit denen eine Kooperation die besten Chancen zur Sicherung der Produktdeckungsbeiträge bietet. Aufgabe der Key Account Manager ist es daher, individuelle Kunden- und Geschäftsbeziehungen aufzubauen und zu pflegen sowie personelle und monetäre Ressourcen auf diejenigen Kunden zu allokieren, die als attraktiv identifiziert werden (Key Accounts).[723]

Abbildung 34 stellt die Entscheidungen im Spannungsfeld zwischen Präparat und Key Account schematisch dar.

---

[723] Vgl. Stüker (2008), S. 26 und 38, Cornelsen (2000), S. 2-3, Fischer / Breitenbach (2007), S. 162-163. Die Identifikation der richtigen (Schlüssel-)Kunden stellt einen kritischen Erfolgsfaktor dar, da aus Fehlentscheidungen hohe Effizienzverluste resultieren. Da die Implementierung eines Key Account Managements hohe Kosten verursacht, sollte bei der Auswahl der Key Accounts auf eine hohe Profitabilität geachtet werden. Nur so können die zusätzlichen Kosten kompensiert werden, vgl. Wengler (2006), S. 63. Bevor ein Pharmahersteller eine Kundenbeziehung intensiviert, sollte detailliert analysiert werden, ob diese ökonomisch oder strategisch wertvoll ist, vgl. Wengler (2006), S. 144. Daneben ist die Segmentierung des Kundenstammes eine wichtige Voraussetzung für die Entwicklung einer effektiven und effizienten Betreuungsstrategie, vgl. Renner (1994), S. 369 und 371 sowie Baikie (2000), S. 15-16.

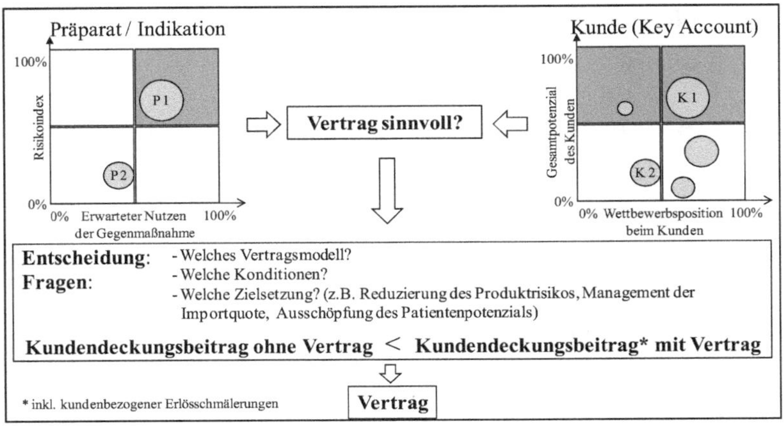

Abbildung 34: Entscheidungen im Spannungsfeld zwischen Präparat und Key Account[724]

Der Key Account Controller leistet dabei methodische und kostenrechnerische Unterstützung.[725] Ihm obliegt die Aufgabe, den Account Management-Prozess der Zielfindung, Planung und Steuerung mitzugestalten und zu begleiten. Er stellt folglich eine Ziel- und Zukunftsorientierung der Kundenbetreuung sicher, indem er entscheidungsrelevante Informationen vermittelt und hierfür ein umfangreiches Instrumentarium zur systematischen Identifikation, Selektion und Förderung aller aktuellen und potentiellen Schlüsselkunden bereitstellt und pflegt.[726] Die bisher im Rahmen des Vertriebscontrollings in vielen Pharmaunternehmen etablierten Instrumente genügen diesen Anforderungen in der Regel nicht. Da sich sowohl die Kunden als auch deren Bearbeitungsstrategie im Key Account Management gänzlich von denen des klassischen produktorientierten Vermarktungsmodells unterscheiden, können bereits erhobene Daten oder implementierte Instrumente nicht angewandt werden.

---

[724] Eigene Darstellung.

[725] Zur Rolle des Key Account Controllers vgl. auch Reinecke (2005), S. 132, Baguhl (2004), S. 135. oder vgl. Renner (1994), S. 375.

[726] Vgl. International Group of Controlling (2002). Diese Zielsetzung entspricht außerdem der koordinationsorientierten Controlling-Konzeption nach KÜPPER (2005) und verweist auf die Entscheidungsunterstützungs- und Verhaltensbeeinflussungsfunktion des Controllings. Für nähere Informationen hierzu vgl. Küpper / Weber / Zünd (1990) und Ewert / Wagenhofer (2008), S. 6.

Aus methodischer Sicht besteht daher insbesondere Forschungsbedarf in der Modellierung und Messung einer aussagekräftigen Ziel- und Steuerungskennzahl zur Bewertung von Key Accounts.[727] Im Wesentlichen besteht das Ziel dieser Arbeit daher in der begrifflichen Konkretisierung eines pharmabezogenen Kundenwertes und der Entwicklung eines eigenen, auf die Spezifika der pharmazeutischen Industrie abgestimmten, Konzeptes.[728] Dabei wird auf eine einleitende Analyse und Würdigung der nahezu unerschöpflichen Vielfalt an theoretischen Kundenbewertungskonzepten bewusst verzichtet und auf die veröffentlichte Fachliteratur verwiesen.[729] Stattdessen wird der Versuch unternommen, einen eigenen pragmatischen Ansatz zur Kundenbewertung zu erarbeiten.

Neben diesem methodischen Aspekt soll der Managementaspekt eines systematischen Schlüsselkundenmanagements herausgearbeitet werden. Durch die Unterschiedlichkeit der Kundenbeziehungen auf der einen Seite und die Begrenztheit der Ressourcen auf der anderen Seite kommt es „(...) zu einem anbieterseitigen Interessen- beziehungsweise Allokationskonflikt bzgl. der einzusetzenden Ressourcen."[730] Der erfolgreiche Einsatz eines wertorientierten Kundenmanagements erfordert daher ein geeignetes Steuerungskonzept durch das Key Account Controlling. Dieser kundenwertorientierte Führungs- und Steuerungsprozess basiert auf der Definition und Bestimmung der Zielgröße Kundenwert und seiner Werttreiber. Um Entscheidungen hinsichtlich der Bearbeitung eines Kunden treffen zu können, müssen die Kundenbeziehungen priorisiert und ihr Beziehungsstatus analysiert werden.[731] Aufbauend auf den Ergebnissen dieser Kundenwertanalysen sind eine strategische und eine operative Kundenwertplanung durchzufüh-

---

[727] Die wissenschaftliche Fachliteratur schlägt in diesem Zusammenhang die Kennzahl Kundenwert vor, um ein „(...) Unternehmen kundenorientiert auszurichten und damit langfristig profitabler zu machen (...)", Schmidt-Gallas / Zuberer / Neuhaus (2008), S. 2074.

[728] In der wissenschaftlichen Literatur gibt es keine einheitliche definitorische Auseinandersetzung mit dem Begriff Kundenwert. Er muss daher zunächst für den pharmaspezifischen Kontext präzisiert werden. Eine eingehende Auseinandersetzung mit den unterschiedlichen Begriffsdefinitionen liefert Cornelsen (2000), S. 38-40. Im Sinne dieser Arbeit wird ein anbieterorientierter Kundenwert als quantifizierbarer Nutzen definiert, den der Arzneimittelhersteller durch den Kunden erfährt. Eine sinngemäße Definition liefert auch Rudolf-Sipötz (2001), S. 14.

[729] Siehe hierzu beispielsweise Cornelsen (2000).

[730] Cornelsen (2000), S. 282.

[731] Vgl. Weber / Lissautzki (2006), S. 279-280 oder Rudolf-Sipötz / Tomczak (2001), S. 80. DILLER (1995) unterscheidet beim strategischen Konzept des Kundenwertmanagements zwischen Kundenselektionskonzept und Kundenbearbeitungskonzept, vgl. Diller (1995), Sp. 1368.

ren.[732] Dabei muss das Hauptziel – die Maximierung des Kundenwertes – so operationalisiert werden, dass der Erfolgsbeitrag der einzelnen Key Account Manager transparent wird. Die Kundenwert-Steuerung und Kontrolle überwacht die Ausschöpfung dieser Potenziale und zeigt gegebenenfalls die Notwendigkeit eines lenkenden Eingreifens auf.[733] So bedeutet die Steuerung von Key Accounts eine Ressourcenallokation hinsichtlich des Kundenwertes.

Um diesen Anforderungen gerecht zu werden wird ein vierschrittiges Vorgehen vorgeschlagen. In einem ersten Schritt sollen die attraktivsten Vertragspartner für das in Kapitel 4.3.4.4 ermittelte vertragsrelevante Produktportfolio identifiziert werden (Kapitel 4.3.5.2.1). Ziel ist es, darauf aufbauend in einem zweiten Schritt ein Kundenranking zu erstellen, um monetäre und personelle Ressourcen auf bestimmte Kunden priorisieren zu können (Kapitel 4.3.5.2.2). In einem dritten Schritt soll die Beziehung zu den identifizierten Kunden näher analysiert werden, um eine konkrete kundenbezogene Vertragsstrategie entwickeln zu können (Kapitel 4.3.5.2.3). Der vierte Schritt fokussiert die Steuerung der Kundenbeziehung. Ziel ist es einerseits, die voraussichtlichen Auswirkungen von Verträgen auf Absatz und Umsatz zu bewerten, um die Entscheidung zum Abschluss eines Vertrages zu treffen. Andererseits führt das Key Account Controlling Abweichungsanalysen durch, um die Profitabilität bestehender Kontrakte zu ermitteln beziehungsweise Vertragsbeziehungen zu beenden (Kapitel 4.3.5.2.4).

Zum besseren Verständnis des pharmaspezifischen Kundenwertes soll ein einfacher Zwei-Kunden-Zwei-Produkte-Fall konstruiert werden, wobei der Kunde allgemein mit K und das Produkt mit P abgekürzt werden soll. Für das Beispiel sei angenommen, dass das Präparateportfolio eines pharmazeutischen Herstellers aus den in Kapitel 4.3.4 vorgestellten Produkten i und j besteht, die zu 100 % von den beiden Krankenkassen A und B erstattet werden. Es gilt daher $P = \{i, j\}$ und $K = \{A,B\}$.

---

[732] Im Rahmen der strategischen Kundenwertplanung wird auf Basis vorher definierter Kundenwertziele die Zielgruppenbestimmung sowie Rangfolgenbildung vorgenommen. Bei der operativen Kundenwertplanung geht es bei Bestandskunden vorrangig um die Erhöhung der Kundenumsätze beziehungsweise der Reduzierung der kundenbezogenen Kosten, vgl. Lissautzki (2007), S. 74.

[733] Vgl. unter anderem Weber / Lissautzki (2004), S. 30, Weber / Lissautzki (2006), S. 278-280 oder Reinecke / Keller (2006), S. 260-261.

4.3.5.2 Modellierung eines pharmaspezifischen Kundenwertes

4.3.5.2.1 Identifikation der attraktivsten Vertragspartner

Die Identifikation von Key Accounts dient zur Auswahl potenzieller Vertragspartner. Sie sollte auf Kennzahlen beruhen, die sowohl für die Key Account Manager leicht verständlich als auch in die Controllingsysteme gut integrierbar sind.

Wie in Kapitel 4.3.1 analysiert, bestimmt die Prävalenz einer Krankheit die maximale Arzneimittelverordnungsmenge. Bezogen auf die einzelne Krankenkasse determiniert damit die Patientenstruktur das maximale Erstattungsvolumen und so auch das Nachfragepotenzial in einem Indikationsgebiet. Da aus Sicht des pharmazeutischen Herstellers insbesondere dann eine Win-Situation aus einer Vertragsstrategie resultiert, wenn die mit einer vertraglichen Vereinbarung verbundenen Kosten (z. B. Rabatte, Dienstleistungen) durch die Ausweitung der Absatzmenge überkompensiert werden, sind diejenigen Kunden als Vertragspartner am attraktivsten, bei denen die größte Mengenausweitung möglich ist. Das indikationsspezifische **Patientenpotenzial** (Morbiditätsprofil) einer Krankenkasse dient daher als Maß für ihre Attraktivität.[734] Es gibt die Anzahl der Versicherten einer Krankenkasse an, die aufgrund ihres Krankheitsbildes potenziell als Endverbraucher für ein Präparat in Frage kommt. Da eine Krankenkasse ihrerseits in der Regel eine Vertragsvereinbarung nutzt, um sich selbst im Versicherungs- beziehungsweise Leistungsmarkt zu positionieren, ist die Größe des Patientenpotenzials ebenfalls ein wichtiger Indikator für ihre grundsätzliche Bereitschaft, einen Vertrag abzuschließen. Das Patientenpotenzial macht keine Aussage über das aktuelle Erstattungsvolumen einer Krankenkasse. Es kann daher unabhängig von der Lebenszyklusphase eines Arzneimittels und den aktuellen Produktumsätzen ermittelt werden. Die Daten zum Morbiditätsprofil werden entweder von der Krankenkasse zur Verfügung gestellt oder können bei einem unabhängigen Datenlieferanten eingekauft werden. Falls keine verlässlichen Zahlen zum Patientenpotenzial einer

---

[734] Der maximal mögliche Bedarf an Produkten wird allgemein als wichtigstes Merkmal für die Attraktivität eines Kunden angesehen. Dieser, mehrere Produktgruppen abdeckende, Bedarf wird auch als relevanter Bedarf bezeichnet, vgl. Werner / Beutin (2000), S. 24. Im Zusammenhang mit Krankenkassen wird dieser relevante Bedarf maßgeblich über die Patientenstruktur bestimmt und soll deshalb als Patientenpotenzial bezeichnet werden.

Krankenkasse vorliegen, kann die aktuell erstattete Menge im relevanten Markt als geeignete Näherung herangezogen werden.[735] Dazu muss der relevante Markt nach sachlichen Kriterien abgegrenzt werden.[736] Im Sinne des Vertragsmanagements sollten nur Mitbewerberprodukte in die Betrachtung mit einfließen, die aus Arztsicht als substituierbar gelten.

Formal stellt sich das Patientenpotenzial wie folgt dar:

$$PP_{PK} = Anzahl\ potenzieller\ Patienten\ von\ Präparat\ P\ bei\ Krankenkasse\ K$$

Für den zu konstruierenden Zwei-Kunden-Zwei-Produkte-Fall betrage das Patientenpotenzial für das vertragsrelevante Produktportfolio (hier: nur Produkt i) 12.000 Patienten bei Krankenkasse A und 20.000 Patienten bei Krankenkasse B.[737] Aufgrund ihres Patientenpotenzials gilt B damit zunächst als attraktiverer Vertragspartner.

Haben zwei Krankenkassen ein sehr ähnliches Patientenpotenzial, kann als weiteres Maß für ihre Attraktivität als Vertragspartner das Verhältnis zwischen der aktuellen Nachfrage und dem Patientenpotenzial herangezogen werden. Es wird durch die Kennzahl **Share of Wallet** (SoW_{PK}) beschrieben und beantwortet die Frage nach Marktgröße und Marktanteil bezogen auf einen Key Account.[738] Der Vorteil gegenüber einer reinen Marktanteilserhebung besteht in der Information über Kundenabdeckung und Kundenausschöpfung. Um Fehler durch unterschiedliche im Markt befindliche Packungsgrößen innerhalb eines Indikationsgebietes zu vermeiden, sollte der Share of Wallet in Zähleinheiten (z. B. Tabletten) berechnet werden. Dazu muss das Patientenpotenzial mit der durchschnittlich verordneten Anzahl an Zähleinheiten pro Patient und Periode multipliziert werden. Formal wird der Share of Wallet wie folgt beschrieben:

---

735 Die erstattete Menge vernachlässigt die unter- und fehlversorgten Patienten und ist daher nur eine Näherung an das eigentliche Patientenpotenzial.

736 Vgl. zur Abgrenzung des relevanten Marktes Kapitel 2.3.

737 Wie aus der Analyse in Kapitel 4.3.4.4 hervorgeht, ist Produkt j im Sinne des Vertragsmanagements nicht relevant.

738 Zum Share of Wallet siehe Bain & Company Germany, Inc. (2002) oder Schrack (2002), S. 4.

$$SoW_{PK} = \frac{x_{zPK}}{PP_{zPK}} \times 100$$

mit:

SoW_{PK}	Share of Wallet der Krankenkasse K bei Produkt P
x_{zPK}	erstattete Menge des vertragsrelevanten Produktes P bei der Krankenkasse K in Zähleinheiten
PP_{zPK}	Patientenpotenzial der Krankenkasse K in Zähleinheiten

Ein Vergleich der relativen Ausschöpfung verschiedener Präparate eines Herstellers bei einer Krankenkasse liefert einen ersten Anhaltspunkt, welche Präparate die Ausgaben der Krankenkassen am meisten belasten und wo daher auf Kundenseite das Interesse zum Abschluss eines Vertrages am höchsten sein könnte.[739] Darüber hinaus lassen sich daraus mögliche Rückschlüsse auf die Favorisierung konkreter Vertragsmodelle ziehen. So könnte es sich beispielsweise anbieten, mehrere Präparate über einen Bundling- oder Portfoliovertrag abzudecken, um sowohl den Hersteller gegenüber der Krankenkasse als auch die Krankenkasse gegenüber den Versicherten als Experten für ein Indikationsgebiet zu positionieren.

Der Share of Wallet sollte nur auf Basis von Ist-Daten ermittelt werden. So liefert er für die aktuelle Periode wertvolle Informationen darüber, wie die relevante Nachfrage nach einem Präparat über die Kunden verteilt ist und welche Kundensegmente fokussiert werden sollten. Die Prognose eines zukünftigen Share of Wallet würde dagegen erhebliche Unsicherheiten aufweisen, so dass davon abgesehen werden sollte. Da die Patientenstruktur der Krankenkasse außerhalb des Entscheidungshorizontes des Pharmaherstellers liegt, müsste der Nenner als konstant angenommen werden. Der Zähler verändert sich analog zum Gesamtabsatz des Produktes und ist somit von der Lebenszyklusphase abhängig. Bei gleichbleibender Höhe des Nenners könnte der Share of Wallet daher sinken, steigen oder gleich bleiben, ohne dass auf dieser Basis sinnvolle Aussagen zu einer Vertragsstrategie getroffen werden könnten.

739 Oft weist ein hoher Share of Wallet auf eine relativ hohe Kostenbelastung in einem bestimmten Indikationsgebiet hin, so dass das Interesse der Krankenkasse an einer Rabattierung voraussichtlich hoch ist. Beim Vergleich der Kosten mehrerer Präparate sollten Fehlinterpretationen aufgrund unterschiedlicher Lebenszyklusphasen vermieden werden.

Im Sinne des Vertragsmanagements spielt die Negativbetrachtung der Kennzahl Share of Wallet $((1 - SoW_{PK})$ eine wichtige Rolle. Sie gibt Auskunft darüber, wie hoch das nicht ausgeschöpfte Potenzial ist, das über einen Vertrag gehoben werden könnte. Dies ist für den Key Account Manager wichtig, wenn er ex ante die möglichen Auswirkungen auf die Absatzmenge nach Vertragsabschluss abschätzt. Bei einem sehr hohen Ausschöpfungsgrad gilt im Sinne des Vertragsmanagements bei gleichem Patientenpotenzial diejenige Krankenkasse als attraktiver, die den niedrigeren Share of Wallet aufweist, da hier das Potenzial noch nicht ausgeschöpft ist.

Für das gegebene Beispiel wird das Patientenpotenzial der beiden Krankenkassen mit den durchschnittlich verordneten Zähleinheiten (hier: 30 Einheiten pro Jahr) multipliziert. Es betrage in dem für Produkt i relevanten Markt 360.000 Zähleinheiten bei Krankenkasse A und 600.000 Zähleinheiten bei Krankenkasse B. Zur Vereinfachung sei angenommen, dass das Produkt i nur als 30er Packung vertrieben wird. Der Erwartungswert der von Krankenkasse A in der aktuellen Periode erstatteten Packungen liegt bei 323, für Krankenkasse B bei 2.643 Packungen. Daraus ergibt sich der in Tabelle 7 dargestellte Share of Wallet für Krankenkasse A in Höhe von 2,7 % und für Krankenkasse B in Höhe von 13,2 %. Beide Krankenkassen haben eine sehr moderate Ausschöpfung des Patientenpotenzials, so dass keine für die weitere Analyse ausgeschlossen werden sollte.

	Krankenkasse A	Krankenkasse B
PP_{PK}	12.000	20.000
PP_{zPK}	360.000	600.000
Packungen Produkt i	323	2.643
Zähleinheiten Produkt i	9.693	79.285
SoW	2,7%	13,2%

Tabelle 7: Share of Wallet der Krankenkassen A und B[740]

Das Patientenpotenzial sowie der Share of Wallet sind quantitative Größen, die in einem Customer-Relationship-Management-System (CRM-System) abgebildet und durch das Key Account Controlling als automatisiertes und regelmäßiges Reporting zur Verfü-

740 Eigene Darstellung. Die Tabelle enthält gerundete Werte.

gung gestellt werden können. Aufgrund des Periodenbezuges der erhobenen Größen handelt es sich um eine Momentaufnahme. Dieser Umstand begegnet in der theoretischen Diskussion zur Kundenbewertung oft heftiger Kritik.[741] Im pharmazeutischen Kontext kann dies aber als vertretbare Limitation des Modells bewertet werden. Aufgrund der recht stabilen Mitgliederstrukturen gesetzlicher Krankenkassen ist nicht mit allzu großen Schwankungen der erhobenen Größen zu rechnen. Sollte sich aufgrund von Fusion, Insolvenz oder nach der Erhebung eines Zusatzbeitrages das Patientenpotenzial oder Erstattungsvolumen einer Krankenkasse erheblich verändern, muss diesem Umstand mit der erneuten Momentaufnahme zu einem späteren Zeitpunkt Rechnung getragen werden.

4.4 Priorisierung von Kundenbeziehungen

Auf Grundlage des individuell ermittelten Kundenpotenzials kann für die gesamte Kundengruppe (hier: alle Krankenkassen) eine Strukturanalyse durchgeführt werden.[742] Da verschiedene Kundensegmente für den Hersteller einen unterschiedlichen Wert der Kundenbeziehung implizieren, müssen im Rahmen der strategischen Planung segment- beziehungsweise großkundenspezifische Ziele definiert, Strategien zu deren Umsetzung entwickelt und die dazu notwendigen Budgets bestimmt werden.[743] So erhält der Arzneimittelhersteller einen Überblick über seine strategische Ausgangssituation, bevor er die Bearbeitung einzelner Kunden priorisiert. Die Größe der einzelnen Kundensegmente richtet sich dabei nach den personellen sowie monetären Ressourcen im Key Account Management.

Voraussetzung für eine Segmentierung ist die Abgrenzung des relevanten Marktes. Je nach Betrachtungsweise und favorisiertem Vertragsmodell kann dieser eine oder mehrere Schlüsselindikationen des Arzneimittelherstellers umfassen. Das Key Account

---

741 Vgl. Cornelsen (2000), S. 94.

742 Im Unterschied zur klassischen Kunden- oder Marktsegmentierung, die darauf abzielt, in Bezug auf den Marketing-Mix in sich homogene und untereinander heterogene Gruppen zu bilden (Vgl. Guminski / Utsch (2008), S. 305 oder Schweitzer / Bock (2009) S. 89), besteht das Ziel der kundenwertorientierten Segmentierung darin, innerhalb eines Kundensegmentes Homogenität in Bezug auf den Wertbeitrag der Kunden herzustellen. Die daraus abgeleiteten Strategien und operativen Maßnahmen können dabei sehr heterogen sein.

743 Vgl. Wengler (2006), S. 144-145 oder Bruhn / Hadwich / Georgi (2010), S. 713.

Controlling bestimmt hierzu die geeigneten Auswahlkriterien und ihre Ausprägungen, außerdem legt es ein Auswahlverfahren fest. Es ist für die Koordination der vollständigen und systematischen Erhebung der Informationen zuständig, stellt diese zeitnah und verdichtet zur Verfügung und unterstützt das Key Account Management bei der Analyse und Entscheidungsfindung. Die mit der Kundensegmentierung verbundenen Ziele werden anschließend in die strategische und operative Planung integriert.[744]

Zur Segmentierung bieten sich eine eindimensionale ABC-Analyse oder eine mehrdimensionale Kundenportfolioanalyse an.[745] Die **ABC-Analyse** dient der Klassifizierung von Kunden anhand ihres Patientenpotenzials oder ihrer aktuellen Nachfrage und schafft so Transparenz bezüglich der Zusammensetzung des Kundenstamms beziehungsweise einer Kundengruppe.[746] Veranschaulicht wird dies durch ein Diagramm, auf dessen Ordinate das kumulierte Patientenpotenzial oder das kumulierte Erstattungsvolumen und auf der Abszisse der kumulierte Anteil am Kundenbestand abgetragen wird. Je linksschiefer die Kurve verläuft, desto höher ist die Gefahr der Abhängigkeit von einigen wenigen A-Kunden beziehungsweise die Konzentration auf diese Kunden.[747] Aufgrund dieser einfachen Darstellung erfreut sich die ABC-Analyse in der Praxis großer Beliebtheit. Grenzen erfährt sie bei größeren Schwankungen der erhobenen Größe über mehrere Perioden oder sofern die erhobene Größe bei vielen Kunden sehr ähnlich ist.[748]

Eine zweite mögliche Darstellung ist eine auf der 1952 von MARKOWITZ begründeten Portfoliotheorie basierende **Kundenportfolioanalyse.**[749] Sie setzt das Patientenpotenzial des Kunden zu dessen Ausschöpfung ins Verhältnis und bildet damit den Share

---

744 Vgl. Baguhl (2004), S. 140.

745 Vgl. Homburg / Schnurr (1999), S. 2.

746 Vgl. Stüker (2008), S. 318. In der Literatur wird die kundenwertorientierte Analyse oft auf eine ABCD-Analyse erweitert, um auch negative Kundenwerte zu berücksichtigen. Nach dem Erreichen seines Maximums bei 100 % durch die A-, B- und C-Kunden, sinkt der kumulierte Kundenwert durch die D-Kunden ab. Dadurch entsteht ein charakteristischer Verlauf, der als whale-curve oder Wal-Kurve bezeichnet wird, vgl. Stüker (2008), S. 318. Die Betrachtung negativer Kundenwerte kann im Zusammenhang mit Krankenkassen ausgeschlossen werden, da das Ranking aufgrund des Patientenpotenzials oder Erstattungsvolumens erfolgt, das immer positiv ist.

747 Vgl. Cornelsen (2000), S. 93.

748 Vgl. Wengler (2006), S. 72-73.

749 Vgl. Markowitz (1952) oder Rudolf-Sipötz (2001), S. 38. Ein bekanntes Beispiel seiner Anwendung stellt die Investitionssteuerung von strategischen Geschäftseinheiten im Portfoliokonzept der Boston Consulting Group dar, vgl. Homburg (1998), S. 146.

of Wallet ab. Ihr Ziel besteht in der Visualisierung kundenbezogener Positionen innerhalb der Kundenstruktur und der Ableitung von Normstrategien zur Allokation monetärer, personeller und zeitlicher Ressourcen für die Marktbearbeitung.[750] Die Matrix des Kundenportfolios zeigt die relative Position der (Schlüssel-) Kunden zueinander, indem eine Dimension die Wichtigkeit des Kunden für den Hersteller ausdrückt, während die zweite Dimension die Fähigkeit, Möglichkeit oder Gefahr, den Kunden zu beeinflussen, zu binden oder zu verlieren repräsentiert.[751] Das Portfolio wird in Form eines Diagramms dargestellt, das sich in eine marktfaktorielle und eine interne Dimension mit einer anbieterspezifischen, beeinflussbaren Größe aufspannen lässt.[752] Die Anwendung der Portfolioanalyse als Kundenpotenzial-Wettbewerbspositions-Portfolio wird für die Problemstellung dieser wissenschaftlichen Arbeit als geeignet erachtet. Die erstgenannte, marktfaktorielle Perspektive, bildet das Patientenpotenzial ab. Die anbieterspezifische Perspektive wird durch die Wettbewerbsposition des Arzneimittelherstellers beim Kunden repräsentiert und steht damit für die Ausschöpfung des Potenzials. Je höher der Lieferanteil beim Kunden ist, desto kritischer ist letzterer für den Hersteller. Hierdurch lässt sich die in Abbildung 35 dargestellte Einteilung der Diagrammfläche in Quadranten vornehmen, in die die Kunden entsprechend ihrer Ausprägungen eingeordnet werden können. Dabei sollte es Ziel jedes Arzneimittelherstellers sein, eine effiziente Ressourcenallokation sicher zu stellen und das Risiko zu diversifizieren.[753] Für die Key Accounts sind individuelle Betreuungskonzepte unter intensivem Ressouceneinsatz zu entwickeln.[754] Besonders interessant ist hierbei das Monitoring von Veränderungen im Zeitablauf. Die Portfolioanalyse stellt somit weniger methodische als managementbezogene Fragestellungen in den Vordergrund. Da diese

---

750 Ziel ist es, alle relevanten Kunden in einem Portfolio abzubilden, um daraus eine Priorisierung und Kundenbearbeitungsstrategie abzuleiten. Verschiedene Strategien ergeben sich jeweils aus dem identifizierten Wert einer Krankenkasse, vgl. dazu auch Böing / Barzen (1992), S. 85, Homburg / Schnurr (1998), S. 183, Krafft / Albers (2000), S. 522-523 oder Rieker (1995), S. 75.

751 Vgl. Wengler (2006), S. 83.

752 Vgl. Götz / Diller (1991), S. 8. Die Festlegung der Trennwerte für die Achseneinteilung ist ein kritischer Aspekt dieser Analyse, vgl. Scholl / Heinzer (2005), S. 813.

753 Einige Autoren sehen in der ausgewogenen Mischung aller Kundenkategorien eine Möglichkeit zur Diversifikation des Risikos, vgl. Werner / Beutin (2000), S. 25, Homburg / Daum (1997), S. 396-397. Jedoch auch innerhalb der hier fokussierten Kategorie der Key Accounts sollte eine geschickte Risikodiversifikation erreicht werden.

754 Vgl. unter anderem Homburg / Schäfer / Schneider (2008), S. 192 oder Reinecke / Keller (2006), S. 265.

zwar gestellt, aber instrumentell nicht gelöst werden, bleibt es Aufgabe des Key Account Managers, geeignete Strategien zur Erlangung eines ausgeglichenen Portfolios zu entwickeln.

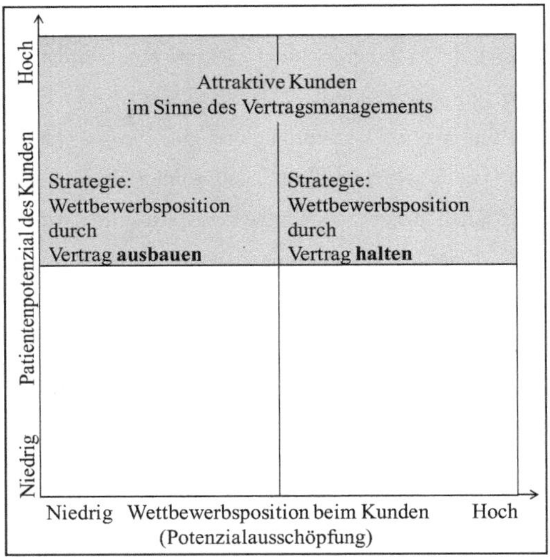

Abbildung 35: Kundenpotenzial-Wettbewerbspositions-Portfolio[755]

Auch die Kundenportfolioanalyse sollte bezogen auf einen definierten relevanten Markt durchgeführt werden. Nur durch produktbezogene Kundenanalysen kann ein Vergleich einzelner Kunden in Bezug auf die Präparate in den Schlüsselindikationen gewährleistet werden.[756] Ein Nachteil der Kundenportfolioanalyse besteht darin, dass bei einer komplexen, mehrfaktoriellen Dimensionierung die eigentlichen Werttreiber nicht mehr

[755] Eigene Darstellung. Alternativ dazu könnten das Risiko und der Wert beziehungsweise die Attraktivität einer Kundenbeziehung gegenübergestellt werden, vgl. Kümpel / Walde (2002), S. 585.

[756] Ein Arzt oder eine Krankenkasse kann trotz geringer Gesamtbedeutung hinsichtlich eines einzigen Produktes für ein Unternehmen einen großen Wert haben. So stellen beispielsweise diabetologische Schwerpunktpraxen, Schlaganfallzentren oder Krankenkassen mit spezifischem Morbiditätsprofil wichtige Kunden für bestimmte Präparate dar.

erkennbar sind. Zudem neigt sie zur Mittelwertbildung.[757] Allerdings sichern gerade ihre Einfachheit, Verständlichkeit und ihr hoher Kommunikations- und Interpretationswert ihre Akzeptanz im Unternehmen.[758] Indem sie in ein regelmäßiges Berichtswesen integriert wird, das sich an der Dynamik der Kundenstruktur und der gesundheitspolitischen Entwicklung orientiert, unterstützt sie die Weiterentwicklung des bestehenden Kundenstamms.[759]

4.4.1.1.1 Analyse von Kundenbeziehungen

Auf Basis der ABC-Analyse und der Kundenportfolioanalyse entwickelt der Key Account Manager zunächst strategische Leitbilder und Handlungsoptionen, deren Umsetzung auf operativer Ebene die kundenwertoptimale Ausgestaltung des Marketing Mixes bestimmt. Die gewonnenen Informationen können zur gezielten Steuerung der Kundenbeziehung und der Allokation finanzieller und personeller Ressourcen eingesetzt werden.[760]

Auf strategischer Ebene besteht das primäre Ziel darin, eine Win-Win Situation zu schaffen, die den Wert der Beziehung für alle Beteiligten steigert. Dem Key Account Management obliegt damit die wichtige Aufgabe, die wertsteigernden Aspekte aus Anbieter- und Kundensicht zu identifizieren. Bevor daher ein individuelles Leistungsangebot ausgearbeitet werden kann, müssen die Bedürfnisse der relevanten Kunden analysiert werden.[761] Da dieser Schritt sehr aufwendig ist, sollte er nicht für alle Kundensegmente durchgeführt, sondern auf die aus Managementsicht wichtigen begrenzt werden (z. B. nur A-Kunden beziehungsweise Schlüsselkunden). So werden letztendlich innerhalb eines Kundensegments diejenigen Kunden identifiziert, denen im

757 Vgl. Rudolf-Sipötz (2001), S. 41.
758 Vgl. Scholl / Heinzer (2005), S. 813.
759 Vgl. Lube (1997), S. 186-187.
760 Vgl. Cornelsen (2000), S. 269-270.
761 Vgl. Cornelsen (2000), S. 295-296.

relevanten Markt eine proaktive Betreuung entgegengebracht werden soll.[762]

Aus den analysierten Bedürfnissen leitet das Key Account Management die zu favorisierende Vertrags- oder Kooperationsstrategie ab und definiert konkrete Maßnahmen. Die Strategieentwicklung auf Einzelkundenebene wird oft eng durch Szenario-Berechnungen des Key Account Controllings begleitet. Grundsätzlich stehen drei Basisstrategien zur Auswahl, die kunden- und präparateindividuell ausgearbeitet und monetär bewertet werden müssen. Pharmaunternehmen können proaktiv Versorgungskonzepte mit Krankenkassen oder Leistungserbringern verhandeln.[763] Dies bietet sich immer dann an, wenn das Ziel eine Verbesserung der Versorgung (z. B. leitliniengerechte Therapie, Adhärenzförderung) ist. Oft wird dieser Weg bei chronischen Krankheiten gewählt. Eine situative Strategie ist empfehlenswert, um den Zugang der Patienten zu hochpreisigen Innovationen zu ermöglichen. Hier bieten sich insbesondere Cost oder Risk Sharing Modelle an. Eine reaktive Strategie wird eher von Generika-Firmen verfolgt, die sich an Ausschreibungen beteiligen.[764] Die konkreten Handlungsoptionen des operativen Entscheidungsfeldes sollten anhand geeigneter Kennzahlen gemessen und in ein regelmäßiges Berichtswesen in Form einer Customer Scorecard integriert werden.

---

762 Unterschiedliche Bedürfnisse können geographische oder soziodemographische Ursachen haben. Die geographischen Unterschiede wurden besonders bei der Einführung der Rabattverträge deutlich. Während im Gebiet der AOK Rheinland / Hamburg bereits im Oktober 2007 80 % der Simvastin-Umsätze rabattgeregelt waren, lag der Anteil bei der AOK Sachsen nur bei circa 50 %, vgl. Schiel / Weißenfeldt / Schröder-Bernhardi (2008), S. 193. Unterschiedliche soziodemographische Strukturen beeinflussen die Morbidität und die Zuzahlungsbereitschaft der Patienten. Aufgrund der Patientenstruktur (Alters- und Sozialstruktur) der verschiedenen gesetzlichen Krankenkassen können Entscheidungen für die Rabattierung bestimmter Präparate getroffen werden. So ist bei den AOKen beispielsweise der Anteil Demenzkranker überproportional. Ein anderes Beispiel ist die erstattete Menge Atorvastatin (Sortis) in den einzelnen Krankenkassenarten: Bei den AOKen liegt er bei 29 %, bei den Ersatzkassen bei 47 % und bei den Betriebskrankenkassen bei 14 %. So lässt sich ein Zusammenhang zwischen der Krankenkassenart und den vorrangig erstatteten Wirkstoffen erkennen, vgl. Schiel / Weißenfeldt / Schröder-Bernhardi (2008), S. 193.

763 Werden Verträge mit Leistungserbringern geschlossen, sollte die Strategie durch zwei Dimensionen geprägt sein. Erstens spielt der Wertbeitrag des Produktes oder Leistungsangebotes eine wichtige Rolle. Dieser setzt sich nach ZEINER „(…) aus der Fortschrittlichkeit des Arzneimittels, dem im Versorgungsalltag realen therapeutischen Nutzen der Medikation, dem Patentstatus des Präparates sowie eventuell angebotener Zusatzleistungen im Versorgungsmanagement zusammen“, Zeiner (2008a), S. 595. Zweitens ist die Komplexität der Zielgruppe entscheidend. Sie ergibt sich aus der Anzahl und Macht der Akteure und aus der Verknüpfung der Entscheidungsprozesse, vgl. Zeiner (2008a), S. 595.

764 Vgl. Brennecke / Werner (2008), S. 85.

Beispielhaft seien an dieser Stelle verschiedene kundenspezifische Zusatzattribute (Werttreiber) angeführt. Sie können dem Key Account Manager Anhaltspunkte für die Ausarbeitung einer konkreten Strategie bieten.

Zunächst sollte der Key Account Manager die Strategie an den erwarteten **gesundheitspolitischen Produktrisiken** ausrichten. Dahinter steht die Annahme, dass Verträge für patentgeschützte Präparate dann ökonomisch sinnvoll sind, wenn sie zur Steuerung einer gesundheitspolitischen Bedrohung eingesetzt werden. Durch ständige Marktbeobachtung und gezielte Frühinformation sollte er versuchen, detaillierte Informationen zu allen steuerbaren Risiken zu erhalten (z. B. Konditionen von Mitbewerberverträgen, aktueller Stand im Prozess der Nutzenbewertung), um daraus eine Gegenstrategie zu erarbeiten. In Verbindung mit der Lebenszyklusphase des Präparates können so bestimmte Vertragsmodelle priorisiert werden.

Die **Importquote** einer Krankenkasse stellt einen zweiten Werttreiber dar. Sie ist der Anteil der Re- und Parallelimportmenge an der insgesamt im deutschen Markt befindlichen Ware. Diese Daten werden standardmäßig in Pharmaunternehmen ermittelt und liegen im Rechnungswesen oder der Marktforschungsabteilung vor. Die Reduktion der Importquote kann ein mögliches Vertragsziel sein. Aufgrund der unterschiedlichen Arzneimittelpreise im europäischen Markt können trotz Rabattzahlungen durch ein Management der Importe höhere Deckungsbeiträge erzielt werden.

Formal wird die Importquote wie folgt beschrieben:

$$IQ_{PK} = \frac{Importmenge\ Produkt\ \mathrm{P}\ bei\ Krankenkasse\ \mathrm{K}}{Gesamtmenge\ Produkt\ \mathrm{P}\ bei\ Krankenkasse\ \mathrm{K}}$$

mit:

IQ_{PK} Importquote des Produktes P bei der Krankenkasse K

Darüber hinaus können qualitative Faktoren wichtige Werttreiber darstellen. Insbesondere für die Gestaltung der Kommunikationsstrategie können indirekte Wertbeiträge des Kunden, wie beispielsweise Referenz- und Informationsbereitschaft, eine wichtige Rolle spielen. Die **Referenzbereitschaft** trägt der Tatsache Rechnung, dass kommunikative Austauschprozesse zwischen Kunden nicht selten in Referenzen oder Empfehlungen münden. Sie versucht somit den Grad der Einflussnahme eines referenzaktiven Kunden auf die (Kauf-)Entscheidung Dritter zu messen und so die Bereitschaft eines Kunden, das Anbieterunternehmen oder seine Produkte weiterzuempfehlen, aber auch sein Einflussvermögen auf andere Kunden und die Häufigkeit und Intensität seiner Kontakte zu quantifizieren.[765] Da der Austausch der relevanten Informationen außerhalb der eigentlichen Geschäftsbeziehung zwischen Krankenkasse und Arzneimittelhersteller stattfindet, wird sie als Outgoing-Information bezeichnet.[766] Die Referenzbereitschaft des referenzgebenden Kunden stimuliert den Umsatz mit dem referenzempfangenden Kunden. Bei expliziter Zurechnung der Referenzwirkungen zu einzelnen Kunden müsste sie allerdings dem referenzgebenden Kunden zugerechnet werden. CORNELSEN (2000)[767] setzt sich in seiner Dissertation detailliert mit der Quantifizierung des Referenzwertes auseinander. Da er zum Ergebnis kommt, dass seine Monetarisierung in der Praxis quasi unmöglich ist, schlägt er eine näherungsweise Ermittlung über Indikatoren vor. Um einen pharmaspezifischen Referenzwert zu modellieren, sind zunächst die relevanten Einflussgrößen auf die Breite, Tiefe und Richtung der Referenz zu bestimmen. Da die Key Accounts oft in Verbänden oder Netzwerken (z. B. Verband der Ersatzkassen) organisiert sind, kann ihr Organisationsgrad als Indikator zur Messung der Referenzbreite herangezogen werden. Die Stellung eines einzelnen Kunden innerhalb des Netzwerkes gibt seine Durchsetzungskraft und damit die Tiefe möglicher Referenzen an. So wird die Referenztiefe als umso höher bewertet, je besser Reputation, Image, Bekanntheitsgrad oder Marktmacht eines Kunden sind. Beispielhaft ist hier die AOK Baden-Württemberg zu nennen, deren Generika-Rabattverträge ab 2007 für andere Krankenkassen wegweisend waren. Die Richtung der Referenz könnte beispielsweise mit positiv, negativ oder neutral bewertet werden. Die Bewertung der einzelnen Einflussfaktoren basiert in der Regel auf internen Recherchen und Kundengesprächen. Um subjektive Einflüsse zu minimieren, sollte hierzu ein Team aus mehreren Key Account Managern verantwortlich sein. Eine einheitliche methodische Vorgehensweise sollte durch Beteiligung eines Vertreters des Key Account Controllings an der Bewertung

---

765 Vgl. Rudolf-Sipötz (2001), S. 108, Tomczak / Rudolf-Sipötz (2006), S. 135 oder Cornelsen (1996), S. 14-16.

766 Vgl. Cornelsen (2000), S. 171.

767 Vgl. Cornelsen (2000).

sichergestellt werden. Obwohl die Quantifizierung des Referenzwertes schwierig erscheint, ist seine Bedeutung für den Unternehmenserfolg unumstritten.[768]

Die **Informationsbereitschaft** betrachtet den potenziellen Nutzen, der aus der Kommunikation zwischen Arzneimittelhersteller und Kunde entsteht (Ingoing-Information) und spiegelt so die Feedbackbereitschaft des Kunden und die Qualität der von ihm gelieferten Informationen wider.[769] Vor dem Hintergrund des Morbi-RSA und dem gestiegenen Interesse der Krankenkassen an der Steuerung der Versorgung, können so gemeinsam Adhärenzprogramme oder Konzepte zum Versorgungsmanagement ausgearbeitet werden. Die notwendigen Informationen könnten in Gruppendiskussionen, Workshops oder Umfragen gewonnen und in den Leistungserstellungs- und Innovationsprozess des Arzneimittelherstellers einbezogen werden.[770] Die Quantifizierung der Informationsbereitschaft unterliegt zwei zentralen Problemen. Zum einen dürfte es schwer fallen, die Wirkung einer originären Information herauszufiltern. Zum anderen ist die Monetarisierung von Informationsnutzen und -kosten besonders dann problematisch, wenn es sich um einen zukünftigen Effekt handelt.[771] Die Informationsbereitschaft lässt sich daher nur hilfsweise über Indikatoren ermitteln. So könnten ähnlich wie bei der Referenzbereitschaft Breite und Tiefe der Information bewertet werden. Die Informationsbreite gibt Auskunft über die Häufigkeit des Informationsaustausches (Quantität), während die Tiefe die Qualität der gelieferten Information bewertet.

Die **Cross-Selling-Bereitschaft** stellt ebenfalls einen wichtigen qualitativen Werttreiber dar und lässt Rückschlüsse auf die von Seiten der Krankenkassen favorisierten Vertragsmodelle zu. Sie bezieht sich auf sämtliche zusätzliche und unabhängige Geschäfte im Rahmen einer Kundenbeziehung neben dem klassischen Präparatesortiment.[772] Im engeren Sinn werden nur solche Geschäfte als Cross Selling bezeichnet, bei denen „(...) keinerlei Nachfrage-Interdependenzen zwischen den einzelnen Bündelungskom-

---

768 Zur Komplexität des Referenzwertes, vgl. Cornelsen (2000), S. 186-223.
769 Vgl. Cornelsen (2000), S. 224 oder Rudolf-Sipötz (2001), S. 120.
770 Vgl. Cornelsen (1996), S. 20-21, Rudolf-Sipötz (2001), S. 113-114 und Tomczak / Rudolf-Sipötz (2006), S. 136-137. Die Beteiligung bedeutender Kunden am Innovationsprozess wird als Lead User-Ansatz bezeichnet, vgl. Rieker (1995), S. 59. Zum Lead User-Ansatz siehe außerdem von Hippel (1986).
771 Vgl. Cornelsen (2000), S. 230.
772 Vgl. Lissautzki (2007), S. 120.

ponenten existieren."[773] Im pharmazeutischen Kontext soll eine erweiterte Definition zugrunde gelegt werden, die sämtliche Formen von Verbundkäufen, so auch den Absatz von Komplementärleistungen, mit einschließt.[774] Es lassen sich sowohl monetäre als auch nicht-monetäre Effekte identifizieren. Monetär führt Cross-Selling durch den Absatz zusätzlicher Leistungen zu Umsatz-, Kosten- und somit Gewinneffekten. Zur Ermittlung dieses Wertes werden zunächst diejenigen Präparate bestimmt, die für ein Cross Selling in Frage kommen. Dazu werden die sich aus der spezifischen Mitgliederstruktur einer Krankenkasse ergebenden Erstattungsschwerpunkte retrospektiv analysiert, um daraus Schlüsse über zukünftiges Verhalten zu ziehen. Die Ermittlung solcher Indikationsschwerpunkte erlaubt somit die gezielte Steuerung von Marketing- und Vertriebsmaßnahmen. Bei den nicht-monetären Effekten lassen sich kunden- und konkurrenzbezogene Effekte unterscheiden. Kundeneffekte beziehen sich auf eine erweiterte Geschäftsbasis und erhöhte Kundenbindung, die in einer besseren Ausschöpfung des vorhandenen Kundenpotenzials münden können. Darüber hinaus kann Cross-Selling im Außenverhältnis zur Abwehr aktueller oder potenzieller Mitbewerber führen (Konkurrenzeffekt), indem die intensive Hersteller-Kunden-Beziehung für neue Marktteilnehmer eine Eintrittsbarriere bedeutet und die Adoptionsgeschwindigkeit ihrer Präparate negativ beeinflusst.[775]

Die Daten werden zum Teil gesondert erhoben, da sie nicht dem regulären Rechnungswesen entnommen werden können.[776] Die Zusatzinformationen zu den Werttreibern sollten in einem Customer-Relationship-Management-System (CRM-System) abgebildet und durch das Key Account Controlling als automatisiertes und regelmäßiges Reporting zur Verfügung gestellt werden.

---

[773] Cornelsen (2000), S. 174.

[774] Es kann zwischen qualitätsorientiertem und preisorientiertem Cross-Selling unterschieden werden, vgl. Rixen (2007), S. 28. Dem ersten Fall können Mehrwertverträge und damit verbundene Leistungen zugeordnet werden, während Bundling- oder Teilsortimentsverträge innerhalb eines Indikationsgebietes oder zur Behandlung von Co-Morbiditäten im zweiten Fall eine Rolle spielen.

[775] Vgl. Cornelsen (2000), S. 182.

[776] Die mangelnde Datenverfügbarkeit wird als eine wesentliche Ursache für die geringe Verbreitung des Konzeptes in der Praxis gesehen, vgl. Meyer / Shaffu (2007), S. 55.

4.4.1.1.2 Steuerung von Kundenbeziehungen

Der Kundendeckungsbeitrag stellt die aktuelle Ausschöpfung des Kundenpotenzials unter Berücksichtigung der damit verbundenen Kosten dar. Da Vertragsentscheidungen aufgrund der unterschiedlichen Charakteristika in der Regel produktspezifisch getroffen werden, muss zunächst ein produktbezogener Kundendeckungsbeitrag (KDB_{PK}) ermittelt werden, der in einem zweiten Schritt über das erstattete Portfolio eines Kunden aggregiert wird (KDB_K). Bei unterstelltem Ziel der Gewinnmaximierung stellt er somit eine geeignete Kennzahl zur Steuerung der Kundenbeziehung im Sinne des Vertragsmanagements dar.[777]

Indem die Krankenkasse im Rechnungswesen zum Kostenträger wird, kann ihr Beitrag zum Periodenerfolg des Arzneimittelherstellers ermittelt werden.[778] Eine konsequente Fortführung einer Kundendeckungsbeitragsrechnung bis zum Betriebsergebnis über Schlüsselungen erscheint unter dem Gesichtspunkt der Entscheidungsrelevanz von Informationen nicht zweckmäßig.[779] Hierdurch werden weder neue Erkenntniswerte noch zusätzliche Steuerungsimpulse generiert. Außerdem würde eine Schlüsselung dem tatsächlichen Aufwand der Kundenbearbeitung nicht gerecht (Kosten-Nutzen-Verhältnis).[780]

Aufgrund der permanenten indirekten Kundenbeziehung zwischen Kostenträger und Arzneimittelhersteller stellt sich in Bezug auf ihre Steuerung nicht die Frage, ob sich die

777 Der Kundendeckungsbeitragsrechnung werden in der Literatur drei zentrale Rechnungszwecke zugeordnet. Neben der *Identifikation von Key Accounts* anhand der Erfolgsgröße Deckungsbeitrag dient sie als *Steuerungsinstrument* der Kundenbearbeitung, indem sie Spielräume für das Konditionenmanagement aufzeigt und Entscheidungen zur Ertragsverbesserung, beispielsweise im Rahmen von Kooperations- und Mehrwertverträgen sowie kundenbezogener Promotion unterstützt. Die Kundendeckungsbeitragsrechnung gibt Auskunft über die Spanne der möglichen Rabatte und dient demnach dem Controlling der Erlösschmälerungen. Je höher der Kundendeckungsbeitrag ist, desto sinnvoller ist die Gewährung höherer Rabatte, um im Pharmamarkt Marktzugang zu erhalten beziehungsweise Marktanteile auszubauen, vgl. Homburg / Schnurr (1999), S. 7 oder Deyhle (1985), S. 169. So erlaubt sie eine individuelle Preisermittlung und Preispolitik, vgl. Mayer / Pawlowski (1980), S. 125. Die Ermittlung der *Kundenrentabilität* als Verhältnis von Erlösen zu Investitionen stellt einen weiteren Rechnungszweck dieser Erfolgsrechnung dar. Dahinter verbirgt sich die Frage, welcher Ressourceneinsatz in das Key Account Management welchen Erfolg beziehungsweise Mehrerfolg bewirkt. Dadurch wird eine empfängerorientierte und wirtschaftliche Perspektive in Marketing und Vertrieb gefördert, vgl. Deyhle (1985), S. 170, Deyhle (1986), S. 117 oder Mayer / Pawlowski (1980), S. 125.

778 Vgl. Rudolf-Sipötz (2001), S. 33 oder Zietsch (1989), S. 129.

779 Vgl. Deyhle (1986), S. 117.

780 Vgl. Haag (1992), S. 32 oder Rudolf-Sipötz (2001), S. 34.

Kundenbeziehung per se lohnt und daher weitergeführt werden sollte, sondern ob das Eingehen einer direkten Vertragsbeziehung dem Status quo vorzuziehen ist. Eine solche direkte Beziehung ist mit vielen Chancen und Risiken verbunden. Der produktspezifische Kundendeckungsbeitrag soll daher als eindeutiges Entscheidungskriterium zur Beurteilung der Vorteilhaftigkeit eines Vertragsabschlusses herangezogen werden.[781]

Dazu wird zunächst der produktspezifische Deckungsbeitrag einer Krankenkasse ohne Vertrag (KDB_{PKoV}) für die Planperioden ermittelt. Der Umsatz wird berechnet, indem die erstattete Menge an Packungen mit dem Abgabepreis des pharmazeutischen Unternehmers bewertet wird. Dies spiegelt die Sicht des Arzneimittelherstellers wider und ist nicht mit dem Erstattungsvolumen der Krankenkasse gleichzusetzen, da die Zuschläge für die Handelsstufen, die Umsatzsteuer sowie die gesetzlichen Rabatte und Zuzahlungen der Versicherten nicht beachtet wurden.[782] Um den Win-Effekt eines Vertragsabschlusses aus Sicht der Krankenkasse besser einschätzen zu können, sollte parallel die Auswirkung auf das Erstattungsvolumen (Budget Impact) analysiert werden. Da die Vertragsentscheidung während der Phase der indirekten Kundenbeziehung getroffen wird, können die kundenspezifischen variablen Kosten mit null angenommen werden. Unterschiede im ermittelten Deckungsbeitrag resultieren daher aus dem erstatteten Präparateportfolio, so dass der Kundendeckungsbeitrag im pharmaspezifischen Kontext über die Produktdeckungsbeiträge der erstatteten Präparate ermittelt werden kann.[783]

Um die gesundheitspolitischen Rahmenbedingungen auf der Kundenebene widerzuspiegeln, muss der Kundendeckungsbeitrag zuletzt um das gesundheitspolitische Risiko adjustiert werden. Da die individuellen Auswirkungen der Regulierungsmaßnahmen auf die einzelnen Kunden nicht quantifizierbar sind, wird das Risiko durch den in Kapitel 4.3.4.3.2 ermittelten produktspezifischen Risikofaktor RF_i approximiert, der das durchschnittliche Risiko über das Kundenportfolio abbildet.

---

781 Vgl. Stüker (2008), S. 55.

782 Zur Berechnung der Ausgaben der Krankenkasse, vgl. VFA (2010b), S. 44.

783 Auch in anderen Branchen bieten sich im Sinne eines pragmatischen Ansatzes zur späteren Ermittlung eines Kundendeckungsbeitrages die Produktdeckungsbeiträge an, vgl. Mengen / Mettler (2008), S. 32. Bei Aggregation der Produktdeckungsbeiträge über einen Kunden ergeben sich die Unterschiede aus der Zusammensetzung des erstatteten Präparateportfolios.

Für das Beispiel wird angenommen, dass sich die aktuelle Verordnungsmenge des Produktes i zu 10 % auf Krankenkasse A und zu 90 % auf Krankenkasse B verteilt.[784]

Daraus ergibt sich für die Krankenkasse A der in Abbildung 36 dargestellte produktspezifische Kundendeckungsbeitrag ($KDB\ I_{iAoV}$).

Planung (in EUR)		**2010**	**2011**	**2012**	**2013**	**2014**
Menge		323	361	416	339	262
davon Originalware		236	264	288	245	170
davon Import		87	97	128	94	92
Preis						
dt. Preis		10	11	11	11	11
AEP		6	6	6	6	6
Bruttoumsatz		**2.884**	**3.351**	**3.793**	**3.138**	**2.336**
Herstellerrabatt	*6%*	*173*	*201*	*228*	*188*	*140*
Skonto	*1%*	*29*	*34*	*38*	*31*	*23*
Erlösschmälerungen gesamt		202	235	266	220	164
Nettoumsatz		**2.682**	**3.117**	**3.527**	**2.919**	**2.172**
Gestehungskosten		323	361	416	339	262
Vertriebssonderkosten	2%	58	67	76	63	47
KDB I $_{iA\ Plan}$		**2.301**	**2.689**	**3.036**	**2.517**	**1.864**
Risikofaktor Szenario Risiko		**0,0%**	**19,9%**	**19,4%**	**37,5%**	**24,1%**
KDB I $_{iAoV}$		**2.301**	**2.155**	**2.447**	**1.574**	**1.414**

Abbildung 36: Kundendeckungsbeitrag der Krankenkasse A[785]

Für Krankenkasse B ist der Kundendeckungsbeitrag ($KDB\ I_{iBoV}$) in Abbildung 37 visualisiert.

[784] Diese Verteilung wurde in Tabelle 7 bereits dargestellt.

[785] Eigene Darstellung einer fiktiven Kundendeckungsbeitragsrechnung der Krankenkasse A.

Planung (in EUR)		**2010**	**2011**	**2012**	**2013**	**2014**
Menge		2.643	2.916	3.377	3.011	2.446
davon Originalware		2.044	2.113	2.545	2.120	1.527
davon Import		599	803	832	891	919
Preis						
dt. Preis		10	11	11	11	11
AEP		6	6	6	6	6
Bruttoumsatz		**24.031**	**27.008**	**31.717**	**27.605**	**21.548**
Herstellerrabatt	*6%*	*1.442*	*1.621*	*1.903*	*1.656*	*1.293*
Skonto	*1%*	*240*	*270*	*317*	*276*	*215*
Erlösschmälerungen gesamt		1.682	1.891	2.220	1.932	1.508
Nettoumsatz		**22.349**	**25.118**	**29.497**	**25.672**	**20.039**
Gestehungskosten		2.643	2.916	3.377	3.011	2.446
Vertriebssonderkosten	2%	481	540	634	552	431
KDB I $_{IB\ Plan}$		**19.225**	**21.661**	**25.486**	**22.109**	**17.162**
Risikofaktor Szenario Risiko		**0,0%**	**19,9%**	**19,4%**	**37,5%**	**24,1%**
KDB I $_{IBoV}$		**19.225**	**17.359**	**20.542**	**13.829**	**13.023**

Abbildung 37: Kundendeckungsbeitrag der Krankenkasse B[786]

Aus Sicht des Arzneimittelherstellers ist ein Vertragsabschluss dann vorteilhaft, wenn er den produktspezifischen Kundendeckungsbeitrag erhöht und somit zu einer besseren Ausschöpfung des Kundenpotenzials beiträgt. Um das Potenzial eines Direktvertrages V_{PK} zu quantifizieren, wird daher der antizipierte Kundendeckungsbeitrag unter Annahme eines Vertragsabschlusses (KDB_{PKmV}) dem Kundendeckungsbeitrag unter Annahme keines Vertragsabschlusses (KDB_{PKoV}) gegenübergestellt:

$$V_{PK} = (KDB_{PKmV}) - (KDB_{PKoV})$$

mit :

V_{PK} Potenzial eines Vertrages über das Produkt P mit der Krankenkasse K

KDB_{PKmV} Deckungsbeitrag des Produktes P bei der Krankenkasse K unter der Annahme eines Vertragsabschlusses

KDB_{PKoV} Deckungsbeitrag des Produktes P bei der Krankenkasse K unter der Annahme keines Vertragsabschlusses

Sofern $V_{PK} > 0$ übersteigt der antizipierte Nutzen eines Vertrages (z. B. Steuerung gesundheitspolitischer Risiken, Reduzierung Importe, Ausweitung Verordnungsmenge zu

786 Eigene Darstellung einer fiktiven Kundendeckungsbeitragsrechnung der Krankenkasse B.

Lasten eines Mitbewerbers) die Kosten des Vertrages (z. B. Rabatte, Dienstleistungen, Mehrwertangebote). Vor, während und zum Abschluss der Vertragslaufzeit können verschiedene Kosten anfallen.[787] Der Eintritt in ein Vertragsverhältnis ist in der Regel mit Verhandlungs-, Entscheidungs- und Vereinbarungskosten verbunden.[788] Diese sind umso höher, je individueller und komplexer die Verträge sind (z. B. Mehrwertverträge). Während der Laufzeit des Vertrages fallen je nach Modell Rabattzahlungen oder Kosten für Dienstleistungen an, die entweder regelmäßig oder einmalig entstehen. Darüber hinaus können Kontroll- und Vertragsanpassungskosten anfallen. Bei Life-Cycle-Verträgen treten Anpassungskosten typischerweise dann auf, wenn nach Markteintritt von generischer Konkurrenz die Rabatthöhe nachverhandelt wird. Wird ein Vertrag vorzeitig beendet, werden darüber hinaus Vertragsaufhebungskosten relevant. Es ist empfehlenswert, die Bewertung der Vertragspotenziale in den Planungszyklus des Unternehmens aufzunehmen und somit rollierend die Kunden- und Marktentwicklung zu verfolgen, um Veränderungen der unterschiedlichen Facetten des Kunden systematisch und differenziert aufzudecken.

Für beide Kunden wird die Annahme getroffen, dass durch Verdrängung eines Mitbewerbers die Absatzmenge durch einen Vertrag über 3 Jahre jeweils um 10 % in den Perioden 2011 bis 2013 gesteigert werden kann. In einem ersten Beispiel wird darüber hinaus angenommen, dass auf Kundenseite Interesse an einem einfachen Rabattvertrag, der außer einem Rabattsatz von 5 % keine weiteren Kosten verursacht, bestünde. Unter den getroffenen Annahmen ergäbe sich für beide Kunden ein positives Vertragspotenzial über alle Perioden, so dass ein Vertragsabschluss sinnvoll wäre. Wie in den Abbildungen 38 und 39 dargestellt, ist das Vertragspotenzial des Kunden *B* aufgrund des größeren Verordnungsvolumens höher als das des Kunden *A*, so dass ein Vertrag mit *B* priorisiert werden sollte.

---

[787] Vgl. Lissautzki (2007), S. 39. Diese Kosten werden in Anlehnung an die Transaktionskostentheorie differenziert, GÜSSOW (2007) benutzt eine ähnliche Einteilung zur Beurteilung der Vergütung Integrierter Versorgungsstrukturen im Gesundheitswesen, vgl. Güssow (2007), S. 82.

[788] Typische Verhandlungskosten sind Reise- und Rechtsberatungskosten. Unter den Entscheidungskosten lässt sich die interne Unterstützung durch das Controlling und Stabsfunktionen subsummieren. Vereinbarungskosten entstehen durch die individuelle Ausfertigung von Verträgen, Notar- oder Gerichtsgebühren, vgl. Lissautzki (2007), S. 38-39.

Planung (in EUR)	2010	2011	2012	2013	2014
Veränderung Originalmenge		+10%	+10%	+10%	
Veränderung Importmenge					
Kundenspezifische Kosten					
davon Rabatt		+5%	+5%	+5%	
davon Fixkosten					
Risikofaktor Szenario Vertrag	**0,0%**	**16,7%**	**15,7%**	**15,0%**	**1,5%**
KDB I $_{iA\,mV}$	**2.301**	**2.276**	**2.595**	**2.173**	**1.414**
V$_{iA}$	**0**	**121**	**148**	**599**	**0**

Abbildung 38: Vertragspotenzial der Krankenkasse A[789]

Planung (in EUR)	2010	2011	2012	2013	2014
Veränderung Originalmenge		+10%	+10%	+10%	
Veränderung Importmenge					
Kundenspezifische Kosten					
davon Rabatt		+5%	+5%	+5%	
davon Fixkosten					
Risikofaktor Szenario Vertrag	**0,0%**	**16,7%**	**15,7%**	**15,0%**	**1,5%**
KDB I $_{iB\,mV}$	**19.225**	**18.327**	**21.877**	**19.067**	**13.023**
V$_{iB}$	**0**	**969**	**1.335**	**5.238**	**0**

Abbildung 39: Vertragspotenzial der Krankenkasse B[790]

In einem zweiten Beispiel soll daher geprüft werden, ob ein Bundlingvertrag, der neben einer regelmäßigen Rabattzahlung in Höhe von 5 % eine Dienstleistung (periodenbezogene Fixkostenkomponente: 2.000 Euro) umfasst, angeboten werden kann. Wie in Abbildung 40 dargestellt, hat ein Vertrag mit Kunde *A* über alle drei Perioden ein negatives Vertragspotenzial, während der negative Effekt in den ersten beiden Vertragsjahren bei Kunde *B* im dritten Jahr überkompensiert wird.

	2010	2011	2012	2013	2014
V$_{iA}$	**0**	**-1.544**	**-1.538**	**-1.101**	**0**
V$_{iB}$	**0**	**-697**	**-351**	**3.538**	**0**

Abbildung 40: Vergleich des Vertragspotenzials bei einem Bundling-Vertrag[791]

789 Eigene Darstellung.
790 Eigene Darstellung.

In der Praxis sind die betrachteten Fragestellungen in der Regel wesentlich komplexer. Trotzdem verdeutlichen auch diese einfachen Beispiele, dass die eindeutige Entscheidungsregel, die durch die Berechnung des Vertragspotenzials etabliert wird, die Entscheidung des Key Account Managers unterstützen kann.

Obwohl der Key Account Manager die Vertragsentscheidungen präparatespezifisch treffen muss, sollte sein Fokus auf der Optimierung der Gesamtprofitabilität seiner Kunden liegen. Der ermittelte produktspezifische Deckungsbeitrag KDB_{PK} wird daher in einem zweiten Schritt für das relevante Teilportfolio pro Krankenkasse zu einem Kundenwert KDB_K aggregiert, so dass gilt:

$$KDB_K = \sum_{P=i}^{j} KDB_{PK}$$

mit:

KDB_K Kundenwert der Krankenkasse K

Die Steuerung einer Kundenbeziehung unterliegt verschiedenen Limitationen. Erstens spiegelt der Kundendeckungsbeitrag aufgrund seines Periodenbezuges nur die aktuelle Erstattungssituation wider, Entwicklungspotenziale der Krankenkasse lassen sich nicht abbilden.[792] Die Planung zukünftiger Deckungsbeiträge basiert ebenfalls auf einer Schlüsselung der geplanten Produktdeckungsbeiträge auf die einzelnen Krankenkassen unter der Annahme konstanter Kundenstrukturen. Besonders vor dem Hintergrund der Insolvenzfähigkeit sowie zunehmender Marktkonsolidierung ist dies ein zusätzlicher Unsicherheitsfaktor bei der Prognose zukünftiger Kundendeckungsbeiträge. Die ständige Marktbeobachtung zur Antizipation derartiger Entwicklungen auf Kundenseite gehört daher zu den Kernaufgaben des Key Account Managers im Sinne der bereichsspezifischen Frühinformation.

[791] Eigene Darstellung. Darstellung des Vertragspotenzials in Euro.
[792] Vgl. Stüker (2008), S. 51.

Zweitens kann die Berechnung des Vertragspotenzials bei Produkten, die negative Deckungsbeiträge erwirtschaften, zu Fehlentscheidungen führen. Das sind meist Präparate, die am Beginn ihres Lebenszyklus stehen. In dieser Phase werden vorrangig Pay-for-Cure oder Risk Sharing Verträge angestrebt, um eine Hochpreisstrategie innovativer Produkte bei gleichzeitig steiler Marktpenetration zu argumentieren. Da solche Verträge in der Regel aus strategischen Gründen geschlossen werden, ist die Profitabilität des Vertrages in diesem Fall nicht das entscheidende Kriterium. Auf eine Steuerung mittels des Deckungsbeitrages muss verzichtet werden.

Während der Key Account Manager Strategien und Maßnahmen für die Kundenbetreuung entwickelt, hat der Controller die Aufgabe, ein geeignetes Informationssystem zur Verfügung zu stellen, mit Hilfe dessen sich die Entwicklung des Kundendeckungsbeitrages nach Umsetzung der Maßnahmen verfolgen lässt.[793] Neben dem einzelkundenorientierten Berichtswesen muss das Controlling ein übergreifendes Berichtsformat zur Verfügung stellen, das Aussagen über die strategische Zusammensetzung des Kundenportfolios zulässt. Neben der Unterstützung bei der Bewertung der Kundenbindung ist der Key Account Controller ebenfalls an der Erarbeitung konkreter Vorschläge zu deren Verbesserung beteiligt (Anstoßfunktion).[794] So stellt er einen wichtigen Berater des Key Account Managers im Kundenmanagementprozess dar. Die Entwicklung eines kundenwertorientierten Kontrollsystems sollte zu den wichtigsten Aufgaben des Key Account Controllings gehören.[795] Die operative Durchführungskontrolle im Key Account Management konzentriert sich auf die Ergebnisse mit einzelnen Großkunden oder sogar auf spezifische Projekte oder Aktivitäten, die für einzelne Key Accounts durchgeführt wurden. Im Rahmen der Ergebniskontrolle geht es darum, die Erreichung der gesetzten Kundenwertziele zu kontrollieren. Darüber hinaus sollte geprüft werden, inwieweit die praktischen Abläufe den geplanten Prozessen entsprechen. Zuletzt sollten die Prämissen kontrolliert werden, um die Validität der getroffenen An-

---

793 Vgl. Wäscher (2000), S. 405-406.
794 Vgl. Wengler (2006), S. 70.
795 Vgl. Bruhn / Hadwich / Georgi (2010), S. 719.

nahmen sicherzustellen.[796] Die Kontrollen lassen sich regelmäßig im Rahmen von Abweichungssanalysen oder ad hoc durch Stichprobenanalysen durchführen. Die daraus gewonnenen Erkenntnisse stellen die Schnittstelle zur kundenwertorientierten Frühinformation dar. Diese haben zum Ziel, „(...) aktuelle Informationen aus dem Kundenstamm und dem Neukundengeschäft hinsichtlich ihrer langfristigen Auswirkungen und ihres Trendcharakters auszuwerten.“[797]

4.4.2 Verhaltenssteuerung im Key Account Management

4.4.2.1 Motivation und Zielsetzung von Anreizsystemen

In einer komplexen Unternehmensstruktur werden Wert-, Sach-, Sozial- und Humanziele nur erreicht, wenn die Verantwortung an einzelne Bereiche und Mitarbeiter delegiert wird. Um trotz asymmetrischer Informationsverteilung sowie Ziel- und Interessenskonflikten zwischen Key Account Manager (Agent) und Unternehmensleitung (Principal) ein zielkonformes Handeln sicherzustellen, bedarf es geeigneter Anreize.[798] Eine Harmonisierung kann alleine über die Kontrolle der Key Account Manager nicht erreicht werden. Einerseits setzt Kontrolle keine positiven Leistungsanreize, andererseits ist die überwiegende Tätigkeit der Key Account Manager im Außendienst nur mit hohem

---

796 Vgl. Bruhn / Hadwich / Georgi (2010), S. 714.

797 Lissautzki (2007), S. 77.

798 Die Principal-Agent-Theorie berücksichtigt insbesondere die individuelle Nutzenmaximierung (unterschiedliche Interessen und Risikoeinstellungen) und Informationsdichotomie sowie die Arbeitsleidhypothese des Agenten, vgl. Küpper (2005), S. 67. Als theoretische Basis zur Beurteilung von Problemstellungen mit Zielkonflikten und asymmetrisch verteilten Informationen bietet sie eine gute Grundlage und wird bevorzugt in den Bereichen Performance Measurement, Bugetierung, Verrechnungspreise, Kostenkalkulationen und Kontrollmanagement angewendet, vgl. Dierkes / Schäfer (2008), S. 19. Die beiden Autoren machen mit ihrem Beitrag deutlich, dass die Principal-Agent-Theorie geeignet ist, um qualitative Einsichten in die Wirkweise verhaltenssteuernder Instrumente zu liefern. Die Übertragbarkeit der Erkenntnisse in die Praxis ist jedoch nicht unmittelbar möglich und erfordert weitere Forschung, die die Verhaltensannahmen realitätsnäher modelliert, vgl. Dierkes / Schäfer (2008), S. 26.

Aufwand kontrollierbar.[799] Sie muss um ein geeignetes Anreizsystem ergänzt werden, das die Art und Höhe von positiven sowie negativen Anreizen festlegt, die als Folge einer erwünschten oder unerwünschten Leistung des Partizipierenden eintreten beziehungsweise veranlasst werden und die dessen Motiv(e) tangieren.[800] Verhaltenssteuerung ist bei Key Account Managern besonders wichtig, da sie durch ihren engen Kontakt zu den wichtigsten Kunden maßgeblich am Aufbau langfristiger Geschäftsbeziehungen beteiligt sind. Die Vermeidung von dysfunktionalem Verhalten wird durch den hohen Einsatz monetärer und personeller Ressourcen in das Key Account Management sowie dessen extreme Außenwirkung zu einer zentralen Aufgabe des Key Account Controllings. Die formulierte Strategie kann nur dann nachhaltig umgesetzt werden, wenn das implementierte Anreizsystem entsprechend mit den übergreifenden Zielen des Key Account Managements verknüpft wird und so eine Mittlerfunktion zwischen der Unternehmensstrategie und dem strategiekonformen Mitarbeiterverhalten ausfüllt.[801]

Im Hinblick auf die Ausgestaltung der einzelnen Elemente eines Anreizsystems sind verschiedene Entscheidungen zu treffen.[802] Die **Anreiz- und Belohnungsart** definiert, welche Motivation (intrinsisch oder extrinsisch) ein Anreiz hat.[803] Intrinsische Motive werden durch die Tätigkeit der Arbeit aktiviert, während extrinsische Motive einer Sti-

---

[799] Vgl. Hirsch (2007), S. 60. FISCHER / REINECKE (2009) setzen sich mit dysfunktionalem Verhalten bei Vertriebsmitarbeitern auseinander, vgl. Fischer / Reinecke (2009), S. 43. Da Key Account Manager ein besonderes Bindeglied zwischen Arzneimittelhersteller und Schlüsselkunden darstellen, kann die Argumentation auf ihre Rolle übertragen werden. Zu dem Begriff des dysfunktionalen Verhaltens herrschen in der Literatur verschiedene Auffassungen. Zum einen bezeichnet es ein zu den Controllingsystemen konformes Verhalten, dass die langfristige Unternehmensorientierung vernachlässigt, zum anderen die bewusste Verletzung etablierter Controllingsysteme. Dazu und zu den verschiedenen Ausprägungen dysfunktionalen Verhaltens, vgl. Fischer / Reinecke (2009), S. 40 und 42.

[800] Die Definition eines Anreizsystems wurde entnommen aus Friedl (2003), S. 502.

[801] Es wird unterstellt, dass die Key Account Ziele im Einklang mit den Unternehmenszielen stehen, so dass eine Anknüpfung an die Bereichsziele ebenso zur Steigerung der Unternehmensziele beiträgt. FISCHER / RÖDL (2007) untersuchen in einer empirischen Studie die Abstimmung von Unternehmenszielen und Anreizsystemen in 488 deutschen Großunternehmen (Rücklaufquote 15,1 %). Sie stellen fest, dass „(…) zumindest ein Bewusstsein dafür (besteht), dass Unternehmensziele einen bedeutenden Einfluss auf Anreizsysteme nehmen sollten.“, siehe Fischer / Rödl (2007), S. 10. In der Umsetzung besteht allerdings noch erheblicher Nachholbedarf.

[802] Jedes einzelne Element des Anreizsystems kann wiederum verschiedene Gestaltungsoptionen annehmen, die mit den Unternehmenszielen harmonisiert werden müssen. FISCHER / RÖDL (2007) verdeutlichen am Beispiel der Bemessungsgrundlage, dass die Entscheidungen über die Anzahl und Art der Bemessungsgrundlagen, die Form der Entlohnung, die Art der Leistungsmessung, der Adressatenkreis sowie die Vorgabe des Zielwertes zu den Key Account Zielen konform sein müssen, vgl. Fischer / Rödl (2007), S. 8.

[803] Vgl. Hofmann (2001), S. 4.

mulation von außen bedürfen. Hierbei kommt den monetären Bezügen als extrinsischer Motivator eine besondere Bedeutung zu.[804] Sie bestehen in der Regel aus einem fixen und einem variablen, an die Erreichung der Key Account Ziele geknüpften Anteil und besitzen „(...) deshalb ein starkes verhaltenssteuerndes und leistungssteigerndes Gewicht.“[805] Der Key Account Manager trägt durch Erreichung seiner individuellen, mitarbeiterbezogenen Ziele zum Erreichen der Bereichs- und Unternehmensziele bei. Die Aussicht auf eine monetäre Belohnung steigert seine Motivation extrinsisch,[806] da sich Unterschiede in der Zielerreichung in einer unterschiedlichen Höhe der variablen Vergütung äußern. **Bemessungsgrundlagen** stellen das Bindeglied zu den Key Account Zielen dar, indem sie Anreize mit zielgerichteten Handlungen verknüpfen.[807] Sie können sich entweder auf Aktivitäten oder ein Ergebnis beziehen und neben quantitativen auch qualitative Faktoren berücksichtigen (Finanzielle und nicht-finanzielle Performancemaße).[808] Als Bemessungsgrundlage können im Key Account Management Leistungskennzahlen (sogenannte Key Performance Indicators) eingesetzt werden, bei deren Bildung der Controller eine wichtige Beratungs- und Unterstützungsfunktion einnimmt. Neben der Entscheidung welche Kennzahl zugrunde gelegt wird, muss ebenso die Verantwortlichkeit für die Kennzahl und der Berichts- sowie Kontrollzyklus definiert werden. Die Erhebung und Interpretation der zugrunde gelegten Daten erfolgt im Controlling und wird dem Management im Sinne eines regelmäßigen Berichtswesens zur Verfügung gestellt.[809] Ist das Anreizsystem auf Planung und Kontrolle ausgerichtet, sollte die Bemessungsgrundlage drei Anforderungen genügen. Erstens sollte sie auf die Zielsetzung des Unternehmens ausgerichtet sein (Anreizkompatibilität). Die Ausprägung der Bemessungsgrundlage sollte daher eine steigende Funktion von Güte und

---

804 Vgl. Baguhl (2004), S. 242.

805 Baguhl (2004), S. 242.

806 Vgl. Schwertner / Becker / Seubert (2005), S. 34. Die Autoren können in einer länderübergreifenden Studie mit 50 Großunternehmen die These, dass durch die Anbindung von Anreizsystemen an die Balanced Scorecard die Umsetzung der Strategie unterstützt, empirisch bestätigen.

807 Vgl. Fischer / Rödl (2007), S. 7.

808 In komplexen Entscheidungssituationen ist ein aktivitätenbezogenes Belohnungssystem nicht sinnvoll. Besonders bei schwer kontrollierbaren Aktivitäten werden daher in der Regel ergebnisorientierte Bemessungsgrundlagen gewählt, vgl. dazu Laux (2006), S. 26.

809 Vgl. dazu die Ausführungen von Huang / Schmidt (2001), S.303.

Umfang der Aufgabenerfüllung sein.[810] Bei Verletzung dieser Bedingung würden Anreize gesetzt, die Aufgaben nicht im Sinne des Unternehmens zu erfüllen. Zweitens sollte die Anforderung der Entscheidungsabhängigkeit (Controllability) erfüllt sein. Die Höhe und Ausprägung der Bemessungsgrundlage sollte sich daher direkt auf eine Entscheidung oder Handeln eines Key Account Managers beziehen. Drittens sollte die Bemessungsgrundlage der Anforderung der Manipulationsfreiheit (Intersubjektive Überprüfbarkeit) genügen.[811] Ihre Ausprägung sollte daher einfach und objektiv ermittelbar sein. Sofern diese Anforderung verletzt wird, entstehen Kontroll- und Erhebungskosten, um die wahre Ausprägung zu bestimmen. Die erste und die dritte Anforderung stehen konfliktär gegenüber. Einfach zu ermittelnde Bezugsgrößen erfüllen in der Regel die Anforderung des Zielbezuges nicht ausreichend, während anreizkompatible Bemessungsgrundlagen in der Regel aufwendig zu ermitteln sind.[812] Bei der Ausgestaltung einer Bemessungsgrundlage ist es wichtig, die Branchenspezifika angemessen zu berücksichtigen.[813] Die **Belohnungsfunktion** definiert, wie die Belohnung von der Bemessungsgrundlage abhängt. Sie kann verschiedene Verläufe annehmen sowie nach oben oder unten begrenzt sein.[814] Darüber hinaus legt sie fest,

---

810 Vgl. Laux / Liermann (2005), S. 520. Die Forderung nach Anreizkompatibilität resultiert aus der Annahme der Principal-Agent-Theorie, dass Unternehmensleitung und Manager nicht zwangsläufig die gleichen Ziele verfolgen, vgl. Küpper (2005), S. 245-246.

811 Vgl. Küpper (2005), S. 245-246. Da die Agencytheorie von einer individuellen Nutzenmaximierung des Agenten ausgeht, stellt sie bei der dritten Anforderung den Aspekt der Manipulationsfreiheit der Bemessungsgrundlage in den Vordergrund. Prognostizierte Größen genügen dieser Anforderung nicht und würden so als Bemessungsgrundlage ausscheiden. Da die strengen Prämissen der Agencytheorie der Realität nicht angemessen erscheinen und Kompromisslösungen ausschließen würden, wird der Fokus auf die überprüfbare Ermittlung der Bemessungsgrundlage gelegt. Diese ist bei prognostizierten Größen gegeben, wenn auch in geringerem Ausmaß als bei Ist-Größen.

812 Vgl. Laux / Liermann (2005), S. 520. Hohe Kontroll- und Erhebungskosten können die Effizienz des Anreizsystems zunichte machen.

813 HUANG / SCHMIDT (2001) bemängeln, dass die neuen Kennzahlen wie Economic Value Added, Cash Flow Return on Investment und Return on Capital Employed die Spezifika der pharmazeutischen Industrie durch ihre finanzmathematische Logik nicht ausreichend berücksichtigen. Insbesondere im Hinblick auf die Wertakkumulation im Pipeline-Portfolio sowie die langen Forschungs- und Entwicklungszeiträume sehen sie hier deutliche Mängel, vgl. Huang / Schmidt (2001), S. 301. So werden beispielsweise bei der Berechnung des Economic Value Added vergangene Perioden zugrunde gelegt, so dass die langfristige Perspektive nicht berücksichtigt wird. Darüber hinaus gehen Forschungs- und Entwicklungsaufwendungen als negative Wertbeiträge in die Return on Capital Employed-Berechnung ein, so dass zusätzliche Aufwendungen die Kennzahl verschlechtern, vgl. Huang / Schmidt (2001), S. 302. Leistungskennzahlen, die die wertsteigernden Aktivitäten der einzelnen Unternehmensbereiche abbilden, erscheinen den Autoren vor diesem Hintergrund als Bemessungsgrundlage sinnvoller.

814 Zu dem Verlauf und den Kappungsgrenzen einer Belohnungsfunktion siehe beispielsweise Weber / Bramsemann / Heineke / Hirsch (2004), S. 204.

welche Bereiche der Bemessungsgrundlage für die Belohnung relevant sind.[815] Die **Ausschüttungsregel** bestimmt schließlich den Zeitpunkt, zu dem die Belohnung an die Begünstigten ausgeschüttet wird. Dabei ist darauf zu achten, dass dieser in einem zeitlichen Zusammenhang zu den zu belohnenden Handlungen steht.[816]

Da ein (monetäres) Anreizsystem unternehmensspezifisch festgelegt werden muss,[817] sind darüber hinaus organisatorische, informatorische und personelle Rahmenbedingungen zu beachten. Die enge Beziehung zwischen Personalführungssystem und Organisation wird deutlich, indem beispielsweise die Verteilung von Aufgaben, Weisungs- und Entscheidungsrechten die Auswahl potenzieller Bemessungsgrundlagen einschränken kann. Daneben hat die informatorische Basis im Rechnungswesen großen Einfluss auf die Effizienz des Anreizsystems. Das Key Account Controlling trägt die Verantwortung für die entsprechende Ausgestaltung der Informations- und Berichtssysteme. Zuletzt müssen unterschiedliche Eigenschaften der Partizipierenden (z. B. Risikoteilung, Zeitpräferenz und Einstellung gegenüber Arbeit) sowie die Gültigkeitsdauer des Anreizsystems Beachtung finden.[818]

Im Rahmen der Koordination der Planung, Kontrolle, Personalführung und Organisation hat das Key Account Controlling maßgeblichen Einfluss auf die Gestaltung von Systemen zur Beeinflussung und Verhaltenssteuerung der Key Account Manager.[819] Es trifft Entscheidungen über die Ausprägungen der angesprochenen Elemente mit dem Ziel, die Effektivität und Effizienz des Anreizsystems sicherzustellen. Effektivität ist

815 Vgl. Laux (2006), S. 27.

816 Vgl. Bea / Friedl / Schweitzer (2005), S. 313. In einigen Literaturquellen (darunter beispielsweise Fischer / Rödl (2007), S. 7 oder Weber / Bramsemann / Heineke / Hirsch (2004), S. 198) wird darüber hinaus der Adressatenkreis des Anreizsystems als weiteres Element genannt. Da sich die Ausführungen dieser Arbeit auf das Key Account Management beziehen, sind die Key Account Manager in diesem Fall die Adressaten.

817 Vgl. Biesel (2002), S. 112.

818 Vgl. Hofmann (2001), S. 3-4.

819 Anreizsysteme dienen zur Führung von Unternehmen (Führungssystem). Es gilt, über Leistungsanreize ein zu den Unternehmenszielen konformes Mitarbeiterverhalten zu erreichen (Koordination), vgl. Hofmann (2001), S. 3.

dann gegeben, wenn es zur Leistungssteigerung motiviert.[820] Effizienz ist gewährleistet, wenn der Nutzen aus der Veränderung des Zielerreichungsgrades die Kosten durch die ausgeschüttete Belohnung sowie die Aktivitäten des Anreizsystems übersteigt.[821] Das Anreizsystem muss sich in den Gesamtkontext der Führungsteilsysteme einfügen.[822]

In den letzten Jahren hat das Rechnungsziel der Verhaltenssteuerung in der Forschung zur Kosten- und Erlösrechnung verstärkt Beachtung gefunden. Sowohl das Behavioral Accounting als auch die Principal Agent-Theorie versuchen die Frage zu klären, „(...) welche Größen für deren (Anm. d. A. der ausführenden Personen) Verhalten bestimmend sind und wie sich dieses Verhalten mit Informationen der Kosten- und Erlösrechnung beeinflussen lässt."[823] Methodisch unterscheiden sich die theoretischen Herangehensweisen an diese Fragestellung. Während das Behavioral Accounting verhaltenswissenschaftliche Konzepte zugrunde legt, basiert die normative Principal-Agent-Theorie auf einer formal-analytischen Herangehensweise.[824] Eine differenzierte Auseinandersetzung mit den vielfältigen Formen und der Problematik der Entlohnung würde den Rahmen dieser Arbeit überschreiten. Zu grundsätzlichen Überlegungen wird daher auf die angegebene Literatur verwiesen. Die vorliegende Arbeit thematisiert vielmehr die Beurteilung des Kundendeckungsbeitrages auf seine Eignung als Bemessungsgrundlage. Dabei stehen insbesondere die kritische Beurteilung im Hinblick auf die Erfüllung der theoretischen Anforderungen und die praktische Anwendbarkeit im Vordergrund.

---

820 Die Agencytheorie stellt die Verhaltenssteuerungsfunktion von Anreizsystemen in den Vordergrund, vgl. Küpper (2005), S. 243. Daneben können andere Funktionen (z. B. soziale Kriterien) wichtig sein, die ebenfalls erfüllt werden müssen, um dem Effektivitätskriterium zu genügen.

821 Vgl. Friedl (2003), S. 506.

822 Vgl. Weber / Schäffer (2000), S. 64.

823 Schweitzer / Küpper (2003), S. 584.

824 Zu den unterschiedlichen Methoden des Behavioral Accounting und der Principal-Agent-Theorie ausführlicher, vgl. Schweitzer / Küpper (2003), S. 584-586.

4.4.2.2 Beurteilung der Eignung des Kundenwertes als Bemessungsgrundlage

Im Folgenden soll anhand der theoretischen Anforderungen der Anreizkompatibilität, des Entscheidungsbezuges und der Manipulationsfreiheit beurteilt werden, inwieweit sich der über das relevante Portfolio aggregierte Kundenwert KDB_K als Bemessungsgrundlage zur Verhaltenssteuerung des Key Account Managers eignet.[825]

Nach dem Shareholder Value Ansatz besteht das übergeordnete Ziel des Unternehmenseigners in der Steigerung des Unternehmenswertes. Da ein Performancemaß nur dann **anreizkompatibel** ist, wenn der Key Account Manager so gesteuert wird, dass seine Handlungen zur Steigerung des Unternehmenswertes beitragen, muss die formale Verbindung zwischen beiden Größen hergestellt werden.

Der Kundenwert des Kunden K ist die Differenz zwischen dem kundenbezogenen Periodenumsatz und den variablen Kosten der Periode:

$$KDB_K = \sum_{P=i}^{i} KDB_{PK} = \sum_{P=i}^{j} p_{PK} \times x_{PK} - e_{PK} - k_{PK}$$

mit :

p_{PK} Listenpreis des Produktes P bei der Krankenkasse K

x_{PK} Absatzmenge des Produktes P bei der Krankenkasse K

e_{PK} Erlösschmälerungen des Produktes P bei der Krankenkasse K

k_{PK} variable Kostenpositionen für das Produkt P bei der Krankenkasse K

Um den Periodengewinn G_t des Arzneimittelherstellers zu ermitteln, werden von dem über das Kundenportfolio kumulierten Kundendeckungsbeitrag die Fixkosten des Unternehmens abgezogen:

---

[825] Die zur Steuerung des Verhaltens des Key Account Managers relevante Bemessungsgrundlage sollte mit den Schlüsselindikationen des Arzneimittelherstellers verknüpft werden, indem zunächst ein relevantes Portfolio definiert wird. Dies besteht aus den im Rahmen der Präparateanalyse ermittelten Arzneimitteln, bei denen grundsätzlich ein Vertragsabschluss sinnvoll wäre. Produkte, die nicht in diesem Portfolio enthalten sind, sollten nicht Teil der Bemessungsgrundlage sein.

$$G_t = \sum_{K=A}^{B} KDB_K - K_f$$

mit:

G_t	Gewinn der Periode t
K_f	Fixkosten des Unternehmens

Der Residualgewinn ergibt sich wiederum aus dem Periodengewinn abzüglich des gebundenen Kapitals zum Beginn der Periode.[826] Nach der Nettomethode gilt:

$$RI_t = G_t - h \times D_{t-1}$$

mit:

RI_t	Residualgewinn der Periode t
G_t	Gewinn der Periode t
h	geforderte Verzinsung des Eigenkapitals
D_{t-1}	Kapitalbestand der Vorperiode

Über das Lücke Theorem kann der Residualgewinn in Zusammenhang mit dem Unternehmenswert gebracht werden. Es beweist, dass der Kapitalwert auf Basis von Zahlungsüberschüssen dem Kapitalwert auf Basis von Periodenerfolgen entspricht, sofern zwei Bedingungen gelten.[827]

Erstens muss das Kongruenzprinzip erfüllt sein. Dieses fordert, dass die Summe aller Zahlungsüberschüsse $(E_t - A_t)$ mit der Summe aller Periodengewinne G_t übereinstimmen muss, so dass gilt:

$$\sum_{t=0}^{T}(E_t - A_t) = \sum_{t=0}^{T} G_t$$

Dabei wird unterstellt, dass die Zahlungen am Periodenende anfallen, am Beginn des Planungszeitraumes nur Auszahlungen vorliegen und in der Periode $t = 0$ kein Gewinn

826 Vgl. Küpper (2005), S. 251.

827 Vgl. Ewert / Wagenhofer (2008), S. 536 oder Küpper (2005), S. 144-145.

entsteht.

Zweitens wird die Differenz zwischen den bis zu einer Periode aufsummierten Periodengewinnen und den Zahlungsüberschüssen als Kapitalbestand der Periode interpretiert. Dazu muss der Periodengewinn G_t um kalkulatorische Zinsen und den Kapitalbestand der Vorperiode D_{t-1} verringert werden. Für den Kapitalbestand der Vorperiode gilt:

$$D_{t-1} = \sum_{s=0}^{t-1} G_s - \sum_{s=0}^{t-1} (E_s - A_s)$$

mit: $D_{-1} = 0$ und $D_T = 0$

Für den Kapitalwert KW zum Zeitpunkt 0 gilt für jeden beliebigen Planungszeitraum T beim Zinssatz h folgender Zusammenhang:[828]

$$KW_{0=} \sum_{t=0}^{T} (E_t - A_t) \times (1+h)^{-t} = \sum_{t=0}^{T} (G_t - h \times D_{t-1}) \times (1+h)^{-t}$$

Der Endwert zum Zeitpunkt T wird wie folgt dargestellt:

$$KW_{T=} \sum_{t=0}^{T} (E_t - A_t) \times (1+h)^{T-t} = \sum_{t=0}^{T} (G_t - h \times D_{t-1}) \times (1+h)^{T-t}$$

Das Lücke Theorem besagt also, dass „ (...) strategiekonforme operative Entscheidungen auf der Basis der kalkulatorischen Periodenerfolge getroffen werden können, wenn diese um die Zinsen auf das gebundene Kapital vermindert werden.“[829]

Unter Hinzunahme der zweiten Anforderung lässt sich die Beziehung zwischen den betrachteten Größen verdeutlichen. Eine **Entscheidungsabhängigkeit** ist dann herge-

[828] Zur Herleitung der Gleichung siehe Küpper (2005), S. 144-145.
[829] Ossadnik (2003), S. 54.

stellt, wenn sich die Höhe und Ausprägung der Bemessungsgrundlage direkt auf eine Entscheidung oder Handeln des Key Account Managers bezieht. Da weder die Fixkosten des Unternehmens noch der Kapitaleinsatz sowie die geforderte Verzinsung von der Entscheidung des Key Account Managers beeinflusst werden können, müssen sie aus der Bemessungsgrundlage eliminiert werden ($K_f = 0, h = 0, D_{t-1} = 0$). Unter dieser Voraussetzung wird deutlich, dass der Key Account Manager durch Maximierung des Kundendeckungsbeitrages der von ihm betreuten Key Accounts zur Steigerung des Unternehmenswertes beiträgt.

Die Anforderung des Entscheidungsbezuges macht darüber hinaus den engen Bezug des Personalführungs- zum Organisationssystem deutlich. Die Steuerung nach dem Kundendeckungsbeitrag ist nur möglich, wenn das Key Account Management eine Sparten- oder Divisionale Organisationsform hat, da die Handlungskonsequenzen, aufgrund geringer Überschneidungen, den einzelnen Key Account Managern zurechenbar sind. Sowohl in einer Stab-Linien-Organisation als auch in einer Matrix-Organisation ist die Zurechnung von Erfolgen aufgrund fehlender Entscheidungsbefugnisse oder einem hohen Maß an Interdependenzen bei der Entscheidungsfindung schwer zurechenbar.

Der Kundenwert KDB_K ist abhängig von der Umsatzhöhe, den Preisen und Konditionen sowie den verkauften Präparaten und den angesprochenen Kunden. Problematisch ist hierbei, dass der Key Account Manager zwar einen unmittelbaren Einfluss auf die verhandelten Konditionen, nicht aber auf die verordneten Mengen hat, da diese letztendlich durch die Leistungserbringer bestimmt werden.

Die dritte Anforderung nach **Manipulationsfreiheit** wird durch die Bemessungsgrundlage erfüllt. Da sie auf realisierten Größen beruht, ist sie sowohl für den Key Account Manager als auch für den Unternehmenseigentümer beobachtbar. Ihre Erhebung erfordert keinen zusätzlichen Aufwand im Rechnungswesen, so dass sich ihre Ausprägung zum Periodenende im Rechnungswesen eindeutig bestimmen lässt.[830] Dadurch ist die Kennzahl einfach und gut nachvollziehbar.

---

[830] Vgl. Küpper (2005), S. 328.

Auf der anderen Seite fördert die Einperiodigkeit der Kennzahl eine kurzfristige Optimierung des Erfolges und widerspricht damit der Forderung nach langfristiger Kundenbindung. Um dem entgegenzuwirken, müsste die Bemessungsgrundlage um qualitative oder verhaltensbezogene Komponenten ergänzt werden. Darüber hinaus werden strategische Ziele nicht berücksichtigt. Dies kann problematisch werden, wenn mehrjährige Verträge ihre Wirkung mit zeitlicher Verzögerung entfalten, so dass in einzelnen Perioden die Kosten den Nutzen übersteigen. Hat der Key Account Manager eine andere Zeitpräferenz als der Unternehmenseigentümer, kann dies zur Fehlsteuerung führen. Eine langfristig orientierte Kennzahl würde dagegen die Manipulationsanfälligkeit erhöhen. Als Beispiel sei an dieser Stelle die zur Prognose zukünftiger Periodenerfolge notwendige Einschätzung gesundheitspolitischer Risiken genannt. Sofern die Key Account Manager als Experten in die Schätzung gesundheitspolitischer Einflüsse involviert sind, besteht eine nachvollziehbare Tendenz zur Überschätzung von Risiken (bewusst falsche Informationsweitergabe).[831] Dieses Problem resultiert aus der Informationsasymmetrie zwischen Key Account Manager und Unternehmensleitung und wird von der Principal-Agent-Theorie als Hidden-Information-Problematik bezeichnet.[832] Darüber hinaus kann es unbewusst zur Weitergabe falscher Informationen kommen, da hohe Unsicherheit über die Einflussfaktoren, deren stochastische Verteilung und ihren Bezug zum Periodenerfolg besteht.[833] Die Berücksichtigung von Risikointerdependenzen (Korrelationen) stellt die Experten trotz sehr guter Markt- und Branchenkenntnisse in der Realität vor große Herausforderungen. Nicht nur die individuelle Festlegung, sondern auch die Erhebung der Daten dürfte mit einem hohen zeitlichen und personellen Aufwand belegt sein, da die Datenbasis über Schadenshöhe

---

[831] Vgl. dazu Kanacher / Rademacher / Werners (2010), S. 194.

[832] Vgl. die Ausführungen zu Anreizsystemen zur Verhinderung von Informationsmanipulation, Küpper (2005), S. 222-223. Verhaltenswissenschaftliche Erkenntnisse führen die Weitergabe von Fehlinformationen auf unbewusste und bewusste Verhaltensweisen des Agenten zurück. Der Agent möchte seine kognitive Dissonanz reduzieren und filtert die Informationen daher und gibt sie unbewusst falsch weiter. Aufgrund seines individuellen Nutzenstrebens ist darüber hinaus damit zu rechnen, dass der Agent durch Weitergabe unvollständiger Informationen einen persönlichen Vorteil ziehen möchte. Die Principal-Agent-Theorie widmet sich dem zweiten Problem und thematisiert die Koppelung von Anreizen an eine wahrheitsgemäße Berichterstattung, um daraus den Nutzen des Agenten zu erhöhen. So versuchen beispielsweise das WEITZMANN-Schema und das Schema nach OSBAND UND REICHENSTEIN das Problem zu entschärfen. Zu den Grenzen der beiden Modelle, vgl. Küpper (2005), S. 226-229.

[833] HOITSCH / WINTER (2004) weisen in diesem Zusammenhang auf die Gefahr der Erzeugung einer Scheingenauigkeit über die Risiken hin, vgl. Hoitsch / Winter (2004), S. 240.

und Eintrittswahrscheinlichkeit im Rechnungswesen so begrenzt sein dürfte, dass eine Extrapolation in die Zukunft nicht möglich ist. Bei Einbeziehung geschätzter Auswirkungen von Risiken in die Bemessungsgrundlage besteht daher das Problem einer fehlenden intersubjektiven Überprüfbarkeit.[834] Die Analyse verdeutlicht die nicht ganz konfliktfreie Beziehung zwischen den Anforderungen des Zielbezuges und der Manipulationsfreiheit.

4.5 Organisatorische Ebene des Key Account Controllings

Die Organisation des Controllings ist von verschiedenen Einflussgrößen abhängig.[835] So nimmt beispielsweise mit zunehmender Größe des Unternehmens die organisatorische Differenzierung zu. Die Herausforderung einer adäquaten Aufbauorganisation besteht darin, einerseits die Abstimmung mit den übergeordneten Unternehmenszielen durch enge Kollaboration mit dem Zentralcontrolling zu gewährleisten und andererseits eine zielführende Unterstützung der Linieninstanz zu sichern.[836] Grundsätzlich besteht die Möglichkeit, den Key Account Controller entweder der Linieninstanz – dem Key Account Management – oder dem Zentralcontroller direkt zu unterstellen. Die Vorteile einer Linienunterstellung liegen in der größeren Problemnähe sowie einer damit verbundenen höheren Akzeptanz des Key Account Controllers.[837] Nachteilig sind die „(...) Vernachlässigung der Überwachungs- und Kontrollfunktion, die mangelnde Objektivität und die Gefahr der ungenügenden Berücksichtigung bereichsübergreifender Gesamtinteressen (...)“.[838] Spiegelbildliche Vor- und Nachteile ergeben sich bei der organisatorischen Zuordnung zum Zentralcontroller. In der wissenschaftlichen Fachliteratur wird daher oft eine zweifache Einbindung im Sinne eines Dotted Line Prinzips

834 BLEUEL (2006) geht davon aus, dass subjektive Wahrscheinlichkeitsbeurteilungen zwar nicht intersubjektiv überprüfbar sind, dass sie aber in der Realität zu den realistischsten Einschätzungen führen, vgl. Bleuel (2006), S. 373.

835 Diese Kriterien sind die Unternehmensgröße, Komplexität, strategische Ausrichtung, Controllingverständnis und organisatorische sowie hierarchische Struktur des Gesamtunternehmens, vgl. Reinecke / Janz (2006), S. 919. Vgl. zu diesem Abschnitt auch Hoos (2007), S. 30-31.

836 Vgl. Baguhl (2004), S. 195.

837 Vgl. Reinecke / Janz (2006), S. 923.

838 Reinecke (2005), S. 155.

empfohlen.[839] Dabei wird das Key Account Controlling fachlich dem Zentralcontrolling und disziplinarisch der Fachbereichsleitung unterstellt.[840] Eine umgekehrte Zuordnung ist ebenfalls möglich. Der Key Account Controller genießt so einerseits eine doppelte Vermittlerposition, andererseits besteht erhöhtes Konfliktpotenzial, das möglicherweise die erforderliche Unabhängigkeit seiner Urteilsbildung beeinträchtigt.[841]

839 Vgl. Horvath (2006), S. 849.
840 Vgl. Küpper (2005), S. 531.
841 Vgl. Reinecke / Janz (2006), S. 929.

5 Abschlussbetrachtung und Ausblick

5.1 Zusammenfassung der zentralen Ergebnisse

In der vorliegenden wissenschaftlichen Arbeit wurden die Kostendämpfungs- beziehungsweise Wettbewerbsbestrebungen herausgearbeitet, die die gesundheitspolitische Gesetzgebung in den vergangenen Jahren verfolgte, um eine langfristige Finanzierung im deutschen Gesundheitssystem sicherzustellen. Damit wuchs der Einfluss auf die Preise, Mengen und Qualität der Arzneimittelverordnungen, und der Kostendruck auf die Marktteilnehmer stieg. Als Reaktion begann eine verstärkte Konsolidierung, die die Abnehmerstruktur der pharmazeutischen Industrie komplexer machte. Um in dem sich verändernden Marktumfeld ein ernst zu nehmender Partner in der Arzneimittelversorgung zu bleiben, wurde die wertschöpfende Betreuung der Schlüsselkunden als kritischer Erfolgsfaktor für die Vermarktung patentgeschützter, verschreibungspflichtiger Arzneimittel identifiziert. Da die Implementierung eines auf diese Kundengruppe spezialisierten Vermarktungsmodells die pharmazeutische Industrie vor personelle, strukturelle und monetäre Herausforderungen stellt, muss den erhöhten Anforderungen an Information und Koordination Rechnung getragen werden. Vor dem Hintergrund dieser aktuellen Herausforderungen liegt der Fokus der vorliegenden Arbeit auf der Diskussion und Entwicklung geeigneter Lösungsansätze zur Implementierung eines bereichsbezogenen Key Account Controllings.

Die Idee, das **Key Account Controlling in der Pharmazeutischen Industrie** zum Gegenstand wissenschaftlicher Überlegungen zu machen, entstand aufgrund der rasanten gesundheitspolitischen Veränderungen einerseits und dem Forschungsdefizit im Bereich Key Account Controlling andererseits. Die vorliegende Arbeit konnte damit einen wichtigen Beitrag zur Schließung der Forschungslücke zwischen der branchenspezifischen Literatur zum deutschen Gesundheitsmarkt und branchenunabhängigen Quellen zu den Themen Key Account Management und Controlling leisten. Hauptanliegen war es, die theoretischen Erkenntnisse auf die Besonderheiten in der pharmazeutischen Industrie zu übertragen, um daraus einen konkreten, pragmatischen Umsetzungsvorschlag zu entwickeln. Da die einschlägige Fachliteratur die Frage nach einem pharmaspezifischen Key Account Controlling Konzept bisher nicht beantworten kann, dürfte die betrachtete Thematik ebenso von hohem praktischen Interesse sein.

Besonderer Wert wurde auf die Einordnung des Untersuchungsschwerpunktes in den übergeordneten gesellschaftlichen, gesundheitspolitischen und marktspezifischen Gesamtzusammenhang gelegt sowie auf eine Visualisierung der Argumentation durch zahlreiche Grafiken.

Um die identifizierte Forschungslücke zu schließen, setzte sich die Autorin der vorliegenden Arbeit drei Ziele. Sie orientierte sich dabei am Top Down Prinzip als Ansatz zur Lösung des definierten Forschungsproblemes, um die geforderte Einordnung in den übergeordneten Gesamtzusammenhang zu gewährleisten.

Das **erste Ziel** bestand in einer umfassenden Untersuchung der sich verändernden Rahmenbedingungen im deutschen Gesundheitsmarkt aus der Perspektive der forschenden Pharmaindustrie. Basis der Analyse waren die bestehende gesundheitspolitische Literatur sowie die relevanten Paragraphen des fünften Sozialgesetzbuches. Der gewählte kaskadische Aufbau folgte dem Top Down Prinzip und trug neben der Einordnung in einen makroökonomischen Gesamtzusammenhang zu einem Verständnis für die politische Motivation gesundheitspolitischer Regulierung bei. So wurde ein Problembewusstsein für den gewählten Forschungsschwerpunkt geschaffen. Die Identifikation und detaillierte Analyse von 27 staatlichen Regulierungsmaßnahmen und deren Interdependenzen veranschaulichte die hohe Komplexität im Arzneimittelmarkt. Insbesondere die Rabattverträge nach § 130a Abs. 8 SGB V, die in dem kollektivvertraglichen System der gesetzlichen Krankenversicherung Möglichkeiten zum einzelvertraglichen Kontrahieren bieten, wurden beleuchtet und in das gesamte Regulierungsgefüge eingeordnet. Zahlreiche konkrete Beispiele rechtlicher Konfliktfelder belegten, dass sie den Arzneimittelherstellern durch ihren freiwilligen Charakter und Wechselwirkungen zu 12 anderen Regulierungsmaßnahmen Gelegenheit zur strategischen Positionierung in dem sich verändernden Markt bieten. Indem die Perspektive der pharmazeutischen Industrie in den Mittelpunkt der Überlegungen gestellt wurde, wurden die komplexen Rahmenbedingungen unternehmerischen Handelns herausgearbeitet. Durch die Verknüpfung gesundheitspolitischer Aspekte mit den unternehmerischen Problemstellungen geht die Analyse deutlich über die bisher in der Literatur bekannten Darstellungen zum deutschen Gesundheitssystem hinaus. Neben der Ökonomisierung des Arzneimittelmarktes kristallisierte sich die Konsolidierung und Vernetzung zentraler Akteure im Gesundheitswesen als Reaktion auf den steigenden Kostendruck heraus. Diese horizontale und vertikale Integration löste eine deutliche Nachfragekonzentration aus und veränderte die Macht-, Einfluss- und Entscheidungsverhältnisse der Zielgruppen der Arzneimittelhersteller. Als Ergebnis bleibt festzuhalten, dass die Politik die Herausforderungen zwar erkannt hat, dass die bisherige Lösung aber jeglichen konzeptionellen Zusammenhangs entbehrt. Zahlreiche Adjustierungen in der Gesetzgebung haben zu einem komplexen Regulierungsgefüge geführt, das eine langfristige Finanzierbarkeit des deutschen Gesundheitssystems kaum sicherzustellen vermag. Die Kenntnis der einzelnen Interdependenzen und die frühzeitige Information über mögliche Veränderungen der Rahmenbedingungen werden in Zukunft immer wichtiger, damit die einzelnen Marktteilnehmer die Konsequenzen ihres Handelns einschätzen können. Für die Arzneimittelhersteller wird durch die Konsolidierung der Nachfragestrukturen die Fokussierung auf die zentralen Schlüsselkunden zukünftig von strategischer Bedeutung sein.

Das **zweite Ziel** bestand in der Analyse von Handlungsoptionen, um die Betreuung von Schlüsselkunden in das absatzwirtschaftliche Geschäftsmodell zu integrieren. Dazu wurde die Notwendigkeit herausgearbeitet, das Vermarktungsmodell der Pharmaindustrie an die veränderten Rahmenbedingungen anzupassen, da die produktorientierte Sichtweise, die auf die einheitliche Bedienung von Massenmärkten konzentriert ist, den Betreuungsanforderungen der neuen Zielgruppen nicht mehr gerecht wird. Eine zentrale Herausforderung wurde darin identifiziert, dass insbesondere die Krankenkassen und die kooperierenden Leistungserbringer, die zu zentralen Stakeholdern werden, neben der klassischen wissenschaftlichen eine betriebswirtschaftliche Betreuung benötigen. In diesem Zusammenhang konnte belegt werden, dass diese unterschiedlichen Aufgaben und Anforderungen durch den traditionellen Außendienst nicht bewältigt werden können und dass ein kunden- und serviceorientiertes Betreuungsmodell an Bedeutung gewinnt, um den gesamten therapeutischen Prozess stärker zu fokussieren. Es wurde die Notwendigkeit verdeutlicht, die Vertriebsstrukturen und Geschäftsprozesse an diese neuen Macht-, Einfluss- und Entscheidungsverhältnisse zwischen den Marktakteuren anzupassen. Der Aufbau eines übergreifenden Contract- beziehungsweise Key Account

Managements konnte als adäquate Reaktion auf die Herausforderungen dieses komplexen Marktes herausgearbeitet werden. Darüber hinaus wurden die Stärken und Schwächen verschiedener Arzneimittelvertragsmodelle diskutiert und anhand konkreter Beispiele veranschaulicht. Zusammenfassend bleibt festzuhalten, dass eine Veränderung der Aufbau- und Ablauforganisation im absatzwirtschaftlichen Geschäftsmodell eine weitreichende Entscheidung darstellt, die den Informations- und Koordinationsbedarf maßgeblich verändert und somit neue Anforderungen an das Controlling stellt.

Das **dritte Ziel** bestand in der Entwicklung eines Key Account Controlling Konzeptes für die forschende Pharmaindustrie. Dazu wurde die Notwendigkeit herausgearbeitet, neue Instrumente der Willensbildung und -durchsetzung zu entwickeln, die die Besonderheiten in der Beziehung zu Key Accounts adäquat berücksichtigen. Dabei stand insbesondere die wertschöpfende Komponente (Performance) des Key Account Managements im Vordergrund, da ein zielgerichteter Einsatz personeller und monetärer Ressourcen nur durch die Koordination der Führungsteilsysteme Planung, Kontrolle, Information, Personalführung und Organisation im Key Account Management gewährleistet werden kann. Zentrales Anliegen der Arbeit war die Konzeption praxistauglicher Instrumente zur Entscheidungsunterstützung und Verhaltenssteuerung im pharmazeutischen Key Account Management unter Verzicht auf eine redundante Auseinandersetzung mit vielfach diskutierten klassischen Controllinginstrumenten. Im Spannungsfeld zwischen Key Accounts, Präparaten und Markt wurden die frühzeitige Information über gesundheitspolitische Entwicklungen im Arzneimittelmarkt, die Identifikation und Bewertung gesundheitspolitischer Risiken sowie die Identifikation, Segmentierung und Steuerung von Key Accounts als Schwerpunktthemen definiert, bei denen das Key Account Controlling konzeptionelle Unterstützung leisten kann. In einem ersten Schritt wurde ein Vorschlag für ein **Informationssystem** entwickelt, das die frühzeitige Reaktion auf gesellschaftliche, gesundheitspolitische und marktspezifische Chancen und Risiken ermöglicht. Im Unterschied zu den bisher in der Literatur bekannten Frühinformationssystemen fokussiert es die Veränderungen in der Key Account-relevanten Unternehmensumwelt und setzt damit an den veränderten Anforderungen der Kunden an. Somit kann es auch in der Praxis einen geeigneten Rahmen bieten, um den Key Account Manager bei der Identifikation neuer Themen zu unterstützen und die vorhandenen Informationsbestandteile strukturiert zusammenführen. Da die Marktmacht der Schlüsselkunden eine professionelle Vorbereitung auf Vertragsverhandlungen unabdingbar macht, wurde die Unterstützung des Key Account Managers bei der Allokation der Ressourcen auf Key Accounts und Präparate als weitere zentrale Aufgabe des Key Account Controllings identifiziert. In einem zweiten Schritt wurde daher ein Instrument entwickelt, das die **Identifikation und Bewertung gesundheitspolitischer Risiken** zur Auswahl eines vertragsrelevanten Präparateportfolios ermöglicht. Es wurde die Annahme zugrunde gelegt, dass Verträge für patentgeschützte Präparate insbesondere dann sinnvoll sind, wenn konkrete gesundheitspolitische Risiken drohen. Aufgrund der im ersten Teil identifizierten Interdependenzen zwischen den Regulierungsinstrumenten besteht die Möglichkeit, die Eintrittswahrscheinlichkeit und Schadenshöhe bestimmter Risiken durch Verträge zu steuern. Dazu wurde ein stochastisches Planungsmodell auf Basis einer Monte Carlo Simulation entwickelt, um die gesundheitspolitischen Risiken zu bewerten und in die Unternehmensplanung zu integrieren. Auf dieser Basis lassen sich Entscheidungen zur Allokation der Key Account Ressourcen treffen. Die theoretische Verknüpfung gesundheitspolitischer Risiken und möglicher Vertragsmodelle mit den Phasen des Arzneimittellebenszyklus dürfte auch für die Praxis eine wichtige Hilfe bei der Identifikation vertragsgeeigneter Präparate sein. Für das identifizierte vertragsrelevante Teilportfolio wurde im dritten Schritt ein Instrument entwickelt, das den Key Account Manager anhand eindeutiger Entscheidungskriterien bei der **Auswahl, Segmentierung und Steuerung von Key Accounts** unterstützen soll. Hierzu wurden Kennzahlen definiert, anhand derer die attraktivsten Vertragspartner identifiziert und priorisiert werden können. Für die ausgewählten Kunden wurde eine detaillierte Kundenanalyse vorgeschlagen, um auf dieser Basis konkrete Vertragsmodelle entwickeln und die monetären Auswirkungen abschätzen zu können. Die für den pharmazeutischen Kontext definierte Kennzahl Kundenwert wurde schließlich als eindeutiges Entscheidungskriterium über die Profitabilität eines Vertragsmodelles herangezogen. Zum besseren Verständnis wurde die entwickelte Systematik anhand eines Zwei-Kunden-Zwei-Produkte-Falles veranschaulicht. Diese beispielhafte Demonstration sollte verdeutlichen, bei welchen Entscheidungen das Key Account Controlling den Key Account Manager unterstützen kann. Für eine praktische Anwendung müsste das entwickelte Konzept auf die Spezifika der konkreten Geschäftsumgebung adaptiert werden. Da das Controlling neben der Entscheidungsunterstützung maßgeblich zur **Verhaltenssteuerung** der Key Account Manager beitragen soll, war die Harmonisierung der Interessen von Unternehmensleitung und Key Account Managern durch ein geeignetes Anreizsystem ebenso Bestandteil der Arbeit. In diesem Zusammenhang lag der Schwerpunkt darauf, die definierte Kennzahl Kundenwert auf ihre Eignung als Bemessungsgrundlage zu prüfen. Anhand der Anforderungen an die Anreizkompatibilität, der Entscheidungsabhängigkeit und der Manipulationsfreiheit wurde diskutiert, inwieweit sie zur Harmonisierung der Interessen von Unternehmensleitung und Key Account Managern beitragen kann.

5.2 Ausblick und weiterer Forschungsbedarf

In Bezug auf die in der vorliegenden Arbeit erzielten Ergebnisse, sind einige Limitationen zu erkennen, die interessante Inhalte für weitere Studien bieten. Eine Forschung mit nachfolgend genannten Schwerpunkten könnte daher zur breiten wissenschaftlichen Akzeptanz und Anwendung der Erkenntnisse in der Praxis beitragen.

Das entwickelte **Key Account Controlling Konzept** erhebt den Anspruch, pragmatisch und anwendbar zu sein. Ein interessanter Forschungskomplex könnte daher in der empirischen Validierung des entwickelten Konzeptes bestehen. Die Implementierung des Konzeptes könnte durch eine Studie begleitet werden, die es auf seine praktische Bewährung prüft und mögliche Anpassungen an strukturelle Besonderheiten in einzelnen Pharmaunternehmen offenbart.

Ein weiteres interessantes Thema wäre die Rollenabgrenzung zwischen Key Account Management und Key Account Controlling. Als empirische Arbeit wäre in diesem Zusammenhang eine Untersuchung zum Rollenverständnis in verschiedenen Pharmaunternehmen denkbar. Eine theoretische Ausarbeitung könnte dagegen eine konzeptionelle Fallgestaltung im Hinblick auf die entstehenden Schnittstellen in den Mittelpunkt stellen.

Die Anwendbarkeit und Umsetzung der vorgestellten Vertragsmodelle in der Praxis bietet sowohl aus betriebswirtschaftlicher als auch juristischer Sicht Ansatzpunkte für tiefergehende Untersuchungen. So könnte beispielsweise die Frage, wie ein Vertrag gestaltet sein müsste, der allen Beteiligten den größten Nutzen bietet, näher beleuchtet werden.

Da die Gesundheitssysteme der westlichen Welt ähnlichen Herausforderungen gegenüberstehen, gibt es in der Regulierung zahlreiche Parallelen. Ein länderübergreifender Best Practice Vergleich des Key Account Controllings könnte daher ebenfalls von praktischem Interesse sein.

Die vorliegende Arbeit basiert auf der aktuellen gesundheitspolitischen Gesetzgebung. Weitere Forschungen erfordern daher eine ständige Adaption des Key Account Controlling Konzeptes an zukünftige Reformen. Die sich aktuell in der Diskussion befindenden Gesetzesänderungen (GKV-Änderungsgesetz und Arzneimittelmarktneuordnungsgesetz) bestätigen die Kostendämpfungs- sowie Wettbewerbsbestrebungen, die bereits mit der Gesundheitsreform 2007 verfolgt wurden.[842] Nachdem im generischen Markt über Rabattverträge hohe Kosteneinsparungen erzielt werden konnten, beziehen sich die diskutierten Maßnahmen vorrangig auf innovative, patentgeschützte Präparate. Der G-BA soll zukünftig den Zusatznutzen (neuer) Präparate bewerten und daraufhin einen Erstattungspreis festlegen. Um einen aktiven Beitrag zur Ausgaben-Kontrolle zu leisten und das Risiko einer schnellen Nutzenbewertung zu reduzieren, könnte für Pharmaunternehmen eine proaktive Vertragsstrategie sinnvoll sein. Neben dem kurzfristigen monetären Effekt lässt sich eine mittel- bis langfristige Steigerung der Versorgungsqualität über diesen wettbewerblichen Weg nur durch die Kooperation mit den Marktteilnehmern erreichen, die Einfluss auf die Preise, Menge und Qualität der Verordnungen haben. In diesem Zusammenhang bleibt abzuwarten, ob sich Vertragsmodelle durchsetzen werden, die für alle Beteiligten vorteilhaft sind: für Pharmaunternehmen, Kostenträger, Leistungserbringer und vor allem für Patienten!

[842] Zur Interpretation der aktuell diskutierten Gesundheitsreform 2010 / 2011, siehe Zeiner (2010).

Anhangsverzeichnis

Hintergrundinformationen zu den Rahmenbedingungen unternehmerischen Handelns

Abbildung 41 stellt die Interdependenzen zwischen den im Arzneimittelmarkt existierenden Regulierungsinstrumenten dar.

		Arzneimittelhersteller										GH	Apotheke						Arzt									
		Festbetrag	Höchstbetrag	Kosten-Nutzen-Bewertung	Einschränkung / Ausschluss	Nutzenbewertung	Zweitmeinung	Hersteller-abschlag	Preismoratorium	Zuzahlung	**Direktvertrag**	Großhandels-zuschlag	gesetzl. Apothekerabschlag	Apothekerspanne / Preisbindung	Importförderung	Aut-Idem	Natural- / Geldrabattverbot	Auseinzelung	Arzneimittel-richtlinie	Preisvergleichsliste	Negativliste	Ausgabenvol. m. Kollektivregress	Fachgruppenspez. Richtgrößenvolum.	Wirtschaftlichkeits-prüfung	Regionale Zielvereinbarungen	Bonus-Malus-Regelungen	Entlass-medikation	Dispersierverbot
Arzneimittelhersteller	Festbetrag		x	x		x		x	x	x	x		x						x	x						x		
	Höchstbetrag			x		x					x																	
	Kosten-Nutzen-Bewertung				x	x													x									
	Einschränkung/ Ausschluss										x								x					x				
	Nutzenbewertung																		x						x			
	Zweitmeinung																		x					x				
	Hersteller-abschlag								x	x					x													
	Preismoratorium														x													
	Zuzahlung										x					x										x		
	Direktvertrag														x	x	x					x	x	x	x	x		
GH	Großhandels-zuschlag																											
Apotheke	gesetzl. Apo-thekerabschlag																											
	Apothekerspanne / Preisbindung																											
	Importförderung																								x			
	Aut-Idem																x											
	Natural- / Geldrabattverbot																											
	Auseinzelung																											
Arzt	Arzneimittel-richtlinie																			x			x			x		
	Preisvergleichs-liste																							x				
	Negativliste																											
	Ausgabenvol. m. Kollektivregress																											
	Fachgruppenspez. Richtgrößenvolum.																							x		x		
	Wirtschaftlichkeits-prüfung																									x		
	Regionale Zielvereinbarungen																									x		
	Bonus-Malus-Regelungen																											
	Entlassmedikation																											
	Dispersierverbot																											

Abbildung 41: Interdependenzen zwischen den Regulierungsinstrumenten[843]

[843] Eigene Recherche und Darstellung.

Hintergrundinformationen zu den absatzwirtschaftlichen Geschäftsmodellen in der pharmazeutischen Industrie

Tabelle 8 vergleicht die analysierten Vertragsmodelle im Hinblick auf Inhalt, Auswirkungen und bevorzugte Einsatzgebiete.

	Rabattvertrag	Capitation	Cost Sharing	P4P Vertrag	Risk Sharing	P4C Vertrag	Mehrwert
Inhalt							
Input, Prozess, Outcome	Input	Input	Input	Prozess	Outcome	Outcome	Outcome
Präparate	Generika	Generika, Originale, Biosimilars, OTC-Produkte, Diagnostika, Medizinprodukte	insbesondere hochpreisige Originale	Originale	Originale	Originale	Originale
Indikationen				ZNS, Demenz, Rheuma, Krebs		Indikationen, die eine Heilung erlauben, z.B. Antibiotikatherapie, Impfung, chirurgische Hämorrhidenresektion	
Laufzeit (Jahre)	1 bis 2	mindestens 1	1	mindestens 2	1 bis 2	mindestens 2	mindestens 3
Wirkung auf...							
Versorgung	gleichbleibend	gleichbleibend	verbessert durch Innovationen	verbessert	verbessert	verbessert	verbessert durch Dienstleistung
Kosten der Vertragsgestaltung	gering	gering	gering	mittel/hoch	mittel/hoch	hoch	hoch
Anzahl der Vertragspartner	2	2	2	3	3	3	viele
Managementaufwand	gering	mäßig	mittel	hoch	hoch	hoch	sehr hoch
Compliance	wird vermindert	gleichbleibend	gleichbleibend	wird verbessert	wird verbessert (durch flankierende Maßnahmen)	wird verbessert	wird verbessert
Außendiensteinsatz	kein Außendiensteinsatz	kein/geringer Außendiensteinsatz	geringer Außendiensteinsatz		Unterstützung durch Außendienst	Unterstützung durch Außendienst	Unterstützung durch Außendienst
Bevorzugter Einsatz							
Lebenszyklus	Degeneration	Wachstum	Wachstum	Wachstum	Launch	Launch	Sättigung
bevorzugte Versorgungsumgebung	Hausarztmodelle (§73b), IV-Modelle (§ 140) und DMPs (§137)	Strukturverträge (§ 73a), DMPs (§ 137) und IV-Modelle (§140)	Modellvorhaben (§ 63/64), MVZs (§ 95), Ambulantes Operieren (§115-116)	Hausarztmodelle (§73b), Besondere Ambulante Versorgung (§73c), MVZs (§ 95), Ambulantes Operieren (§115-116) und DMPs (§137)	Modellvorhaben (§ 63/64), Besondere Ambulante Versorgung (§ 73c), Ambulantes Operieren (§115-116) und IV-Modelle (§ 140)	Modellvorhaben (§ 63/64), Besondere Ambulante Versorgung (§ 73c)	Strukturverträge (§ 73a), Besondere Ambulante Versorgung (§ 73c), IV-Modelle (§ 140) und DMPs (§137)
Beispiele							
	AOK-Verträge, Deutsche BKK / Pfizer über Sortis	AOK / Novartis über Lucentis	Roche Pharma zu Avastin		DAK / Novartis zu Aclasta	Jansen Cilag zu Velcade (Bortezomib) in der Indikation multiples Myelom in England	

Tabelle 8: Klassifizierung der Vertragsmodelle[844]

[844] Eigene Darstellung in Anlehnung an und Erweiterung zu Ecker / Preuß (2008b), S. 59 und 61.

Hintergrundinformationen zum Konzept des Key Account Controllings in der pharmazeutischen Industrie

Abbildung 42 stellt beispielhaft die Verkettung der einzelnen Frühindikatoren im Key Account Management dar.

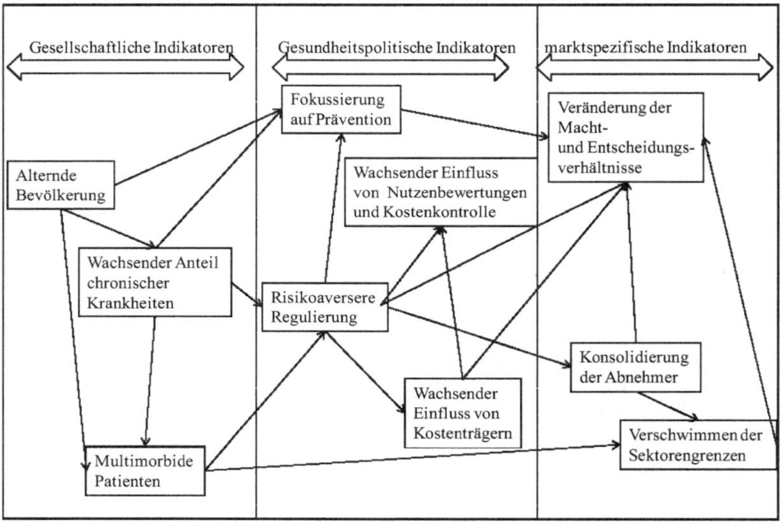

Abbildung 42: Verkettung von Frühindikatoren[845]

[845] Eigene Darstellung.

Abbildung 43 gibt einen Überblick über mögliche Beobachtungsbereiche und Frühindikatoren in der bereichsspezifischen Frühinformation des Key Account Managements.

Beobachtungs-bereiche	**Indikatoren**	**Bedeutung für die Frühinformation im Key Account Management**
gesellschaftlich	• alternde Bevölkerung • multimorbide Patienten • Wachsender Anteil chronischer Krankheiten	• Veränderung der Nachfrage • Verschiebung der Indikationsgebiete und Krankheitsbilder • Versorgungsmanagement wird wichtiger • Steigende Arzneimittelkosten
gesundheits-politisch	• wachsender Einfluss von Kostenträgern auf Verordnungen • Wachsender Einfluss von Nutzenbewertungen und Kostenkontrolle • Fokussierung von Prävention • Risikoaversere Regulierung	• direkte Regulierung → unmittelbare ökonomische Auswirkungen • Indirekte Regulierung → mittelbare ökonomische Auswirkungen • Veränderung der Informationsbedürfnisse
marktspezifisch	• Veränderung der Macht-, Einfluss- und Entscheidungsverhältnisse • Verschwimmende Sektorengrenzen • Konsolidierung der Marktakteure	• Bedienung neuer Zielgruppen • Übergreifende Konzepte • Diversifikation von Risiken • Erschließung neuer Vertriebswege

Abbildung 43: Beobachtungsbereiche und Frühindikatoren in der bereichsspezifischen Frühinformation[846]

[846] Eigene Darstellung.

Monte Carlo Simulation: Bewertung der gesundheitspolitischen Risiken für Produkt *j*.

Schritt 1: Identifikation der gesundheitspolitischen Risiken

Analog zu Produkt *i*

Schritt 2: Erstellung des Basismodells mit Risikoannahmen

Das Modell betrachtet den in Abbildung 28 dargestellten Planungshorizont von fünf Jahren (t_0 = 2010 bis t_4 = 2014).[847]

Zu den Variablen der Basisplanung werden folgende vereinfachte Annahmen getroffen:

Annahme 1 (Preis):

Der deutsche Listenpreis des Präparates beträgt 5 Euro pro Packung in t_0. In t_1 soll er um 5 % erhöht werden und über die folgenden Planperioden konstant gehalten werden. Der Preis der Importware sei 6 Euro und über die Planperioden konstant.

Annahme 2 (Menge):

Die Absatzmenge unterliegt üblichen Marktschwankungen. Sie sei normalverteilt wobei μ durch den Planwert repräsentiert wird und $\sigma = 10$ ist. Die Importquote betrage zwischen 23 % und 37 % über die Planperioden.

Annahme 3 (Kostenpositionen):

Als Erlösschmälerungen werden Skonti in Höhe von 1 % und ein gesetzlicher Herstellerrabatt in Höhe von 6 % des Bruttoumsatzes geplant. Die Gestehungskosten liegen bei

---

847 Dem Beispiel liegen die gesetzlichen Rahmenbedingungen von März 2010 zugrunde.

2 Euro / Packung, die Vertriebssonderkosten bei 3 % des Bruttoumsatzes.

Abbildung 44 stellt die Planung des Produktdeckungsbeitrages für Produkt j dar:

Basisplanung (in EUR)		**2010**	**2011**	**2012**	**2013**	**2014**	**Kommentar**
Menge		3.010	3.996	4.993	4.622	2.795	Normalverteilung
		2.008	2.497	2.999	2.824	1.890	
		1.003	1.499	1.994	1.798	905	
Preis							
		5	5	5	5	5	Preiserhöhung um 5 % ab 2011
		2	2	2	2	2	
Bruttoumsatz		**12.043**	**16.106**	**19.731**	**18.421**	**11.733**	
Herstellerrabatt	*6%*	*723*	*966*	*1.184*	*1.105*	*704*	
Skonto	*1%*	*120*	*161*	*197*	*184*	*117*	
Erlösschmälerungen gesamt		843	1.127	1.381	1.289	821	
Nettoumsatz		**11.200**	**14.978**	**18.350**	**17.132**	**10.912**	
Gestehungskosten		6.021	7.992	9.986	9.244	5.591	2 EUR/Packung
Vertriebssonderkosten	3%	361	483	592	553	352	
Deckungsbeitrag I		**4.818**	**6.504**	**7.773**	**7.335**	**4.969**	
in % von Bruttoumsatz		40%	40%	39%	40%	42%	

Abbildung 44: Planung des Deckungsbeitrages für Produkt j (gerundete Werte)[848]

Aufgrund seiner Charakteristika wird das Produkt voraussichtlich nur von zwei gesundheitspolitischen Risiken betroffen sein. Für das Inkrafttreten des Preismoratoriums (R7) und die Erhöhung des Herstellerrabattes gelten die gleichen Annahmen wie für Produkt i

Schritt 3: Festlegung der Risikoparameter

Analog zu Produkt i

Schritt 4: Konstruktion des Erklärungsmodells

Die beiden Risiken R7 und R8 sind nicht korreliert. Sie können zu dem Gesamtrisiko R_j für das Produkt j addiert werden:

$$R_i = R7 + R8$$

Der Erwartungswert des Deckungsbeitrages I $E(DB_j)$ wird analog zu Produkt i definiert:

---

[848] Eigene Darstellung einer fiktiven Deckungsbeitragsplanung.

$$E(DB_j) = p_j \times E(x_j) - (1 - E(e_j)) - k_j$$

Die Risiken R7 und R8 beeinflussen die Höhe der Erlösschmälerungen. So dass sich für $E(e_j)$ folgender Zusammenhang ergibt:

$$E(e_j) = e_j + E(\text{R7}) + E(\text{R8})$$

mit:

e_i	geplante Erlösschmälerungen
E(R7)	Erwartungswert von R7
E(R8)	Erwartungswert von R8

Schritt 5: Durchführung der Simulation

Analog zu Produkt i

Schritt 6: Analyse, Interpretation und Entscheidung

Produkt j ist nur von Risiken betroffen, die im Sinne des Vertragsmanagements nicht steuerbar sind. Es gehört damit nicht zum vertragsrelevanten Teilportfolio. Tabelle 9 fasst die Ergebnisse der durchgeführten Monte Carlo Simulation zusammen.

Name	Diagramm	Min.	Mittelwert	Max.	5%	95%	Risikofaktor	Nutzen Vertrag
DBI 2010 Plan	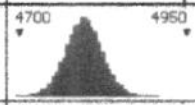	4.704	4.800	4.905	4.759	4.841		
DBI 2010 Risiko		4.704	4.800	4.905	4.759	4.841	0,00%	
DBI2010 Vertrag	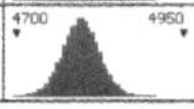	4.704	4.800	4.905	4.759	4.841	0,00%	0,00%
DBI 2011 Plan	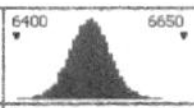	6.410	6.513	6.616	6.468	6.558		
DBI 2011 Risiko		5.449	5.633	6.579	5.500	6.190	13,50%	
DBI2011 Vertrag	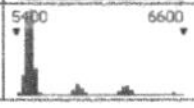	5.449	5.633	6.579	5.500	6.190	13,50%	0,00%
DBI 2012 Plan		7.667	7.775	7.882	7.730	7.820		
DBI 2012 Risiko		6.517	6.725	7.839	6.573	7.389	13,50%	
DBI2012 Vertrag	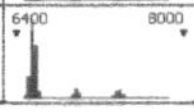	6.517	6.725	7.839	6.573	7.389	13,50%	0,00%
DBI 2013 Plan	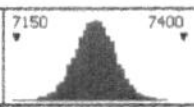	7.154	7.270	7.373	7.225	7.315		
DBI 2013 Risiko		6.081	6.289	7.333	6.144	6.911	13,50%	
DBI2013 Vertrag		6.081	6.289	7.333	6.144	6.911	13,50%	0,00%
DBI 2014 Plan	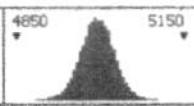	4.893	4.997	5.101	4.952	5.042		
DBI 2014 Risiko		4.893	4.997	5.101	4.952	5.042	0,00%	
DBI2014 Vertrag	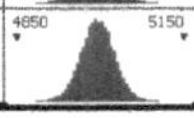	4.893	4.997	5.101	4.952	5.042	0,00%	0,00%

Tabelle 9: Gegenüberstellung der Risikofaktoren für Produkt j in den drei Szenarien[849]

[849] Eigene Darstellung.

Systematik des Key Account Controllings

unter der vereinfachten Annahme eines Zwei-Kunden-Zwei-Produkte Falles

Ziel: Es soll ein Rabattvertrag abgeschlossen werden, der die gesundheitspolitischen Risiken minimiert

1. Auswahl des vertragsrelevanten Portfolios auf Basis von Risiken

a. Ermittlung des Plandeckungsbeitrages

Produkt i

Basisplanung (in EUR)		**2010**	**2011**	**2012**	**2013**	**2014**	**Kommentar**
Menge		=C12+C13	=D12+D13	=E12+E13	=F12+F13	=G12+G13	Normalverteilung
davon Originalware		=RiskNormal(2300;10)	=RiskNormal(2400;10)	=RiskNormal(2850;10)	=RiskNormal(2360;10)	=RiskNormal(1700;10)	
davon Import		=RiskNormal(700;10)	=RiskNormal(900;10)	=RiskNormal(950;10)	=RiskNormal(980;10)	=RiskNormal(1000;10)	
Preis							
dt. Preis		10	=$C$15*1,05	=$C$15*1,05	=$C$15*1,05	=$C$15*1,05	Preiserhöhung um 5 % ab 2011
AEP		6	6	6	6	6	
Bruttoumsatz		**=C15*C12+ C13*C16**	**=D15*D12+ D13*D16**	**=E15*E12+ E13*E16**	**=F15*F12+ F13*F16**	**=G15*G12+ G13*G16**	
Herstellerrabatt	*0,06*	*=C17*$B$18*	*=D17*$B$18*	*=E17*$B$18*	*=F17*$B$18*	*=G17*$B$18*	
Skonto	*0,01*	*=C17*$B$19*	*=D17*$B$19*	*=E17*$B$19*	*=F17*$B$19*	*=G17*$B$19*	
Erlösschmälerungen gesamt		=C18+C19	=D18+D19	=E18+E19	=F18+F19	=G18+G19	
Nettoumsatz		**=C17-C20**	**=D17-D20**	**=E17-E20**	**=F17-F20**	**=G17-G20**	
Gestehungskosten		=C11*1	=D11*1	=E11*1	=F11*1	=G11*1	1 EUR/Packung
Vertriebssonderkosten	0,02	=C17*$B$23	=D17*$B$23	=E17*$B$23	=F17*$B$23	=G17*$B$23	
Deckungsbeitrag I		**=RiskOutput("DBI "&C10&" Plan") +(C21-C22-C23)**	**=RiskOutput("DBI "&D10&" Plan") +(D21-D22-D23)**	**=RiskOutput("DBI "&E10&" Plan") +(E21-E22-E23)**	**=RiskOutput("DBI "&F10&" Plan") +(F21-F22-F23)**	**=RiskOutput("DBI "&G10&" Plan") +(G21-G22-G23)**	
in % von Bruttoumsatz		=C24/C17	=D24/D17	=E24/E17	=F24/F17	=G24/G17	
		=C13/C11	=D13/D11	=E13/E11	=F13/F11	=G13/G11	

Ausschnitt aus dem Lebenszyklus von Produkt i

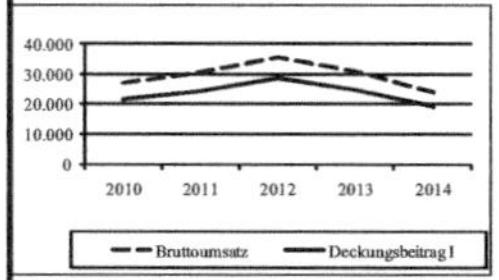

Produkt j

Basisplanung (in EUR)		**2010**	**2011**	**2012**	**2013**	**2014**	**Kommentar**
Menge		=K12+K13	=L12+L13	=M12+M13	=N12+N13	=O12+O13	Normalverteilung
		=RiskNormal(2000;10)	=RiskNormal(2500;10)	=RiskNormal(3000;10)	=RiskNormal(2800;10)	=RiskNormal(1900;10)	
		=RiskNormal(1000;10)	=RiskNormal(1500;10)	=RiskNormal(2000;10)	=RiskNormal(1800;10)	=RiskNormal(900;10)	
Preis							
		5	=K$15*1,05	=$K$15*1,05	=$K$15*1,05	=$K$15*1,05	Preiserhöhung um 5 % ab 2011
		2	2	2	2	2	
Bruttoumsatz		**=K15*K12+ K13*K16**	**=L15*L12+ L13*L16**	**=M15*M12+ M13*M16**	**=N15*N12+ N13*N16**	**=O15*O12+ O13*O16**	
Herstellerrabatt	*0,06*	*=K17*$J$18*	*=L17*$J$18*	*=M17*$J$18*	*=N17*$J$18*	*=O17*$J$18*	
Skonto	*0,01*	*=K17*$J$19*	*=L17*$J$19*	*=M17*$J$19*	*=N17*$J$19*	*=O17*$J$19*	
Erlösschmälerungen gesamt		=K18+K19	=L18+L19	=M18+M19	=N18+N19	=O18+O19	
Nettoumsatz		**=K17-K20**	**=L17-L20**	**=M17-M20**	**=N17-N20**	**=O17-O20**	
Gestehungskosten		=K11*2	=L11*2	=M11*2	=N11*2	=O11*2	2 EUR/Packung
Vertriebssonderkosten	0,03	=K17*$J$23	=L17*$J$23	=M17*$J$23	=N17*$J$23	=O17*$J$23	
Deckungsbeitrag I		**=RiskOutput("DBI "&K10&" Plan") +(K21-K22-K23)**	**=RiskOutput("DBI "&L10&" Plan") +(L21-L22-L23)**	**=RiskOutput("DBI "&M10&" Plan") +(M21-M22-M23)**	**=RiskOutput("DBI "&N10&" Plan") +(N21-N22-N23)**	**=RiskOutput("DBI "&O10&" Plan") +(O21-O22-O23)**	
in % von Bruttoumsatz		=K24/K17	=L24/L17	=M24/M17	=N24/N17	=O24/O17	
		=K13/K11	=L13/L11	=M13/M11	=N13/N11	=O13/O11	

Ausschnitt aus dem Lebenszyklus von Produkt j

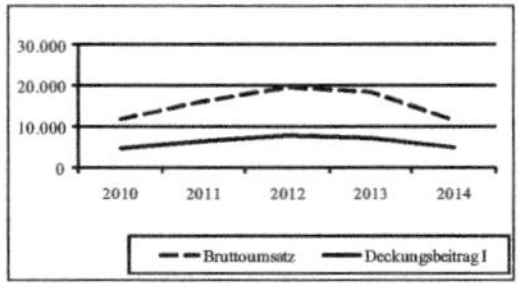

b. Ermittlung des Produktdeckungsbeitrages unter Risiko

Ziel: Identifikation und Bewertung gesundheitspolitischer Risiken für die einzelnen Produkte

Nicht steuerbare Rikisen

Die Risiken Herstellerrabatt und Preismoratorium wirken auf **Produkt i und Produkt j** gleichermaßen

d.h. entweder tritt das Risiko für beide Produkte ein oder nicht, das Risiko wird daher nur einmal bewertet und auf beide Produkt übertragen

- Die beiden Risiken haben einen Einfluss auf die Erlösschmälerungen

Bewertung der Eintrittswahrscheinlichkeit und Schadenshöhe des nichtsteuerbaren Risikos

Erhöhung Herstellerrabatt (2011 - 2013)						
	nein = 0	ja = 1	=RiskDiscrete({0.1};{0,1.0,9})			
Höhe (Preiseffekt)	0	0,1				
Wahrscheinlichkeit	0,1	0,9				
Umsatzeffekt			=WENN($D$55=1; D17*$C$56;0)	=WENN($D$55=1; E17*$C$56;0)	=WENN($D$55=1; F17*$C$56;0)	

Preismoratorium (2011 - 2013)						
	nein = 0	ja = 1	=RiskDiscrete({0.1};{0,1.0,9})			
Höhe (Preiseffekt)	0	=(D15-C15)/10				
Wahrscheinlichkeit	0,1	0,9				
Umsatzeffekt			=WENN($D$61=1; D17*$C$62;0)	=WENN($D$61=1; E17*$C$62;0)	=WENN($D$61=1; F17*$C$62;0)	

Erhöhung Herstellerrabatt (2011 - 2013)						
	nein = 0	ja = 1	=D55			
Höhe (Preiseffekt)	0	0,1				
Wahrscheinlichkeit	0,1	0,9				
Umsatzeffekt			=WENN($D$55=1; L17*$C$56;0)	=WENN($D$55=1; M17*$C$56;0)	=WENN($D$55=1; N17*$C$56;0)	

Preismoratorium (2011 - 2013)						
	nein = 0	ja = 1	=D61			
Höhe (Preiseffekt)	0	=(L15-K15)/10				
Wahrscheinlichkeit	0,1	0,9				
Umsatzeffekt			=WENN($D$61=1; L17*$C$62;0)	=WENN($D$61=1; M17*$C$62;0)	=WENN($D$61=1; N17*$C$62;0)	

Steuerbare Risiken
- aufgrund seiner Charakteristik ist nur Produkt 1 von steuerbaren Risiken betroffen

Bewertung der Eintrittswahrscheinlichkeit und Schadenshöhe des steuerbaren Risikos

Erstattungshöchstbetrag (2013 - 2014)							Mengenverlust
	nein = 0	ja = 1			=RiskDiscrete({0.1};{0,2.0,8})		
Wahrscheinlichkeit	0,2	0,8			=RiskDiscrete({996.997.998.999.1000.1001.1002.1003.1004};{0,04.0,08.0,12.0,16.0,2.0,16.0,12.0,08.0,04})	=RiskDiscrete({810.811.812.813.814.815.816.817.818};{0,04.0,08.0,12.0,16.0,2.0,16.0,12.0,08.0,04})	Mengenverlust 30% (Streuung 4 Packungen)
Umsatzeffekt					=WENN($F$72=1;(F$73/F$11)*F$17;0)	=WENN($F$72=1;(G$73/G$11)*G$17;0)	

Rabattvertrag Mitbewerber (2011 - 2012)							Mengenverlust
	nein = 0	ja = 1	=RiskDiscrete({0.1};{0,3.0,7})				
Wahrscheinlichkeit	0,3	0,7	=RiskDiscrete({296.297.298.299.300.301.302.303.304};{0,04.0,08.0,12.0,16.0,2.0,16.0,12.0,08.0,04})	=RiskDiscrete({228.229.330.331.332.333.334.335.336};{0,04.0,08.0,12.0,16.0,2.0,16.0,12.0,08.0,04})			Mengenverlust 10% (Streuung 4 Packungen)
Umsatzeffekt			=WENN($D$77=1;(D$78/D$11)*D$17;0)	=WENN($D$77=1;(E$78/E$11)*E17;0)			

risikoadjustierter Deckungsbeitrag: (steuerbares und nichtsteuerbares) Gesamtrisiko für die Produkt i und j

DB I bei Risiko		=RiskOutput("DBI "&C10&" Risiko")+((C$17-C$58-C$64-C$74-C$79)*C$25)	=RiskOutput("DBI "&D10&" Risiko")+((D$17-D$58-D$64-D$74-D$79)*D$25)	=RiskOutput("DBI "&E10&" Risiko")+((E$17-E$58-E$64-E$74-E$79)*E$25)	=RiskOutput("DBI "&F10&" Risiko")+((F$17-F$58-F$64-F$74-F$79)*F$25)	=RiskOutput("DBI "&G10&" Risiko")+(((G$17-G$58-G$64-G$74-G$79)*G$25)
Risikofaktor		**=(C24-C83)/C24**	**=(D24-D83)/D24**	**=(E24-E83)/E24**	**=(F24-F83)/F24**	**=(G24-G83)/G24**

DB I bei Risiko		=RiskOutput("DBI "&K10&" Risiko")+((K$17-K$58-K$64)*K$25)	=RiskOutput("DBI "&L10&" Risiko")+((L$17-L$58-L$64)*L$25)	=RiskOutput("DBI "&M10&" Risiko")+((M$17-M$58-M$64)*M$25)	=RiskOutput("DBI "&N10&" Risiko")+((N$17-N$58-N$64)*N$25)	=RiskOutput("DBI "&O10&" Risiko")+((O$17-O$58-O$64)*O$25)
		=(K24-K83)/K24	**=(L24-L83)/L24**	**=(M24-M83)/M24**	**=(N24-N83)/N24**	**=(O24-O83)/O24**

Neu-Bewertung der Eintrittswahrscheinlichkeit und Schadenshöhe des steuerbaren Risikos unter Annahme eines Rabattvertrages

- Erstattungshöchstbetrag: Die **Eintrittswahrscheinlichkeit** verringert sich durch einen Rabattvertrag auf von Restrisiko von 5%
- Rabattvertrag: Die **Schadenshöhe** eines flächendeckenden Rabattvertrages eines Mitbewerbers wird durch einen eigenen Rabattvertrag abgemildert.

Es wird die Annahme getroffe, dass ein weiterer Mitbewerber, der keinen Vertrag abschließt dafür stärker betroffen ist.

Erstattungshöchstbetrag (2013 - 2014)						
	nein = 0	ja = 1			=RiskDiscrete({0.1};{0,95.0,05})	
Wahrscheinlichkeit	0,95	0,05			=F73	=G73
Umsatzeffekt					=WENN($F$92=1;(F$93/F$11)*F$17;0)	=WENN($F$92=1;(G$93/G$11)*G$17;0)

--> Veränderung durch eigenen RV (0,95/0,05)

Rabattvertrag Mitbewerber (2011 - 2012)						
	nein = 0	ja = 1	=D77			
Wahrscheinlichkeit	0,3	0,7	=RiskDiscrete({148.149.150.151.152.153.154.155.156};{0,04.0,08.0,12.0,16.0,2.0,16.0,12.0,08.0,04})	=RiskDiscrete({114.115.116.117.118.119.120.121.122};{0,04.0,08.0,12.0,16.0,2.0,16.0,12.0,08.0,04})		
Umsatzeffekt			=WENN($D$77=1;(D$98/D$11)*D$17;0)	=WENN($D$77=1;(E$98/E$11)*E$17;0)		

--> Veränderung durch eigenen RV (Mengenverlust nur noch 5%)

Um die potenzielle Hebelwirkung eines Vertrages zu identifizieren, wird zunächst ein modifizierter risikoadjustierter Deckungsbeitrag ermittelt.
Die konkreten Kosten eines Vertrages werden an dieser Stelle nicht berücksichtigt, da sie kundenabhängig sind

modifizierter risikoadjustierter Deckungsbeitrag: (steuerbares und nichtsteuerbares) Gesamtrisiko für die Produkt i und j unter Annahme eines Vertrages

DB I bei Vertrag		=RiskOutput("DBI "&C$10&" Vertrag")+((C$17-C$58-C$64-C$94-C$99)*C$25)	=RiskOutput("DBI "&D$10&" Vertrag")+((D$17-D$58-D$64-D$94-D$99)*D$25)	=RiskOutput("DBI "&E$10&" Vertrag")+((E$17-E$58-E$64-E$94-E$99)*E$25)	=RiskOutput("DBI "&F$10&" Vertrag")+((F$17-F$58-F$64-F$94-F$99)*F$25)	=RiskOutput("DBI "&G$10&" Vertrag")+((G$17-G$58-G$64-G$94-G$99)*G$25)
Nutzenfaktor		**=C84-(C24-C105)/C24**	**=D84-(D24-D105)/D24**	**=E84-(E24-E105)/E24**	**=F84-(F24-F105)/F24**	**=G84-(G24-G105)/G24**

DB I bei Vertrag		=RiskOutput("DBI"&K$10&" Vertrag")+((K$17-K$58-K$64)*K$25)	=RiskOutput("DBI"&L$10&" Vertrag")+((L$17-L$58-L$64)*L$25)	=RiskOutput("DBI"&M$10&" Vertrag")+((M$17-M$58-M$64)*M$25)	=RiskOutput("DBI"&N$10&" Vertrag")+((N$17-N$58-N$64)*N$25)	=RiskOutput("DBI"&O$10&" Vertrag")+((O$17-O$58-O$64)*O$25)
Nutzenfaktor		**=(K105-K83)/K83**	**=(L105-L83)/L83**	**=(M105-M83)/M83**	**=(N105-N83)/N83**	**=(O105-O83)/O83**

Ergebnis der Monte Carlo Simulation

Produkt i

Name		Diagramm	Min.	Mittelwert	Max	5%	95%	Risikofaktor	Nutzenfa	
DBI 2010 Plan			21351,47	21752	22089	21601,44	21902,37			
DBI 2010 Risiko			21351,47	21752	22089	21601,44	21902,37	=(E112-E113)/E112		
DBI 2010 Vertrag			21351,47	21752	22089	21601,44	21902,37	=(E112-E114)/E112		=I114-I113
DBI 2011 Plan			24188,22	24546	24932,53	24385,89	24707,16			
DBI 2011 Risiko			18324,27	19670,29	24741,06	18518,62	22084,86	=(E115-E116)/E115		
DBI 2011 Vertrag			19421,63	20440,81	24741,06	19618,46	22254,64	=(E115-E117)/E115		=I116-I117
DBI 2012 Plan			28264,75	28618,76	29029,06	28458,29	28779,56			
DBI 2012 Risiko			21527,53	23067,37	28821,29	21714,32	25747,92	=(E118-E119)/E118		
DBI 2012 Vertrag			23130,27	24133,06	28821,29	23324,28	26366,31	=(E118-E120)/E118		=I119-I120
DBI 2013 Plan			24193,3	24560,6	24935,92	24401,82	24720,79			
DBI 2013 Risiko			13228,54	15362,03	24674,77	13400,51	21007,53	=(E121-E122)/E121		
DBI 2013 Vertrag			13295,72	20877,21	24797,7	17310,77	23337,39	=(E121-E123)/E121		=I122-I123
DBI 2014 Plan			18610,51	19003,5	19392,76	18844,42	19163,15			
DBI 2014 Risiko			12935,61	14420,16	19312,46	13124,46	19071,03	=(E124-E125)/E124		
DBI 2014 Vertrag			12974,99	18717,01	19392,76	13628,36	19161,22	=(E124-E126)/E124		=I125-I126
Produkt j										
DBI 2010 Plan			4703,614	4800,001	4904,844	4758,615	4841,319			
DBI 2010 Risiko			4703,614	4800,001	4904,844	4758,615	4841,319	=(E128-E129)/E128		
DBI2010 Vertrag			4703,614	4800,001	4904,844	4758,615	4841,319	=(E128-E130)/E128		=I129-I130
DBI 2011 Plan			6410,197	6512,5	6615,984	6468,021	6557,538			
DBI 2011 Risiko			5448,667	5633,319	6579,026	5499,81	6190,301	=(E131-E132)/E131		
DBI2011 Vertrag			5448,667	5633,319	6579,026	5499,81	6190,301	=(E131-E133)/E131		=I132-I133
DBI 2012 Plan			7667,372	7775	7882,299	7730,005	7819,875			
DBI 2012 Risiko			6517,266	6725,369	7839,302	6573,288	7389,05	=(E134-E135)/E134		
DBI2012 Vertrag			6517,266	6725,369	7839,302	6573,288	7389,05	=(E134-E136)/E134		=I135-I136
DBI 2013 Plan			7154,335	7269,999	7372,629	7224,73	7314,683			
DBI 2013 Risiko			6081,185	6288,541	7333,339	6143,707	6910,567	=(E137-E138)/E137		
DBI2013 Vertrag			6081,185	6288,541	7333,339	6143,707	6910,567	=(E137-E139)/E137		=I138-I139
DBI 2014 Plan			4892,89	4997,499	5101,396	4952,36	5042,363			
DBI 2014 Risiko			4892,89	4997,499	5101,396	4952,36	5042,363	=(E140-E141)/E140		
DBI2014 Vertrag			4892,89	4997,499	5101,396	4952,36	5042,363	=(E140-E142)/E140		=I141-I142

Erstellung einer Risiko-Nutzen-Matrix

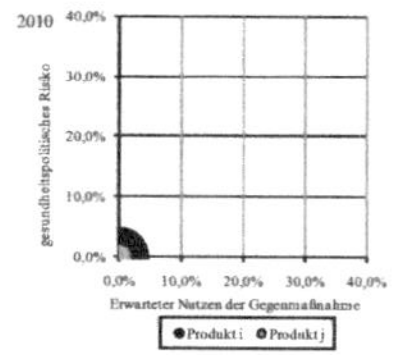

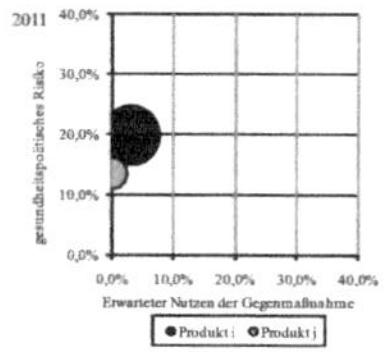

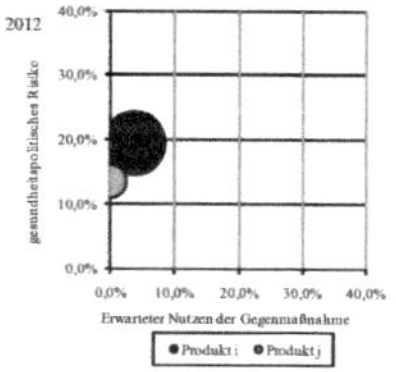

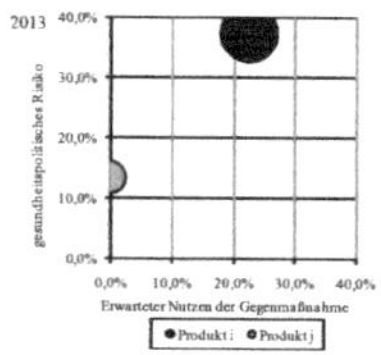

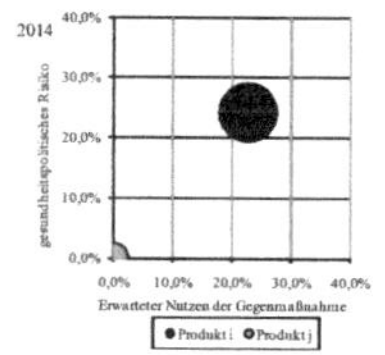

Entscheidung:
- Da Produkt 2 nur von Risiken betroffen ist, die nichtsteuerbar sind ist es nicht vertragsrelevant.

2. Ermittlung der attraktivsten Vertragspartner für die identifizierten Produkte

Ziel:
- Ermittlung der Krankenkasse mit dem höchsten Optimierungspotenzial
- Priorisierung von Ressourcen

1. Patientenpotenzial im relevanten Markt
2. Ausschöpfung des Patientenpotenzials

Kundenranking nach Patientenpotenzial und SoV
--> diejenigen Kunden, die einen niedrigen Share of Wallet und einen hohen absoluten Deckungsbeitrag werden priorisiert betreut (aktive Vertragsstrategie)

Kundenportfolio
--> Die Größe des Kreises steht für das Patientenpotenzial

Ergebnis: Identifikation von Key Accounts

a. Welche Krankenkassen haben den höchsten Deckungsbeitrag in der identifizierten Indikation?

Kundendeckungsbeitrag bei Risiko
Krankenkasse A
Produkt i

Planung (in EUR)		2010	2011	2012	2013	2014
Menge		=C193+C194	=D193+D194	=E193+E194	=F193+F194	=G193+G194
davon Originalware		=RiskNormal(230;10)	=RiskNormal(240;10)	=RiskNormal(285;10)	=RiskNormal(236;10)	=RiskNormal(170;10)
davon Import		=RiskNormal(70;10)	=RiskNormal(90;10)	=RiskNormal(95;10)	=RiskNormal(98;10)	=RiskNormal(100;10)
Preis						
dt. Preis		10	=$C$15*1,05	=$C$15*1,05	=$C$15*1,05	=$C$15*1,05
AEP		6	6	6	6	6
Bruttoumsatz		**=C184*C181+ C182*C185**	**=D184*D181+ D182*D185**	**=E184*E181+ E182*E185**	**=F184*F181+ F182*F185**	**=G184*G181+ G182*G185**
Herstellerrabatt	*0,06*	*=C198*$B$18*	*=D198*$B$18*	*=E198*$B$18*	*=F198*$B$18*	*=G198*$B$18*
Skonto	*0,01*	*=C198*$B$19*	*=D198*$B$19*	*=E198*$B$19*	*=F198*$B$19*	*=G198*$B$19*
Erlösschmälerungen gesamt		=C199+C200	=D199+D200	=E199+E200	=F199+F200	=G199+G200
Nettoumsatz		**=C198-C201**	**=D198-D201**	**=E198-E201**	**=F198-F201**	**=G198-G201**
Gestehungskosten		=C192*1	=D192*1	=E192*1	=F192*1	=G192*1
Vertriebssonderkosten	0,02	=C198*$B$23	=D198*$B$23	=E198*$B$23	=F198*$B$23	=G198*$B$23
KDB $I_{1A\ Plan}$		**=C202-C203 -C204**	**=D202-D203 -D204**	**=E202-E203 -E204**	**=F202-F203 -F204**	**=G202-G203 -G204**
Risikofaktor Szenario Risiko		**=I113**	**=I116**	**=I119**	**=I122**	**=I125**
KDB $I_{1A\ a\ V}$		**=C205- (C205*C206)**	**=D205- (D205*D206)**	**=E205- (E205*E206)**	**=F205- (F205*F206)**	**=G205- (G205*G206)**

Krankenkasse B
Produkt j

Planung (in EUR)		2010	2011	2012	2013	2014
Menge		=K193+K194	=L193+L194	=M193+M194	=N193+N194	=O193+O194
davon Originalware		=C12-C193	=D12-D193	=E12-E193	=F12-F193	=G12-G193
davon Import		=C13-C194	=D13-D194	=E13-E194	=F13-F194	=G13-G194
Preis						
dt. Preis		10	=$C$15*1,05	=$C$15*1,05	=$C$15*1,05	=$C$15*1,05
AEP		6	6	6	6	6
Bruttoumsatz		**=K184*K181+ K182*K185**	**=L184*L181+ L182*L185**	**=M184*M181+ M182*M185**	**=N184*N181+ N182*N185**	**=O184*O181+ O182*O185**
Herstellerrabatt	*0,06*	*=K198*$B$18*	*=L198*$B$18*	*=M198*$B$18*	*=N198*$B$18*	*=O198*$B$18*
Skonto	*0,01*	*=K198*$B$19*	*=L198*$B$19*	*=M198*$B$19*	*=N198*$B$19*	*=O198*$B$19*
Erlösschmälerungen gesamt		=K199+K200	=L199+L200	=M199+M200	=N199+N200	=O199+O200
Nettoumsatz		**=K198-K201**	**=L198-L201**	**=M198-M201**	**=N198-N201**	**=O198-O201**
Gestehungskosten		=K192*1	=L192*1	=M192*1	=N192*1	=O192*1
Vertriebssonderkosten	0,02	=K198*$B$23	=L198*$B$23	=M198*$B$23	=N198*$B$23	=O198*$B$23
KDB $I_{1B\ Plan}$		**=K202-K203 -K204**	**=L202-L203 -L204**	**=M202-M203 -M204**	**=N202-N203 -N204**	**=O202-O203 -O204**
Risikofaktor Szenario Risiko		**=I113**	**=I116**	**=I119**	**=I122**	**=I125**
KDB $I_{1B\ a\ V}$		**=K205- (K205*K206)**	**=L205- (L205*L206)**	**=M205- (M205*M206)**	**=N205- (N205*N206)**	**=O205-(O205*O206)**

b. Welche Krankenkassen haben den niedrigsten Share of Wallet in der identifizierten Indikation?

Eigenes Erstattungsvolumen ./. Erstatungsvolumen Indikationsgebiet

Annahmen:
Patientenpotenzial: 18.000 Patienten pro Kasse
- In 2010 beträgt das Patientenpotenzial für die Indikation 540.000 Zähleinheiten pro Kasse
in Packungen angegeben (nicht Zähleinheiten)

2010			Krankenkasse A	Krankenkasse B
PP_{PK}			12000	20000
PP_{iPK}			=D220*30	=E220*30
Packungen Produkt i			=C192	=K192
Zähleinheiten Produkt i			=D222*30	=E222*30
SoV			=D223/D221	=E223/E221

Kundenranking nach DB I und SoV
'--> diejenigen Kunden, die einen niedrigen Share of Wallet und einen hohen absoluten Deckungsbeitrag werden priorisiert betreut (aktive Vertragsstrategie)

Kundenportfolio
--> Die Größe des Kreises steht für den absoluten DB I

Ergebnis: Identifikation von Key Accounts

c. Analyse der Kundenbeziehung (--> Entwicklung einer Bearbeitungsstrategie)

Ziel:
- Mögliche Treiber identifizieren, die zur Verbesserung der Kundensituation führen
- Ist ein Vertrag sinnvoll? Welches Vertragmodell ? Mit welchen Konditionen?
- Qualitative Zusatzinformationen beachten (z.B. Referenzwert, Loyalitätswert etc.)

d. Steuerung der Kundenbeziehung

- Berechnung der antizipierten Vertragswirkung durch das Key Account Controlling
- Managemententscheidung, ob ein Vertragsabschluss angestrebt wird

Kundendeckungsbeitrag I bei Vertrag

Planung (in EUR)		**2010**	**2011**	**2012**	**2013**	**2014**
Veränderung Originalmenge			0,1	0,1	0,1	
Veränderung Importmenge						
Kundenspezifische Kosten						
davon Rabatt			0,05	0,05	0,05	
davon Fixkosten						
Bruttoumsatz		**=(C193*(1+C250)*C196+(C194*(1+C251)*C197))**	**=(D193*(1+D250)*D196+(D194*(1+D251)*D197))**	**=(E193*(1+E250)*E196+(E194*(1+E251)*E197))**	**=(F193*(1+F250)*F196+(F194*(1+F251)*F197))**	**=(G193*(1+G250)*G196+(G194*(1+G251)*G197))**
Erlösschmälerungen		=(C253+$B$199+$B$200)*C255+C254	=(D253+$B$199+$B$200)*D255+D254	*=(E253+$B$199+$B$200)*E255+E254	=(F253+$B$199+$B$200)*F255+F254	=(G253+$B$199+$B$200)*G255+G254
Gestehungskosten		=(C193*(1+C250)+C194*(1+C251))*1	=(D193*(1+D250)+D194*(1+D251))*1	=(E193*(1+E250)+E194*(1+E251))*1	=(F193*(1+F250)+F194*(1+F251))*1	=(G193*(1+G250)+G194*(1+G251))*1
Vertriebssonderkosten		=C255*$B$204	=D255*$B$204	=E255*$B$204	=F255*$B$204	=G255*$B$204
Deckungsbeitrag I		**=C255-C256-C257-C258**	**=D255-D256-D257-D258**	**=E255-E256-E257-E258**	**=F255-F256-F257-F258**	**=G255-G256-G257-G258**
Risikofaktor Szenario Vertrag		**=I114**	**=I117**	**=I120**	**=I123**	**=I126**
KDB $I_{IA\,mV}$		**=WENN(C253=0;C259-(C259*C206);(C259-(C259*(C260))))**	**=WENN(D253=0;D259-(D259*D206);(D259-(D259*(D260))))**	**=WENN(E253=0;E259-(E259*E206);(E259-(E259*(E260))))**	**=WENN(F253=0;F259-(F259*F206);(F259-(F259*(F260))))**	**=WENN(G253=0;G259-(G259*G206);(G259-(G259*(G260))))**
V_{IA}		**=C261-C207**	**=D261-D207**	**=E261-E207**	**=F261-F207**	**=G261-G207**

Planung (in EUR)		**2010**	**2011**	**2012**	**2013**	**2014**
Veränderung Originalmenge			0,1	0,1	0,1	
Veränderung Importmenge						
Kundenspezifische Kosten						
davon Rabatt			0,05	0,05	0,05	
davon Fixkosten						
Bruttoumsatz		**=(K193*(1+K250)*K196+(K194*(1+K251)*K197))**	**=(L193*(1+L250)*L196+(L194*(1+L251)*L197))**	**=(M193*(1+M250)*M196+(M194*(1+M251)*M197))**	**=(N193*(1+N250)*N196+(N194*(1+N251)*N197))**	**=(O193*(1+O250)*O196+(O194*(1+O251)*O197))**
Erlösschmälerungen		=(K253+$B$199+$B$200)*K255+K254	=(L253+$B$199+$B$200)*L255+L254	=(M253+$B$199+$B$200)*M255+M254	=(N253+$B$199+$B$200)*N255+N254	=(O253+$B$199+$B$200)*O255+O254
Gestehungskosten		=(K193*(1+K250)+K194*(1+K251))*1	=(L193*(1+L250)+L194*(1+L251))*1	=(M193*(1+M250)+M194*(1+M251))*1	=(N193*(1+N250)+N194*(1+N251))*1	=(O193*(1+O250)+O194*(1+O251))*1
Vertriebssonderkosten		=K255*$B$204	=L255*$B$204	=M255*$B$204	=N255*$B$204	=O255*$B$204
Deckungsbeitrag I		**=K255-K256-K257-K258**	***=L255-L256-L257-L258**	**=M255-M256-M257-M258**	**=N255-N256-N257-N258**	**=O255-O256-O257-O258**
Risikofaktor Szenario Vertrag		**=I114**	**=I117**	**=I120**	**=I123**	**=I126**
KDB $I_{IB\,mV}$		**=WENN(K253=0;K259-(K259*K206);(K259-(K259*(K260))))**	**=WENN(L253=0;L259-(L259*L206);(L259-(L259*(L260))))**	**=WENN(M253=0;M259-(M259*M206);(M259-(M259*(M260))))**	**=WENN(N253=0;N259-(N259*N206);(N259-(N259*(N260))))**	**=WENN(O253=0;O259-(O259*O206);(O259-(O259*(O260))))**
V_{IB}		**=K261-K207**	**=L261-L207**	**=M261-M207**	**=N261-N207**	**=O261-O207**

	2010	**2011**	**2012**	**2013**	**2014**
V_{IA}	**=C263**	**=D263**	**=E263**	**=F263**	**=G263**
V_{IB}	**=K263**	**=L263**	**=M263**	**=N263**	**=O263**

Literaturverzeichnis

Accenture (2005): Die Bedeutung der Generikaindustrie für die Gesundheitsversorgung in Deutschland, URL: http://www.progenerika.de/downloads/7901/AccentureGenin-D.pdf, abgerufen am 03.04.2012.

Albiez, Peter / Hennlich, Thomas (2008): Share of Voice to Share of Care, in: Pharmaceutical Executive, Heft 3 2008, S. 18-20.

Amelung, Volker / Cornelius, Felix (2009): Wie beeinflussen Medizinische Versorgungszentren den Wettbewerb im Gesundheitswesen, in: Public Health Forum, Heft 17 (3) 2009, S. 23.e1-23.e3.

AMG – Gesetz über den Verkehr mit Arzneimitteln (1976): Arzneimittelgesetz in der Fassung der Bekanntmachung vom 12. Dezember 2005 (BGBl. I S. 3394), zuletzt geändert durch Artikel 2 des Gesetzes vom 20. Juli 2007, BGBl. I S. 1574.

AMPreisV – Arzneimittelpreisverordnung (1980): Arzneimittelpreisverordnung vom 14. November 1980 (BGBl. I S. 2147), zuletzt geändert durch Artikel 7 u. 7d des Gesetzes vom 17. Juli 2009, BGBl. I S. 1990.

AMVerkRV – Verordnung über apothekenpflichtige und freiverkäufliche Arzneimittel (1988): Verordnung über apothekenpflichtige und freiverkäufliche Arzneimittel in der Fassung der Bekanntmachung vom 24. November 1988 (BGBl. I S. 2150; 1989 I S. 254), zuletzt geändert durch Artikel 1 der Verordnung vom 19. Dezember 2006, BGBl. I S. 3276.

ApBetrO – Verordnung über den Betrieb von Apotheken (1987): Apothekenbetriebsordnung in der Fassung der Bekanntmachung vom 26. September 1995 (BGBl. I S. 1195), zuletzt geändert durch Artikel 2 der Verordnung vom 2. Dezember 2008, BGBl. I S. 2338.

ApoG – Gesetz über das Apothekenwesen (1960): Apothekengesetz in der Fassung der Bekanntmachung vom 15. Oktober 1980 (BGBl. I S.1993), zuletzt geändert durch Artikel 16a des Gesetzes vom 28. Mai 2008, BGBl. I S. 874.

Arndt, Holger (2008): Supply Chain Management. Optimierung logistischer Prozesse, 4. Auflage, Wiesbaden 2008.

Baguhl, Olaf (2004): Key-Account-Controlling im Marketing für Industriegüter, Hamburg 2004.

BAH – Bundesverband der Arzneimittelhersteller e.V. (2006): Gemeinsame Kritik der Pharmaverbände am Gesetzesentwurf zur Gesundheitsreform. Pressemitteilung 45 / 2006 vom 12. November 2006, URL: http://www.progenerika.de/downloads/-2611/PM121106.pdf, abgerufen am 03.04.2012.

Baikie, Alan (2000): One-to-One-OTC-Marketing. Oder: Eine auf Lernen beruhende Kundenbeziehung aufbauen – auch für Pharma, in: Pharma-Marketing-Journal, Heft 1 2000, S. 15-20.

Bain & Company Germany, Inc. (2002): Fokus Share of Wallet, in: result: Herausforderungen – Chancen – Lösungen, Heft 4 2002.

Baum, Hans-Georg / Coenenberg Adolf G. / Günther, Thomas (2007): Strategisches Controlling, Stuttgart 2007.

Bea, Franz Xaver / Fridl, Birgit / Schweitzer, Marcell (2005): Allgemeine Betriebswirtschaftslehre, Band 2: Führung, 9. Auflage, Stuttgart 2005.

Beck, Elisabeth (2007): Neuausrichtung im Außendienst, Präsentation beim Euroforum Arzneimittelvertrieb, Köln 2007.

Bekkering, G.E. / Kleijnen, Jos (2008): Verfahrensweisen und Methoden zur Nutzenbewertung von Arzneimitteln in Deutschland. Ein Auftragsgutachten, in: Deutsche Medizinische Wochenschrift, (133) 2008, S. 225-246.

Belz, Christian / Müllner, Markus / Zupancic, Dirk (2005): Spitzenleistungen im Key Account Management. Das St. Galler KAM-Konzept, Frankfurt 2005.

Belz, Christian / Senn, Christoph (1995): Richtig umgehen mit den Schlüsselkunden, in: Harvard Business Manager, Heft 2 (17) 1995, S. 45-54.

BfARM (2010): Empfehlungen des Bundesinstituts für Arzneimittel und Medizinprodukte und des Paul-Ehrlich-Instituts zur Planung, Durchführung und Auswertung von Anwendungsbeobachtungen vom 7. Juli 2010, URL: http://www.bfarm.de-/DE/Arzneimittel/1_vorDerZul/klinPr/nichtInterventPruef/nichtInterventPruefhome.html, abgerufen am 01.11.2010.

Biermann, Daniela (2010): Koalition diskutiert Rabattverträge, URL: http://www.pharmazeutische-zeitung.de/index.php?id=33195, abgerufen am 28.06.2010.

Bierwirth, Ralph Achim (2007): Nutzenbewertung von Arzneimitteln, in: PharmInd., Heft 5 (69) 2007, S. 509-517.

Biesel, Hartmut (2002): Key Account Management erfolgreich planen und umsetzen. Mehrwert-Konzepte für Ihre Top-Kunden, Wiesbaden 2002.

Birnbaum, Dana Sophie (2007): Selektives Kontrahieren vor dem Hintergrund mangelnder Markttransparenz und möglicher Wettbewerbsbeschränkungen, in: Die Gesundheitsreform. Eine Bewertung aus ökonomischer Sicht, hrsg. v. Graf v.d. Schulenburg, Göttingen 2007, S. 61-81.

Blankart, Charles / Fasten, Erik / Schwintowski, Hans-Peter (2009): Das deutsche Gesundheitssystem zukunftsfähig gestalten. Patientenseite stärken. Reformunfähigkeit überwinden. Berlin 2009.

Bleuel, Hans (2006): Monte-Carlo-Analysen im Risikomanagement mittels Software-Erweiterungen zu MS-Excel dargestellt am Fallbeispiel der Unternehmensplanung, in: Controlling, Heft 7 2006, S. 371-378.

Blöß, Timo (2008): Neue Verträge für Originalpräparate, in: Deutsches Ärzteblatt, Heft 3 (105) 2008, S. A74-A75.

BMG – Bundesministerium für Gesundheit (2009a): Gesundheitssystem. Besondere Versorgungsformen, URL: http://www.bmg.bund.de/cln_160/nn_1210508/SharedDocs/Standardartikel/DE/AZ/G/ Glossarbegriff-Gesundheitssystem.html, abgerufen 06.11.2009.

BMG – Bundesministerium für Gesundheit (2009b): Gesetzliche Krankenversicherung. Mitglieder, mitversicherte Angehörige, Beitragssätze und Krankenstand. Monatswerte Januar-August 2009, URL: http://www.bmg.bund.de-/cln_100/nn_1168304/Shared-Docs/Downloads/DE/Statistiken/Gesetzliche-Krankenversicherung/Mitglieder-und-Versicherte/Jan__August__09,templateId=raw,property=publicationFile.pdf/Jan_August_0-9.pdf, abgerufen am 11.09.2009.

Boethin, Torsten (2007): Wohin entwickelt sich der Pharma-Außendienst, in: Pharma-Marketing Journal, Heft 1 2007, S. 6-7.

Böing, Elke / Barzen Dietmar (1992): Kunden-Portfolio im Praktiker-Test, Teil 1, in: Absatzwirtschaft, Heft 2 (35) 1992, S. 85-89.

Böll, Sven (2009): In Auflösung, in: Manager Magazin, Heft 9 2009, S. 44-48.

BPB – Bundeszentrale für politische Bildung (2007): Solidarprinzip, URL: http://www.bpb.de/sosi/popup/lexikon.php?id=52, abgerufen am 06.11.2009.

BPI – Bundesverband der pharmazeutischen Industrie e.V. (2007): Pharmadaten 2007, 37. Auflage, Berlin 2007.

Brennecke, Bettina / Werner, Thomas (2008): Vertrags-Strategie aus Sicht der Pharma-Unternehmen, in: Handbuch Direktverträge. Nachhaltige Vertragsstrategien im Gesundheitswesen, hrsg. v. Ecker, Thomas / Preuß, Klaus-Jürgen / Roski, Reinhold, Berlin 2008, S. 79-95.

Bruhn, Manfred (2010a): Anbieterseitige Kündigung von Kundenbeziehungen und Kundenbindung, in: Handbuch Kundenbindungsmanagement, hrsg. Bruhn, Manfred / Homburg, Christian, Wiesbaden 2010, S. 355-383.

Bruhn, Manfred (2010b): Controlling von Kundenbeziehungen, in: Handbuch Kundenbindungsmanagement, hrsg. Bruhn, Manfred / Homburg, Christian, Wiesbaden 2010, S.185-206.

Bruhn, Manfred / Hadwich, Karsten / Georgi, Dominik (2010): Kundenwert als Steuerungsgröße des Kundenbindungsmanagements, in: Handbuch Kundenbindungsmanagement, hrsg. Bruhn, Manfred / Homburg, Christian, Wiesbaden 2010, S. 703-722.

Bundesrat (2006): Stellungnahme des Bundesrates zum Entwurf eines Gesetzes zur Stärkung des Wettbewerbs in der Gesetzlichen Krankenversicherung (GKV-Wettbewerbsstärkungsgesetz - GKV-WSG), BT-DRS 755 / 06, S. 63.

Bungenstock, Jan (2010): Deutscher Arzneimittelmarkt zwischen Wettbewerb und Regulierung im zusammenwachsenden Europa, in: Wirtschaftsdienst Sonderausgabe 2010, S. 51-58.

Burger, Anton / Buchhart, Anton (2002): Risiko-Controlling, Oldenburg 2002.
Burkard, Ingrid (2002): Praxis des Pharmamarketing, Weinheim 2002.

Busse, Reinhard / Schreyögg, Jonas / Gericke, Christian (2006): Management im Gesundheitswesen, Heidelberg 2006.

BVA – Bundesversicherungsamt (2008): So funktioniert der neue Risikostrukturausgleich im Gesundheitsfonds, URL: http://www.gesundheitspolitik.net/01_gesundheitssystem/krankenversicherung/krankenkassen/Gesundheitsfonds-und-Morbi-RSA.pdf, abgerufen am 28.07.2009.

Cassel, Dieter et al. (2008): Vertragswettbewerb in der GKV. Möglichkeiten und Grenzen vor und nach der Gesundheitsreform der großen Koalition, Bonn 2008.

Cassel, Dieter / Wille, Eberhard (2008): Weiterentwicklung des Gesundheitssystems, Kernelemente eines Reformkonzepts zur wettbewerblichen Steuerung der GKV-Arzneimittelversorgung, Teil 2 des Gutachtens für den Verband forschender Arzneimittelhersteller 2008, S. 91-183, URL: www.vfa.de/download/gutachten-wille-cassel-ulrich.pdf, abgerufen am 03.04.2012

Coca, Valentina / Nink, Katrin / Schröder, Helmut (2008): Ökonomische Aspekte des deutschen Arzneimittelmarktes 2007, in: Arzneiverordnungsreport 2008, hrsg. v. Schwabe, Ulrich / Paffrath, Dieter, Heidelberg 2008, S. 145-198.

Coca, Valentina / Nink, Katrin / Schröder, Helmut (2009): Ökonomische Aspekte des deutschen Arzneimittelmarktes 2008, in: Arzneiverordnungs-Report 2009, hrsg. v. Schwabe, Ulrich / Paffrath, Dieter, Heidelberg 2009, S. 143-200.

Coca, Valentina / Nink, Katrin / Schröder, Helmut (2010): Ökonomische Aspekte des deutschen Arzneimittelmarktes 2009, in: Arzneiverordnungs-Report 2009, hrsg. v. Schwabe, Ulrich / Paffrath, Dieter, Heidelberg 2010, S. 158-215.

Cornelsen, Jens (1996): Kundenwert: Begriff und Bestimmungsfaktoren, Arbeitspapier Nr. 43, Betriebswirtschaftliches Institut der Universität Erlangen-Nürnberg, Nürnberg 1996.

Cornelsen, Jens (2000): Kundenwertanalysen im Beziehungsmarketing, Nürnberg 2000.
Dambacher, Erich / Schöffski, Oliver (2008): Vertriebswege und Vertriebswegeentscheidung, in: Pharmabetriebslehre, hrsg. v. Schöffski, Oliver / Fricke, Frank-Ulrich / Guminski, Werner, Berlin 2008, S. 282-296.

David, Stefan / Neumann, Karsten / Friedl, Martina (2009): E-Health. Wachstumsperspektiven für die Telekommunikationsbranche, Amsterdam 2009.

Demmer, Christine (2008): Der Arzt sitzt nicht mehr in der ersten Reihe, in: Süddeutsche Zeitung, Nr. 137, 2008.

Deutsch, Erwin / Lippert, Hans-Dieter (2007): Kommentar zum Arzneimittelgesetz (AMG), Heidelberg 2007.

Deutsch / Spickhoff (2008): Medizinrecht. Arztrecht, Arzneimittelrecht, Medizinprodukterecht und Transfusionsrecht. 6. Auflage, Heidelberg Berlin 2008.
Deutsche Pharmazeutische Gesellschaft (o.J.): Kriterien zur Beurteilung von Arzneimittelinnovationen, URL: http://www.dphg.de/includes/upload/DPhG-Positionspapier.pdf, abgerufen am 31.07.2009.

Deutscher Bundestag (2006): Entwurf eines Gesetzes zur Stärkung des Wettbewerbs in der gesetzlichen Krankenversicherung (GKV-Wettbewerbsstärkungsgesetz – GKV-WSG), Bundestags-Drucksache 16/3100.

Deutscher Bundestag (2008): Beschlussempfehlung und Bericht des Ausschusses für Gesundheit (14. Ausschuss) zu dem Gesetzentwurf der Bundesregierung – Drucksachen 16/9559, 16/10070 – Entwurf eines Gesetzes zur Weiterentwicklung der Organisationsstrukturen in der gesetzlichen Krankenversicherung (GKV-OrgWG), Bundestags-Drucksache 16/10609.

Deyhle, Albrecht (1985): Kundenergebnisrechnung, in: Controller Magazin, Heft 4 1985, S. 167-173.

Deyhle, Albrecht (1986): Kunden-Controlling, in: Controller Magazin, Heft 3 1986, S. 111-118.

Dieners, Peter / Heil, Maria (2007a): Das GKV-Wettbewerbsstärkungsgesetz. Stärkung oder Einschränkung des Wettbewerbs im Arzneimittelmarkt? (Teil 1), in: PharmR, Heft 3 (29) 2007, S. 89-132.

Dieners, Peter / Heil, Maria (2007b): Das GKV-Wettbewerbsstärkungsgesetz. Stärkung oder Einschränkung des Wettbewerbs im Arzneimittelmarkt? (Teil 2), in: PharmR, Heft 4 (29) 2007, S. 142-147.

Dieners, Peter / Heil, Maria (2007c): Das GKV-Wettbewerbsstärkungsgesetz, URL: www.cliffordchance.com/showimage/showimage.aspx?LangID=UK&binaryname=/gkv_wettbewerbsstärkung_mai07.pdf, abgerufen am 15.04.2009.

Dierkes, Stefan / Schäfer, Ulrich (2008): Principal-Agent-Theorie und Performance Measurement, in: ZfCM, Sonderheft 1 2008, S. 19-27.

Dierks, Christian (2008): Inkonsistente Regelungen des SGB V zum Arzneimittelmarkt, Analyse im Auftrag des VFA, URL: http://www.vfa.de/de/presse/studienliste.html/dierks-gutachten.pdf, abgerufen am 20.03.2009.

Dietrich, Susanne (2008). Kosten-Nutzen-Bewertung. Grundlage für Nachhaltigkeit und Beitragsstabiliät, Symposium zur Kosten-Nutzen-Bewertung, 17. Juni 2008, Berlin, URL: http://www.gerechte-gesundheit.de/uploads/tx_igknb/lecture/Dietrich_17.06.08.-pdf, abgerufen 08.06.2010.

Diller, Hermann (1989): Key-Account-Management als vertikales Marketingkonzept. Theoretische Grundlagen und empirische Befunde aus der deutschen Lebensmittelindustrie, in: Marketing ZFP, Heft 4 1989, S. 213-223.

Diller, Hermann (1995): Kundenmanagement, in: Handwörterbuch des Marketing, hrsg. v. Tietz, Bruno / Köhler, Richard / Zentes, Joachim, 2. Auflage, Stuttgart 1995, Sp. 1363-1376.

Dinkel, Reiner (1999): Demographische Entwicklung und Gesundheitszustand. Eine empirische Kalkulation der Healthy Life Expectancy für die Bundesrepublik auf der Basis von Kohortendaten, In: Gesundheit. Unser höchstes Gut, hrsg. v. Häfner H., Berlin / Heidelberg 1999, S. 61-83.

Doblhammer, Gabriele / Muth, Elena / Kruse, Anne (2008): Abschlussbericht Lebenserwartung in Deutschland. Trends, Prognose, Risikofaktoren und der Einfluss ausgewählter Medizininnovationen, Studie des Rostocker Zentrums zur Erforschung des demografischen Wandels im Auftrag des VFA, Rostock 2008.

Dreher, Meinhard / Hoffmann, Jens (2009): Der Auftragsbegriff nach § 99 GWB und die Tätigkeit der gesetzlichen Krankenkassen, in: NZBau, Heft 5 2009, S. 273-282.

Dunst, Klaus H. (1983): Portfolio Management. Konzeption für die strategische Unternehmensplanung. 2. Auflage, Berlin & New York 1982.

Eckelmann, Oliver (2006): Strategisches Nachhaltigkeitsmanagement in der pharmazeutischen Industrie. Eine empirische Untersuchung, Wiesbaden 2006.

Ecker, Thomas / Preuß, Klaus-Jürgen (2008a): Veränderungen der Versorgungsstrukturen und Konsolidierung der Kostenträger, in: Handbuch Direktverträge. Nachhaltige Vertragsstrategien im Gesundheitswesen, hrsg. v. Ecker, Thomas / Preuß, Klaus-Jürgen / Roski, Reinhold, Berlin 2008, S. 1-13.

Ecker, Thomas / Preuß, Klaus-Jürgen (2008b): Klassifikation und Charakterisierung der Verträge, in: Handbuch Direktverträge: Nachhaltige Vertragsstrategien im Gesundheitswesen, hrsg. v. Ecker, Thomas / Preuß, Klaus-Jürgen / Roski, Reinhold, Berlin 2008, S. 27-64.

Ecker, Thomas / Preuß, Klaus-Jürgen (2008c): Schritte bis zur Entwicklung eines Vertragsmodells, in: Handbuch Direktverträge: Nachhaltige Vertragsstrategien im Gesundheitswesen, hrsg. v. Ecker, Thomas / Preuß, Klaus-Jürgen / Roski, Reinhold, Berlin 2008, S. 131-147.

Ecker, Thomas / Preuß, Klaus-Jürgen / Roski, Reinhold (2008): Einführung, in: Handbuch Direktverträge: Nachhaltige Vertragsstrategien im Gesundheitswesen, hrsg. v. Ecker, Thomas / Preuß, Klaus-Jürgen / Roski, Reinhold, Berlin 2008, S. VII-XIII.

Ehlers, Alexander / Bitter, Horst (2006): Verbot des Naturalrabatts gilt auch für die direkte Abgabe von apothekenpflichtigen Arzneimitteln an Ärzte, in: Pharma-Marketing Journal, Heft (5) 2006, S. 170.

Ehlers, Alexander / Bitter, Horst (2008): Rechtliche Rahmenbedingungen für Direktverträge in: Handbuch Direktverträge. Nachhaltige Vertragsstrategien im Gesundheitswesen, hrsg. v. Ecker, Thomas / Preuß, Klaus-Jürgen / Roski, Reinhold, Berlin 2008, S. 211-223.

EPC Health Care (o.J.): Systematik Direktverträge, URL: http://www.epc-healthcare.de/index.php?article_id=36, abgerufen am 10.11.2009.

Eschenbach, Dieter (2009): Im Marketing ein unentbehrlicher Kommunikator, in: Pharma-Kommunikation. Das Magazin der Arzneimittelzeitung, Oktober 2009, S. 3.
Esser, Elmar (2009). Alles Rabatti?, in: Der niedergelassene Arzt, Heft 9 2009, S. 14.

Ewert, Ralf / Wagenhofer, Alfred (2008): Interne Unternehmensrechnung, 7. Auflage, Heidelberg 2008.

Feick, Katja (2009): M&A-Trends in der Pharma- und Biotech-Branche: Analyse eines Geschäftsmodells, URL: http://www.innovations-report.de/html/berichte/studien/m_a_-trends_pharma_biotech_branche_ana-lyse_134964.html, abgerufen am 02.11.2009.

Fiege, Stefanie (2005): Risikomanagement- und Überwachungssystem nach KonTraG. Prozess, Instrumente, Träger, Berlin 2005.

Fiesser, Günther / Esser, Beatrix (1999): Vertriebscontroller und Key-Account-Manager. Das Erfolgsteam der Zukunft, in: Controller Magazin, Heft 4 1999, S. 303-307.

Fiesser, Evelyn / Fiesser, Günther (2000): Key Account Management. Mit konsequenter Kundenorientierung zum Erfolg, URL: http://www.fiesser-und-partner.de/daten/pdf-/Key_Account.pdf, abgerufen am 21.09.2009.

Fiesser, Günther / Mokros, Beate / Schlein, Frank (2001): Vertriebs-Controlling. Kundenorientiertes Management erfordert besondere Instrumente und Informationen, in: Der Controlling-Berater, Heft 7 2001, S. 339-369.

Fischer, Dagmar / Breitenbach, Jörg (2007): Die Pharmaindustrie: Einblicke, Durchblicke, Perspektiven, 2. Auflage, München 2007.

Fischer, Peter Matthias / Reinecke, Sven (2009): Dysfunktionales Verhalten von Vertriebsmitarbeitern als Folge imperfekter Steuerungssysteme, in: ZfCM, Sonderheft 2 2009, S. 40-45.

Fischer, Thomas / Rödl, Karin (2007): Unternehmensziele und Anreizsysteme. Theoretische Grundlagen und empirische Befunde aus deutschen Unternehmen, in: Controlling, Heft 1 2007, S. 5-14.

Förderland (2009): Der demographische Wandel, URL: http://www.foerderland.de-/?id=1066, abgerufen am 03.11.2009.

Freiling, Jörg / Reckenfelderbäumer, Martin (2010): Markt und Unternehmung. Eine marktorientierte Einführung in die Betriebswirtschaftslehre, 3. Auflage, Wiesbaden 2010.

Fricke, Frank-Ulrich / Schröder-Bernhardi, Detlef (2007): Kosten-Nutzen-Bewertung von Arzneimitteln wird entscheidungsrelevant (Teil 1), in: PharmInd, Heft 2 (69) 2007, S. 160-164.

Fricke, Frank-Ulrich (2008): Steuerungsinstrumente in der Arzneimittelversorgung, in: Pharmabetriebslehre, hrsg. v. Schöffski, Oliver / Fricke, Frank-Ulrich / Guminski, Werner, Berlin 2008, S. 47-72.

Fricke, Uwe / Schwabe, Ulrich (2010): Neue Arzneimittel 2009, in: Arzneiverordnungs-Report 2010, hrsg. v. Schwabe, Ulrich / Paffrath, Dieter, Heidelberg 2010, S. 47-126.

Friedl, Birgit (2003): Controlling, Stuttgart 2003.

Fries, James (1980): Aging, natural death, and the compression of Morbiditiy, in: New England Journal of Medicine, Heft 303 1980, S. 130-135.

Gaitanides, Michael / Diller, Hermann (1989): Großkundenmanagement. Überlegungen und Befunde zur organisatorischen Gestaltung und Effizienz, in: DBW, Heft 2 (49) 1989, S. 185-197.

Gassner, Ulrich (2008): Kartellrecht und GKV, in: Zeitschrift für die gesamte Versicherungswirtschaft, Heft 4 (97) 2008, S. 411-424.

Geller, Jörg (2008): Arzneimittel-Importe in Europa, in: Pharmabetriebslehre, hrsg. v. Schöffski, Oliver / Fricke, Frank-Ulrich / Guminski, Werner, Berlin 2008, S. 498-505.

Gerste, Bettina / Niemeyer, Martina / Lauterberg, Jörg (2000): Wie viel chronisch Kranke gibt es. Annäherungen mit Hilfe einer Analyse von Routinedaten, in: Krankenhaus-Report ´99. Schwerpunkt: Versorgung chronisch Kranker, hrsg. v. Arnold, Michael / Litsch, Martin / Schwartz, Friedrich Wilhelm, Stuttgart 2000, S. 67-92.

Gleißner, Werner (2004): Auf nach Monte Carlo. Simulationsverfahren zur Risiko-Aggregation, in: Risknews, Heft 1 2004, S. 31-37.

Gleißner, Werner (2008): Erwartungstreue Planung und Planungssicherheit. Mit einem Anwendungsbeispiel zur risikoorientierten Budgetierung, in: Controlling, Heft 2 2008, S. 81-87.

Gleißner, Werner / Meier, Günter (1999): Risikoaggregation mittels Monte-Carlo-Simulation, in: Versicherungswirtschaft, Heft 13 (54), S. 926-929.

Gleißner, Werner / Schrei, Theodor / Wolfrum, Marco (2009): Neue Ansätze im Risikomanagement der OMV, in: Controller Magazin, 5/6 2009, S. 93-99.

Götz, Peter / Diller, Hermann (1991): Die Kundenportfolio-Analyse. Ein Instrument zur Steuerung von Kundenbeziehungen, Arbeitspapier 1 des Lehrstuhls für Marketing, Universität Erlangen-Nürnberg, Nürnberg 1991.

Gotzen, Gabriele (2002): Ärztenetzwerke als Reformansatz für den ambulanten Sektor. Eine institutionenökonomische Analyse verschiedener Netzwerkarrangements, Trier 2002.

Grothaus, Franz-Josef (2009): Entwicklung der integrierten Versorgung in der Bundesrepublik Deutschland 2004-2008, Bericht gemäß § 140d SGB V auf der Grundlage der Meldungen von Verträgen zur integrierten Versorgung, URL: http://www.bqs-register140d.de/, abgerufen am 10.09.2009.

Gruenberg, Ernest (1977): The failure of success, in: Milbank Memorial Fund Quarterly Heft 1(55)1977, S. 3-24.

Gruner, Kjell / Garbe, Bernd / Homburg, Christian (1997): Produkt- und Key-Account-Management als objektorientierte Formen der Marketingorganisation, in: DBW, Heft 2 (57) 1997, S. 235-251.

Güssow, Jan (2007): Vergütung integrierter Versorgungsstrukturen im Gesundheitswesen, Wiesbaden 2007.

Guminski, Werner (2008): Produktlebenszyklus und die Möglichkeiten seiner Gestaltung, in: Pharmabetriebslehre, hrsg. v. Schöffski, Oliver / Fricke, Frank-Ulrich / Guminski, Werner, Berlin 2008, S. 199-213.

Guminski, Werner / Utsch, Oliver (2008): Vertriebs- und Außendienststeuerung, in: Pharmabetriebslehre, hrsg. v. Schöffski, Oliver / Fricke, Frank-Ulrich / Guminski, Werner, Berlin 2008, S. 297-315.

GWB - Gesetz gegen Wettbewerbsbeschränkungen (1998): Gesetz gegen Wettbewerbsbeschränkungen in der Fassung der Bekanntmachung vom 15. Juli 2005 (BGBl. I S. 2114), zuletzt geändert durch Artikel 13 Absatz 21 des Gesetzes vom 25. Mai 2009, BGBl. I S. 1102.

Haag, Jürgen (1992): Kundendeckungsbeitragsrechnungen. Ein Prüfstein des Key-Account-Managements, in: Die Betriebswirtschaft, Heft 1 (52) 1992, S. 25-39.
Harms, Fred / Gänshirt, Dorothee / Lonsert, Michael (2005): Zukunftsperspektiven für pharmazeutisches Marketing, in: PharmInd., Heft 8 (67) 2005, S. 864-870.

Hartmann-Besche, Wolfgang (2007): Jäger des verborgenen Rabattschatzes, in: PZ Heft 28 (152) 2007, S. 10-14.

Hauff, Sven (2009): Konzeption der Früherkennung, Diskussionspapiere des Schwerpunktes Unternehmensführung am Fachbereich BWL der Universität Hamburg, November 2009.

Heeb, Inken (2007): Folgen der Gesundheitsreform für die Pharmaindustrie, URL: http://www.innovations-report.de/html/berichte/studien/bericht-84273.html, abgerufen am 27.10.2009.

Heiny, Lukas / Kuchenbach, Peter (2008): Jenseits der Rabatte, in: medbiz – Magazin für Gesundheitswirtschaft der Financial Times Deutschland, Heft 2 2008, S. 56-58.
Heinzen, Frank (2002): Strategien für ein zukunftsfähiges Versorgungssystem der gesetzlichen Krankenversicherung, Bielefeld 2002.

Henke, Klaus-Dirk / Reimers, Lutz (o.J.): Zum Einfluss von Demographie und medizinisch-technischem Fortschritt auf die Gesundheitsausgaben, URL: http://www.ww.tu-berlin.de/diskussionspapiere/2006/dp08-2006.pdf, abgerufen am 31.07.2009.

Henle, Wolfgang (2009): Controlling und Risikomanagement, in: ZfCM, Heft 3 (53) 2009, S. 182-183.

Hirsch, Bernhard (2007): Controlling und Entscheidung, Tübingen 2007.

Hof, Bernd (2001): Auswirkungen und Konsequenzen der demographischen Entwicklung für die gesetzliche Kranken- und Pflegeversicherung, Gutachten im Auftrag des Gesamtverbandes der Deutschen Versicherungswirtschaft e.V., Köln 2001.

Hofmann, Christian (2001): Anreizsysteme, URL: http://www.en.bwl.uni-muenchen.de/research/diskus_beitraege/workingpaper/1794.pdf, abgerufen am 18.06.2010.

Hoitsch, Hans-Jörg / Winter, Peter (2004): Die Cash Flow at Risk Methode als Instrument eines integriert-holistischen Risikomanagements, in: ZfCM, Heft 4 (48) 2004, S. 235-246.

Holst, Jens (2008): Zuzahlungen als Bumerang. Kostenbeteiligungen im Gesundheitswesen wirken sich langfristig negativ aus in: WBZ-Mitteilungen Heft 120 2008, S. 35 - 37.

Homburg, Christian (1998): Quantitative Betriebswirtschaftslehre. Entscheidungsunterstützung durch Modelle, Wiesbaden 1998.

Homburg, Christian / Daum, Daniel (1997): Die Kundenstruktur als Controlling-Herausforderung, in: Controlling, Heft 6 (9) 1997, S. 394-405.

Homburg, Christian / Jensen, Ove (2004): KAM-Excellence. Key Account Management mit System, Institut für Marktorientierte Unternehmensführung Universität Mannheim, Mannheim 2004.

Homburg, Christian / Jensen, Ove / Fürst, Andreas (2004): Key Account Management: „Lieber früh auditieren als zu spät reparieren", in: Absatzwirtschaft, Heft 12 2004, S. 52-58.

Homburg, Christian / Schäfer, Heiko / Schneider, Janna (2008): Sales-Excellence. Vertriebs-Management mit System, 5. Auflage, Wiesbaden 2008.

Homburg, Christian / Schnurr, Phoebe (1998): Kundenwert als Instrument der Wertorientierten Unternehmensführung, in: Wertorientierte Unternehmensführung. Perspektiven und Handlungsfelder für die Wertsteigerung von Unternehmen, hrsg. v. Bruhn, Manfred / Lusti, Markus / Müller, Werner / Schierenberg, Henner / Studer, Tobias, Wiesbaden 1998, S. 169-189.

Homburg, Christian / Schnurr, Phoebe (1999): Was ist Kundenwert, in: Management Know-how, Heft 41, Mannheim 1999.

Hoos, Sabine (2007): Controlling des Key Account Managements im Lichte der Gesundheitsrefom 2007, unveröffentlichte Diplomarbeit, Mainz 2007.

Horvath, Peter (2006): Controlling, 10. Auflage, München 2006.

Huang, Zhen / Schmidt, Erich (2001): Wertorientiertes Controlling für forschende Pharmaunternehmen. Mehr als nur „number crunching", in: Controlling, Heft 6 2001, S. 301-305.

HWG - Gesetz über die Werbung auf dem Gebiete des Heilwesens (1965): Heilmittelwerbegesetz in der Fassung der Bekanntmachung vom 19. Oktober 1994 (BGBl. I S. 3068), zuletzt geändert durch Artikel 2 des Gesetzes vom 26. April 2006, BGBl. I S. 984.

IKB Deutsche Industriebank AG / Prognos AG (2007): Die Gesundheitsbranche. Dynamisches Wachstum im Spannungsfeld von Innovation und Intervention, Brüggen 2007.

Illert, Günther (2009): Big Pharma im Umbruch: Schritt für Schritt aus der Krise, in: PharmInd 71 (12), S. 2021-2026.

IMS Health GmbH & Co. OHG (2007): Rabattverträge der AOK. Deutlicher Mengenzuwachs der Arzneimittel beteiligter Hersteller, Frankfurt 2007.

International Group of Controlling (2002): Controller-Leitbild, URL: http://www.igc-controlling.org/img/pdf/controller_d.pdf, abgerufen 02.01.2010.

Janssen-Cilag / AOK Rheinland / Hamburg (2007): Janssen-Cilag und AOK Rheinland / Hamburg schließen Rabattvertrag für das Neuroleptikum Risperdal©, Gemeinsame Pressemitteilung, URL: http://www.janssen-cilag.de/news/detail.jhtml?itemname=news_company_18, abgerufen am 10.08.2009.

Jensen, Ove (2005): Key Account Management (KAM) als Implementierungsform des Kundenbindungsmanagements, in: Handbuch Kundenbindungsmanagement, hrsg. v. Manfred Bruhn / Homburg, Christian, Wiesbaden 2005, S. 527-551.

Jonda, Marian (2004): Szenario-Management digitaler Geschäftsmodelle. Skizze einer Geschäftsmodellierung am Beispiel von Mobile-Health-Dienstleistungen, Oldenburg 2004.

Kaapke, Andreas / Preißner, Markus / Heckmann, Sabrina (2008): Profil und Effizienz des vollversorgenden pharmazeutischen Großhandels, Studie des Instituts für Handelsforschung im Auftrag des Bundesverbands des pharmazeutischen Großhandels - PHAGRO - e.V., Köln 2008.

Kaland, Anna / Wömpener, Andreas (2007): Strategisches Controlling. Eingrenzung, Nutzung und Bezug zur Marketingfunktion, in: ZfCM, Sonderheft 2007, S. 30-36.

Kanacher, Jens / Rademacher, Michael / Werners, Brigitte (2010): Risikosimulation als Teil des Projektcontrollings, in: ZfCM, Heft 3 (54) 2010, S. 191-198.

KBV – Kassenärztliche Bundesvereinigung (2007): Kooperationskompass. Wege ärztlicher Zusammenarbeit, Sonderpublikation der Kassenärztlichen Bundesvereinigung, Berlin 2007.

KBV – Kassenärztliche Bundesvereinigung (2009a): MVZ-Survey 2008. Die strategische Positionierung Medizinischer Versorgungszentren. Berlin 2009.

KBV – Kassenärztliche Bundesvereinigung (2009b): Von der Idee zur bundesweiten Umsetzung. Die Entwicklung der medizinischen Versorgungszentren. Berlin 2009.

Keller, Christian (1995): Marketing-Controlling in der Pharmazeutischen Industrie. Anwendungsmöglichkeiten ausgewählter Marketing-Controllinginstrumente vor dem Hintergrund der Besonderheiten des pharmazeutischen Marketing, Bamberg 1995.

Kilian, Kerstin (2009): EuGH-Urteil hin oder her. Der Markt bleibt in Bewegung, in: AmZ, Heft 3 (21) 2009.

Kingreen, Thorsten (2003): Das Sozialstaatsprinzip im europäischen Verfassungsverbund, Tübingen 2003.

Kleinaltenkamp, Michael / Plinke, Wulff (2002): Strategisches Business-to-Business-Marketing, 2. Auflage, Berlin, Heidelberg & New York 2002.

Kleinaltenkamp, Michael / Rieker, Stephan (1997): Kundenorientierte Organisation, in: Geschäftsbeziehungsmanagement, hrsg. v. Kleinaltenkamp, Michael / Plinke, Wulff, Berlin 1997, S. 161-217.

Knieps, Franz (2008): Die Perspektive für das Gesundheitswesen, in: Handbuch Direktverträge. Nachhaltige Vertragsstrategien im Gesundheitswesen, hrsg. v. Ecker, Thomas / Preuß, Klaus-Jürgen / Roski, Reinhold, Berlin 2008, S. 15-26.

Koch, Kristian (2009): Integrierte Versorgung und die Rolle der Pharmaindustrie, Mannheim 2009.

Köhler, Richard (2006): Marketingcontrolling. Konzepte und Methoden, in: Handbuch Marketingcontrolling, hrsg. v. Sven Reinecke / Tomczak, Torsten, 2. Auflage, Wiesbaden 2006, S. 41-61.

Kotler, Philip / Keller, Kevin Lane / Bliemel, Friedhelm (2007): Marketing-Management. Strategien für wertschaffendes Handeln, 12. Auflage, München 2007.

Krafft, Manfred / Albers, Sönke (2000): Ansätze zur Segmentierung von Kunden. Wie geeignet sind herkömmliche Konzepte, in: Zeitschrift für betriebswirtschaftliche Forschung, (52) 2000, S. 515-526.

Kreikebaum, Hartmut (1997): Strategische Unternehmensplanung, 6. Auflage, Stuttgart, Berlin & Köln 1997.

Kreilkamp, Edgar (1987): Strategisches Management. Markt- und Wettbewerbsanalyse, Strategische Frühaufklärung, Portfolio-Management, Berlin 1987.

Krystek, Ulrich (2007): Strategische Früherkennung, in: ZfCM, Sonderheft 2 2007, S. 50-58.

Korzilius, Heike (2008): Arzneimittelverträge „Mit Geld-zurück-Garantie“, in: Deutsches Ärzteblatt 2008, A.-1260.

Kümpel, Thomas / Walde, Markus (2002): Die Balanced Scorecard im strategischen Kundenmanagement des pharmazeutischen Vertriebs, in: Controller Magazin, Heft 6 2002, S. 581-587.

Küng, Pius / Schillig, Beate / Toscano, Rosella (2002): Key Account Management, St. Gallen 2002.

Küpper, Hans-Ulrich (2005): Controlling. Konzeption, Aufgaben, Instrumente, Stuttgart 2005.

Küpper, Hans-Ulrich / Weber, Jürgen / Zünd, André (1990): Zum Verständnis und Selbstverständnis des Controlling. Thesen zur Konsensbildung, in: Zeitschrift für Betriebswirtschaft, Heft 3 (60) 1990, S. 281-293.

Laschet, Helmut (2008): Risk- und Cost-Sharing. Ein Modell, das bei Ärzten auf Vorbehalte stößt, in: Ärzte-Zeitung, Heft 174 2008, S. 10.

Laux, Helmut (2006): Unternehmensrechnung, Anreiz und Kontrolle. Die Messung, Zurechnung und Steuerung des Erfolges als Grundproblem der Betriebswirtschaftslehre, 3. Auflage, Heidelberg 2006.

Laux, Helmut / Liermann, Felix (2005). Grundlagen der Organisation. Die Steuerung von Entscheidungen als Grundproblem der Betriebswirtschaft, New York 2005.

Lissautzki, Marius (2007): Kundenwertorientierte Unternehmenssteuerung. Voraussetzungen, Aufgaben, Werttreiberanalysen, Wiesbaden 2007.

Lonsert, Michael / Harms, Fred (2004): Das Neue Business-Modell. Große Umbrüche in den nächsten 10 bis 15 Jahren, in: Pharma-Marketing Journal Heft 3 2004, S. 78-86.

Lonsert, Michael / Harms, Fred (2006): Geschäftsmodelle der pharmazeutischen Industrie, URL: http://www.medizin-2000.de/pharmaoekonomie/texte/2006/harms_5.html, abgerufen am 24.10.2009.

Lube, Marc-Milo (1997): Kundenmanagement. Die Kundenbeziehung als neue Bezugsgröße des Controlling, in: Controller Magazin, Heft 3 (1997), S. 183-189.

Ludwig, Wolf-Dieter / Walter, Siegbert (2008): Vertragsstrategien aus Sicht der Ärzteschaft in: Handbuch Direktverträge. Nachhaltige Vertragsstrategien im Gesundheitswesen, hrsg. v. Ecker, Thomas / Preuß, Klaus-Jürgen / Roski, Reinhold, Berlin 2008, S. 109-119.

Maag, Gisela / Wald-Eßer, Dagmar (2010): Entwicklung des Arzneimittelmarktes 2009 im Licht veränderter Rahmenbedingungen, in: RPG, Heft 2 (16) 2010, S. 40-44.

Mähr, Wolfgang / Rossmy, Marcel (2008): Der pharmazeutische Großhandel, in: Pharmabetriebslehre, hrsg. v. Schöffski, Oliver / Fricke, Frank-Ulrich / Guminski, Werner, Berlin 2008, S. 332-338.

Markowitz, Harry (1952): Portfolio Selection, in: The Journal of Finance, Heft 1 (7) 1952, S. 77-91.

Mayer, Michael (2007): Strafrechtliche Produktverantwortung bei Arzneimittelschäden. Ein Beitrag zur Abgrenzung der Verantwortungsbereiche im Arzneiwesen aus strafrechtlicher Sicht, Berlin, Heidelberg 2007.

Mayer, Elmar / Pawlowski, Ernst (1980): Deckungsbeitragsrechnung im Controlling. Nutzenprovision, in: Controller Magazin, Heft 3 1980, S. 125-132.

Mengen, Andreas / Mettler, Alina (2008): Kundenwertermittlung. Wie viel Vertrieb ist uns der Kunde wert, in: ZfCM, Heft 1 (52) 2008, S. 30-36.

Meyer, Hilko (2006): Das Rabattverbot nach dem Entwurf des Gesetzes zur Verbesserung der Wirtschaftlichkeit in der Arzneimittelversorgung (AVWG), in: Arzneimittel & Recht, Heft 1 2006, S. 10-17.

Meyer, Matthias / Shaffu (2007): Unternehmenswertorientiertes Kundenmanagement auf Basis des Customer Lifetime Value. Eine empirische Studie bei Mobilfunknutzern in Deutschland und Frankreich, in: ZfCM, Heft 1 (51) 2007, S. 54-62.

Müller, Armin (2001): Systematische Gewinnung von Frühindikatoren für Frühaufklärungssysteme, in: KRP, Heft 4 (45) 2001, S. 212-222.

Müller, Armin (2003): Frühaufklärungssysteme im Rahmen des Marketing-Controlling, in: Marketing-Controlling-Organisation. Gestaltung marktorientierter Unternehmenssteuerung, hrsg. v. Werner Pepels, Berlin 2003, S. 17-44.

Natz, Alexander (2007): Rechtsschutzmöglichkeiten für Pharmaunternehmen gegen Rabattverträge, in: PharmInd., Heft 5 (69) 2007, S. 567-572.

Neumann, Philipp (2010): Schwarz-Gelb sucht nach Sparmöglichkeiten bei Arzneimitteln, URL: http://www.welt.de/die-welt/wirtschaft/article6327577/Schwarz-Gelb-sucht-nach-Sparmoeglichkeiten-bei-Arzneimitteln.html, abgerufen am 25.02.2010.

Nevries, Pascal / Strauß, Erik (2008): Aufgaben des Controllings im Rahmen des Risikomanagements, in: ZfCM, Heft 2 (52) 2007, S. 106-111.

Niehaus, Frank (2006): Alter und steigende Lebenserwartung. Eine Analyse der Auswirkungen auf die Gesundheitsausgaben, Köln 2006.

Ossadnik, Wolfgang (2003): Controlling, Oldenburg 2003.

o.V. (2004): Lexikon Generika, in: Deutsches Ärzteblatt, Heft 16 (101) 2004, S. A-1120.

o.V. (2007): (Wann) fällt die freie Preisbildung, in: Pharma Marketing Journal, 06 2007, S. 12.

o.V. (2008): AOK beseitigt Hürden für den Zugang zu Lucentis, in: Ärzte-Zeitung, 18.06.2008.

o.V. (2009a): Mehrwertverträge bleiben Ausnahme, in: AmZ, Heft 16 (18) 2009, S. 1.

o.V. (2009b): Deutsche Ärztenetze, URL: http://www.deutsche-aerztenetze.de/, abgerufen am 17.10.2009.

o.V. (2009c): Gesundheitsfonds, URL: http://www.aerztezeitung.de/politik_gesellschaft/gp_specials/abc_gesundheits-wesen/article/564707/gesundheitsfonds.html, abgerufen am 13.12.2010.

Pesse, Marc (2007): Addressing the trust issue. From Share of voice to share of care, in: Journal of Medical Marketing, Heft 7 2007, S. 303-307.
Pflaum, Julia (2009): Rabattverträge nach § 130a Abs. 8 SGB V und der deutsche Arzneimittelmarkt, Hamburg 2009.

Pharma-Kodex (2009): Richtlinien, Gesetze, Verordnungen, URL: http://www.pharmakodex.de/seite.php?id=20, abgerufen am 24.02.2009.

Plinke, Wulff (1997): Grundlagen des Geschäftsbeziehungsmanagements, in: Geschäftsbeziehungsmanagement hrsg. v. Michael Kleinaltenkamp / Plinke, Wulff, Berlin 1997, S. 1-62.

Postina, Thomas (2009): Pharmagroßhandel. Wird's der Staat richten, in: PharmInd 71 (2) 2009, S. 181.182.

Prik, Olaf (2008): Preisbildung und Erstattung, in: Pharmabetriebslehre, hrsg. v. Schöffski, Oliver / Fricke, Frank-Ulrich / Guminski, Werner, Berlin 2008, S. 155-172.

Prinz, Aloys / Vogel, Alexander (2003): E-Commerce im Arzneimittelhandel. Zulassen, verbieten oder regulieren, Gütersloh 2003.

Progenerika e.V. (2009): Marktdaten 2009/2010, URL: http://www.progenerika.de/downloads/9014/ProGenMD2010WEB.pdf, abgerufen am 25.11.2010.

PSG (2009): Neues vom Gemeinsamen Bundesausschuss, in: PSG Politik, Heft 3 2009, S. 10-11.

Purucker, Jörg / Böhm, Markus / Bodendorf, Freimut (2009): Praxisnetzstudie 2009. Ein Benchmark zum Reifegrad von Praxisnetzen in Deutschland, der Schweiz und Schweden, o.O. 2009.

PWC – PriceWaterhouseCoopers (2009): Pharma 2020. Marketing the future. Which path will you take, URL: http://www.pwc.com/en_GX/gx/pharma-life-sciences/pdf/ph2020-marketing.pdf, abgerufen am 28.12.2009.

Raasch, Antje-Christina (2006): Der Patentauslauf von Pharmazeutika als Herausforderung beim Management des Produktlebenszyklus, Wiesbaden 2006.

Raasch, Antje-Christina / Schöffski, Oliver (2008): Management des Patentauslaufs, in: Pharmabetriebslehre, hrsg. v. Schöffski, Oliver / Fricke, Frank-Ulrich / Guminski, Werner, Berlin 2008, S. 216-231.

Rebscher, Herbert / Sewekow, Christina / Ziesemer, Bernd (2008): Vertragsstrategien aus Sicht der Krankenkassen, in: Handbuch Direktverträge. Nachhaltige Vertragsstrategien im Gesundheitswesen, hrsg. v. Ecker, Thomas / Preuß, Klaus-Jürgen /Roski, Reinhold, Berlin 2008, S. 97-107.

Reimer Caroli, Mark (2000): Aufbau eines weltweiten, IT-gestützten Key Account Management-Systems bei der Haarmann & Reimer GmbH, in: KRP Sonderheft 3 2000, S. 93-99.

Reinecke, Sven (2005): Marketing- und Verkaufscontrolling, in: Bereichscontrolling. Funktionenspezifische Anwendungsfelder, Methoden und Instrumente, hrsg. v. Schäffer, Utz / Weber, Jürgen, Stuttgart 2005.

Reinecke, Sven / Janz, Simone (2006): Organisation des Marketingcontrollings. Träger der Marketingfunktionen, in: Handbuch Marketingcontrolling, hrsg. v. Reinecke, Sven / Tomczak, Torsten, 2. Auflage, Wiesbaden 2006, S. 917-932.

Reinecke, Sven / Keller, Jens (2006): Strategisches Kundenwertcontrolling. Planung, Steuerung und Kontrolle von Kundenerfolgspotenzialen, in: Handbuch Marketing-Controlling. Effektivität und Effizienz einer marktorientierten Unternehmensführung, hrsg. v. Reinecke, Sven / Tomczak, Torsten, 2. Auflage, Wiesbaden 2006, S. 255-282.

Renner, Heinz (1994): Individual-Marketing. Die Zeit ist reif für ein prozessorientiertes Zusammenwirken von Vertriebs-, Service-, Marketing- und Controlling-Funktionen, in: Controller Magazin, Heft 6 1994, S. 369-381.

Rieker, Stephen (1995): Bedeutende Kunden: Analyse und Gestaltung von langfristigen Anbieter-Nachfrager-Beziehungen auf industriellen Märkten, Wiesbaden 1995.

Rietbrock, Norbert / Staib, Horst, / Loew Dieter (1990): Klinische Pharmakologie, Darmstadt 1990.

Rixen, Martin (2007): CRM und Vertriebssteuerung. Potenziale, Konzeption und Umsetzung eines mehrdimensionalen Systems der Kundenbewertung, Reihe: BiTS-Forschung, Bd. 4, Bochum Freiburg 2007.

Roll, Martin (2004): Strategische Frühaufklärung, Wiesbaden 2004.

Rudolf-Sipötz (2001): Kundenwert. Determinanten. Management, Bamberg 2001.

Rudolf-Sipötz, Elisabeth / Tomczak, Torsten (2001): Kundenwert in Forschung und Praxis, Reihe: Thexis Fachbericht für Marketing, Nr. 2, St. Gallen 2001.

Rücker, Daniel (2008): AOK nimmt Innovationen ins Visier, in: Pharmazeutische Zeitung online, URL: http://www.pharmazeutische-zeitung.de/index.php?id=4630, abgerufen am 29.01.2010.

Sander, Matthias (2004): Marketing-Management. Märkte, Marktinformationen und Marktbearbeitung, Stuttgart 2004.

Schäffer, Utz / Heidmann, Marcus (2007): Der Beitrag von Controllingsystemen zur strategischen Früherkennung, in: ZfCM, Sonderheft 2 2007, S. 66-72.

Scheunemann, Berenice (2007): Die Finanzierung der Leistungsausgaben und der zukünftige Kassenwettbewerb, in: Die Gesundheitsreform. Eine Bewertung aus ökonomischer Sicht, hrsg. v. Graf v.d. Schulenburg, Göttingen 2007, S. 1-29.

Schmidt-Gallas, Dirk / Zuberer, Johannes / Neuhaus, Stefan (2008): Die Potentiale von Kundenwertmodellen sind noch weitgehend ungenutzt, in: Die Versicherungswirtschaft, Heft 24 2008, S. 2074-2077.

Schneider, Thomas / Utsch, Oliver (2009): Neue Modelle braucht das Land. Traditionelle Vermarktungsmodelle auf dem Prüfstand, in Pharma-Relations, Heft 7 2009, S. 27-29.

Schrack, Claus-Peter (2002): Fokus Share of Wallet. Schlüssel zum Wachstum, in: results, Heft 4 2002, S. 1-6.

Schöffski, Oliver (2008): Das Krankenversicherungssystem in Deutschland, in: Pharmabetriebslehre, hrsg. v. Schöffski, Oliver / Fricke, Frank-Ulrich / Guminski, Werner, Berlin 2008, S. 3-22.

Scholl, Michael / Heinzer, Manfred (2005): Systematische Kundenbewertung als Methode zur Optimierung der Marktbearbeitung im Pharmamarkt, in: Handbuch Kundenbindungsmanagement, hrsg. v. Homburg, Christian / Bruhn, Manfred, 5. Auflage, Wiesbaden 2005, S. 797-818.

Scholl, Michael / Reißfelder, Philipp (2007): Systematisches und erfolgreiches Key Account Management, in: Pharma-Marketing Journal, Heft 1 2007, S. 8-12.

Scholl, Michael / Rupp Alexander / Steiner, Viviana / Glantz, David (2007): Den Außendienst auf Kurs bringen, in: Pharma Marketing Journal, Heft 6 2007, S. 18-21.

Schuler, Christian / Dilger, Michael (o.J.): Festbeträge für patentgeschützte Arzneimittel in Deutschland. Gesetzlich verordneter Rückgang und die europäische Sicht. URL: http://www2.simon-kucher.com/files/Whitepapers/festbetraege_in_deutschland.pdf, abgerufen am 03.08.2010.

Schwabe, Ulrich (2009): Arzneiverordnungen 2008 im Überblick, in: Arzneiverordnungsreport 2009. Aktuelle Daten, Kosten, Trends und Kommentare, hrsg. v. Schwabe, Ulrich / Paffrath, Dieter, Heidelberg 2009, S. 1-43.

Schweitzer, Anja / Bock, Christian (2009): Marktsegmentierung und ihre Chancen für die zielgruppengerechte Kommunikation, in: Zielgruppengerechte Gesundheitskommunikation, hrsg. Roski, Reinhold, Wiesbaden 2009, S. 89-105.

Schweitzer, Marcell / Küpper, Hans-Ulrich (2003): Systeme der Kosten- und Erlösrechnung, München 2003.

Schwertner, Kerstin / Becker, Wolfgang / Seubert, Christoffer-Martin (2005): Strategieumsetzung mit BSC-basierten Anreizsystemen. Ergebnisse einer empirischen Studie, in: Controlling, Heft 1 2005, S. 33-39.

Schiel, Daniel / Weißenfeldt, Frank / Schröder-Bernhardi, Detlef (2008): Quantitative Marktforschung, in: Pharmabetriebslehre, hrsg. v. Schöffski, Oliver / Fricke, Frank-Ulrich / Guminski, Werner, Berlin 2008, S. 173-197.

Seidenschwarz, Werner / Gleich, Ronald (2006): Controlling und Marketing als Schwesterfunktionen. Balanced Scorecard und marktorientiertes Kostenmanagement als verbindende Komponente, in: Handbuch Marketingcontrolling, hrsg. v. Reinecke, Sven / Tomczak, Torsten, 2. Auflage, Wiesbaden 2006, S. 821-856.

Seiter, Simone / Holz, Birgit (2009): Launch Excellence in der Pharmaindustrie heute, in: AmZ, Heft 5 (21) 2009, S. 4.

Seiter, Simone / Schneider, Thomas (2009): Stakeholder entscheiden über den Produkterfolg, in: Pharma-Kommunikation. Das Magazin der Arzneimittelzeitung, Heft 10 2009, S. 4-5.

Selder, Astrid / Brückel, Iris (2007): Kurswechsel in Sicht. Dezentrale Steuerung der Arzneimittelausgaben durch Rabattvereinbarungen, in: Die Ersatzkasse, Heft 5 2007, S. 202-203.

SGB V – Fünftes Sozialgesetzbuch (1988): Gesetzliche Krankenversicherung. Artikel 1 des Gesetzes vom 20. Dezember 1988, BGBl. I S. 2477 zuletzt geändert durch Artikel 6 Abs. 11 des Gesetzes vom 19. August 2007, BGBl. I S. 1970.

Sickendiek, Bernadette (2009): Kranke Menschen brauchen ihre Arzneimittel sofort, URL: http://www.phagro.de/portal/alias__phagro/lang__de-DE/mid__13157/ItemID__20/tabid__6777/default.aspx, abgerufen am 25.03.2009.

Sickmüller, Barbara / Lietz, Christine (2007): Aktuelles aus dem Gemeinsamen Bundesausschuss (G-BA) und dem Institut für Qualität und Wirtschaftlichkeit im Gesundheitswesen (IQWiG), in: Die Pharmazeutische Industrie, Heft 69 (4), Aulendorf 2007, S. 395-397.

Sickmüller, Barbara / Lietz, Christine (2008): Aktuelles aus dem Gemeinsamen Bundesausschuss (G-BA) und dem Institut für Qualität und Wirtschaftlichkeit im Gesundheitswesen (IQWiG). Ausgestaltung des Verfahrens zur Verordnung besonderer Arzneimittel nach § 73d SGB V durch den Gemeinsamen Bundesausschuss, in: Die Pharmazeutische Industrie, Heft 70 (12) 2007, Aulendorf 2007, S. 1445-1447.

Siebert, Tilmann / Pries, Thorsten (2007): Kartellrechtliche Marktabgrenzung im Pharma-Bereich, in: PharmR, Heft 4 2007, S. 147-152.

Sidow, Hans D. (2002): Key Account Management. Wettbewerbsvorteile durch kundenbezogene Strategien, München 2002.

Simon, Michael (2008): Das Gesundheitssystem in Deutschland: Eine Einführung in Struktur und Funktionsweise, Bern 2008.

Solbach, Manuel (2000): Performance Measurement im Arzneimittelmarketing. Empirische Validierung von Performancetreibern im Marketing innovativer Arzneimittel und Darstellung der Ergebnisse in einem vertriebsorientierten Performance-Cockpit, St. Gallen 2004.

Statistisches Bundesamt (2007): Demographischer Wandel in Deutschland. Bevölkerungs- und Haushaltsentwicklung im Bund und in den Ländern, Heft 1 2007.

Statistisches Bundesamt (2008): Demographischer Wandel in Deutschland. Auswirkungen auf Krankenhausbehandlungen und Pflegebedürftige im Bund und in den Ländern, Heft 2 2008.

Statistisches Bundesamt (2009): Geburten und Sterbefälle, URL: http://www.destatis.de/jetspeed/portal/cms/Sites/destatis/Internet/DE/Naviga-tion/Statistiken/Bevoelkerung/GeburtenSterbefaelle/GeburtenSterbefaelle.psml, abgerufen am 25.09.2009.

Stüker, David (2008): Evaluierung und Steuerung von Kundenbeziehungen aus Sicht des unternehmenswertorientierten Controlling, Wiesbaden 2008.

Telgheder, Maike (2009): Leichter Aufwind für Pharmamärkte, URL: http://www.handelsblatt.com/unternehmen/industrie/leichter-aufwind-fuer-pharmamaerkte/3277628.html, abgerufen am 20.10.2009.

Thelen, Peter (2009): Mit dem Start des Gesundheitsfonds. Krankenkassen im Fusionsfieber, in: Handelsblatt vom 21.07.2009.

Thierolf, Christoph (2008): Kosten und Finanzierung der pharmazeutischen Forschung und Entwicklung, in: Pharmabetriebslehre, hrsg. v. Schöffski, Oliver / Fricke, Frank-Ulrich / Guminski, Werner, Berlin 2008, S. 117-128.

Töpfer, Armin / Afheldt, Heike (1987): Überblick und Einordnung der Beiträge, in: Praxis der strategischen Unternehmensplanung, hrsg. v. Töpfer, Armin / Afheldt, Heike, 2. Auflage, Stuttgart & Landsberg am Lech 1987, S. 1-54.

Tomczak, Torsten / Rudolf-Sipötz, Elisabeth (2006): Bestimmungsfaktoren des Kundenwertes. Ergebnisse einer branchenübergreifenden Studie, in: Kundenwert: Grundlagen. Innovative Konzepte. Praktische Umsetzungen, Teil III: Bausteine des Kundenwerts, hrsg. v. Günter, Bernd / Helm, Sabrina, 3. Auflage, Wiesbaden 2006, S. 127-155.

Ulrich, Volker / Wille, Eberhard (2008): Weiterentwicklung des Gesundheitssystems, Teil 1 des Gutachtens für den Verband forschender Arzneimittelhersteller 2008, S. 16-90.

Van Lier, Marcel (2007): Netzwerkorientiertes Kundenmanagement am Beispiel der Pharma-Branche, Norderstedt 2007.

VFA – Verband Forschender Arzneimittelhersteller e.V. (2006): Gemeinsame Kritik der Pharmaverbände am Gesetzentwurf zur Gesundheitsreform, URL: http://www.vfa.de/de/politik/artikelpo/kritik-der-pharmaverbaende.html, abgerufen am 16.03.2009.

VFA – Verband Forschender Arzneimittelhersteller e.V. (2007): Statistics 2007. Die Arzneimittelindustrie in Deutschland, Berlin 2007.

VFA – Verband Forschender Arzneimittelhersteller e.V. (2009a): Herausforderung Demenz gemeinsam meistern, URL: http://www.vfa.de/de/presse/pressemitteilungen/pm-006-2009-herausforderung-demenz-gemeinsam-meistern.html, abgerufen am 03.04.2012.

VFA – Verband Forschender Arzneimittelhersteller e.V. (2009b): Festbeträge, Rabattverträge. Wohin steuert die Arzneimittelpolitik, URL: http://www.vfa.de/de/patienten/artikelpa/festbetraege-rabattvertraege.html, abgerufen am 14.04.2009.

VFA – Verband Forschender Arzneimittelhersteller e.V. (2009c): Statistics 2009. Die Arzneimittelindustrie in Deutschland. Berlin 2009.

VFA – Verband Forschender Arzneimittelhersteller e.V. (2009d): Bedeutung des Morbi-RSA für eine innovative Arzneimittelversorgung, URL: http://www.vfa.de/de/wirtschaftpolitik/positionen/pos-morbi-rsa.html, abgerufen am 04.12.2010.

VFA – Verband Forschender Arzneimittelhersteller e.V. (2010a): Entwicklung des GKV-Arzneimittelmarktes 2009, URL: http://www.vfa.de/wirtschaft/marktentwicklung/arch-marktentwicklung/entwicklung-gkv-arzneimittelmarkt-2009.html, abgerufen am 08.06.2010.

VFA – Verband Forschender Arzneimittelhersteller e.V. (2010b): Statistics 2010. Die Arzneimittelindustrie in Deutschland. Berlin 2010.

Vogt, Axel (2009): Fusionen in der gesetzlichen Krankenversicherung, in: Die Krankenversicherung, Heft 7 2009, S. 170-173.

Von Hippel, Eric (1986): Lead Users. A Source of Novel Product Concepts, in: Management Science, Heft 7 (32) 1986, S. 791-805.

Von Renteln-Kruse, Wolfgang (2009): Die alternde Bevölkerung, in: Medizin des Alterns und des alten Menschen, hrsg. v. von Renteln-Kruse, Wolfgang, o.O. 2009, S. 12-24.697.

Vorderwülbecke, Ulrich (2006): Darstellung der Steuerungsinstrumente der Arzneimittelversorgung aus Sicht der pharmazeutischen Industrie, in MedR, Heft 12 2006, S. 693-397.

Wäscher, Dieter (2000): Kundenorientierung und Kundenbindung im Fokus des Vertriebscontrolling, in: Controller Magazin, Heft 5 2000, S. 403-407.

Wasem, Jürgen (2008): Kosten-Nutzen-Bewertung von Arzneimitteln. Eine unvermeidbare Abwägung, URL: http://www.aerzteblatt.de/v4/archiv/artikel.asp?id=59094, abgerufen am 30.11.2009.

Weber, Jürgen / Bramsemann, Urs / Heineke, Carsten / Hirsch, Bernhard (2004): Wertorientierte Unternehmenssteuerung. Konzepte. Implementierung. Praxisstatements, Wiesbaden 2004.

Weber, Jürgen / Lissautzki, Marius (2004): Kundenwert-Controlling, Reihe: Advanced Controlling, Bd. 41, Weinheim 2004.

Weber, Jürgen / Lissautzki, Marius (2006): Erfolgsorientierte Unternehmenssteuerung mit Kundenwerten, in: Controlling: Zeitschrift für erfolgsorientierte Unternehmenssteuerung, Heft 6 (18) 2006, S. 277-282.

Weber, Jürgen / Schäffer, Utz (2000): Rationalitätssicherung der Führung. Beiträge zu einer Theorie des Controlling, Wiesbaden 2001.

Wengler, Stefan (2006): The economic value of key account management in business-to-business-markets. A transaction cost economics analysis on the efficiency of the marketing management organisation, Heidelberg 2006.

Werner, Thomas (2007): Heilsamer Selbstbehalt, URL: http://www.manager-magazin.de/unternehmen/artikel/0,2828,472001,00.html, abgerufen am 03.11.2009.

Werner, Harald / Beutin, Nikolas (2000): Effektives Kundencontrolling durch Kundenportfolio und Customer Lifetime Value, in: Kostenrechnungspraxis: Zeitschrift für Controlling, Accounting & System-Anwendungen, Sonderheft 3 2000, S. 23-28.

Wille, Eberhard / Cassel, Dieter / Ulrich, Volker (2008): Weiterentwicklung des Gesundheitssystems und des Arzneimittelmarktes. Gutachten für den Verband forschender Arzneimittelhersteller, 2008.

Wolf, Heinz-Günter / Hoberg, Rolf (2007): Rabattverträge. Ein Geschäft mit Ecken und Kanten, in: AS aktuell, Heft 12 2007.

Wolf, Klaus (2003): Risikoaggregation anhand der Monte-Carlo-Simulation, in: Controlling, Heft 10 2003, S. 565-572.

Wolf, Klaus / Runzheimer, Bodo (2009): Risikomanagement und KonTRaG. Konzeption und Implementierung. Wiesbaden 2009.

Wolf Sussmann, Jana (2008): Pharmamarketing, in: Pharmabetriebslehre, hrsg. v. Schöffski, Oliver / Fricke, Frank-Ulrich / Guminski, Werner, Berlin 2008, S. 234-248.

Zeiner, Ralf (2008a): Vertragswettbewerb und Modellvorhaben als strategische Option für Pharmaunternehmen, Teil 1, in: Pharm.Ind., Heft 5 (70) 2008, S. 593-600.

Zeiner, Ralf (2008b): Vertragswettbewerb und Modellvorhaben als strategische Option für Pharmaunternehmen, Teil 2, in: Pharm.Ind., Heft 6 (70) 2008, S. 708-715.

Zeiner, Ralf (2008c): Vertragswettbewerb und Modellvorhaben als strategische Option für Pharmaunternehmen, Teil 3, in: Pharm.Ind., Heft 7 (70) 2008, S. 817-824.

Zeiner, Ralf (2008d): Strategische Erfolgsfaktoren der Neuprodukteinführung, in: Pharmabetriebslehre, hrsg. v. Schöffski, Oliver / Fricke, Frank-Ulrich / Guminski, Werner, Berlin 2008, S. 430-441.

Zeiner, Ralf (2010): Contracting? Königsdisziplin im Pharmamarkt post AMNOG, in: Die Krankenversicherung, Heft 10 2010, S. 314-317.

Zeiner, Ralf / Wartenberg, Frank (2007): Marketing Excellence im Schatten der Gesundheitsreform, in: PharmInd, Heft 5 (69) 2007, S. 526-537.

Ziegenbein, Ralf (2008): Apothekenmarkt 2015. Szenarien für die Offizin der Zukunft, Studie der International School of Management, Dortmund 2008.

Zietsch, Dietmar (1989): Kundengruppencontrolling und betriebswirtschaftliche Vertriebs-Analyse in einem Versicherungskonzern, in: Controller Magazin, Heft 3 1989, S. 122-132.

FSC
www.fsc.org
MIX
Papier | Fördert
gute Waldnutzung
FSC® C083411

Kolibri 360 GmbH
Ferdinand-Jühlke-Straße 7
99095 Erfurt, Deutschland
produktsicherheit@kolibri360.de